养老金改革：理论精要

尼古拉斯·巴尔（Nicholas Barr）
彼得·戴蒙德（Peter Diamond） 著

郑秉文 等译
齐传钧 校译

中国劳动社会保障出版社

图书在版编目(CIP)数据

养老金改革：理论精要/尼古拉斯·巴尔，彼得·戴蒙德著；郑秉文等译. —北京：中国劳动社会保障出版社，2013

书名原文：Pension Reform

ISBN 978-7-5167-0180-5

Ⅰ.①养… Ⅱ.①尼…②彼…③郑… Ⅲ.①退休金-劳动制度-研究 Ⅳ.①F241.34

中国版本图书馆 CIP 数据核字(2013)第 214681 号

《养老金改革：理论精要》最初于 2010 年以英文出版。该译本系与牛津大学出版社合作出版。

北京市版权局著作权合同登记号：图字：01-2011-7087

中国劳动社会保障出版社出版发行

（北京市惠新东街 1 号 邮政编码：100029）

*

中国铁道出版社印刷厂印刷装订 新华书店经销

787 毫米×1092 毫米 16 开本 21 印张 354 千字

2013 年 9 月第 1 版 2013 年 9 月第 1 次印刷

定价：58.00 元

读者服务部电话：（010） 64929211/64921644/84643933

发行部电话：（010） 64961894

出版社网址：http://www.class.com.cn

中文版序

看到这本书的中文版面世，我们十分高兴，它既是原文英文版的伙伴，也是西班牙文版的伙伴。福利制度改革包括养老金改革，它是“十二五规划”的重要组成部分，对经济的公平发展至关重要。

这本书的原型有若干个。巴尔2001年的著作（Barr，2001）确立了福利国家背景下养老金的研究边界问题，戴蒙德2003年的著作（Diamond，2003）确定了养老金的最优税收理论的框架。于是，他们得出如下战略性的结论：

——福利国家的存在不仅仅是为了减困、收入再分配和财富再分配，还有效率方面的原因，这是因为，它提供了保险，并为生命周期的消费提供了时间分配机制。针对儿童的社会政策对经济效率和经济增长乃至社会公平都至关重要，而养老金对家庭的延伸作用更加明显，所以，福利国家的再分配目标显而易见。关于福利国家效率的争论令人难以置信：由于市场不完善，福利国家能够做的事情，市场根本就做不了，或做得很糟。在这种认识之下，福利国家的公共支出就不应被视为必须将之最小化的负担，而应看作现代经济的一个核心要素；它不是历来存有争议的公共卷入，而是再分配目标的具体形式和选择。

——福利国家的经济分析完全适用于经济学家的社会福利最大化的分析框架，因而是主流经济学的一个不可分割的组成部分。例如，在一本收录了一百篇关于福利国家的经典论文的文集中，有13位是诺贝尔经济学奖获得者（Barr，2001b）①。

---

① 这13位诺贝尔经济学奖获得者是阿克洛夫（George Akerlof）、阿罗（Kenneth Arrow）、布坎南（James Buchanan）、科斯（Ronald Coase）、戴蒙德（Peter Diamond）、弗里德曼（Milton Friedman）、哈耶克（Friedrich von Hayek）、卢卡斯（Robert Lucas）、米德（James Meade）、莫顿（Robert Merton）、萨缪尔逊（Paul Samuelson）、森（Amartya Sen）和斯蒂格利茨（Joseph Stiglitz）。

在这个更广泛的大背景下，本书讨论的是养老金制度的设计问题。正如我们在本书的前言中所说的，我们写作的本意不是为了提供答案，而是为读者提供一个分析工具，使读者能够提出自己的看法。所以，这本书不是一个论战性的著作，也不是一个培训用的手册。本书的分析主要集中在如下三个方面：

——养老金制度具有多重目标，包括消费熨平、保险、减贫和再分配，但他们不可能在同一时间全部实现，所以，在一系列目标排列中，政策必须要优化——不是最小化，也不是最大化。

——如果这个分析用经济学家使用的术语“次优”来表达的话，那么，人们就假定这是一个信息不对称、市场不完善、税收扭曲很严重的世界，而经济人的简单模型是假定人们在一个无摩擦的世界里和在完全竞争市场上进行理性地选择，所以，这个模型是一个非常有用的参照系，但却不是一个制定政策的基础。

——经济学是一门关于公平和效率的学问。其中关于最优税收理论的重要论文（Diamond and Mirrlees 1971a，1971b）试图将这两个问题结合起来讨论。本书通篇讨论的就是不同养老金制度安排下的再分配效应及其效率的含义。

我们在本书中讨论的具体问题包括：

——任何设计良好的养老金制度都不可能完全消除对劳动力市场的影响，既然如此，在信息不对称的保险制度中，养老金制度的设计如何适应扭曲的劳动力市场？

——就现收现付制和积累制的融资方式而言，赞成也好，反对也罢，如何建立起一个适宜的分析框架？

——在制度设计中，如何将遗属和离异配偶的养老金考虑进去？

——福利制度应如何考虑到不同的家庭结构？例如，税收制度、当前的福利制度（比如儿童照顾津贴）和未来的福利制度（比如养老金）应如何鼓励有小孩的母亲们出去工作而不是相反？

——如何将一国的预算约束和制度能力转换为一系列的政策可行性？

我们的最终结论是，不存在适合所有国家的最佳养老金制度。养老金的制度设计所追求的是多重目标，它面临的是一系列的约束，包括财政能力和制度能力的约束，还包括一国的历史和政治的约束。孤立地看待养老金制度，它没有最佳可言，这是因为，赋予不同目标的权重不同，约束的条件不同，那么一般来说，最优的制度也就不同。

我们在养老金制度下考察的很多问题同时也是福利国家其他制度下应该考察的问题，因此，本书的分析框架适用于对其他福利问题的分析。

这本书的内容还与我们的另外两篇有关中国养老金的论文密切相关（Asher et al. 2005，Barr and Diamond 2010）。那两篇论文提出的政策建议包括：

——基本养老保险要建立一个全国性的制度。

——坚持个人账户的原则，在执行中，宁可建立模拟账户，也不要完全积累制的账户或空账。

——逐渐扩大强制性缴费制度的覆盖面，不应仅集中与大型企业，还应包括各个独立的企业（乡镇企业等）。

——逐渐提高退休年龄。

——引入一个非缴费型制度，向所有符合条件（年龄和居住）的人开放。之所以提出这个政策建议，是因为劳动力市场和家庭结构的变化意味着，缴费型制度面临着日益严峻的覆盖面问题，即使在发达国家也存在着这个问题。引入非缴费型制度的国家有澳大利亚、加拿大、智利、荷兰和新西兰。

在本书翻译结束之后，译者郑秉文建议将2009年我们呈交给中国政府的研究报告《中国的养老金改革：问题、选择和政策建议》原文作为附录刊出。我们欣然地接受了这个好主意。这个报告由两个部分组成，其中，第一部分论述的是关于养老金制度的设计原则和理论背景，还分析了其他国家的经验教训。由于这些内容在本书中已有大量论述，为避免重复，本书这里刊出时将第一部分予以省略，特此说明。

最后，除了要感谢英文版以外，我们要特别感谢郑秉文教授，感谢他的翻译工作和对这项工程的热情支持。

尼古拉斯·巴尔

彼得·戴蒙德

2013年1月

参考文献：

Asher, Mukul, Barr, Nicholas, Diamond, Peter, Lim, Edwin and Mirrlees, James (2005), *Social Security Reform in China: Issues and Options*, Policy Study of the China Economic Research and Advisory Programme, January.

http://econ.lse.ac.uk/staff/nb/Barr_SocialSecurityStudy2005.pdf

http://www.oup.com/us/pdf/social_security_study_2005.

http://www.oup.com/us/pdf/china_social_security_study.

Barr, Nicholas. 2001. The welfare state as piggy bank: Information, risk, uncertainty, and the role of the state. London and New York: Oxford University Press.

Barr, Nicholas (2001b) (ed.), *Economic Theory and the Welfare State, i. Theory, ii. Income Transfers, and iii. Benefits in Kind*, Edward Elgar Library in Critical Writings in Economics Cheltenham and Northampton, Mass.: Edward Elgar.

Barr, Nicholas and Diamond, Peter (2010), *Pension Reform in China: Issues, Options and Recommendations*, China Economic Research and Advisory Programme, February, http://econ.lse.ac.uk/staff/nb/Barr_Diamond_China_Pensions_2010.pdf.

Diamond, Peter A. 2003. Taxation, incomplete markets, and social security. Cambridge, Mass.: MIT Press.

Diamond, Peter A., and James A. Mirrlees. 1971a. Optimal taxation and public production I: Production efficiency. American Economic Review 61 (Mar.): 8-27.

——. 1971b. Optimal taxation and public production II: Tax rules. American Economic Review 61 (Jun.): 261-78.

序

一个体面社会的重要评价标准之一是该社会中的老年人，尤其是老年人中的贫困者的生活水平的高低。这主要包括老年人参与社会并取得相应收入的能力以及老年人从社会中可以获得的健康护理和其他服务的水平。一个人老年期的消费水平取决于过去收入的积累（包括个人积累和国家积累）和这些积累的全部现金收入流。一切合理的政策措施都必须考虑它对这些积累以及对个人生命预期、能力以及缺陷等不确定因素所产生的影响。因此，政策分析必须综合考虑效率，包括代内的、代际的和个人生命周期内的分配以及个人经济状况中的众多不确定性因素。

任何在制定养老金政策时试图通过只考虑一种因素，譬如效率，来过度简化程序的做法，都极有可能产生重大的政策性失误，这将给很多人的福利产生深远的影响。本书重点强调一点，即不主张通过这种方式来简化政策，而且同时提出了几项清晰且符合逻辑的制定政策的原则。本书不仅指出了这些原则如何对制定政策起指导作用，而且阐述了实施过于简化的或者形式化的政策所带来的过失。

养老金政策，尤其是养老金的改革政策，必须考虑以下因素：一国的基本经济、社会和人口状况，养老金及其相关政策的出发点以及经济、社会发展的趋势。虽然本书中的很多案例借鉴了英国和美国的经验，这些经验反映了作者所在地的情况，但是本书对于其他发达国家和发展中国家，典型的如智利和中国，也进行了大量的讨论，本书作者曾经在这些国家工作过。他们制定得清晰、严谨且符合逻辑的原则可以而且应该被用于指导一国根据本国的具体情况制定符合本国国情的养老金政策。

要用几句话或者几段话来总结巴尔和戴蒙德在书中所进行的详尽分析是不太可能的，但举一两个例子或许能够将问题说清楚。首先，作者强调如果将熨平个人生命周期内的消费作为设计养老金政策的唯一目标是不正确的。这仅仅是考虑了市场失灵的效率因素。即使养老金政策确实要在一定程度上保证效率的实现，但是在政策中引入转移支付因素，用较小的效率损失（这是第二位的）换取大规模的收入再分配（这是第一位的）的可能性还是要保留的。

第二个相关的例子是，一个试图仅仅考虑跨期分配或者熨平消费等效率因素的制度将失去向工作期和老年期的逆向收入流提供保险的机会。保险因素对于多数养老金体系来讲是一个关键的、可取的目标，而且这一因素不能在一个有市场运行风险的社会中被简单地转嫁给其他政策设计。

巴尔和戴蒙德除了阐述上述基本的、概念性的出发点和分析视角之外，还直接论述了应当如何分析不同的政策方案。例如，在有关人口结构改变和预期寿命延长的内容中，他们检验了提高缴费率、降低月待遇水平、延迟退休年龄的政策方案以及为了增加收益而提高个人储蓄的政策设计。另外，他们仔细考虑了大型组织中极有可能出现并将长期存在的行政管理问题。他们不仅说明了应该如何分析这些问题，而且从这些问题中挑选出一些有意义的案例在文中列出。由于大型组织不能运用一个清晰的，足以全面把握效率、分配、不确定性和行政因素的框架，这些问题极有可能在组织实践中出现或者已经出现。其中包括从世界银行得到的一些重要的案例（例如参见专栏 11.1）。

不管是完整版还是精简版，这都是一本所有养老金政策制定者、讨论者和学习者的必读书目。本书所讨论的主题对于一个在人口、经济和社会结构等方面均发生快速变化的社会具有非常重要的意义。我们非常有幸阅读书中对各种问题所进行的清晰、全面而透彻的分析。作为杰出的理论家，巴尔和戴蒙德已经对这些问题进行了认真思考；并且他们已经亲身参与了行政管理和改革实践。他们所编写的这本书是一部杰作。

尼古拉斯·斯特恩

前　言

这本书包含了对完整版《养老金改革：原则和政策选择》（2008）一书的一个简要总结。在选择该版素材时，我们发现原来的版本中有些内容已经过时，于是我们不得不对这些内容进行了更新，因此，本版和此前的完整版有一些不同之处。完整版一书的内容目录附在了本书末尾。作为总结，本书未将我们所引用过的大量事实和分析的出处一一列出。这本书的出版得益于两件事。第一件事是，中国政府曾邀请专家就养老金改革向其提对策建议，我们有幸参与其中；2004年11月专家组向温家宝总理汇报了其建议的核心内容。第二件事是，我们其中一人有幸参与了智利养老金制度的改革实践，其中包括于2006年5月与总统咨询委员会的成员一起就相关问题展开讨论。

虽然这些经历在整本书中都得到了体现，但本书仍然试图从这些实践活动和正在进行的、有时甚至是激烈的养老金改革争论中跳出来。书中阐明了相关经济理论和国际经验，旨在使读者掌握独立分析养老金政策的逻辑方法。因此本书的意图在于引导和教育他人，而不是用来说服某人同意作者的观点或者使本书成为一本培训教材。在某些方面，这本书应当结合以下两个方面阅读：巴尔（2004）所提出的将养老金放到更广泛的福利国家背景下考虑的观点，戴蒙德（2003）所提出的将养老金分析放到最优税收模型中考虑的观点，后者是一个更加技术性的分析。

在本书的完整版中，第一部分的各个章节给出了展开养老金改革讨论时应采用的分析方法。这一部分应用了少量数量和图表分析，但书中都对结果进行了文字说明。因此，如果读者乐于相信这些结论的话，任何技术性的分析都可以跳过。第二部分介绍了不同国家的经验。本书完整版的核心内容在该版的第一章、第十章、第十一章和第十六章做了总结，精简版的大部分内容是以上述四章内容作为基础的，同时又从其他几章中抽取了一些材料。

和完整版一样，因为在经济学理论方面的基础地位，该书将在学术界引起经济学家的兴趣；同样，因为其讨论的对象，它也将引起在社会政策部门中工作的同行的兴趣。这本书也会引起诸如政治经济学和公共政策学等相关领域的人的兴趣；而且也会引起研究后共产主义转型和经济发展同行的兴趣。适合本书的读者人群主要包括世界各国（包括发达国家、前共产主义国家、发展中国家）的读者；财政及社会保障部门的工作人员；国际组织（如国际货币基金组织、世界银行和国际劳工组织）的读者。

我们首先也是最应该感谢的人是，向中国政府提出建议的专家组的其他成员：Mukul Asher，Edwin Lim 和 James Mirrlees。我们一并还要感谢的人包括在此过程中给予我们建议的同行们，他们是 Axel Börsch-Supan，Stanley Fischer，Nicholas Stern 和 Salvador Valdés-Prieto；此外还要感谢向我们提供背景论文和其他帮助的中国同行，他们是程永红、黄碧红、蒋世明、李绍光、张伟和郑秉文。

关于智利一章的内容，我们非常感谢 Ana Wheelock，他向我们提供了很多有关实质性问题的建议和一些有益的想法。我们还要感谢来自 Mario Marcel，Andrea Repetto 和 Salvador Valdés-Prieto 的有益评论。

András Simonovits 和两位匿名评阅人阅读了本书完整版的初稿，并提出了中肯且有益的评价。《牛津经济政策评论》杂志在 2006 年春季的特刊（第 22 卷，第 1 期）中给我们提供了一个简要介绍书中的分析性论证的机会；我们还要感谢 2005 年 11 月在牛津召开的研讨会上对我们进行评价和指导的同行们，这些人包括：Christopher Allsopp，Christopher Bliss，Andrew Glyn，Dieter Helm，David Hendry，Stephen Nickell，Margaret Stevens。

还有一些人通过不同的方式也帮忙过我们，他们对完整版的初稿进行评价，向我们提供信息或者提出中肯的问题，他们是 Mukul Asher，Martin Neil Baily，Fabio Bertranou，Lans Bovenberg，Axel Börsch-Supan，Agnieszka Chlon-Dominczak，Elaine Fultz，Gunnvald Gronvik，Robert Hancké，Bill Hsaio，Maureen Lewis，Frances Lund，Truman Packard，Debora Price，Susan St John，Annika Sundén，Lawrence H. Thompson，Peter Whiteford，以及 Adrian Wood。Aaron Grech 和 Johannes Spinnewijn 通读了全文并检查其连贯性和可读性，并给出了有益的评价。Catarina Reis，Johannes Spinnewijn，尤其是 Maisy Wong 向我们提供了宝贵的科研帮助，他们的科研工作得到了国家科学基金的资助（SES—0239380 和 SES—0648741）。

我们要特别感谢 Michael Treadway 在编辑该书的完整版过程的熟练技术、自始至终的细心、高效和热情，他的工作极大地提高了图书的可读性。

该书的最终结果与上述提到的所有人无关，而由我们两个人共同承担责任：我们主要通过电子邮件进行讨论，跨越不同的时区，互相借鉴对方的经验和观点，本文已经进行了多次修改完善，以至于几乎每一句话都饱含了我们两人的笔墨。

最后，也是最重要的，我们要感谢我们的妻子，Gill 和 Kate，感谢她们一直以来的支持和包容，尤其是在完整版完成之后我们还要往返于各国之间，几乎没有时间陪她们共度周末。

尼古拉斯·巴尔，英国伦敦
彼得·戴蒙德，马萨诸塞州剑桥

目　录

第一章　理论背景 …………………………………………（1）

第一节　背景情况 ……………………………………………（1）

第二节　政策反应 ……………………………………………（19）

第三节　本书结构 ……………………………………………（23）

第二章　养老金的经济学基础 ……………………………（26）

第一节　养老金制度的核心目标 …………………………（26）

一、个人和家庭目标 ……………………………………（27）

二、公共政策目标 ………………………………………（28）

三、其他目标 ……………………………………………（29）

四、认识到成本 …………………………………………（29）

第二节　养老金制度的基本特征 …………………………（30）

一、完全积累、部分积累和现收现付的养老金 ………（30）

二、缴费与待遇之间的联系 ……………………………（31）

三、随时间推移调整缴费和待遇 ………………………（34）

第三节　经济框架 ……………………………………………（35）

一、简单经济学 …………………………………………（35）

二、有待深入研究 ………………………………………（41）

第三章　养老金与劳动力市场 ……………………………（44）

第一节　待遇设计在就业期间的影响 ……………………（44）

一、与最终工资制度相关的问题 ………………………（44）

二、与严格遵守精算型待遇给付相关的问题 …………………………（46）
第二节 退休时的待遇确定 ……………………………………………（47）
一、退休年龄和失业 ……………………………………………（47）
二、强制性退休 …………………………………………………（50）
三、何谓“退休年龄” …………………………………………（50）
四、提前和推迟退休的养老金调整 ……………………………（51）
第三节 强制型和自愿型养老金的平衡 ………………………………（53）

第四章 融资与积累 …………………………………………………（54）

第一节 背景问题 ……………………………………………………（54）
第二节 隐性债务和显性债务 …………………………………………（56）
第三节 积累、储蓄和经济增长 ………………………………………（58）
一、积累与国民储蓄 ……………………………………………（58）
二、积累和资本市场发展 ………………………………………（62）
三、积累和人口变化 ……………………………………………（63）
四、积累和产权 …………………………………………………（65）
五、结论 …………………………………………………………（66）
第四节 现收现付制和基金积累制的回报率比较 ………………………（67）
一、稳定状态的比较是不合适的 ………………………………（68）
二、对风险差异的调整 …………………………………………（70）
三、控制管理成本 ………………………………………………（70）
四、结论 …………………………………………………………（71）

第五章 再分配与风险分担 …………………………………………（73）

第一节 代际负担分担 …………………………………………………（75）
第二节 风险分担 ………………………………………………………（76）
一、待遇设计和风险分担 ………………………………………（76）
二、养老金待遇的价格或工资指数化 …………………………（76）
第三节 养老金制度的适时调整 ………………………………………（81）

一、应对预期寿命延长的调整 …………………………………………………… (82)
二、应对劳动力变化的调整 …………………………………………………… (85)
三、应对社会风险变迁的调整 …………………………………………………… (87)

第六章 性别与家庭 …………………………………………………… (88)

第一节 框定问题 …………………………………………………… (88)
第二节 养老金制度设计 …………………………………………………… (91)
第三节 照看儿童的养老金积分 …………………………………………………… (95)
第四节 个人养老金与家庭养老金 …………………………………………………… (98)
第五节 遗属津贴 …………………………………………………… (99)
第六节 离婚因素 …………………………………………………… (100)
第七节 结论 …………………………………………………… (102)

第七章 养老金制度的实施 …………………………………………………… (103)

第一节 政府能力 …………………………………………………… (104)
第二节 实施强制性积累制个人账户 …………………………………………………… (108)
第三节 消费者能力 …………………………………………………… (115)
第四节 积累 …………………………………………………… (116)

第八章 1950 年以来国家之间的差异和变化 …………………………………………………… (119)

第一节 过去 50 年发生的变化 …………………………………………………… (119)
第二节 问题和回应 …………………………………………………… (121)
一、养老金体系的发展与设计 …………………………………………………… (122)
二、适应长期趋势的经济调整 …………………………………………………… (126)
三、政治协调 …………………………………………………… (128)
第三节 政策性失误 …………………………………………………… (132)
一、政策问题 …………………………………………………… (133)
二、过于乐观的预测 …………………………………………………… (135)

第九章　不同国家的养老金制度 …………………………………… (138)
第一节　阿根廷 …………………………………… (139)
第二节　智利 …………………………………… (140)
第三节　中国 …………………………………… (141)
第四节　荷兰 …………………………………… (142)
第五节　新西兰 …………………………………… (143)
第六节　波兰 …………………………………… (146)
第七节　新加坡 …………………………………… (149)
第八节　瑞典 …………………………………… (150)
第九节　英国 …………………………………… (152)
第十节　美国 …………………………………… (153)
第十一节　总结 …………………………………… (154)
第十章　密切关注：智利和中国的养老金改革 …………………………………… (155)
第一节　智利养老金改革 …………………………………… (155)
一、个人账户 …………………………………… (155)
二、基础养老金 …………………………………… (159)
三、覆盖面 …………………………………… (161)
第二节　中国养老金改革 …………………………………… (161)
一、基础养老金 …………………………………… (162)
二、个人账户 …………………………………… (165)
三、覆盖面 …………………………………… (167)
第十一章　政策原理和经验 …………………………………… (169)
第一节　原理 …………………………………… (169)
一、原理分析 …………………………………… (169)
二、政策设计的原则 …………………………………… (171)
第二节　政策制定的经验 …………………………………… (175)

一、养老金设计 …………………………………………………… (175)
二、融资和积累 …………………………………………………… (180)
三、政治和管理应用 ……………………………………………… (185)
第三节 结论 …………………………………………………………… (186)
一、政策结论 ……………………………………………………… (186)
二、政策选择和经济发展 ………………………………………… (188)

专业术语表 ……………………………………………………………… (192)
参考文献 ………………………………………………………………… (201)
完整版《养老金改革：原则和政策选择（2008）》目录 ……………… (212)

附录　中国的养老金改革：问题、选择和政策建议 ………………… (215)
译者后记 ………………………………………………………………… (268)

专栏、表和图的目录

专栏

专栏 1.1　术语 …………………………………………………………（20）
专栏 2.1　偏离最优 ……………………………………………………（36）
专栏 2.2　消费者做出正确选择了吗？来自行为经济学的经验 ………（38）
专栏 2.3　没有单一的、最好的养老金制度 …………………………（42）
专栏 3.1　养老金设计与退休时间决策 ………………………………（48）
专栏 4.1　政府债券和国民储蓄 ………………………………………（59）
专栏 4.2　产出下降是如何影响个人账户持有者的？ ………………（64）
专栏 4.3　谁来承担现收现付制转向基金积累制的转型成本？ ………（68）
专栏 4.4　使用稳定状态的分析是不恰当的：不仅仅是一个微不足道的智识差错 ………………………………………………………（70）
专栏 5.1　“瞄准待遇”（targeting benefits）：“收入调查”（income test）还是“指标瞄准”（indicator targeting）？ ………………（73）
专栏 5.2　最初养老金待遇对通货膨胀的过度指数化：美国，1972—1977 ……………………………………………………………（80）
专栏 5.3　养老金待遇支付对通货膨胀的过度指数化：英国，1975—1980 ……………………………………………………………（81）
专栏 5.4　调整养老金领取年龄的原则 ………………………………（85）
专栏 6.1　美国补充津贴与配偶津贴 …………………………………（93）
专栏 6.2　美国离异配偶的补充津贴与遗属津贴 ……………………（101）
专栏 7.1　避免高通货膨胀的重要性 …………………………………（105）
专栏 7.2　费用测算 ……………………………………………………（110）
专栏 7.3　积累并非易事 ………………………………………………（117）
专栏 8.1　调节私人 DB 型计划的困难 ………………………………（124）
专栏 8.2　世界银行对养老金政策性失误的诊断 ……………………（132）

专栏 9.1　玻利维亚的养老金 …………………………………… (140)
专栏 9.2　非缴费型养老金 …………………………………… (144)
专栏 9.3　匈牙利改革 …………………………………… (148)
专栏 9.4　联邦储蓄节俭计划 …………………………………… (151)
专栏 11.1　分析性错误：世界银行和其他误导性机构 ………… (171)

图

图 1.1　石器时代以来的存活曲线 …………………………………… (2)
图 1.2　1950—1955 至 2030—2035 年各国男性和女性的出生预期寿命 …………………………………… (3)
图 1.3　美国、英格兰、威尔士和瑞典 65 岁人口的余命预期 ……… (5)
图 1.4　1901—1993 年部分低出生率和高出生率国家的毛出生率…… (6)
图 1.5　1950 年、2000 年和 2050 年（预测）的中国、印度和美国的年龄金字塔 …………………………………… (11)
图 1.6　1950 年、2000 年和 2050 年（预测）的中国、印度和美国的老年赡养率 …………………………………… (12)
图 1.7　1850—1990 年英国、法国、德国和美国 65 岁及以上男性劳动参与率 …………………………………… (13)
图 1.8　1880—1990 年美国 18～85 岁男性劳动参与率 ……………… (13)
图 1.9　2000—2050 年欧盟 15 国公共养老金支出占 GDP 比重……… (14)
图 1.10　1909—1993 年美国毛出生率 …………………………………… (17)
图 8.1　2002 年部分 OECD 国家不同年龄人口就业率（%） ……… (121)
图 9.1　2000 年部分 OECD 国家生活在收入中位数一半以下的人口比例 …………………………………… (138)

表

表 1.1　部分国家女性首次享有选举权的年份 ……………………… (15)
表 1.2　1960—2000 年 OECD 成员国女性就业率（15～64 岁） …… (17)
表 4.1　一个简化的现收现付制养老金体系 ……………………… (69)
表 7.1　申购佣金和管理费对账户价值的累进效应 ……………… (111)
表 7.2　2002 年 12 月拉丁美洲私人投资基金的管理成本 ……… (113)

第一章 理论背景

第一节 背景情况

“老龄化危机”——作为“养老金危机”和“健康保险危机”的混合物——不是突然降临的，也不是完全的坏消息，更不是无法解决的。这个危机之所以将导致大规模增加养老金和医疗健康保险支出，主要是长期发展趋势的结果，而这个趋势则是一个好消息：寿命提高、出生率降低、退休提前、医疗保险越来越多并越来越好。那么，连续不断的好消息怎么会变成危机了呢？答案与其说存在于根本的经济现实和人口变化之中，不如说存在于养老金和健康保险的适应性改革中的巨大政治困难。

本书是尼古拉斯·巴尔（Nicholas Barr）和彼得·戴蒙德（Peter Diamond）2008 年出版的《养老金改革：原则和政策选择》的精简版；该书综合分析了养老金问题，详细讨论了某些国家的经验，解释了如何设计养老金，以限制现实生活中存在的那些副作用的影响，因为很多人选择了宝贵的、舒适的退休方式。我们的目的是武装读者的头脑，让人们能够理解并评估当前许多国家正在进行的养老金改革的辩论，但不包括对健康保健的机构或财政问题的讨论。

这就是本书写作的出发点，它是一系列长期的、众所周知的趋势。

日益下降的死亡率。在很多国家，人们的寿命越来越长，且非常明显，预计未来甚至会更长。图 1.1 显示的是长期内死亡率的发展趋势，如图 1.2 所预测的，这个趋势将会继续发展下去。但如果把这个趋势称为“年龄老化问题”，那就是荒唐的了，甚至是说错了词：这既不是一个“问题”，也不完全是一个老年现象。寿命预期提高的主要原因是婴儿死亡率大幅下降，尽管这个现象非常好，但与养老金几乎没有直接关系，因为养老金的关键在于人们的收入和退休后的余命。大多数人开始工作的年龄可能是 16 岁、18 岁或 21 岁，但预期寿命却提高了。开始工作并生存到能够领取养老金的人数正在显著增长。在达到领取养老金年龄的人们中，退休后的预期寿命也在明显提高，当然，如图 1.3 所示，在遭到艾滋病病毒和艾滋病感染最严重的国家中，这种增长正大幅下降。比如，在英国，与祖父辈相比，现在的男性中更多的人活到了退休年龄，他们的平均退休年龄是 64 岁，而不是 67 岁，而且退休之后，预计还可平均再活 20 年，而不是 11 年。这个趋势不是灾难，而是天大的好消息。更长和更健康的寿命在许多方面是 19 世纪和 20 世纪的伟大成就，而且，展望未来，死亡率和发病率完全有可能继续降低。

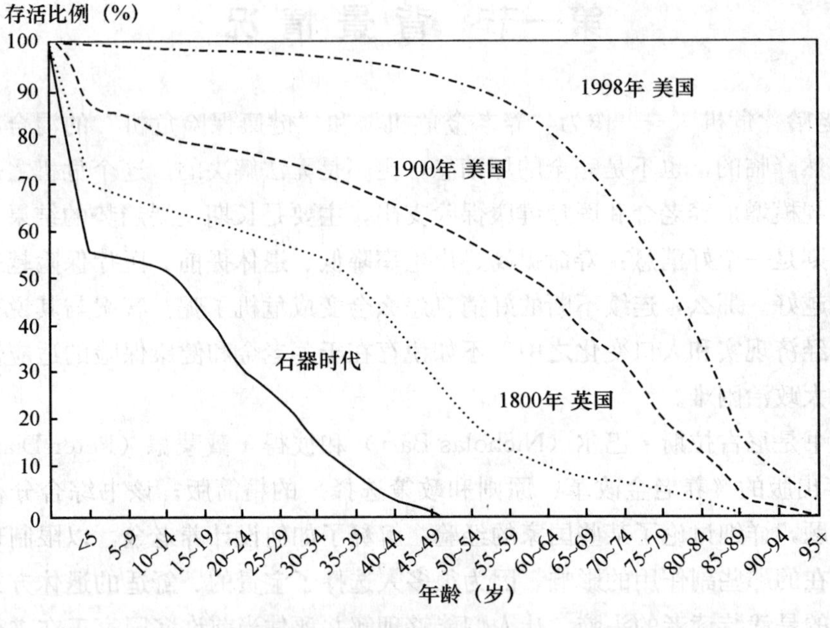

图 1.1　石器时代以来的存活曲线

资料来源：Based on data from the foundation for Infinite Survival，Inc.，Berkeley，California.

日益下降的生育率。如图 1.4 所示，与日益下降的死亡率相伴而来的第二个长期发展趋势是妇女终生平均生育率的不断下降。总的来说，生育率不断下降是个存有争议的好消息，即随着婴儿死亡率的下降，人们正在选择小型化的家庭。这意味着，人们愈加关注的是生活的质量，而不是生活的数量。其他潜在的好处包括放慢人口增长速度，减少环境压力。向小型化家庭转型在发达国家非常明

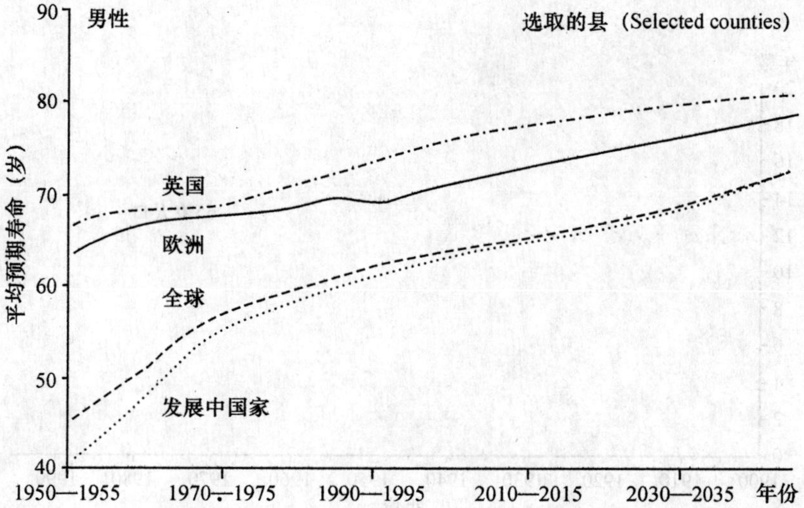

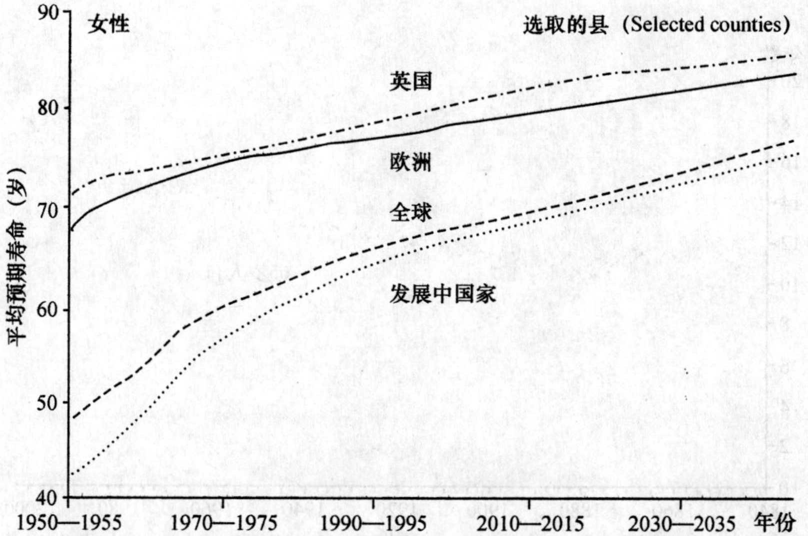

图 1.2　1950—1955 至 2030—2035 年各国男性和女性的出生预期寿命

资料来源：United Nations Population Division.

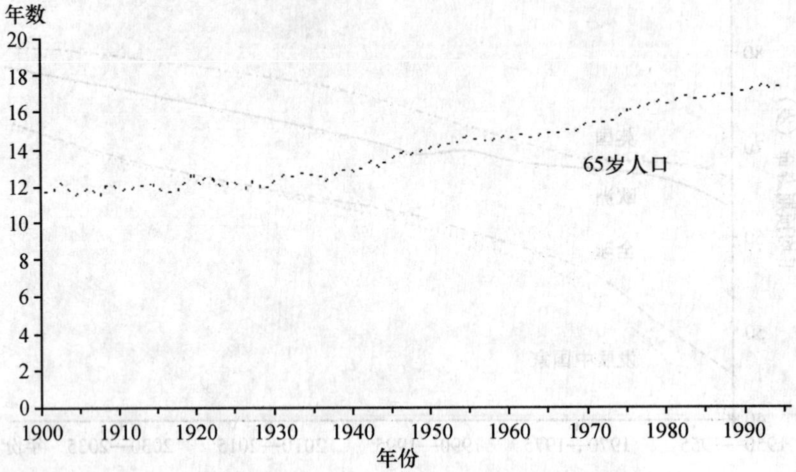

a）1990—1995年美国65岁人口的余命预期

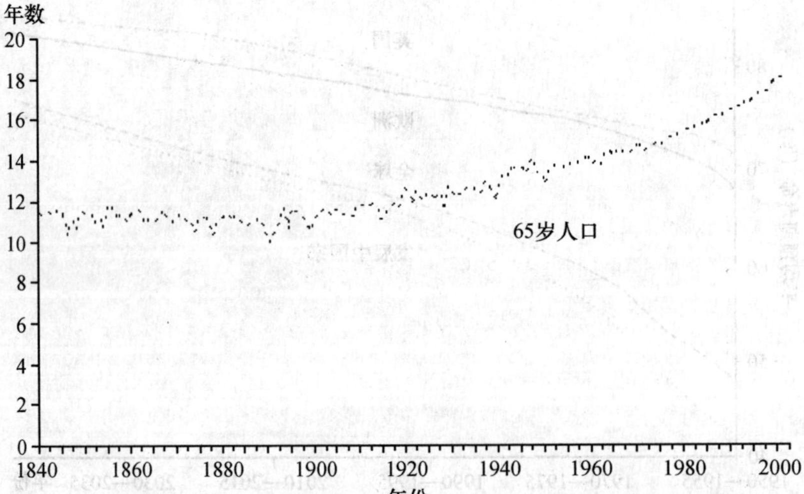

b）1841—2003年英格兰和威尔士65岁人口的余命预期

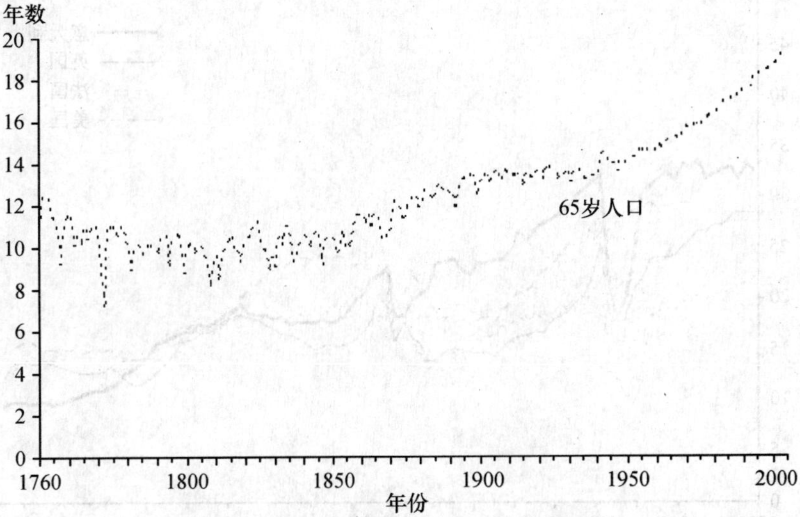

c) 1751—2005年瑞典65岁人口的余命预期

图 1.3　美国、英格兰、威尔士和瑞典 65 岁人口的余命预期

资料来源：Berkeley Mortality Database，http://demog.berkeley.edu/～bmd 和 Human Mortality Database，http://www.mortality.org.

注："阶段性寿命预期"指的是某个时期某个特定年龄群体的死亡率，它不包括后来的实际死亡人数和死亡人数的预测。寿命预期的计算包括全部人口（不仅仅是市民），即也包括战争中的死亡人口。

显，在许多发展中国家也同样开始出现。

寿命提高、生育率降低的趋势导致人口年龄金字塔不断改变，图 1.5 显示的是中国、印度和美国 1950 年以来 100 年（含预测）的变化状况。其结果是，在大多数国家中，老年赡养率不断提高，如图 1.6 所示的中国、印度和美国那样，老年人口占工作人口的比重不断提高。由于很多国家的养老金制度是用工薪税收入来支付当前的养老金发放，因此，这就部分地解释了为什么很多国家的养老金支出占 GDP 比重逐年攀升。

老年人劳动参与率逐渐降低。图 1.1 至图 1.6 显示了老年人无论是绝对数量还是相对数量方面增加的趋势。另一个问题是养老金领取人数的增加趋势，这个问题与一个长期趋势高度相关，即老年男性劳动参与率不断下降，图 1.7 显示的是英国、法国、德国和美国的情况。如同许多国家的工作日已经缩短那样，工作周和工作年也正在缩短，其实，工作寿命也在不断缩短。确实，许多国家各个年龄段的男性劳动参与率都在下降，图 1.8 显示的是美国的情况。从劳动力市场中

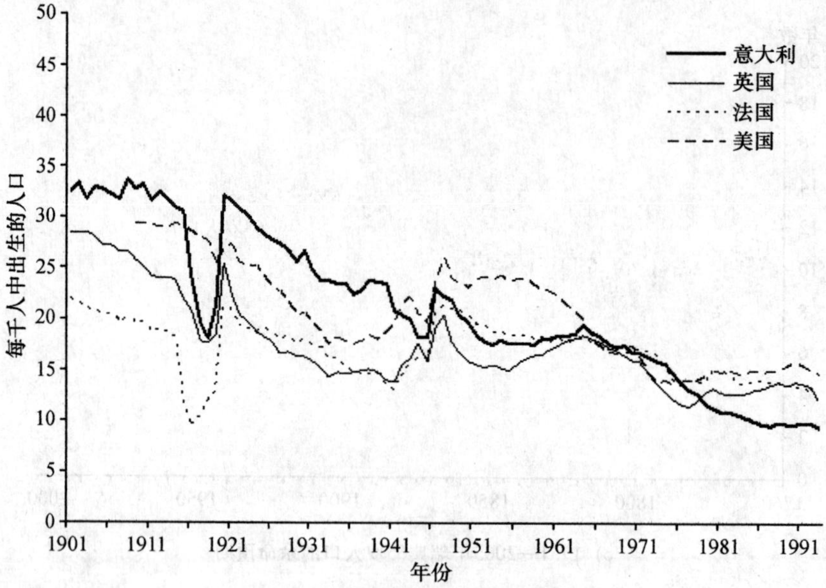

a）1901—1993年部分低出生率国家的毛出生率

b）1901—1993年部分高出生率国家的毛出生率

图 1.4　1901—1993 年部分低出生率和高出生率国家的毛出生率

资料来源：除 1949—1969 年的印度出生率数据以外，所有的数据引自 Mitchell 1998a，1998b，1998c。印度 1949—1969 年的数据引自 United Nations Population Database。

注：印度的出生率在 1949 年以前是英属印度的数据，1949—1969 年的数据是每间隔 5 年的出生率，在 5 年的时间段里使用的是二阶移动平均值，其他年份数据均为年度数据。

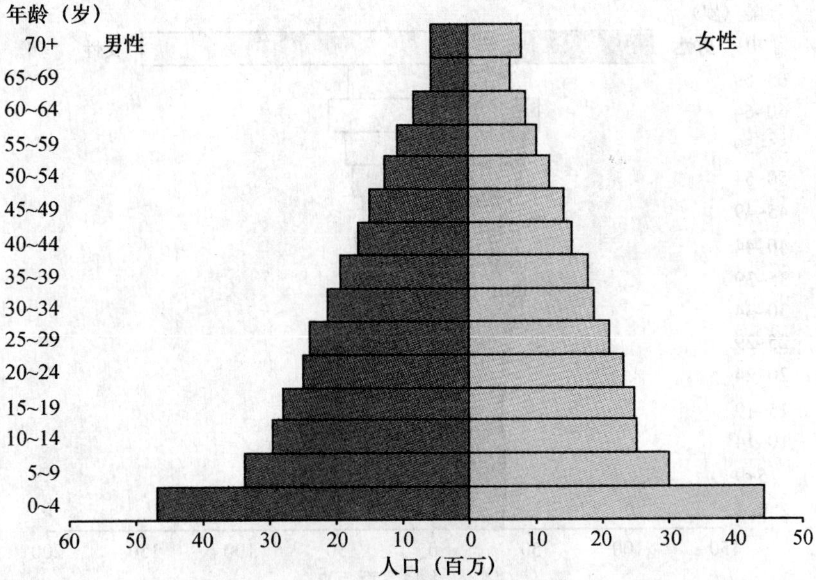

a）1953年中国的年龄金字塔

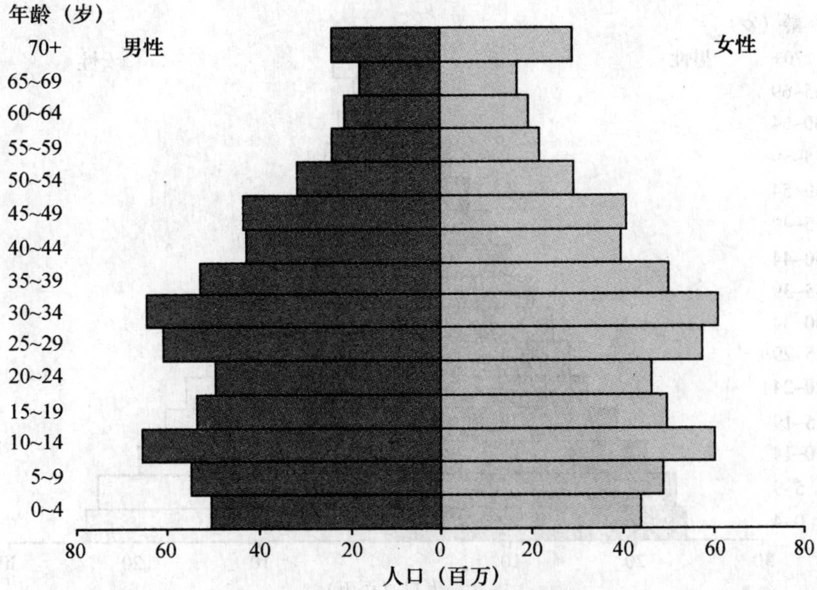

b）2000年中国的年龄金字塔

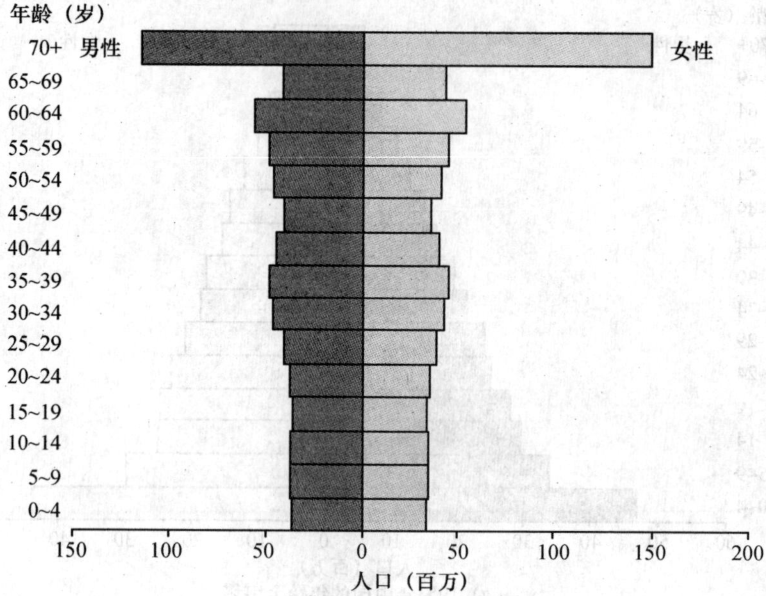

c）2050年中国的年龄金字塔

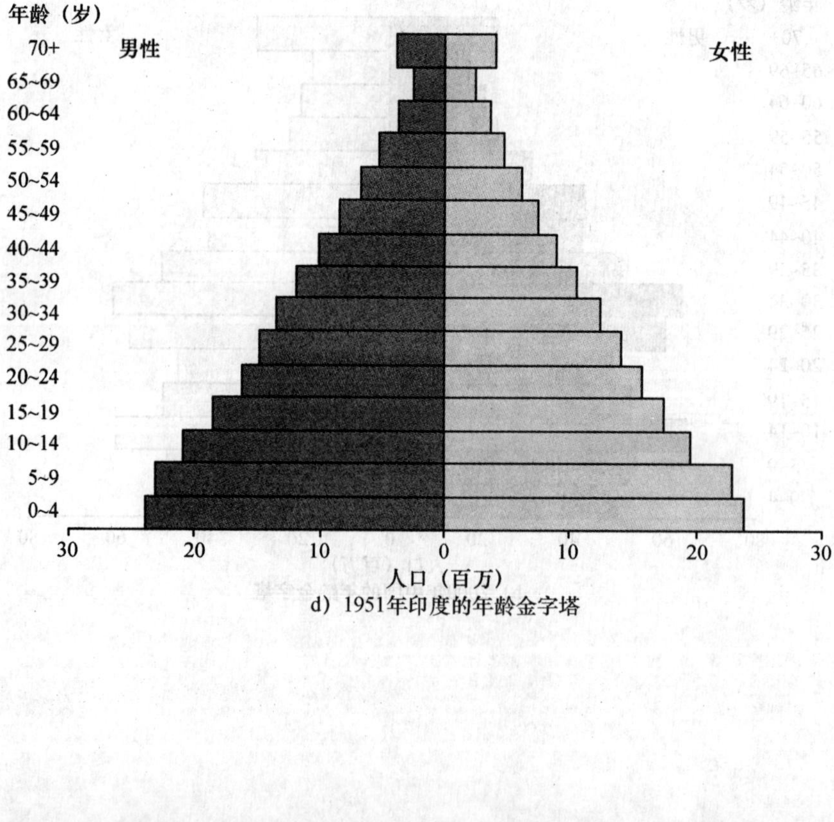

d）1951年印度的年龄金字塔

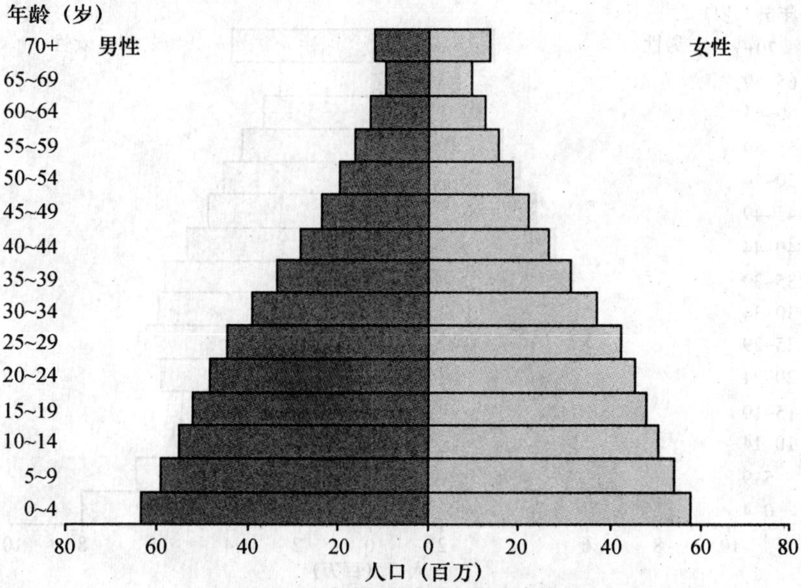

e）2000年印度的年龄金字塔

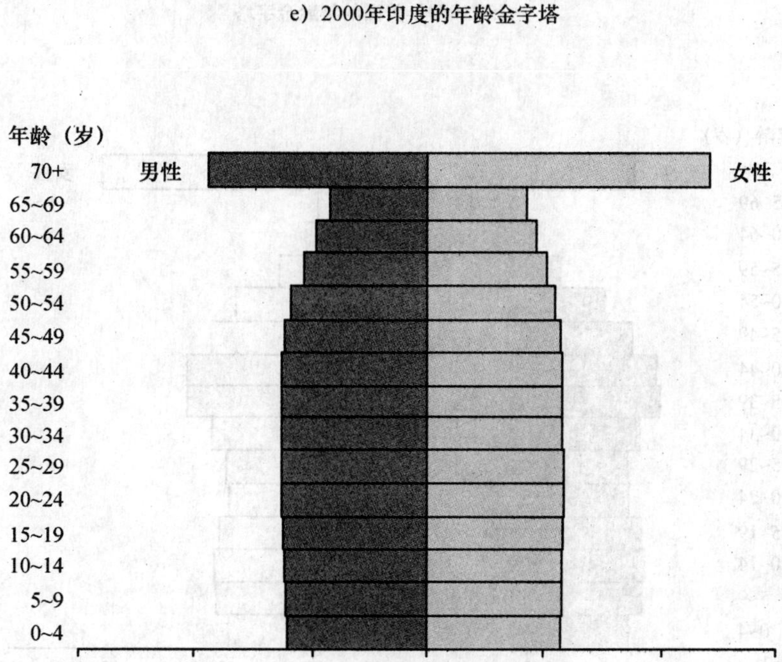

f）2050年印度的年龄金字塔

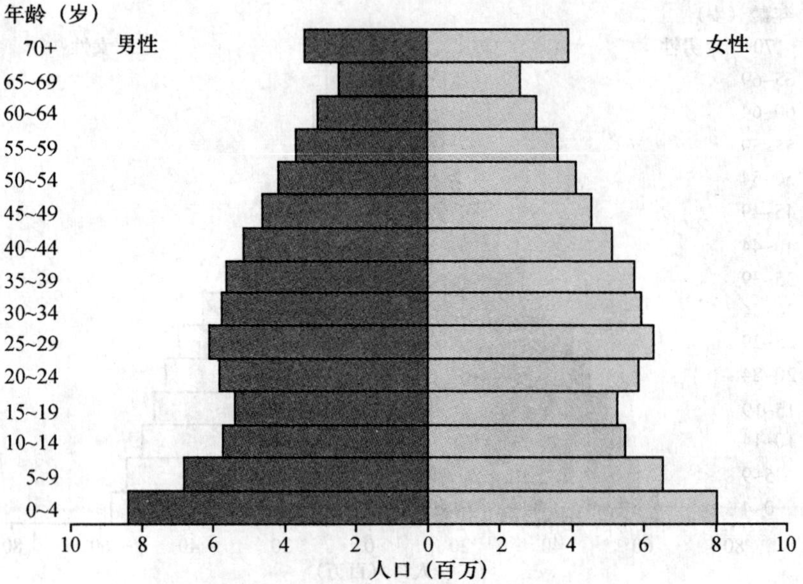

g）1950年美国的年龄金字塔

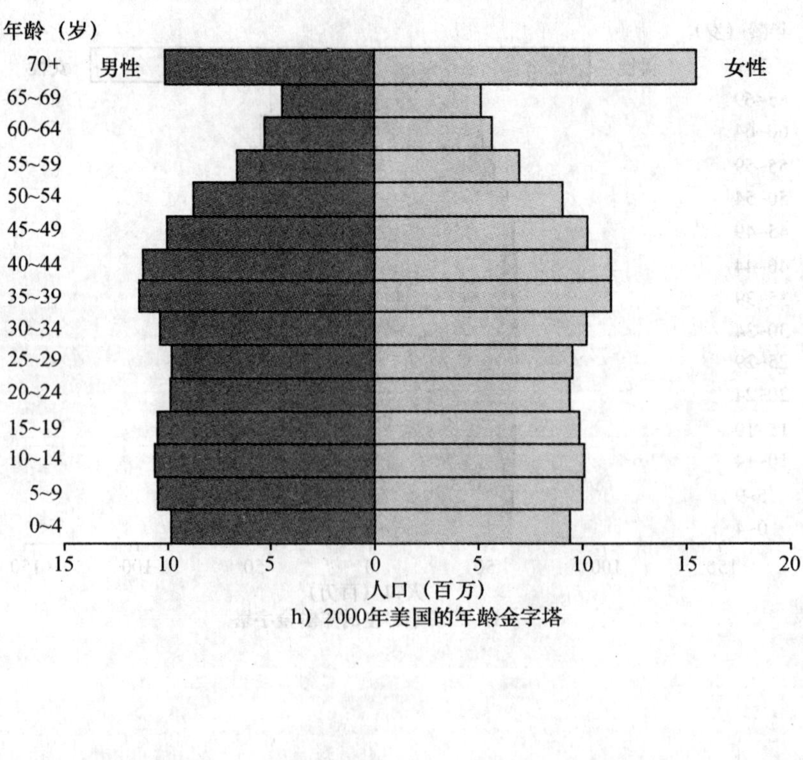

h）2000年美国的年龄金字塔

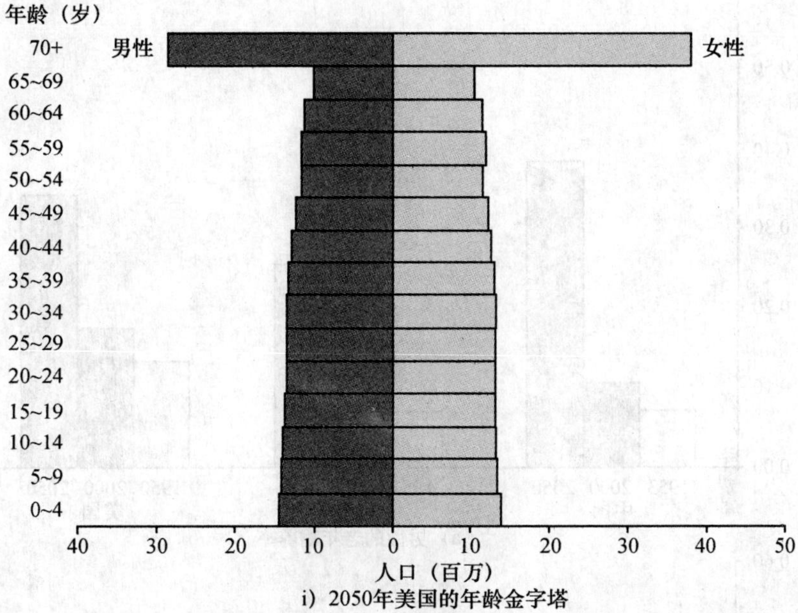

图 1.5　1950 年、2000 年和 2050 年（预测）的中国、印度和美国的年龄金字塔

资料来源：Mitchell 1998a，1998b；US Census Bureau，International Data Base.

注：印度的所有数据均不含缅甸，1951 年巴基斯坦的数据分离出去，1961 年以后果阿邦和 1971 年以后锡金的数据也包括进来。

撤出，这是对激励敏感性的一种自然反应，是一个好消息，说明随着寿命预期的提高，收入得以增加，或说收入的增加为寿命预期的提高做出了贡献。储蓄工具可获性的不断改善对储户而言是有利的。此外，现在的老年人比几十年前的老年人更加健康，并且长期以来很多国家的老年贫困率一直在下降。

另一方面，女性在劳动力市场上越来越活跃，职业生涯也远比以前长。工作适龄女性的这个就业特征与男性相比截然不同，但对女性的退休来说是有意义的，因为女性的这个就业特征与收入和财富的增加、与养老金制度的不断膨胀等诸多效应可以同时产生。我们后面还会对这个问题进行讨论。

结果：养老金成本上升。显然，随着寿命的延长，为某一特定年龄提供的特定数量的养老金就必然越来越昂贵。如果人们工作的年龄越来越晚而退休的年龄越来越早，这个问题就变得复杂起来；如果生育率下降，这个问题就变得越来越严重。成本的增加可从养老金在总产出的不断增加的比例中得以显现。在经济合作与发展组织（OECD）成员国（大多数发达经济体）中，2001 年的平均养老金

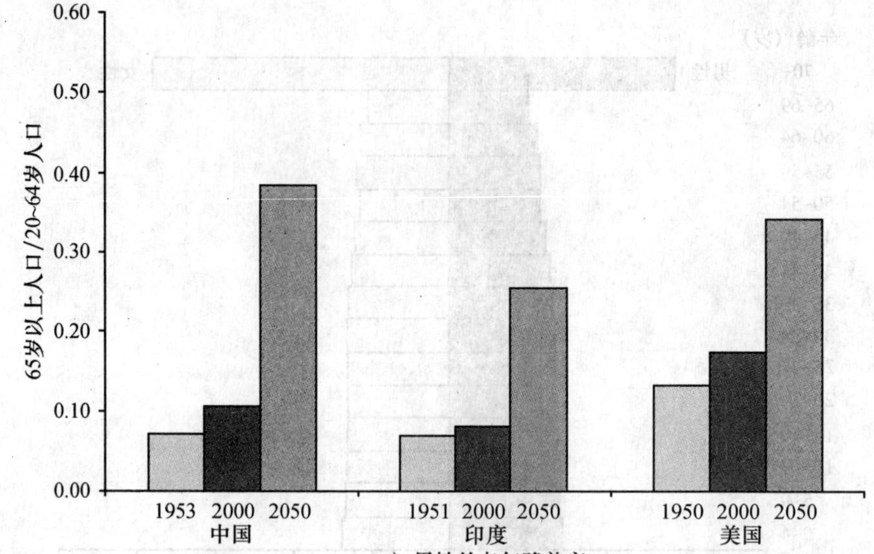

a）男性的老年赡养率

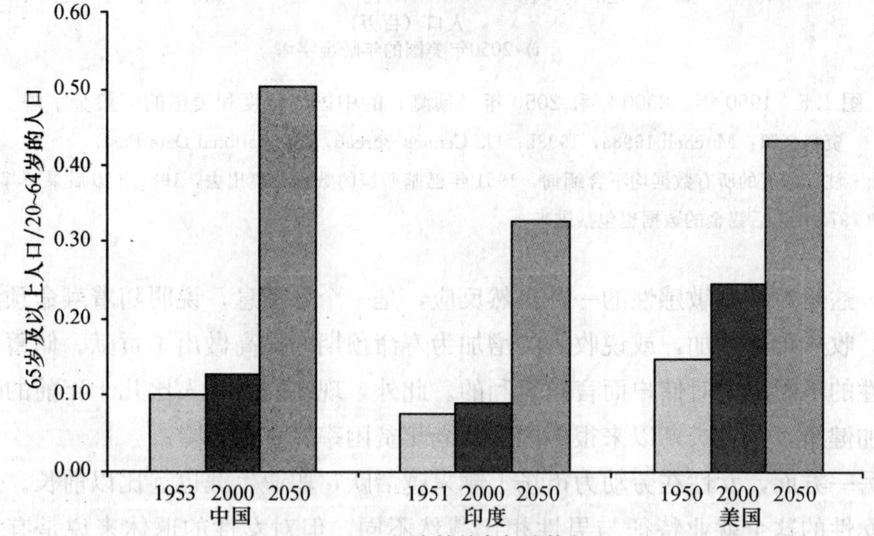

b）女性的老年赡养率

图 1.6　1950 年、2000 年和 2050 年（预测）的中国、印度和美国的老年赡养率

资料来源：Mitchell 1998a；US Census Bureau，International Data Base.

注：老年赡养率是指 65 岁及以上人口占全部工作人口的比例。

支出占 GDP 的 7.4%，但在一些迅速老龄化的国家，养老金支出更高一些：法国是 10.4%，德国是 10.8%，希腊高达 12.6%。如果养老金计发公式保持不变，长寿、生育率和经济增长等预测趋势表明，养老金支出占 GDP 比重将大幅提高，

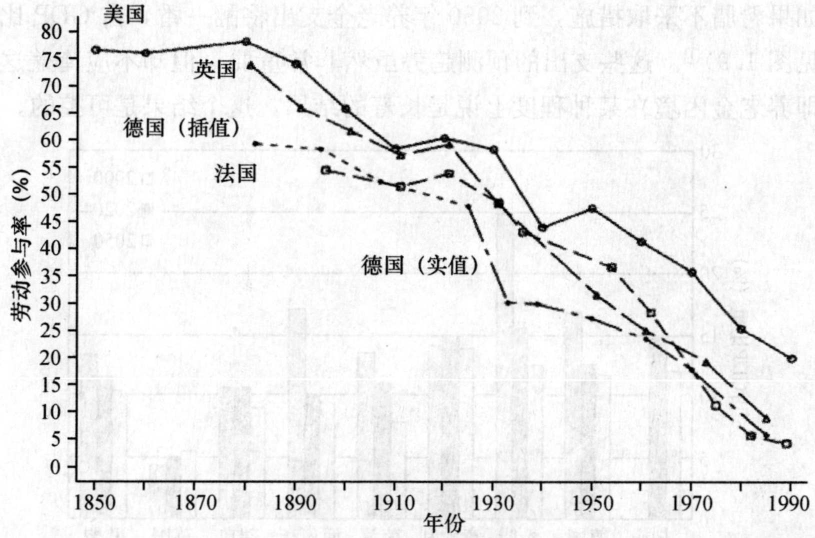

图 1.7　1850—1990 年英国、法国、德国和美国 65 岁及以上男性劳动参与率

资料来源：Costa 1998，p. 12.

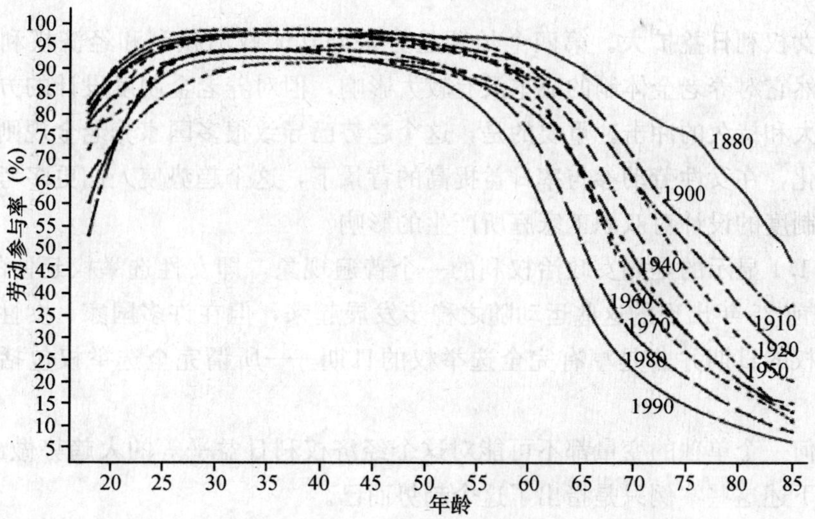

图 1.8　1880—1990 年美国 18～85 岁男性劳动参与率

资料来源：Costa 1998，p. 12.

例如，如果希腊不采取措施，到2050年养老金支出将翻一番，占GDP比例将达25%（见图1.9）[1]。这些支出的预测趋势虽然非常重要，但却不应掩盖这样一个事实，即养老金困境在某种程度上说是长寿的结果，这个结果是可控的。

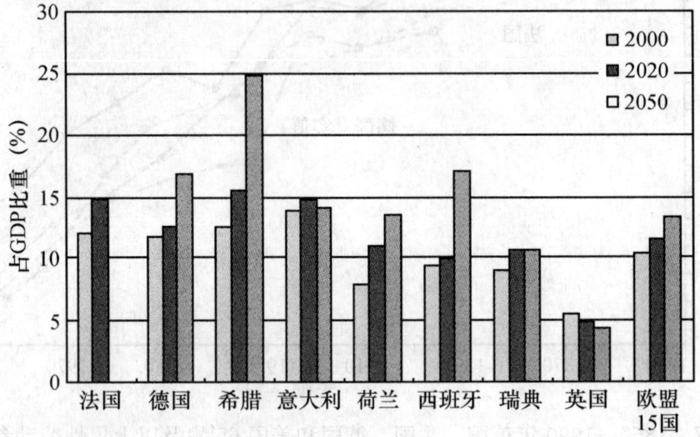

图1.9　2000—2050年欧盟15国公共养老金支出占GDP比重

资料来源：Economy Policy Committee of the European Union（2001).

注：欧盟15国包括澳大利亚、比利时、丹麦、芬兰、法国、德国、希腊、爱尔兰、意大利、卢森堡、荷兰、葡萄牙、西班牙、瑞典和英国。

妇女权利日益扩大。第四个长期趋势是妇女的政治权利和经济权利日益扩大，虽然它对养老金体制的成本没有较大影响，但对养老金制度设计的方法论却带来巨大和持久的冲击。重要的是，这个趋势已导致很多国家养老金规则出现性别中性化，在女性劳动参与率日益提高的背景下，这个趋势使人们更多考虑的是养老金制度的设计对双职工家庭所产生的影响。

表1.1显示的是妇女政治权利的一个普遍现象，即女性选举权延伸的状况。20世纪前25年出现的这些运动随之稳步发展起来，但在许多国家，女性首次享有选举权的日期并非是享有完全选举权的日期——所谓完全选举权包括被选举权[2]。

任何一个单独的变量都不可能对这个经济权利日益平等的大趋势做出解读，因此，下述这些案例只是指出了这个趋势而已。

① 这是欧盟25国2050年宽口径的支出预测，包括养老金、健康保险、长期照护和其他服务，见Economic Policy Committee of the European Union（2006）。

② 非常有意思的是，美国女性1788年就享有被选举权，但直到1920年才获得选举权。

表 1.1 部分国家女性首次享有选举权的年份[a]

年份	国家
1893	新西兰
1902	澳大利亚
1906	芬兰
1913	挪威
1915	丹麦、冰岛
1918	奥地利、加拿大、德国、爱尔兰、波兰
1919	比利时、匈牙利、荷兰、瑞典
1920	美国
1930	南非[b]
1931	智利、葡萄牙、西班牙
1944	法国
1945	日本
1946	意大利
1947	阿根廷、墨西哥、新加坡
1971	瑞士

资料来源：Inter-Parliamentary Union，"Women in Politics，" www.ipu.org/wmn-e/suffrage.htm.

a. 这些年份并不指享有完全选举权的日期，在有些国家，女性还面临其他额外的限制，例如，投票年龄比男性要晚，选举权并不总是必然包括被选举权；

b. 只是对白人而言，直到 1994 年选举权才延伸到黑人女性和黑人男性。

瑞典在许多方面都是这个趋势的先驱：1884 年通过了《已婚女性财产法》；1921 年将 21 岁法定成年年龄扩大到了瑞典已婚女性，与男性法定成年享有同等权利，包括离婚时平等分割财产；1939 年立法规定雇主因结婚或怀孕而解雇女性构成违法。

在英国，从历史上看，女性从结婚那一刻起其财产权就被丈夫融为一体。1882 年通过的《已婚女性财产法》允许已婚女性与未婚女性一样享有买卖和拥有财产的权利①。虽然这是走向平等的重要一步，但鸿沟依然存在，"一直到 1935 年……议会才赋予已婚女性拥有个人债务权和签约权"（Shanley 1986，p. 74）。20 世纪 70 年代中期之前，如果没有父亲、丈夫或其他相关男性联合签名，妇女一般没有抵押权。1990 年以前，已婚女性个人所得税的课征方式一般

① 原文如此。前文表述为 1884 年通过该法——译者注。

是由丈夫代缴。

美国妇女及其财产权等相关立法权限主要在州政府，而不属联邦政府的管辖范围。美国作为英国的前殖民地，其起点与英国相似。1848 年纽约通过了《已婚女性财产法》，1860 年其修改案赋予了妇女更多的权利，在保护妇女财产权方面起着关键性的作用。具有讽刺意味的是，虽然《社会保障法》从 1961 年开始实行的就是性别中性原则，但有些州的财产控制权却未必尽然[①]。

法国于 1907 年赋予妇女更为广泛的财产权，1938 年又进一步把这些权利扩大到了已婚女性。

虽然性别中性规则在发达国家已普遍成为标准，但对性别中性规则的忧虑却仍然存在，因为这个规则对男性和女性产生的影响是不同的，例如，一般来说，女性年薪收入要比男性少，职业生涯要比男性短，而寿命则比男性长。

战后趋势。上述各长期趋势的驱动力主要来自养老金的人口统计学出现的变化。此外，近年来还出现了其他一些特征。

第一，第二次世界大战以来，养老金的待遇水平不断提高，覆盖范围不断扩大，导致养老金的 GDP 占比不断攀升，因此，人口老龄化的影响远比养老金制度较小时更大。2007 年 OECD 成员国强制性社保制度中养老金待遇平均水平是上一年收入的 59%（更确切地说，对平均收入水平的工人而言，其替代率在所有 OECD 国家中平均是 59%）。对这些工人来说，养老金待遇水平在英国、爱尔兰和日本是最低的，平均只有 32.6%；在南欧国家（希腊、意大利、葡萄牙、西班牙和土耳其）往往是最高的，平均达 74.3%[②]，低收入群体（收入低于平均工资的一半）的平均替代率是 73%。

第二，第二次世界大战以来，由于婴儿潮一代的人口膨胀以及随之而来的生育率下降，人口老龄化不断加速。人口因素加剧了养老金财政困难，但即使没有这个因素，养老金财政困难依然存在。美国也经历了婴儿潮的生育高峰（见图 1.10），但图 1.5 预测的美国 2050 年人口金字塔显示，与没有经历婴儿潮的印度相比，甚至与实行计划生育政策并导致其人口快速老化的中国相比，美国并没有什么太大的差别。因此，本书的分析并不仅局限于经历过婴儿潮生育高峰的国家。

第三，前面曾提到的女性劳动参与率的强劲增长趋势是一个重要因素，它部

① 例如，直到 20 世纪 70 年代，佛罗里达州妇女还常向州政府请愿，要求立法承认她们控制其财产权的能力。这是因为，这在当时是一个十分普遍的现象，即寡妇不得不宣布其管理他们共同遗产的能力。

② 希腊工人的平均替代率是上一年平均收入的 95.7%。

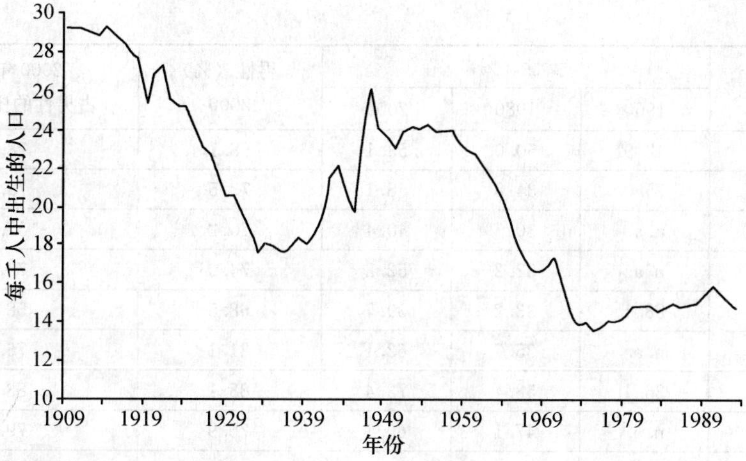

图 1.10 1909—1993 年美国毛出生率

资料来源：Mitchell 1998b.

分地是源于妇女经济权利扩大的结果，但反过来又进一步扩大了其经济权利。此外，这一趋势部分地抵消了老年男性劳动参与率的下降，这对养老金融资而言是很重要的。

表 1.2 显示了 OECD 部分国家 1960 年、1980 年和 2000 年女性就业率和 2000 年男性就业率的基本状况：女性平均劳动参与率虽然从 1960 年的 36.5%上升到 2000 年的 58.6%，但仍低于 2000 年男性 75.2%的劳动参与率。当然，各国间的差异非常之大：就变化率而言，芬兰、法国和意大利的参与率提高幅度最小（1960 年芬兰的参与率已经很高），而挪威和瑞典的变化最大；就参与水平而言，2000 年女性参与率最低的国家是希腊、意大利和西班牙，大约只有 40%，而最高的国家是丹麦、挪威和瑞典，他们均已超过 70%，其中瑞典的女性劳动参与率仅略低于其男性的劳动参与率。

表 1.2　1960—2000 年 OECD 成员国女性就业率（15～64 岁）

国家	女性（%）			男性（%）	2000 年女性
	1960	1980	2000	2000	占男性的比例（%）
奥地利	n. a.	52.4	59.3	78.1	75.9
比利时	29.6	35.0	51.1	69.8	73.2
加拿大	n. a.	52.3	65.1	75.2	86.6
丹麦	42.7	66.2	71.2	80.4	88.6
芬兰	54.9	65.0	64.3	69.7	92.3

续表

国家	女性（%）			男性（%）	2000年女性占男性的比例（%）
	1960	1980	2000	2000	
法国	42.9	50.0	53.1	68.1	78.0
德国	35.0	34.8	58.1	73.5	79.0
希腊	n. a.	30.7	40.4	70.2	57.5
爱尔兰	n. a.	32.2	52.2	74.0	70.5
意大利	28.1	33.2	39.7	68.5	58.0
荷兰	n. a.	35.7	62.1	81.1	76.6
挪威	26.1	58.4	73.4	88.1	83.3
葡萄牙	n. a.	47.1	60.1	75.9	79.2
西班牙	21.0	28.4	40.3	70.3	57.3
瑞典	38.1	67.6	72.1	76.2	94.6
英国	43.1	54.5	65.2	79.3	82.2
美国	39.5	53.9	68.0	80.4	84.6
平均	36.5	46.9	58.6	75.2	77.5

资料来源：Garibaldi et al. 2005，table 2.1.

其他国家的情况则完全不同。在共产主义体制下，这些国家的女性劳动参与率非常高，但1990年之后，某些前共产主义国家的女性劳动参与率有所下降。其他一些国家的女性劳动参与率很低，尤其是已婚女性的劳动参与率始终很低，未来有可能继续很低。因此，不是所有的国家都曾出现过女性劳动参与率明显提高的历史。

国际背景。在国际经济环境正在发生变化的大背景下，前述这些趋势正在淡去。自从1970年以来，国际贸易日益开放，贸易的增长大多为电子产品（软件、音乐和视频下载及其类似产品）。虽然这种现象不应被夸大，但其国界的穿透力和渗透力确实更加明显了。此外，许多国家对资本流动的限制大大放松，1980年以来劳动力的国际流动也明显增强，其中包括欧盟内部的流动机会。包括所有领域在内——贸易、融资和劳动力流动——全球化降低了一国独立设计制度的能力，但却没有消除这个能力，反而还提高了国际协作的收益。

如前所述，劳动力流动的作用不应被夸大，但移民对经济和社会的影响确实非常大。讨论移民政策将超出本书的范围，可我们还是注意到，虽然移民在一定程度上可缓解人口老龄化，但政治上可接受的移民水平将不足以释怀本书所讨论的那些忧虑。

第二节 政策反应

政策制定者对上述这些趋势从多个角度做了回应。就公共养老金而言，他们做出的回应包括：

- （许多国家）增加缴费收入，其方式或是通过提高养老金缴费率，或是通过扩大养老金缴费基数和范围；
- 降低养老金待遇水平，其方式或是像英国和美国那样通过改变现行养老金的制度参数，或是像德国那样通过保留和大幅度调整基础结构，或是像智利和瑞典那样作为整个制度改革进程的一个组成部分；
- 降低养老金待遇水平，其方式或是像美国那样通过提高领取全额养老金的年龄，或是像英国那样宣布对未来做出承诺，或是像许多国家那样仅做一些讨论而已；
- （1993—2004 年将近 2/3 的 OECD 国家）提高领取养老金的最低年龄，此前曾有一段时间降低领取退休金的年龄；
- 有区分地分担风险，其方式或是（像瑞典那样）从“待遇确定型”（defined benefit，以下简称 DB 型）计发公式转向名义账户制（notional defined contribution，以下简称 NDC 型），进而再转向“缴费确定型”（defined contribution，以下简称 DC 型）（如同瑞典的部分制度安排和智利与很多拉美国家那样）（见专栏 1.1 里的定义），或是（像芬兰那样）将养老金与工资和物价指数挂钩，调整的慷慨度非常小；
- 政策落实到位，例如增加储蓄的激励设计，旨在提高养老储蓄和国民产出；
- 采取上述措施的混合型政策；
- 采取鸵鸟政策，试图通过修修补补的政策微调蒙混过关，把痛苦的战略性改革留给下一届政府。

政策制定者对私人养老金的情况也越来越关注，有些国家（如英国）鼓励建立积累制的私人养老金，有些国家（如智利和近来一些前共产主义国家）将私人养老金上升为强制型制度，私人养老金的监管和保险等都得到加强。

至于何时建立养老基金（与从当期缴费和税收中支付养老金的制度正好相反）的问题，这不仅将有助于产生好的政策结果，而且值得注意的是，当这个问题还没有成为我们双方热论的主题时[①]，世界银行“多支柱”模式（见书末的“专业术语表”）早已态度鲜明地鼓吹建立积累制养老金制度。鉴于世界银行的养老金政策十分重要，我们下面的几章还是对世界银行的这个观点做了评估，第八章第三节和第十一章的专栏 11.1 对我们这些批评意见也做了总结，其中包括对世界银行（2006a，2006b）的工作的自我评价的总结。

【专栏 1.1】术语

我们在本书中使用了很多词汇，专业术语表对它们都做了定义，但很多词汇现在就要使用，尤其是有些词汇，不同作者使用时赋予的含义是不同的。

精算型待遇给付（actuarial benefits）：

如果一个人的养老金是完全精算型的，他或她将来每月领取的所有养老金给付的现值都应等于他或她的养老金开始累积以来的总值。满足这个条件的年金的价格被称为“精算公平价格”（actuarially fair price）。如果高于这个价格，则说明有一个“加载因子”（load factor），而“加载因子”所反映的则是行政费用和利润。对一个既定的积累期而言，精算公平的养老金的多寡取决于个人余命预期以及余命预期内年金提供商所获资产的回报率。同样，为维持现值的平衡，对延迟或提前支付的养老金而言，其养老金给付的精算调整意味着每月或是上调或是下调，旨在对上述两个因素有所回应。如果一个养老金制度大体上按照这个方法去设计，但却未准确使用寿命预期和市场利率的预测技术，则被称为“准精算”（quasi-actuarial）的制度。

年金（annuity）：

指养老金一直支付（例如，按年支付或按月支付）到死亡的一项安排。“单一终生年金”是指为一个人终生支付的一项收入。“联合终生年金”（也称为“联合遗属年金”）是为两个人定期支付并直到两个人死亡的收入。每月支付数额的大小取决于一人还是两人存活，或取决于两人中谁还存活。当个人把他或她的养老金总额置换为按年或按月支付的养老金时，其支付方式可按 DB 计发，也可按 DC 计发，还可按一次性领取来予以购买。年金可使人们防范其寿命高于养老金储蓄的风险。对即期年金来说，支付即期开始；对延期年金来说，支付发生在购买后的某一个时点。不同形式的年金根据其不同的条件来调整它的支付行为。

---

① 见 Barr 2000，Diamond 2004，Diamond and Orszag 2005a，2005b。至于相反的观点，请见 Feldstein 2005，Holzmann and Hinz 2005。对这场争论的核心观点进行的总结，请见 Barr and Rutkowski 2005。

合规（compliance）：

当某人的缴费不按立法的要求进行时就产生了违规（noncompliance）。

消费熨平（consumption smoothing）：

指尽管家庭收入发生了变化，但该家庭仍可在这个时期内维持其合意的消费水平的行为。养老金之所以可帮助实现消费熨平，是因为个人可在生命周期中对资源实行再分配，即在挣钱的年份里多储蓄，在退休的年份里多消费。

覆盖面（coverage）：

或由于违规，或由于当前的工作岗位没有被养老金制度所覆盖，或没有自愿缴费（如果存在这种选择的话），而导致覆盖面不完全。最常用的测量覆盖面的办法是在任何时点上经济活动人口中向养老金制度缴费的人数比重。

待遇确定型养老金（DB pensions）：

在待遇确定型养老金制度中，养老金的待遇给付是基于他或她的工资历史，或通常还基于他或她的供职年限，而不取决于他名下积累的资产价值。因此，一个完全积累制的、纯粹的待遇确定型计划如果要满足预期义务就需要经常调整基金[①]，于是，养老金资产回报率波动的风险就由养老金发起人来承担，即由雇主或政府来承担。待遇确定型计划不需要完全的基金积累。

缴费确定型养老金（DC pensions）：

在缴费确定型养老金制度下，养老金的待遇给付将取决于他或她名下养老金积累的资产价值。因此，一个纯粹的缴费确定型计划要满足其基金资产匹配就需调整义务，这样，个人将有可能面临养老金组合投资表现不佳的风险。积累的基金可用于购买年金，在支付时既可多次提取，也可一次性领取。

积累制养老金（funded pensions）：

积累制养老金是由积累起来的基金进行支付的。基金的建立是由计划成员或成员代表的缴费在一定年限里完成的。

名义账户制养老金（NDC pensions）：

名义账户制养老金的融资方式是在现收现付基础上（或兼有部分积累制的因素）通过社会保险缴费来实现的。正如缴费确定型完全积累制那样，个人拥有一个账户，它不断增长，主要来自缴费，还来自以虚拟价值形式记入账户中的回报率。记入账户的名义回报率是由立法决定的。养老金给付的调整依据是

① 原文如此，疑笔误，与作者联系，他们认为可以修改为“……就需经常调整缴费”——译者注。

该年龄段人群的寿命预期。因此，个人的养老金与他或她的终生养老金缴费具有“准精算”的关系。

现收现付制养老金（PAYG pensions）：

现收现付制养老金从当期收入中支付（通常由国家税收收入支付），而不是从积累的基金中支付。该养老金制度也许有一些资产，因此也可称之为部分积累制。

公共养老金制度（public pension system）：

我们使用的这个术语是指政府管理的养老金制度（也可称为国家养老金制度），它对全体工人开放。

替代率（replacement rate）：

替代率是指养老金领取者每月领取的收入占他或她工作期间领取工资的比例（二者均为税后和转账后的净额）。这样定义后，替代率就成为衡量消费熨平有效性的一个工具。这个术语还可用来表示平均养老金占平均工资的比重，这时，替代率就成为衡量养老金制度缓解老年贫困的一个措施。“遗属替代率”是指发放给寡妇或鳏夫的养老金占夫妻双方存活时共同领取的养老金的比重。

退休者和养老金领取者（retirees and pensioners）：

为了某种目的，有必要对两种不同的独立事情加以区分：停止工作和领取养老金。我们使用“退休者”（retirees）是指那些已经停止工作的人，使用“养老金领取者”（pensioners）指的是领取养老金的那些人。退休者通常也是养老金领取者，但有时也未必尽然，比如，某人也许决定提前退休，在达到领取养老金年龄之前靠储蓄生活。同样，养老金领取者也许已经退休，但也可能在领取养老金的同时还继续工作着。

社会保障（social security）：

我们避免使用“社会保障”这个术语，因为它在使用时有不同的含义。在美国，社会保障仅指政府的退休待遇给付和残疾待遇给付。在英国，“社会保障”是指由政府提供的所有现金给付。在欧洲大陆，“社会保障”是指所有的现金给付和医疗健康保险。我们使用“养老金制度”及其相关含义，以替代社会保障这个术语。

国家养老金制度（state pension system）：

“state”这个术语有不同的含义，它可以指国民政府（例如美国的联邦政府），也可以指“次国民政府”（例如美国的州政府）。因此，在可能的情况之下，我们避免使用“state”这个术语。一旦使用，“state”则用来描述国民政府，指全国总的养老金制度，不仅仅是指政府雇员的养老金制度。

自愿型养老金（voluntary pensions）：

养老金可以是自愿型的，它有两种不同形式。对个体的工人而言，它是自愿型的；对企业而言，它可自愿引入雇主养老金计划，而雇主养老金计划的成员资格对工人而言可以是强制型的。

私人部门对上述各种趋势也做出了回应。寿命的延长增加了既定水平的养老金成本，例如，为了保障工人积累的养老金权益，监管的不断加强必然进一步增加雇主建立养老金的制度成本。2000 年之后，许多发达国家股票市场的动荡将这些因素推到了前台，许多雇主做出的回应是降低养老金水平，还有一些雇主对新雇佣的工人实行 DC 型计划而放弃 DB 型计划，有些雇主还要求工人为未来的养老金进行缴费。

第三节 本书结构

为了有助于深入讨论，本书第二章至第六章对处于养老金改革中心地位的“分析论”进行了总结（在我们的大版本中对养老金的“分析论”有详细的描述）。虽然本书在表达观点时非常开放，但其主要目的是为了展示分析过程，进而得出结论，最终使读者能够形成自己的观点。

第二章给出了养老金的经济学基础，后面四章是本书描述“分析论”的核心部分，它们分别是养老金与劳动力市场（第三章）、融资与积累（第四章）、再分配与风险分担（第五章）、性别与家庭（第六章）。这五章从经济学理论出发，给出了主要结论。

本书的核心理论观点主要有三个：

• 养老金制度的目标是多重的，包括消费熨平、保险、减少贫困和再分配。所有这些目标不可能同时全部实现，因此，在一系列目标排序中，政策必须要优化——不是最小化或最大化。例如，如果消费熨平问题（即个人生命周期中再分配）处于压倒一切的中心地位，在这样一种养老金制度设计中，其待遇水平就应反映出与工人积累的缴费完全对应的准确关系。但这样的制度却不能为低收入群体的老年人减贫，也不能为逆向的劳动力市场结果提供保险。因此，采取的政策必须在消费熨平、减少贫困和保险之间寻找最佳平衡点，这种平衡将取决于每个社会赋予这些目标和其他目标的权重。

• 本书分析所使用的是经济学家称之为“次优”的术语，即假定这是一个信息不对称、市场不完善和存在税收扭曲的世界。例如，如果要获得劳动力市场扭曲最小化（与最优化相反），这个目标就必然是错配的，这不仅仅是因为提供减贫的养老金制度不可避免地会产生扭曲效应，而且还因为，扭曲的最小化必然意味着它几乎或完全丧失了减贫效应：治疗比疾病更糟糕。不同的养老金制度设计，对人的行为会产生不同的重大影响，甚至对家庭内部的劳动供给、储蓄和资源分配都产生影响。但这些影响不总是或到处都是负面的，即使是负面的，在老年保障的福利水平超过负激励产生的成本的情况下，这种养老金制度最终也还是提高了福利。总之，采取的政策必须在减少贫困、保险和遏制扭曲之间寻找最佳平衡点，平衡点的设定将取决于赋予不同目标的权重。

• 许多人（尤其是非经济学者）认为，经济学关注的仅仅是或主要是效率问题。这种观点显然是错误的：经济学关注的一直是并将永远是公平问题，当然还有效率问题。确实，在最优税收的文献中（Diamond and Mirrlees 1971a，1971b），其中一个重要项目就是将二者进行整合研究。因此，当读者看到全书对不同养老金制度的分配效应做了大量讨论时，请不要感到惊讶。本书将这部分资料包括进来不仅是为了完整性，还因为它能够反映我们的价值判断，即分配效应是非常重要的。

读者会注意到书中省略了一些内容。我们的重点是退休收入问题，很少涉及残疾人保险，尽管这也是十分重要的。如前文所示，本书还未涉及医疗健康保险。我们讨论的范围不是所有国家或所有主要国家的养老金制度及其改革的现状和目标等问题。虽然我们考察了很多国家的经验，阐述了我们的理论看法，但本书不是比较研究的著作。案例国家主要集中在美国和英国，因为我们对这两个国家最熟悉，但选择这两个国家的目的还是想阐述带有普遍意义的观点。

第二章至第六章重点论述的是优秀的养老金制度设计问题，包括养老金的经济学基础（第二章）、养老金与劳动力市场（第三章）、融资与积累（第四章）、再分配与风险共担（第五章）、性别与家庭（第六章）。但是，仅有优秀的设计是不够的，还需要对设计具有执行力，这就提出了不同的养老金设计适应不同国家的可行性问题。第七章讨论了养老金制度的运行，包括不同类型养老金制度安排的财务要求和技术要求，并讨论了应该采取的必要措施以实现对做实个人账户的管理等。

第八章讨论了 1950 以来的变化和政策应对措施，包括一些常见的政策失误。

第九章对不同国家的养老金制度逐一做了描述。第十章详细地考察了智利（包括2008年改革）和中国的养老金制度（包括改革的方向，引用了一专家组的早期工作成果，我们曾参加过这个专家组）（Asher et al. 2005）。第十一章是结论部分，它们来自经济学理论对养老金制度设计的运用，同时也来自一些重要教训；结论部分还对本书的重要内容做了总结，包括对不同经济发展水平下养老金制度选择的讨论。

第二章

养老金的经济学基础

第二章至第六章有两个目的：通过养老金经济学分析为读者提供一种思考问题的系统性方法；为持续不断的争论做一点儿贡献，因此一些讨论反驳了那些我们认为是错的、含混不清的以及不能放之四海皆准的观点。

本章陈述的是一些背景问题：养老金制度的核心目标（第一节）及其基本特征（第二节）和经济框架（第三节）。

第一节　养老金制度的核心目标

老年保障涉及众多领域，本书讨论的是其经济方面的内容。本章先考察了养老金制度的两类主要经济目标：

• 提供一个终生消费的熨平机制（被认为是养老金的“存钱罐”功能），并提供保险以抵御年老时收入和财富的减少。

• 减贫及对收入和财富进行再分配（被称为是养老金的“罗宾汉”[①] 功能）。

这两类目标分别在该节第一部分和第二部分中详细论述。

实现这些目标，需要处理好养老储蓄、提供保险以预防长寿风险、减贫以及收入与财富再分配等目标之间的相互影响，此外还要充分考虑实现这些目标的成本。简单实用的表述如下：

• 养老金的主要目标是通过消费熨平、保险、减贫、再分配来实现老年经济保障。

• 养老金设计的主要目标是使老年保障及其成本最优化。

---

① 罗宾汉（Robin Hood）是英国民间传说中劫富济贫、行侠仗义的英雄——译者注。

一、个人和家庭目标

从个人和家庭角度来看，老年收入的保障需要两类工具：消费熨平的机制和保险手段。对于那些终身贫穷的人来说，收入保障还包括年老时得到的转移支付。

消费熨平。人们寻求一生而不是一个时点上的福利最大化。大多数人都希望自己更长寿，为了退休后的生活，他们不断存钱，结果就形成了由年轻时期向老年时期的收入再分配。因此，养老金将人们的中年收入转化为老年消费，实现了消费熨平的目标。有了这种转移机制，人们就可以选择从工作期到退休期消费的最佳时间路径。养老金替代率等于养老金待遇与之前工资收入之比，可以用来反映养老金制度对消费的熨平程度。

消费熨平目标不仅适用于个人，也适用于其家庭。人都会关心自己的子女和伴侣，所以通常情况下养老金制度包括向养育未成年子女的就业者提供人寿保险待遇和向仍然健在的老年配偶提供遗属待遇（一般为年金）的选择权或要求权。

研究发现，夫妻一方健在一般需要多于双方收入的一半（通常为65%～70%）才能维持大体不变的生活水准。也就是说，一个合适的“遗属替代率”（survivor replacement rate）应当大于1/2。因此，在没有遗属待遇的情况下，如果夫妻双方养老金相同，一方死亡就会降低另一方的生活水平，当然这还要看遗属得到其他财富的多少。如果先亡者是收入高的一方，这种情况就更突出了。男性的收入通常比女性高，因此男性的养老金待遇也比女性高。丈夫的年龄一般比妻子大，而男性平均年死亡率却高于女性，因此，丈夫先亡会给遗孀的生活造成很大影响。遗属待遇不充足是导致许多国家遗孀贫困率较高的重要原因，即使处于贫困线之上，遗孀们的生活水平也会明显下降。因此，遗属养老金（将在第六章讨论）是维持老年人生活水平的一个重要因素。

保险。在确定性状态下，个人可以在就业期间储蓄为退休生活筹措资金。然而，人们并不知道自己能活多久，而且还有很多未知因素，因此我们所生活的世界并非是确定的。如果依靠个人储蓄来养老，人们就会面临两种选择：要么痛苦面对因长寿引致的储蓄资金不足，要么降低整个老年期的消费以应对这种不足。虽然我们无法确切地知道一个人能活多久，但某一群体的平均预期寿命是可以预测的。尽管实际的平均寿命与原来的预计会有差异，从而给提供保险产品和养老计划的保险公司及政府带来风险，但这些产品和养老计划能够帮助实现个人风险的整合。

不论个人余命有多长，退休时积累的养老储蓄都能够转化为定期支付，这是年金的本质。为了不因长寿而陷入贫困，人们不得不保留大笔积蓄，而年金形式的保险降低了对这种储蓄的需求，从而增进个人福利。尽管设计精良的养老金计划中都有一些年金化规定，但即使价格精算公平，由于存在未来支出的不确定性和遗赠动机，都意味着年金化并非适用于所有资产。不过，正如前所述，年金可为就业者遗属的生活提供财力支持。

除长寿风险以外，还存在工作期间未来收入不确定的风险。年金能够应对前一种风险，后一种风险则可以通过失业保险和残障保险来部分化解。不过，这些失业者或残障者迟早也会退休，到那时，养老金制度就会运用它的再分配机制来化解这些人面临的风险。此外，养老金制度还可为伤残者以及在职死亡者的年幼子女提供生活保障。

自愿性安排足够吗？在最简化状态下，人们通过工作期间的自愿储蓄为养老提供资金，从而实现消费的最优时间路径，进而再通过购买年金产品以抵御长寿风险。如果真的像这样简单，自愿性储蓄决策和私人保险就可以解决养老金问题而无须政府的参与。然而，只靠个人和市场是不够的，原因有两个：一是除了承认死亡时间具有不确定性以外，该模型还简单地假设人们拥有完全信息，没有其他扭曲，且有能力做出正确决策。这些假设有助于将简单理论公式化，但正如在第三节第一部分和专栏 2.1、专栏 2.2 中讨论的，它们会对诸如养老金等领域的政策设计构成错误指导。因为该模型假设了一个最优状态，忽略了市场失灵的存在，那些政府应该参与处理的问题都被作为假设前提排除了。在这些失灵存在的情况下，政府参与进来，并可运用次优分析来寻求最优政策。不仅如此，在存在管理成本和交易成本的现实世界中，公共部门提供的养老保险要比（且常常比）私人市场成本低得多。

除了改善消费熨平和保险，公共政策通常还有其他目标，特别是减贫和再分配，这是政府参与的第二个原因。政府设立家计调查计划，向贫困老年人提供收入。这一举措虽会抑制低收入者的养老储蓄（即所谓的搭便车），但可以通过强制性退休储蓄加以补充。

二、公共政策目标

减贫。为了达到减贫的目标，养老金制度向那些终生贫困且无力储蓄的人提供养老资源。在某些方面，老年人贫困政策的设计相对简单一些：因为基本不考虑退休者潜在的劳动收入，向其提供转移支付对就业激励不会有太大影响（当然，这种转移支付可能会影响到那些盘算着退休的年轻人的劳动力供给和他们的养老储蓄，这也需要考虑到）。既然不用过多考虑对劳动力市场可能产生的影响，那么单独为老年人设计制度可能是有利的。这项制度可以面向所有老年人，也可以只针对养老金制度的缴费者，而在许多国家中这两种方案同时存在。

再分配。养老金制度可对一生收入进行再分配，这是对收入累进税再分配功能的补充。通过向收入低的群体支付更高比例（即更高替代率）的养老金，将个人一生的收入进行再分配，从而帮助那些收入低但并不贫困的人熨平消费。由于个人的一生收入具有不确定性，这种制度可以避免在低收入期退休给老年生活带来的不利影响，为低收入退休者提供了某种程度的保险。养老金制度也可以向家庭提供再分配，例如，对于两个缴费相同的家庭，向已婚者家庭支付比单身者更高的养老金。向就业者强制征缴养老保险费，可以减轻日后由政府一般性收入供养老年贫困者的负担。

养老金制度还能在代与代之间再分配。例如，政府降低当前一代人的缴费率或提高其养老金收益，那么未来一代就得承担更高缴费率或者享受更低水平的养老金，从而形成了后来一代向上一代老年人的再分配。那些在养老金制度设立之前工作的人的退休收入相对低一些，这是养老金制度启动的一个普遍特征；不过，从制度启动的时间来看，这些人也有可能是遇上了不利的经济时机，如经济衰退或战争。

三、其他目标

除了消费熨平、保险、减贫和再分配这些主要目标以外，养老金政策还有一些次要目标，如经济发展和经济增长，前者是一个宽泛的目标，后者则很具体。这些目标虽与养老金制度有关，但并不是制度本身的直接目标。即使设计良好的养老金也会给劳动力市场带来反向激励，那么设计不良的养老金影响就更大。过度的公共养老金支出可能需要征收更高的税，给经济增长带来风险，还有可能造成国民储蓄锐减。而相反的养老金制度则有助于劳动力市场和资本市场的运行，并能鼓励储蓄。在老年保障和这些次要目标之间如何权衡，目前尚存争论。

四、认识到成本

认识到提供资源（这里指的是退休人员的消费资源）是有代价的，这一点始终很重要。不仅是资源本身有成本，而且待遇给付和筹资规则的制定也有成本，此外还有管理成本，这些成本在任何退休收入安排中都是不可避免的。在考虑养老金设计时，认识到其他扭曲也很重要，这里包括政府征税带来的扭曲。因此，一个关键的问题是要避免实施制度的成本高于实现目标所必需的成本，要在目标的实现及其成本之间找到平衡，在专栏 2.3 中我们将重提这个问题。

第二节　养老金制度的基本特征

根据以下三个方面来考察养老金制度的特征：a）基金化程度；b）缴费与待遇之间的联系；c）随着时间推移调整待遇和缴费的方式。

一、完全积累、部分积累和现收现付的养老金

在完全积累制中，养老金来源于参保人多年缴费所建立的基金，而现收现付制的养老金则由当期缴费支付。养老金也可以是部分积累的，其来源包括当期缴费、资产投资报酬及资本利得。

完全积累制养老金。此类养老金制度建立在投资积累的基础之上，即将征缴的养老保险费投资于资产，并将资产投资收益存入基金。通过基金化，将当前的资金积累起来，用于日后交换商品。完全积累制原则上要求有充足的储备以偿付所有应付债务，但可以采取多种形式，包括根据预期债务规模来调整当前缴费规模，或者设立专项的偿债基金。

如果没有代际间再分配，人们的养老金水平受制于本代人以往的储蓄，而且每个人从完全积累制中得到的养老金不会超过他或她的投入（以折现值来衡量）。此外，如果不存在人与人之间的直接再分配，当一个人退休时，其账户中的养老基金将由以往的缴费及其所赚取的利息和股息构成，这些积累通过年金或其他某种形式支付给退休者以满足其消费需要。

现收现付制养老金。这种制度往往由国家运营①，其本质是国家承诺兑现养老金的契约规则。在现收现付制下，即使国家有能力也无须积累养老金资产，这种制度通过向工作一代征税来支付退休一代的养老金。大多数国家的养老金制度的主体结构是现收现付的，基金化只涉及这种制度中一小部分年金待遇的支付。

如果就业者现在缴费，他就有权在未来得到养老金，这是受法律保护的权利。即使立法发生变革，每个国家的社会保障法规中也都会有明确的待遇条款。总体上看，这个制度的运行机制可以简单地看作是国家向一类群体征税再转移支

① 由企业或行业运营的现收现付制养老金曾有过破产的悲惨历史。

付给另一类群体。国家运营的现收现付制与其他收入转移支付制度从宏观上看没多大区别，但是在缴费者和受益者的确定以及激励结构方面，二者还是有明显差别的。

现收现付制（或任一个非完全积累制）放松了养老金收益必须与本代人的缴费相匹配的约束，它跟完全积累制的资金安排形成鲜明对比。现收现付制能够在代与代之间实现收入再分配（特别是向制度实施之初或制度扩展的退休者和老年就业者进行的再分配），风险在代与代之间分担。

争论。关于现收现付制与完全积累制的相对优点仍存在很多争议。争论的问题涉及：

• 正确的基础经济模型，例如，如何构建个人行为模型；

• 实证数据的大小，例如，劳动力供给弹性和2050年的预期寿命；

• 一个国家制度能力的大小；

• 改革的政治经济学，例如，公民认为个人拥有退休金账户或者由政府承诺养老金哪一个更安全；

• 思想理念，例如，国家应发挥怎样的作用，应当赋予不同目标尤其是减贫和消费熨平等目标多大的相对权重；

• 使用的规范框架。

二、缴费与待遇之间的联系

无论养老金是基金积累还是现收现付，都涉及待遇与缴费之间联系的问题。常见的类型有三种。

“缴费确定型”（defined contribution，以下简称DC型）计划。DC型计划，也被称作积累制个人账户，在该制度中每个参保人按其收入的固定比例缴费并将缴费存入账户。这些缴费被用于购买资产，获得的投资收益也纳入账户积累。当养老金开始支付时，账户中的资产以年金或其他某种形式向退休期的消费提供资金。在一个纯粹的DC型制度中（即没有个人积累之间的调剂），在给定预期寿命和利率的情况下，个人退休期的消费水平取决于他或她一生的养老金积累规模。每个人的终生预算约束不同，其养老金积累规模也各不相同。具有积累制个人账户这种结构的计划也可以在职工账户之间以及政府一般税收与这些账户之间进行再分配。

虽然年金可以化解个人的长寿风险，但DC型制度还会使人们面临大量风险（下文讨论），这些风险包括养老金资产实际回报率的变动、未来收益轨迹的不确定以及年金未来定价的变动。通过对一些制度进行修正可以分散这些风险，例如，确定最低养老金，统筹部分缴费，立法规范资本市场。资产积累的细则、账户间的再分配以及待遇的计算公式都会对劳动力市场激励产生影响。

“待遇确定型”（defined benefit，以下简称 DB 型）计划。DB 型计划中的养老金不以个人积累为基础，而是基于个人过去的工资，可能还包括工作年限。DB 型计划把供款者的缴费作为确保制度财务平衡的内生变量。不仅如此，DB 型制度还有许多不同的构建方式。

• 工资如何计入待遇公式是设计制度的一个关键问题。在最终工资制中，养老金水平取决于最后一年或最后几年的工资。另一种情况是根据一段时期的实际工资或相对工资计算养老金，这个时期甚至包括整个职业生涯。在这两种情况下，个人的年金都可以与工资指数化挂钩。

• 计划规定延迟领取养老金情况下待遇水平的变化程度，这种调整可以是或者可以不是基于精算的。

• DB 型计划将资产（如果有的话）集中统筹。雇主或政府可以用几个不同的 DB 型计划来覆盖不同群体的就业者。

• DB 型计划由国家或雇主运营。

名义账户制（NDC）计划。作为近期国际上的一项制度创新，纯粹的名义账户制（NDC）计划与纯粹的 DC 型计划的概念相似，将缴费“积累”起来，并在退休时将账户余额转化成年金。不过，名义账户制（NDC）计划缴费的“积累”是名义上的，它不是完全积累的，而更像是完全的现收现付。因此，名义账户制（NDC）计划的资产增值由规则制定，而并不必定等于所持有资产的实际收益。

名义账户制（NDC）计划与 DC 型计划的比较：

• 每个就业者按照其收入的 $x\%$ 缴费，存入一个名义的个人账户；也就是说，国家“假装”在积累金融资产。

• 该账户累积额以名义利率计息，这个利率由政府按照承受能力来指定。

• 退休时，以名义利率作为贴现率，按照个人待遇现值（各个出生组和各个年龄的死亡率给定）等于名义积累价值的原则，模仿精算准则，将个人名义积累的价值转换成年金。

• 因为该制度没有相匹配的资金投入金融市场中，所以只对账户余额记账，这就是为什么要称其为“名义”（*notional*）的原因[①]。

因此，名义账户制（NDC）计划模仿基金积累的DC制计划，按照个人预期寿命期内收入流的现值等于退休时账户基金积累额的原则支付养老金。不过，这个积累额不是按照市场利率而是按照政府规定的利率确定的。与DC型养老金一样，名义账户制（NDC）计划也可通过多种方式将再分配因素引入账户中，例如，提供最低养老金保证，向因抚养年幼子女或失业而离开劳动力市场的人提供缴费补助。

从表面上看，名义账户制（NDC）计划的养老金待遇取决于之前的缴费，标准的DB型计划则取决于之前的收入，二者虽有明显区别，但不应夸大这种差异。实际上，如果缴费率不变，以缴费为基础的计划实际上等同于以收入为基础的计划。名义账户制（NDC）计划与某些现行的DB型计划，尤其是与以个人一生收入作为计发基础的DB型计划确实很相似，主要的区别也仅在于描述所用的措辞，而措辞的选择隐藏着养老金改革的政治意义。

养老金税收待遇。无论是DC型、DB型抑或是名义账户制（NDC）计划，都存在如何对缴费、养老金积累以及养老金待遇征税的问题。养老金不仅是之前工作的延迟补偿，还是这种延迟补偿进行投资积累的结果。

在不同国家中存在几种征税模式。下面的内容来自一个欧盟的网页[②]：

> “大多数成员国对职业年金征税采取的是EET制（缴费免税，投资收益和养老金机构的资本利得免税，对养老金待遇征税）或者ETT制（缴费免税，对投资收益和养老金机构的资本利得征税，对养老金待遇征税）。这意味着：
>
> • 雇主和雇员的缴费税前扣除；
>
> • 养老基金的投资收益通常免税（只有丹麦、意大利和瑞典对其征税）；
>
> • 对养老金待遇征税。
>
> 由于养老保险缴费削弱了个人的纳税能力，采取递延赋税是符合逻辑的，而且这种税制还能激励公民为养老进行储蓄。人口老龄化高峰时将有更多老年人要依靠政府援助，延期赋税可以是政府对那时的养老金领取者征税，这将有助于成员国应对老龄化高峰这颗定时炸弹。
>
> 然而，许多成员国禁止对向其他成员国的养老保险缴费实施税前扣除，这样做封闭了本国市场，好处是使本国免于其他成员国的竞争，但这不利于建立泛欧洲的

① 沿用名义账户制（NDC）这个缩写词，也常被认为是指对“非积累DC型制度”（nonfinancial defined-contribution systems）的缩写。

② 可查阅网址：ec.europa.eu/taxation_customs/taxation/personal_tax/pensions/index_en.htm.

养老基金，从而构成了劳动力在欧洲自由流动的一个主要障碍。”

在不同征税模式之间进行选择还会面临几个难题：资本收入税的规范理论尚未定型；最优税收的研究仍有局限，对退休储蓄相对于其他资本收入的最优税收问题还存在研究不足①。

三、随时间推移调整缴费和待遇

需要进行调整。由于未来的收入、投资回报率、预期寿命和劳动力增长情况都不确定，因此任何制度都必须适应实际的发展。纯粹的（pure）DC型制度通过调整待遇以适应可用资金的方式来维持财务平衡；纯粹的名义账户制制度也是如此。相反，纯粹的DB型制度则通过调整未来的缴费率或由制度外部注入资金以履行未来的支付义务。在实践中，往往通过定期调整缴费和待遇（在公共计划中还包括政府的转移支付）以维持制度的财务平衡。

缴费和待遇之间的联系不应仅在一个时点上考察，比如只面向既定的在职人群或是既定的养老金领取者，还应随时间的推移而改变，当寿命延长、生育率降低或婴儿潮等因素发生变化时，缴费和待遇的关联就应当做出相应调整。选择调整方式需要面对以下问题：

- 将调整写入法规中使其自动运行，还是通过定期修改立法进行调整？
- 是对缴费、待遇分别做出调整，还是对二者同时进行调整？
- 养老金不同的社会目标应给予怎样的相对权重，在权衡成本的前提下应如何实现这些目标？

谁承担风险？按不同规则调整会对风险承担模式产生不同的影响。纯粹DC型的国家制度通过缴费筹资，制度运行的风险由缴费者自身承担，他们的养老金会因风险而受损；如果有财政补助，风险还会落在纳税人身上。纯粹的、完全积累的DB型的国家制度也是通过缴费筹资，但其风险却落在当前的就业者身上；非完全积累的DB型制度的运行风险则由当前的就业者和未来的就业者共同分摊。在纯粹的DB型制度中，领取养老金的人不直接承担任何风险。而在实践中，如果收支不平衡，政府会在调整缴费的同时也调整待遇，因此领取养老金的人会承担部分风险。缴费和待遇可以自动调整（例如，待遇随价格指数化调整），抑或是通过专门立法进行调整。

---

① 更充分的讨论见Bands and Diamond 2009。

在雇主提供的纯粹DB型制度中，养老金资产投资回报率变化的风险由雇主承担，而雇主可以通过影响工资率将风险转移到行业内的就业者身上，通过影响利润使风险落在该企业的股东和纳税人身上，通过影响价格还向企业的顾客转嫁部分风险；如果企业用某些时期的盈余来提高其他时期的养老金，或者修改了养老金待遇公式，那么企业过去的或未来的就业者也得分担本应由雇主承担的投资风险。在实践中，企业也会依照财务结果调整其DB型制度当前或未来的待遇①。DB型和DC型养老金的关键区别是如何分担以及如何广泛地分担风险。

第三节　经济框架

一、简单经济学

谈到养老金经济学，树立三个观点有助于问题的分析：国民产出问题，普遍存在的消费者信息不完全与决策不完善，以及养老金制度面临大量不可预知的风险。第四个重要观点是养老金安排有不容忽视的行政成本。

产出问题。老年人的生活保障可以通过两种方式（而且只有两种方式）实现。一是把当前的产品储存起来供未来使用。不过，储存消费品的代价太大，而且不能应对诸如消费偏好变化带来的不确定性，劳务商品特别是医疗服务根本就无法储存。因此，除了住房，这种方法对于其他大多数消费品根本不适用。第二种方法是在年轻时让渡产品以换取老年时获得产品的权利。这种方法有两种实现途径：一是将工资的一部分储存起来，逐步形成资产，在退休后可以用这些资产交换年轻人生产的产品；二是得到一个来自于子女、雇主或政府的承诺，在其退休后能够获得年轻人生产的产品。养老金的两种主要筹资模式对应着这两类要求权：积累制基于金融资产的积聚，而现收现付制则以承诺为基础。

养老金的目的是使人们在终止工作后仍可以继续消费。养老金领取者并不是对钱感兴趣，而是在意食物、衣服、供暖、医疗服务等的消费。消费品来自于同期的产品，这些产品是由年轻就业者生产的。由此看来，现收现付制和基金积累制只是处理未来产品要求权（以及如何分割当前产品）的简单财务机制，核心问题则是未来的产出。因此，从宏观经济角度看，这两种筹资模式虽有差别，但不

① 待遇可能是雇主和工会反复谈判的结果。尽管法律保护当前待遇不能随意变动，但这种保护对出资公司的破产无能为力。

应夸大这种差别。

产出问题也是开放型经济体的核心。在开放型经济体中，人们能够消费国外制造的产品，养老基金可以投向海外资产，国内生产可以使用外资①。开放带来了许多新的机遇，提高了养老金的潜力，但并不改变养老金体系的基本逻辑。开放会改变国内的市场工资和投资回报率，这将影响养老金制度的实际效果。老龄化使养老金制度在未来要面临严峻挑战，这已不再是少数几个国家的事了，OECD国家和许多其他国家都已迈入人口老龄化社会，中国就是一个明显的例子。

普遍存在的消费者信息不完全与决策不完善问题。简单的消费者选择理论假设劳动力市场、保险机构以及保险市场处于最优运行状态，消费者具有完全信息且是理性的，他们按照自身一生效用进行最优储蓄和最优借贷。这些假设适用于许多领域，消费者主权也因此得到推广，但对于像养老金这样的复杂产品并不适用。因此，存在如下两个关键问题：

• 现实世界偏离最优，特别是存在信息不完全、市场缺失、各种风险和不确定性以及累进税等的扭曲，专栏 2.1 对此进行了总结；

• 存在不完善的决策，在专栏 2.2 的讨论中特别关注了人们利用市场机会的个人能力，这些个人能力影响着决策水平。

公众教育可以缓解信息无知，但并不能解决全部问题。那些熟知金融的人也不一定就算作信息完全的消费者，即使具有完全信息，他们仍然会面临专栏 2.2 中所讨论的许多问题。错误的选择需要付出很高代价，而且有证据表明提供那些能够成功改变行为的信息非常困难且成本高。鉴于此，在不完全信息和次优选择情况下，就需要由政府实施严格监管以保护处于信息劣势的消费者。

除了信息采集不完整之外，信息处理不完善也关乎决策质量，因为它影响到就业者及其家庭成员。如果就业者在对储蓄和年金产品做出决策时没有充分考虑到自身及家庭成员未来需求的话，国家就会干预，这种干预数百年前就有，例如，通过不动产管制来保护寡妇。

【专栏 2.1】偏离最优

简单理论假设人们在最优状态中储蓄，储蓄所需的市场运行良好，个人按照自身一生效用最大化原则做出决策。在经济比较宽裕的环境中，人们为退休

① 开放还包括移民的流入与流出。

进行储蓄，尽管投资回报不确定，但储蓄所需要的市场类型都存在且均运行良好。满足这些条件，通过消费者选择和竞争性市场就能够实现福利最大化。然而，养老金所处的环境与这个假想状态严重偏离。

不完全信息。尽管完全市场（complete market）能够帮助人们应对未来的不确定性，但人们仍需要了解所面临的风险。不仅如此，人们还要了解市场提供的选择机会，以便很好地利用它们。信息不完全体现在以下几个方面：

• 有些人对所面临的风险和不确定性存在认识不足，例如有关长寿风险。

• 不太了解诸如DC型养老金这样的复杂产品，这些复杂产品涉及一系列金融机构和金融工具。许多人并不理解基本的金融概念：奥斯泽格和斯蒂格利茨（Orszag and Stiglitz 2001，p.37）引用“美国证券交易委员会”（U.S. Securities and Exchange Commission）主席的话，超过50%的美国人不清楚股票和债券之间的区别（见专业术语表）。这个问题不仅涉及效率，而且还隐含着再分配的含义，因为那些消息最不灵通的人不成比例地集中于经济最差的人当中。也就是说，信息匮乏与经济贫困高度相关。

• DB型计划非常复杂，参保人对它的理解并不全面。企业发起的养老金计划的复杂性特别突出，在这些计划中，职员流动和企业财务问题对养老金的影响难以观测。相反，虽然像英国这样的国家有时公共养老金计划复杂到难以理解，但相对于企业养老金计划，公共养老金计划的复杂性问题还是小得多。公共养老金制度需要根据人口、经济条件以及政治环境变化做相应调整，这会增加公共计划的复杂性。

• 某些情况下，问题并不在于信息缺乏，而是在于信息的处理，认识到这一点是有用的。提供必要的信息，可以解决既定市场的信息问题，例如在汽车市场上提供不同型号汽车的特征。有了这些信息，人们就可以做出选择。不过，即使有了必要的信息，因为信息处理太复杂，许多代理人也无法做出理性选择。在时间跨度长、商品或服务复杂程度高、产品特征信息难以简化等情况下，此类问题更常见，而大多数养老金产品都有这些特征。

人们因为这样或那样的原因总是短视的，这就给强制干预提供了一个理由。这可不是个小问题，它意味着养老金市场不支持理性人效用最大化的假设。

不完全市场。即使消费者消息灵通且能够很好地处理信息，然而现实市场为其提供满足需要和需求的产品的能力却是有限的。例如，养老金指数化合约的市场就很狭小。信息不对称使得保险市场不可能是完美的。如果保险与就业关联，向就业者提供保险就会扭曲劳动力市场决策，这是不完全市场的另一种表现。实际上，有一个定理认为，在信息不对称的情况下，劳动力市场无扭曲则标志着保险的非最优供给。这会使人们难以判断为特定群体设计的特定保险产品是否是最优的。信息不对称使得保险公司必须面对不同风险的潜在顾客，向其提供的保险产品因此会有不同成本，因而会产生逆向选择问题。政府提供的强制保险有助于缓解逆向选择。不仅如此，经营保险产品一般花费很大，这给政府以低得多的成本提供相同产品留有空间。

累进税制。累进税制是对最优状态的进一步偏离。如果劳动力市场存在扭曲，对比DC型计划和DB型计划，很难说二者之中哪一个占首要地位：

> “随着累进所得税的提高和年龄—收入边界的扩展，一般而言，平均边际所得税率随着年龄的增长而上升。一个精心设计的DB型计划会因总税负（所得税加上净社会保障税）在生命周期内变动不大而给劳动力市场带来正面效果。因为年轻时缴纳的所得税低一些，领取养老金时缴纳的净社会保障税高一些，所以生命周期内的总税负基本不变。没有详细测算还不能得出有效结论，不过，相对于DB型计划在长短不同的平均期限之间的税负差异来说，总税负的差距要小得多。”（Diamond 2002，p. 57）

所有这些对最优状态的偏离都引发人们对市场选择与市场竞争的简单模型的质疑，由此产生的消费者选择的问题见专栏2.2。

【专栏2.2】消费者做出正确选择了吗？来自行为经济学的经验

人们用信息经济学和行为经济学解释了为什么有关储蓄和对养老金提供者的选择是次优的，前者在专栏2.1中已有讨论，后者多见于最近不断增加的研究文献中（见U.K. Pensions Commission 2004a，pp. 207－10，Tapia and Yermo 2007，and Thaler and Sunstein 2008）。

许多人自愿储蓄不足以至于无法实现一生效用最大化，而且尽管年金有很大价值，但自愿购买年金的人仍寥寥无几。在现实中，这些次优行为随处可见。

不做选择或拖延选择：

• 拖延：人们拖延储蓄、不储蓄或者储蓄不足。有相当多的证据（Choi et al. 2001）表明，人们都同意应该有更多的退休储蓄，但总是拖延行动。

• 不作明确选择：从理论上讲，自愿加入或自愿退出对个人参与养老金计划没有影响；但是在实践中，自动注册的养老金计划往往有高得多的参与率。美国雇主 401（k）计划的参与率因退出注册是否是自动的而有明显差别（Madrian and Shea 2001）。

• 不选择：复杂性和相互矛盾的信息可能导致消极行为，影响了人们对养老金计划的参与。人们发现，401（k）中给出了较多选择，而参与的人却更少了。在瑞士，相当大一部分新就业者对养老金计划根本就不做选择。

错误的选择：当人们真的做出选择的时候，他们的抉择可能又没有多大意义。

• 短期的满足：许多人选择在所允许的最低年龄退休，这可能对于他们自己及其配偶来说都为时过早。按照精算公平原则，晚退休者的养老金比早退休者的养老金要高。即使如此，美国人的退休高峰仍发生在 62 岁。

• 选择的框架：即使最简单的选择也会受到它们出现方式的影响。正如罗文斯坦和尤贝尔（Loewenstein and Ubel 2008，p. 1806）所指出的："先认识风险后考虑收益的人与先认识收益后考虑风险的人所做出的选择截然不同。决策方法帮助人们简化工作，开发人员只需按照这样或者那样的次序提供信息，便可得到分析结果。不幸的是，他们对次序的选择几乎无一例外地影响了决策结果。"

• 选择熟悉的：另一个糟糕但又很普遍的选择是将资产大量投资于自己的雇主；如果公司破产，投资于公司的雇员不仅失去了自己的工资收入，还会损失大部分的资本积累，这事就发生在安然的许多雇员身上。这种行为显示他们不懂得分散风险的好处。

• 一哄而起：人们紧随时尚，就像 20 世纪 90 年代末追捧科技股那样。一种现象是过度交易，这不仅使人们在风险—收益组合中处境更糟，同时还带来了交易成本。另一个现象是选择市场时机，人们越来越多地选择预期收益下更高风险的资产，实际上这样做会降低平均预期收益。

• 年金使用不当：有关年金的决策往往是有缺陷的，部分原因是大多数人并不了解保险的基本理念。

最新的实证研究表明有一种趋势，即人们更倾向于当前的满足，因而短期折现率高，中期折现率低。但问题是，当未来某个时刻来临时，它就变成了当前时刻，因而短期就不会发展成为中长期，人们始终处于短期状态中。

对养老金设计的启示：上述发现为雇主计划和公共计划的政策设计提供了如下启示。

• 简化选项以免人们不选择，例如，只提供少数几个基金，且各个基金区分明显。

• 使用自动注册，将人们的惰性变为有利因素。自动注册后，大多数人都会留在计划内。

• 设计好默认选项：自动注册和个人选择都需要一个默认选项，如果人们未做出选择，则默认这个结果。默认选项及其设计都很重要，见贝希斯等人（Beshears et al. 2008）更全面的讨论。

• 在雇主计划中，还需要设计一种政策，利用人们拖延行动的特征，让人们在当前做出承诺，并在未来付诸行动。人们总是乐于承诺以后多存钱，就像在泰勒和贝纳茨（Thaler and Benartzi 2004）的“明天储蓄更多”（Save More Tomorrow）计划中那样。这种政策的实质是让人们在当前承诺将工资的一定数额储存起来，这个数额初始值并不大，但如果没有明确中断这种安排的话，储存额将随着工资的上涨而不断增加。

养老金制度面临大量难以预料的风险。

• 经济风险：那些不可预见的宏观事件（包括利好的和不利的突发事件）能够影响产出或价格，或者同时影响二者。基金积累制和现收现付制只是处理未来产品索取权的不同的简单方式，因此产出的变化必定会给任何一种养老金安排造成影响。

• 人口风险：所有养老金制度无一例外地会受到出生率、死亡率或者其他人口变量的影响（见第四章第三节第三部分）。这些变量通过制度规则给养老金带来直接影响，间接影响则反映在市场价格和数量以及由此带来的养老金收入和要求权的变化上。

• 政治风险：由于养老金制度以不同方式高度依赖有效且稳定的政府，因此政治波动会影响到所有养老金制度。

除了这些共同的风险，基金的筹集和管理还会带来其他风险。

• 管理风险：不称职或欺诈行为会带来管理风险，不完全知情的消费者一般难以检测到这种风险。

• 投资风险：养老金一直到退休都在证券市场上，其积累规模易受证券市场波动的影响。此外，通过名义债券进行养老金积累易受未预料的通货膨胀的影响。

• 长寿风险：如果不是以年金形式持有资产，人们得面对因长寿造成资产不够支付的风险。

• 年金市场风险：给定养老金积累规模，年金价值取决于个人余命以及保险公司在这些年的期望回报率，因此年金市场风险既包括投资风险也包括长寿风险。

私人保险市场能够帮助人们承担退休时的一些风险，但在应对逆向选择、销售成本、消费者缺乏做出明智选择的能力以及风险分担（尤其是社会互济）等方面存在不完善，显示了私人保险市场的局限性。社会保险通过降低待遇、提高缴费以及税收筹资等方式，能够更广泛地分散风险。如果政府举债筹资用于养老补贴的话，未来的纳税人和养老金受益者也参与到风险分担当中。不过，在处理风险方面，社会保险计划还显得有些简单化，不能完全达到理想化市场的效果。

行政成本。前面所有的讨论都没有考虑交易成本，然而在分析问题时必须认清一个现实，即任何有关未来消费的安排方式都是有行政成本的，包括资产积累或资产买卖产生的保存记录成本和交易成本。未来消费的不同安置方式具有不同的成本，交易成本的差异会使未来消费水平大不相同，一个典型的例子就是个人买卖共同基金比机构花费的代价高得多。

二、有待深入研究

本书后面的几章对以下五个方面的问题做了分析与总结。

养老金与劳动力市场。现代经济不可能没有劳动力市场扭曲，分析养老金制度就得在劳动力市场的低效率与实现消费熨平、保险、再分配和减贫等目标之间做出权衡[①]。因此，真正的问题是在低效率目标和其他目标之间如何取得平衡，而不是假装有一种方式能够在无扭曲状态下实现多重目标。真正需要的是建立一个次优分析，来考察整个计划而不是计划的一个组成部分对退休收入的影响，因为孤立地考察一部分可能会导致错误结论。第三章会就这些主题展开讨论。

养老金与国民储蓄。强制性退休收入计划会影响国民储蓄。可以增加国民储

① 尽管在劳动力市场的效率与其他目标之间做一权衡是有用的，但需要记住，对不完全市场和不完善决策的干预能够改善劳动力市场的效率（需要定义适当），同时也能推进其他目标。

蓄及由此提高未来产出的养老金积累程度是一个重要问题。第四章提出了一个考察积累程度的分析框架，认为一个良好的制度可以是非积累的，也可以是完全积累的，还可以是介于二者之间的，这取决于人们的储蓄意愿。

再分配与风险分担。第五章将讨论再分配与风险分担的问题。尽管除了资本市场以外还有私人保险市场来分散风险，但公共养老金制度有其独特优势，它能够以市场能力之外的方式来改进风险分担。不仅如此，公共养老金制度还能够克服私人保险市场上的一些重大局限。第五章还将讨论养老金的制度设计如何影响一生收入再分配的问题。

性别与家庭。养老金制度中有关性别与家庭的问题将在第六章讨论。许多养老金制度对不同性别制定不同规则，但即使制度规则是性别中性的，也会因为男性与女性在经济和人口条件方面的差异而产生不同影响。另外，还需要充分考虑家庭因素，这一点在遗属养老金制度设计中尤为重要。

实施与养老金成本。第七章将讨论这些重要的问题。

这些因素得出一个核心结论，即不存在最好的养老金制度。专栏 2.3 对这一观点做了概述。

【专栏 2.3】没有单一的、最好的养老金制度

养老金有多重目标，尤其是消费熨平、保险、减贫和再分配。

实现这些目标面临一系列约束：

• 财政能力：在其他条件不变的情况下，税基越大，既定养老金所需的缴费率就越低，因此潜在扭曲就越少。

• 制度能力：强大的制度能力可以扩大正式的税基，养老金设计的选择范围就会更广。财政和制度能力在第七章着重讨论。

• 行为参数的经验值，例如劳动力供给对养老金制度设计的反应以及养老金对私人储蓄的影响。

• 转移支付前的收入分配状况：如果处于收入分配较低端的人口较多，就会要求制度有更好的减贫效果。

没有最好养老金制度的几个理由：

• 不同国家、不同时间的政策制定者赋予各个目标不同的相对权重，例如，对减贫重要性的看法不同，对风险如何在代内和代与代之间分担也有不同观点。

• 不同国家不同时期的约束条件（包括关键参数的值）都有所不同。

• 在经济和管理条件既定的情况下，各个国家不同的政治进程影响着养老金制度在政治上的可行性。

总之：

• 就像在第九章阐明的那样，不同国家在处理各个目标时有不同安排。

• 尽管没有哪个国家的制度是完善的，但我们还是能发现许多不同的运行良好的制度结构。

另外，还要讨论如下的很多常见分析性错误：

• 井蛙之见，也就是说，孤立地考虑一个目标；

• 错误使用最优分析，忽视专栏 2.1 和专栏 2.2 中讨论的信息和决策问题；

• 错误使用稳态分析，只关注稳态中的养老金制度，却对稳态变迁的必要步骤视而不见或一笔带过；

• 对养老金隐性债务的分析不完整，例如，只考虑到未来养老金的成本而忽视其待遇；

• 对积累制效果分析不够，例如，过度关注现金流量，却忽视对实物资源的影响；

• 现收现付和基金积累的选择会影响再分配，分析的错误往往在于忽视了这一不可回避的影响后果。

专栏 11.1 还会对这些分析性错误进行更详细的讨论。

第三章

养老金与劳动力市场

本章探讨养老金设计对工作期间劳动力市场的影响（第一节）及考虑退休时的影响（第二节），第三节考察强制型养老金与自愿型养老金的平衡。

第一节　待遇设计在就业期间的影响

养老金制度对劳动力市场的影响取决于制度设计的整体情况，而非孤立的某一部分。劳动力流动性对劳动力市场的有效运行至关重要。因此，养老金设计一般来说应该格外关注对劳动力供给的限制性障碍，尤其是对劳动力流动性的限制性障碍。这里有两个问题显得尤其重要：一是与最终工资制度相关的问题，二是关于缴费和待遇之间精算联系程度的优劣判断问题。

一、与最终工资制度相关的问题

影响一个人养老金待遇的不同年份收入方式可以极大地左右该人的劳动力市场行为。特别重要的是，待遇是否应该取决于一个人的全部缴费记录或其中的几年，如果是后者，应该是多少年以及哪几年。

公司用养老金来招揽和留住就业者。历史上，很多养老金制度在就业者达到标准退休年龄时开始支付待遇，而且待遇标准视就业者的服务年限和其职业生涯最后几年的工资水平而定。这种安排让就业者很容易认识到留在一家公司直到退休的好处。

但是，这种制度安排会给劳动力市场带来问题。当年轻就业者意识到当前收入并不影响未来养老金水平，这就削弱了他们超时工作或在高薪下承担更困难工作的动力。当然，因为就业者也可能意识到努力工作和业绩突出有助于增加升职的机会，从而获得更高工资和因之而来的更多养老金，所以也存在补偿性激励

(offsetting incentives)。

当然，当就业者可能过分追求超时工作时，在职业生涯后期就会出现反向激励（opposite incentive）。在波士顿出现的一个极端案例便是例证，那里的地铁系统根据工人职业生涯后期的全部收入（而不是基本工资）来确定养老金。于是，老年工人严重超时工作，从而导致工人驾驶机车时因过度疲劳而昏昏欲睡，进而引发了交通事故。人们完全不必以危及生命的代价来验证这种养老金制度安排所具有的逆向激励（adverse incentives）。在大型机构里也存在相似的问题，即为了增加养老金权益，人们在职业生涯末期升职并得到对升职有话语权的中层管理人员支持。应该说，用来确定养老金待遇的收入期越短，这种合谋动机就越强烈。

这种依据最终工资确定的 DB 型养老金制度带来的第三个问题是造成就业者就业被锁定在一家公司。的确，历史上这曾是待遇设计的主要目的之一。但在现代经济中，这种阻碍劳动力流动的效率成本却可能是巨大的。

第四个问题是与养老金收入分配相关。这种体制有利于收入增长较快的就业者，尤其在职业生涯末期更是如此。既然薪金高的就业者通常收入提升也快，那么这种制度就会使富者愈富。因此，可以认为这一制度有失公平。

虽然统一的国民养老金制度不存在劳动力缺乏流动性的问题，但同样也面临其他问题。仅对一家公司而言，公司可以根据有关就业者的其他规定以及基本工资而不是实际收入来确定养老金，从而降低这些影响。而在国民养老金制度中，政府无法对整个经济系统采取相应规定。所以，只要养老金机构有相应的管理能力，国民养老金制度就应该基于就业者的全部或大部分收入历史来确定养老金待遇。

基于这些理由，分析人士都认为一个设计完好的养老金计划（无论是公司还是行业抑或是国民层面）都应该根据相当长的缴费期来确定待遇水平。但就这个共识而言，我们还尚不清楚确定待遇水平的缴费期限到底是应该包括全部职业生涯（例如法国、德国和瑞典）还是一部分职业生涯（例如美国和英国）。就一些重要方面而言，这种选择取决于对养老金制度不同目标所赋予的权重。其中，包括全部职业生涯的制度对消费熨平赋予了更大的权重，但只包括大部分而并非全部职业生涯的制度通过把就业者较低或没有收入的几年排除在外，以此来对保险和再分配目标赋予更大权重。在我们看来，这两种方式都是可以接受的。但相对而言，无论是雇主发起的还是公共养老金制度都不应该过分倚重最终工资来确定待遇水平。

二、与严格遵守精算型待遇给付相关的问题

通常认为，缴费和待遇之间具有严格精算联系是最优的，“因为DC型积累制是最接近精算公平的制度，所以劳动力市场扭曲程度应该是较低的”（Holzmann and Hinz 2005，p. 50）。这一判断的证据来自三个方面：精算型待遇给付（actuarial benefits）使劳动力供给扭曲最小化，更加遵守缴费条款，鼓励推迟退休。

在最优状态下，精算型待遇给付只需每个人对在年轻时期和老年时期之间的消费做出有效选择。但实际上，政策设计必须处理三种市场缺陷。如果强制参保具有正当性，那么人们就应该是短视和信息不完全的。这一问题不可小视，而且意味着理性效用最大化的简单假设并非能站得住脚，尤其是在面对专栏2.1和2.2中讨论的主要信息和决策问题时更是如此。第二个问题是市场缺失（missing market）。例如，指数化合约市场就非常狭小。为使具有信息不对称的保险存在就需要扭曲的劳动力市场决策。累进税制是偏离最优状态的第三个因素。因此，既然存在其他因素对劳动力市场造成的扭曲，对DC型和DB型制度之间的比较就不能简单地得出一个制度绝对优于另一个制度的结论。对最合意税收问题的详尽阐释表明：一般而言，在次优状态下严格精算的养老金制度并不是最有效率的。

那么，通常认为精算型待遇给付所具有的三个特殊优势又如何呢？

劳动力市场扭曲。第一，如果还存在来自其他方面的扭曲，那么一般来说精算型待遇给付并不会使劳动力市场扭曲最小化。第二，除了熨平消费，养老金还有诸如减贫等其他目标，正如前文提到的，为了取得这些其他目标还需要配套一些政策（例如税收制度），这样就不可避免地造成劳动力市场扭曲。第三，鉴于劳动力市场参与率低下的原因既可以是选择（偏好多于休闲）抑或是约束（低工资或没有就业机会）在某种程度上所存在的信息不对称，为避免出现不利于劳动力市场结果（尤其是到了职业生涯末期）而设的保险就要求偏离精算保险（actuarial insurance），以便提供更好的保护。总之，一方面精算型待遇给付并没有最小化劳动力市场扭曲；另一方面最小化劳动力市场扭曲也并不是正确目标：保险必须针对各种养老金制度的目标来平衡劳动力市场效率。

覆盖面和合规。如下两个原因中的任何一个都可以造成养老金制度覆盖面狭窄：一个是很多就业者没有在养老金覆盖部门就业，另一个是在养老金覆盖部门就业的就业者或雇主没有履行其法定义务。养老金覆盖部门的合规激励取决于对

追加缴费的成本和认知回报以及执法力度这三个因素。因为精算型待遇给付去除了每年在待遇和缴费之间的弱联系（取而代之的是强联系），所以强化了在养老金覆盖部门工作和遵守养老金法规的激励。但是，对于通过养老金制度或其他特定计划获得最低收入保证的就业者来说，这种激励是不存在的。另外，提高合规（improved compliance）取决于个人信息充分并能从当前收入中或通过借贷负担得起缴费。实际上，人们可能并不了解当前缴费和未来养老金待遇之间的关系；或者他们可能是短视的，即相对于未来消费他们过于偏好当前消费；抑或当前收入约束和借贷能力也可能迫使他们选择当前消费而不是未来消费[①]。正是由于这些原因，1981 年智利将各种 DB 型计划改造成一个 DC 型制度却并没有对覆盖面带来显著影响便不足为奇了。

推迟退休。有人认为，精算型待遇给付通过向推迟退休者提供足够的以至于消除隐性税的养老金待遇，可以鼓励适度的推迟退休。这借助最优状态的前提假设再一次给出了过于简单化的论断。另外，正如在第二节第四部分中所做的讨论，对 DB 型制度而言，即使在最早领取养老金年龄时的初始待遇并非精算确定，但在工作超过最早领取养老金年龄时仍然可以基于精算来调整待遇。

所有以上三种情况，即劳动力市场扭曲最小化、提高合规和鼓励推迟退休都是在最优状况下做出的简单判断，但这并不意味着缴费和待遇之间的联系不重要。确实，在这一关系中，好的保险设计应该避免各种明显且主要的扭曲。但是，一般情况下，这也并不意味着严格的精算联系就是次优的。

第二节 退休时的待遇确定

退休时的一系列制度设计特征可以对劳动力市场产生重大影响。本节将依次考察退休年龄和总失业之间的关系，不可取的强制性退休，开始具有待遇资格的退休年龄选择和推迟退休时的待遇调整问题。

一、退休年龄和失业

一般来说，那些通常认为提前退休可以缓解失业的看法是错误的。从长期历史视角来观察，发达国家的平均退休年龄已经大幅降低，但失业并未出现趋势性

① 在一些发达国家，大量的低收入者都有或多或少的信用卡债务，其利率高达 20%左右。这种情况下养老金计划中的储蓄将变得毫无意义，因为养老金计划中的储蓄无论如何也不可能达到接近 20%的年收益率。

下降。专栏 3.1 对来自许多国家为期 10 年的研究表明，并没有出现所谓的鼓励提前退休可以降低失业的模式。实际上，在对比两个国家一段时期的失业率时会发现，即使这两个国家的退休制度在此期间并没有发生显著变化，但完全有可能观察到先是一个国家的失业率要高于另一个国家，然后是后一个国家高于前一个国家。因此，退休年龄和失业率之间并非密切相关。

【专栏 3.1】养老金设计与退休时间决策

养老金规则对退休时间决策具有重要影响。特别是设计低劣的规则可以鼓励人们不合理地提前退休。在极端情况下，这些激励所造成的影响甚至类似于强制性退休年龄。

有很多经验研究支持这一结论，其中一合作项目对 11 个国家的养老金和退休进行了分析（Gruber and Wise 1999，2004）。该研究作者计算了每一年对具有退休资格的就业者的隐性收入税（由于养老金规则的原因，就业者放弃本应该继续获得下一年工作收入所导致预期终身收入的下降）。然后，将他们称为“课税力”（tax force）的变量添加到这些隐性税中，后者是从男性开始具有领取养老金资格的年龄一直到 70 岁期间所形成的。这一变量以粗简、整体的方式测度了养老金制度设计所包含的对减少工作的财务激励程度。

为了考察这种退休激励测度与实际退休决定是如何相关的，该研究对劳动力供给进行了简单的总量测度。对于介于 55～65 岁之间的每一年龄段，作者计算了不属于劳动力的男性人数比例，然后将这些所有年龄上计算得到的比例加总。他们把这一结果变量称为“闲置生产能力”（unused productive capacity）。图 3.1.1 给出了“闲置生产能力”基于“课税力”对数的回归分析。这证明二者之间存在着强相关（R 的平方值大约为 0.8），而且“课税力”变量系数可观并在统计上是显著的：该系数（可被解释为“闲置生产能力”的“课税力”弹性）平均为 0.36。此外，使用个体数据所做的时间序列和分析都表明，至少很大一部分相关性反映了隐性税在激励提前退休上的影响。

相比而言，同样的“课税力”变量却没有对上述国家的男性失业率造成影响（以长达 10 年期的平均失业率来测度），参见图 3.1.2。无论以如下两种方式中的哪一种对回归分析做出解释，其结论都是一样的：一是直接就可以看出，规模可观的隐性税只激励人们提前退休但却没有降低失业率；二是对工具变量回归也可以证明，提前退休没有降低失业率（Diamond 2006）。该研究表

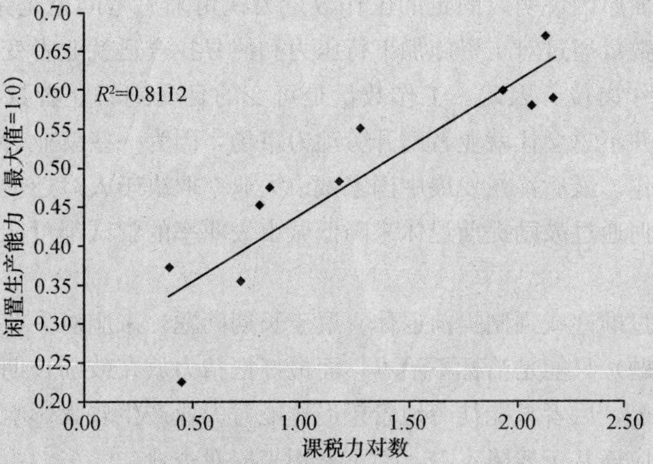

图 3.1.1 “闲置生产能力”与养老金规则导致的隐性收入税

资料来源：Gruber and Wise（1999）.

注：“闲置生产能力”存在于 55～65 岁的就业者之中。每一个观测值只代表一个 OECD 国家，这些国家分别是比利时、加拿大、法国、德国、意大利、日本、荷兰、西班牙、瑞典、英国和美国。“课税力”变量是测度在取得养老金的最低退休年龄和 70 岁之间每增加一年工作的隐性收入税。

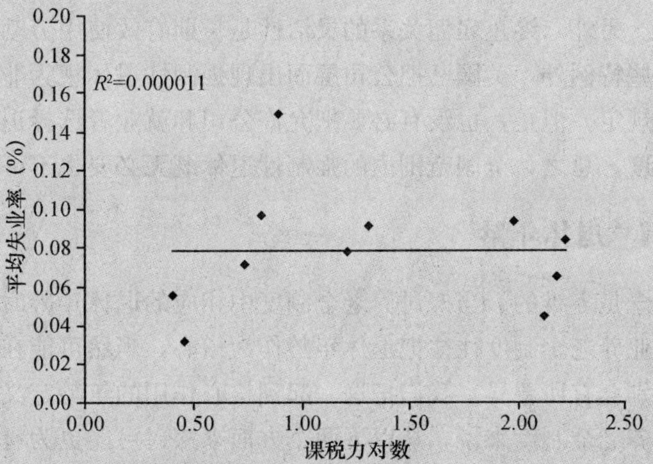

图 3.1.2 男性失业与养老金规则导致的隐性收入税（1991—2000）

资料来源：Diamond（2006）.

注：每一个观测值只代表一个国家。

明，高隐性税对就业带来的消极影响会造成极大的无效率，从而无法完成社会目标，因此应该加以避免。

以下几方面原因说明以固定的工作数量为视角来思考问题是错误的。首先，增加的就业者数量通过对工资施加下行压力和使寻找合适就业者变得容易而有助于创造新的工作岗位。因此，工作数量是可变的且受到就业者数量的影响。其次，提前退休并不总会让就业者离开劳动力市场，因为一些就业者在领取养老金时还会继续工作。最后，在发展中国家城市失业率取决于人口迁徙和工作的可获性。所以，任何通过鼓励提前退休来降低城市失业率的尝试都可能被人口迁徙所抵消。

因此，通过准许或强制提前退休（属于长期问题）来应对失业问题（一般来说属于短期问题）只能是治标不治本，而最好把精力放在鼓励长期增长而不是扭曲劳动力市场上，后者只能徒劳地希望退休能对失业产生较大影响。同样，残障待遇的获取也应该基于残障本身，而不是用来应对失业。

二、强制性退休

迫使人们离开劳动力市场对于寻找工作的人员并不是长期利好。因此，在全国范围内规定强制性退休年龄就毫无道理。老年就业者在健康状况、工作兴趣、工作能力和就业机会上差异很大。而且，雇主在对老年就业者的潜在使用和需求上也不尽相同。另外，终止雇佣关系的灵活性是长期有效使用劳动力的重要组成部分。除了一些特例外，美国已把公司层面出现强制性退休视为非法，欧盟紧随其后也有如此规定。但是，也没有必要把允许公司和就业者选择退休年龄上升到前所未有的高度。总之，全国范围内的强制性退休既无必要也不可取。

三、何谓“退休年龄”

退休的概念是多维的。当探讨养老金制度中相应的退休年龄时，有两个变量特别重要。企业养老金制度往往把退休年龄作为核心，当然可能在养老金多寡和退休早晚上分别会有所差异。我们把这一起到核心作用的年龄定义为完全待遇年龄。对于国民养老金制度来说，从以下两个方面来探讨可能更为有效：（a）准许就业者领取待遇的最低年龄，和（b）超过最低年龄而推迟领取待遇情况下的养老金增加程度。各个国家领取养老金的最低年龄不尽相同。美国既有领取养老金的最低年龄（62 岁），也有领取全额养老金的年龄（由以前的 65 岁上升到现在的 67 岁）。而在英国，这两个年龄是一样的。

制定最低受益年龄需要考虑哪些因素呢？如果养老金是随着最低受益年龄提高而精算调整的，那么提高最低受益年龄时就不会改善养老金长期财务状况。只有在每一年龄待遇水平都低于旧制度下待遇水平的情况下，提高最低受益年龄才能降低养老金财务成本。

提高最低受益年龄会使一些就业者受益，而使另一些就业者受损。因此，最低受益年龄的确定应该平衡这些边际收益和边际损失。把最低受益年龄由 65 岁提高到 66 岁会产生不同影响：

• 将使无法获得养老金且又没有足够储蓄来支持退休，而理应在 65 岁退休的就业者受损。

• 将使可以选择在 65 岁退休，但考虑到其本人或者配偶以及寿命，所得到养老金可能不足而理应一直工作到 66 岁的就业者受益。

• 将使在 65 岁退休且靠已有储蓄可以生活到 66 岁以取得更高养老金和更充足保险的就业者受益。

• 同样，如果待遇不是以实际退休为条件，那么无论如何都将对一直工作到 66 岁的就业者有利。此外，在既定现金流下，也将对那些可能已消费过多而需要为未来支出进行更多储蓄的就业者获益。

• 如果只向退休人员支付待遇，那么无论如何都不会对本打算工作到 66 岁的就业者造成影响。

最优的最低受益年龄要在使一些人受益和使另一些人受损之间权衡利弊，即设定的最低受益年龄应该在使不同就业者感到合理的范围之内。但不管选择什么样的最低受益年龄，设计的养老金制度都应该让退休决策具有弹性。

四、提前和推迟退休的养老金调整

退休年龄的变动。当完全待遇年龄选定后，传统的企业养老金制度将提供该年龄获得全额待遇的计算公式，该计算公式是服务年数和对应这一待遇公式各年个人收入的函数。但是，某些公司希望一部分就业者继续工作到超过获得全额待遇的年龄，或者至少也要让他们从事非全日制工作；而在另一些情况下，某些就业者在低于获得全额待遇的年龄下退休可能符合就业者和雇主两者的利益。精算师可以针对提前退休估算出待遇的降低程度，让公司无所顾忌地提供提前退休选项。

但是，精算公平的调整可能符合公司的最大利益，或者也未必如此。公司也许希望通过设定的养老金高于或低于得失相当的水平，对提前退休给予或多或少的鼓励。对这些替代选项设定的养老金水平相当于鼓励或阻挠在不同年龄退休的一个附加控制变量，从获得全额待遇年龄的规则中独立出来。此外，公司可以选择适用的提前退休年龄，也可以只向部分就业者或只在某些时期提供提前退休的选择机会（当企业需要减员时）。

如果公司需要留住超过获得全额待遇年龄的某些就业者时，可以对推迟退休提供更多的养老金。另外，当公司继续雇佣这一就业者时，可以全部或部分地支付待遇。例如，在该就业者已经正式退休并开始领取养老金后，可以雇佣其作为公司的顾问。基于对不同工种和不同就业者能力差异的认知，公司意识到他们不希望所有就业者都完全在同一年龄退休。

国民养老金制度也有类似的问题。无论某些标准年龄的养老金规则如何，从经济和社会上来说，不同就业者在不同年龄退休是有充分理由的。一些就业者在工作中如鱼得水，并愿意继续工作；而另一些就业者已无心工作（如果他们还在工作），并一旦有能力过上体面的退休生活便打算放弃工作。好的养老金制度将不会在第二组人退休时对第一组人继续工作的信心造成过分打击。

不同年龄的待遇资格和就业。在通常情况下，从公司退休是领取养老金的一个前提条件，但这并不必然意味着不再从事任何工作。很多就业者从一家公司退休并获得企业养老金，然后到其他地方工作；一些公司在给予已退休人员部分或全部养老金的同时，允许他们由全日制工作转向非全日制工作。如前文所讨论，这种弹性是完全恰当的。

国民养老金制度也可以选择在继续工作和领取养老金之间建立联系。只有当就业者已经完全不再继续工作（或收入较低）才可以在既定年龄领取养老金，或无论是否继续工作都可以在既定年龄领取养老金。或者可以制定随年龄变化的规则，即在一定年龄范围内只要不再继续工作就可以领取养老金，而超过这个年龄范围不管是否继续工作都可以领取养老金（例如在美国）。另外，可以允许具有养老金领取资格的就业者推迟领取待遇以便一旦该就业者实际退休时领取更丰厚的待遇（例如在英国），或允许领取部分待遇，而推迟领取余下待遇（例如在瑞典）。

总之，对于养老金待遇和初次领取养老金年龄之间的关系，应遵循以下两个原则：

- 为了激励就业者一直工作到适当的年龄，初次领取待遇年龄更大就业者的养老金水平应该更高。
- 应该在既定年龄下发放待遇而不要求放弃工作，或对推迟领取养老金的就业者大幅提高待遇。

第三节　强制型和自愿型养老金的平衡

一定程度上的强制性缴费是任何养老金制度的一个重要因素。自愿型养老金为就业者提供了更多选择，可以涵盖具有如下特征的就业者：

• 为退休进行储蓄的时间路径和对比就业期间权衡的老年生活标准的偏好不同。

• 一些重要人生大事发生的时间存在差异，例如，生育子女的时间不同。

• 风险厌恶的程度不同。

• 工作条件存在差异，一些工作条件恶劣或因为其他原因职业生涯短暂的行业可以提供提前退休。

• 地域和个人积极性存在差异。

自愿型和强制型的结合必须在两个方面之间权衡利弊：一方面是由统一的强制性规定所导致的无效率，因为强制性规定未完全顾及到偏好和约束的差异；另一方面是如果强制性制度比重较低而出现的缺口。在考虑强制性制度的合理规模时，应把关注点放在退休收入的充足性和制度对劳动力市场的影响上，无疑这两个关注点都将因人而异。

第四章

融资与积累

融资和积累[①]问题是一个具有激烈争议的领域[②]。本章第一节首先简单介绍这一问题的背景知识，然后重点讨论三个问题：隐性债务和显性债务问题（第二节），积累、储蓄和经济增长的关系研究（第三节），以恰当的方法比较现收现付制和基金积累制的回报率问题（第四节）。

第一节　背景问题

世界各国强制型养老金制度的资金来源方式有三种。第一种是资金来自于特种税（dedicated revenue or earmarked revenue），典型国家是瑞典和美国，其资金来自于工薪税（payroll tax）和根据特定规则从一般税收中提取的资金。第二种是资金全部来自一般税收（general taxation），典型国家是澳大利亚和新西兰。第三种是上述两种方式的混合，典型国家是智利和意大利。智利养老金制度分为两个层次，第一层的"缴费确定型"（defined contribution，以下简称 DC 型）计划的资金来自工薪税，第二层的"待遇确定型"（defined benefit，以下简称 DB 型）计划的资金来自一般税收。意大利养老金制度的资金主要来自工薪税，但是经常性存在的养老金赤字完全由一般税收兜底。第一种方式中的特种税的最主要来源是工薪税，该资金及其收益被用来支付当前的养老金待遇，或者购买金融资产，这些资产以信托基金（例如在美国）或个人账户基金（例如在智利）的形式

---

① 本书使用融资（financing）一词表示每年用于支付养老金待遇的现金流，使用积累（funding）一词表示养老金制度全部持有的金融资产。

② 一派的观点可以参见 Barr（2000），Dimond（2004），Dimond and Orszag（2005a，2005b），相反一派的观点可以参见 Feldstein（2005），Holzman and Hinz（2005）。试图对这一争议进行总结的论文可参见 Barr and Rutkowski（2005）。

存在。这种方式存在某种形式的变体（variation）。例如，荷兰养老金制度的待遇水平取决于居住期限，而不是缴费记录，但是其资金来源于特种税，这种税是65岁以下的人群在所得税以外缴纳的附加税。美国社会保障制度（social security system）的资金来自于特种税，领取社会保障制度待遇的退休者需要纳税，这部分税金又是特种税的一部分。赞成特种税的学者认为，这种方式能够使得养老金的资金来源独立于每年的财政预算波动，给就业者提供更多的保障，有利于长期的规划，获得更多的政治稳定性和可持续性。

另外一些学者赞成使用一般税收的方式为老年人提供保障，而无论他们是否参加了养老保险。纯粹的DC型养老保险计划无法向很多人提供充足的养老金，这些人包括职业生涯较为零碎的人，或者参保经常性中断的人，或者终生收入都比较低的人。即使是DB型计划，如果不存在明显的再分配机制，上述人群仍然难以获得充足的养老金。如果养老保险计划想有效地实现减贫的目标，纯粹的DB型、DC型计划都需要修改和补充。对于缴费记录较为短暂的就业者而言，增加待遇充足性的方法无外乎两种：一是在制度内通过最低养老金制度或累进的待遇公式而实现，二是在制度外通过社会救助计划来实现。如果想在制度内实现这个目标，额外支付的待遇的资金要么来自制度内（一部分特种税），要么来自制度外（一般税收）。不同的国家采取的方式不同。这些不同的融资方式都会在代际内或代际间产生重要的再分配效应，将在第五章中进行讨论。资金来源方式的选择是政治程序的一部分，在不同的政治环境下会存在不同的结果。

支持使用一般税收为养老金计划提供融资的主要论据是这种方法可以确保待遇水平的充足性。反对这种方法的主要论据是该方法使得养老金待遇水平易受财政状况的影响。另一反对论据的有效性取决于制度覆盖面，如果覆盖面过低，使用一般税收为养老金计划融资会导致累退效应，即一般税收来自于全体民众，而享受待遇的人主要是居住在城镇的、有正式工作的中产阶级就业者。支持特种税为养老金融资的论据是这种方法不易受短期财政的影响，有利于保护参保人的利益，不易受政治争端的影响。因此，特种税和一般税收的混合体制，即养老制度不同支柱（层次）采用不同的融资方式，可能是一种良好的设计。

在养老金制度内做出改进待遇充足性的安排，与此同时建立旨在反贫困的救助制度予以配合。这种救助制度的资金来自于一般税收，通常伴以收入调查或资产调查。由于养老金收入是收入调查的一部分，因此养老金计划和救助计划之间会存在交叉互动问题。

第二节 隐性债务和显性债务

“养老金隐性债务”已经成为养老金领域国际对话的常用词汇之一，不幸的是，该词汇没有统一的定义，因此也造成了诸多的混乱和误解。该词汇的核心含义是，政府的养老金承诺会导致未来的成本。但是，测量这种未来成本，也就是测量养老金制度长期财务状况的方法却有很多。

测量养老金制度的财务状况。第一，从养老金制度融资的角度分析，人们一般使用养老金支出减去缴费后的结余的折现值（present discounted value）来判断当前的养老金制度规则能否持续一段合理的时间。这最关键的问题就是合理的时间期限的选择。美国传统上使用75年作为一个期限，如果美国社会保障计划收不抵支，可以有足够的时间来调整制度规则。最近的趋势是要把这一期限延长到无限长。支持这一措施的人认为，使用75年的期限来测算，在测算末期再延长75年，这使得即使当前的情况是能够实现收支平衡的，但是最后的测算却发现是无法平衡的。另外，预测期限超过75年会导致一些不确定性，从而使得根据这种预测制定的政策是不恰当的。一个有用的并且被广泛采用的妥协是保留75年的期限，同时施加一些条件，涉及可持续的偿付能力问题，这些附加条件确保在75年期限的末期预测的资金不出现恶化情况。

第二，从如何对待未来一代人的角度分析，可以在使用逐年（year-by-year）计算方法的同时再辅以制度内逐代人（cohort-by-cohort）的计算。前一种方法被称为“开放群”（open-group）测量，后一种方法被称为“闭合群”（closed-group）测量。这种计算方法对研究分配问题是有助益的，因为在评估具体结果时需要考虑不同代际人群的收入水平和预期寿命。

第三个角度是总体分析，即养老金制度的总成本相对于经济总量的比重。使用这种方法会出现这种情况，即使从基金收入的角度分析发现该养老金制度是可持续的，但是人们也可能得出结论认为目前的养老金制度规模过大或过小。养老金制度规模的大小需要考虑到退休人员的需求和为养老金制度提供融资的其他渠道，而退休人员的需求又和他们退休前的工资收入以及当时年轻人的工资收入有关。

无论采用上述哪三种分析视角，一般而言，有三种自然的方法测量养老金支出：绝对金额、占工薪税的比例和占GDP的比例。使用绝对金额来测量虽然直接，但存在缺陷，不利于描述养老金制度的财务状况，特别是无法区分由于参保人数不同导致的问题。其他两种方法较为恰当，能够反映养老金制度的资金状况和对经济总量的影响。

既然养老金制度依赖当前的就业者，因此立法政策的变动不宜过于频繁，并且应该给予合理的缓冲期。因此，预测和测量就显得尤为重要，这可以使公众认识到，即使当前养老金保险制度的现金流是正的，但也有必要采取某种形式的改革措施。

分析性错误。判断隐性债务何时是揭示养老金制度财务状况的有用方法，这是另外一个问题。隐性债务是一个有用的概念，它提醒人们未来的一代人不仅仅需要支付显性债务，还有隐性债务。不幸的是，很多学者把隐性债务（几乎）完全当做显性债务来处理。很多支持个人账户制度的学者认为，政府应该发行规模和隐性债务相当的新债券，以保证个人账户里有充足的资产而不是空账，认为通过这个步骤建立的个人账户不需要成本。这种观点是有问题的。毫无疑问，上述做法具有实际的经济效果。作为养老金改革的一部分措施，政府可以通过降低待遇水平来减少隐性债务，而且很多政府的确是这么做的。与此相反的是，一旦新产生的显性债务代替了隐性债务，被置入个人账户中，并且和其他债务一样对待，那么降低债务价值的方法要么是拒不偿还，要么是引入通货膨胀，这些行为产生的效果并不仅仅影响债务的最初持有者，而且会造成更大的经济影响①。而且，除非发行的是无须偿还的永久债务（consols）②，显性债务需要不断的循环滚动，进一步加剧债券市场的脆弱性。市场的选择和政府的行为完全不同，毫无疑问市场会认为显性债务完全不同于隐性债务，市场对这种债务的快速和大量增加是不情愿的，因此会增加政府借债的利息率。当市场上聚集相当多的未偿还债务，并且这部分债务主要来自隐性债务的显性化，那么这会增加债券市场未来的不确定性。总而言之，隐性债务和显性债务并不是等价的。

在评估隐性债务问题时，一个关键的事实是，完全支付隐性债务是没有必要的，就像政府不需要完全支付其显性的国债一样。对于显性债务而言，关键的问题是债务占 GDP 的比重不能超过临界点，否则会导致沉重的利息支出而无法持续下去。的确，对于控制债务能力的信心取决于利息率和对未来债务的测算。类

---

① 通过这种债务对待遇提供融资，也会导致来自待遇的税收增加，从而可以降低这种债务的净成本，但这种做法和恢复养老金制度财务可持续性的政治含义完全不同。增加 DB 型计划的缴费能够降低隐性债务。但是，在一个完全积累制的个人账户制度下，增加的缴费完全进入了个人账户，并不会降低隐性债务。

② 换言之，政府发行的债券的期限不是短期，也不是长期，而是无限期。

似的，对于隐性债务额而言，关键的问题是未来的缴费率不能过高，否则不具有经济和政治上的可持续性。因此，向社会保障信托基金置入一些资产以降低隐性债务是合理的，但是置入足够的资产完全偿还隐性债务则是没有必要的。因此，在隐性债务问题上，良好的政策是最优化隐性债务而非最小化隐性债务。

总结。养老金的成本问题非常重要。过度的养老金支出会降低投资，扭曲劳资关系，阻碍经济增长。因此，预测未来的养老金成本是非常重要的，这种预测应该小心翼翼地正确解读。隐性债务是一个有用的概念，但不应该被过度解读。

第三节　积累、储蓄和经济增长

为积累制养老金制度辩护的理由包括两类。第一类是宏观经济方面的理由，即积累能够促进经济增长。第二类是政治经济学方面的理由，即如果人们拥有金融资产的所有权，那么他们就会认为其产权更容易获得保护。

理论上讲，如果积累能够增加国民储蓄（本节第一部分）或提高资本市场效率（本节第二部分），积累就可以促进经济增长。接下来，第三部分将讨论积累对人口结构变化的调整和适应，第四部分将讨论积累和产权的问题。

一、积累与国民储蓄

积累的资金来源。积累与国民储蓄之间的关系不仅仅是是否建立基金的问题，更关键的是资金来源问题（可参见专栏 4.1）。为信托基金或个人账户基金购买金融资产可以通过增加缴费的方式，也可以通过降低待遇，还可以通过发行额外的政府债券，或者同时把缴费资金流转入。如果政府使用就业者的缴费支付养老金待遇，同时通过新发行政府债券向个人账户置入资产价值，这种方式对国民储蓄的影响和现收现付制的影响非常类似。因此做如下区分十分重要，为实现增加储蓄的目的而积累（称为广义的积累），还是通过发行新债券来实现积累（称为狭义的积累），后者是不能增加国民储蓄的。

因此关键的问题是积累资金来自哪里：

• 新发行政府债券（狭义的积累）或者

• 减少公众持有的债券数量。这种减少要么来自增加税收，要么是降低政府支出，这使得财政出现盈余以便能够从公众手中购买债券，或者减少财政赤字，相应地减少发行新债券的需求（广义的积累）①。

很多学者并不区分这两类资产的差别，也不区分获得这两类资产的不同方式所导致的影响。实际上只有第二种方式才能够对国民储蓄产生影响，正如专栏4.1所分析的那样。

【专栏4.1】政府债券和国民储蓄

在展开讨论之前，先看看如下的引文：

> “应该注意的是，国内政府债券并不能够提供人口储备，因为这些债券是未来一代纳税人的负债，这和现收现付制一样，退休者是要求下一代的参保者偿还债务。实际上，通过国内发行政府债券的方式为养老金融资，在宏观经济上，这等同于现收现付制（Dimond 2004，Pestieau and Possen 2000）。持有国外政府债券能够有效地将现收现付制国际化，因为这些债券是对未来国外居民纳税的债权。”（Börsch-Supan 2005，p. 30，关于芬兰的相关著述）

美国养老金制度持有的美国政府债券和芬兰养老金制度持有的芬兰政府债券互换是可以改变两国养老金制度的风险特征的。但是，如果区分持有政府债券和发行政府债券，上述观点具有误导性。

设想一个纯粹的现收现付制，该制度没有结余积累，全部通过工资税来融资。如果政府发行新的债券，并交给养老金制度，这相当于把债务从未来的工薪税纳税人转移到了一般纳税人，假设债务期限不变的话，这相当于把债务在同一组群的人口之间转换。通过这种方式发行债务并不直接改变国民储蓄，尽管不同纳税人对此不同的反应会导致储蓄水平的变化。同理，政府债券的相互转换并不会直接改变储蓄，诸如公司股票和政府债券之间以及不同国家政府债券之间的相互转换。

与之相反，通过增加税收或者使用额外的政府收入从公众中购买政府债券，然后再将这些资产置入养老金体系中来，这样的确会直接增加国民储蓄，尽管增加效果依赖于私人部门对税收和转移支付的反应。因此，增加国民储蓄的效果不仅仅依赖于持有的资产类型，而且还依赖于这些资产是如何获得的，即是通过增加政府债务，还是增加税收，抑或是通过减少政府支出。

① 政府也可以通过出售资产来回购债券，这并不会改善政府财务状况。

同样，把资产（无论是政府债券还是其他资产）从公共信托基金转移到个人账户并不会直接影响储蓄。与之相反，增加税收购买资产置入个人账户的确会直接影响国民储蓄。在这两种情况下，总的效果都依赖于私人储蓄者对政策的反应，以及政府增加税收、减少支出的结果。

对国民储蓄和代际分配的影响。在产出给定的情况下，增加国民储蓄需要降低某些人群的消费。通过提高缴费或者降低待遇来调整养老金制度，需要减少当前就业者或者退休者的消费，这样才能在将来降低缴费或者提高待遇。在这种情况下，通过积累增加储蓄会增加当代人的负担而减轻未来一代人的负担，这和财政政策类似，例如通过增加税收或者减少支出来实现公共债务的降低。

建立基金的过程能够增加一点或一些国民储蓄。这里面临两个问题：积累会增加储蓄吗；即使储蓄增加了，这会导致福利改进吗？对于第一个问题，积累对国民储蓄的影响是不确定的，可能是负面影响，也可能会极大地增加储蓄，这依赖于私人储蓄者对积累的反应以及政府财政预算对积累的反应。

• 就业者的反应：如果就业者被强制向积累制账户缴费，那么他们会在一定程度上减少自愿储蓄；因此引入强制性积累支柱对国民储蓄的影响将会小于账户积累本身。如果缴费从中央集中管理的基金转移到个人账户中，一些就业者的储蓄将会减少得更多，因为个人账户对自愿储蓄的替代更强，这样将会减少国民储蓄。因此，总的结果取决于不同人群对此的不同反应，以及积累的资金来源。

• 政府的反应：非常有必要考虑一下政府在除了养老金领域以外对税收和支出变化的反应，新增税收进入个人账户会导致政府在其他领域支出更多，因此这对国民储蓄的影响微乎其微。把缴费从中央集中管理的基金转移到个人账户中来，需要额外的借债，因此对储蓄也不会有太大的影响。

虽然我们能够找到足够的证据来检验私人储蓄者对养老金改革的反应，但是很难找到证据证明政府财政预算对养老金改革的反应。一些人基于政治经济学的理由认为，把缴费从中央集中管理的基金转移到个人账户中来会减少政府在其他领域的财政支出。但是，在实证检验上，该观点没有得到很好的证实。我们认为，养老金政策的主要目的是为了提供养老保障，而不能太过关注对非养老金领域的影响。

即使积累真的增加了储蓄，那么结果就真的是有益的？具体而言，现在增加缴费或者降低待遇以确保将来能够减少缴费或者增加待遇，这个目的是合理的吗？通过增加缴费或者降低待遇来实现增加积累必然会导致代与代之间的再分配。因此，对于积累会增加社会福利并没有放之四海而皆准的答案。因此每个国家回答这个问题都需要考虑其国情以及想要实现的政策目标，包括当前的储蓄率和预期的收入增长情况。如果一个国家的储蓄率已经很高、经济增长已经很快了，那就没必要采取积累来增加储蓄以进一步增加下一代人的福利，因为他们将来的收入必然很高。

错误的分析。讨论积累问题容易发生一些错误。常见的观点是，首先比较不同积累水平下的长期稳态结果，然后得出结论说要实现更高积累状态下的稳态结果存在一个转型成本。这种分析方法具有误导性。这一研究方法对于分析积累的利弊取舍问题缺乏洞见。的确，转型成本这一概念提供的建设性意见不多，即使考虑到过渡期可能长达几十年，诸如智利的情况。而上面的分析方法能够提供更多的信息，即考虑当前增加积累因素对未来提高待遇或者降低缴费的影响。这种研究方法不仅考虑积累本身，而且还考虑到积累对税收、待遇和债务的影响，这使得关于是否增加积累因素的决策建立在更加坚实的基础之上。

一个被广泛使用但不正确的为积累制账户辩护的理由是，如果利息率（积累制养老基金的回报率）超过了增长率（现收现付制下的回报率），那么积累制更好。如果深入分析这个问题可以发现，积累制本身对任何人都没有好处，而是存在一个代与代之间的再分配效用，这个问题将在第四节详细讨论。这个比较是不全面的，因为只考虑了稳定状态而没有考虑向新的稳定状态调整的问题。而且，这种比较也没有考虑如下的问题，不同的养老金制度会存在不同的风险，而且也没有考虑到积累制养老金制度的管理成本问题。

另一个值得怀疑的论点是，“多支柱养老金制度结构考虑到了战术排序、战略整合、包装重组和利益补偿，因此有利于克服改革阻力”（Holzman and Hinz 2005，p. 42）。这种观点认为，通过多支柱改革，具有积累性质的养老金规则能够提高静态效率，因此每个人都能获利。但是这种效率的改进并不需要积累也可以实现，通过对现收现付制更好的设计也可以实现，因此这个观点具有误导性，除非在政治上不进行多支柱改革就无法获得上述效率改进。多支柱改革的政策组合的确能够发挥作用，但对于改革却不是必要的，而且可能使得改革更加困难，德国就是这样的例子。在任何情况下，政治上的论据应该和经济论据分开，并且应该清晰地标注出来。

最后，一些学者认为积累必然需要建立个人账户。这种观点是错误的。政策决策者可以有很多方式来实现积累，而并不需要像智利那样建立个人账户。瑞典很早就在DB型养老金制度下，通过建立一个多元化投资、集中管理的基金而实现积累，当然除此之外，瑞典也同时建立了个人账户制度。加拿大和瑞士也采取了类似的做法。而马来西亚和新加坡在DC型养老金制度中通过建立中央公积金来实现积累。因此，就经济学上的意义而言，选择积累的程度、投资分散化的程度和选择DB型、DC型养老金制度无关，也和选择个人账户制还是广义的积累无关。

二、积累和资本市场发展

除了对国民储蓄的影响外，如果积累有助于改善储蓄转化为投资的效率，那么就会促进经济增长。

在两种极端的情况下，上述观点是不正确的。在发达国家，金融市场已经高度发达，因此强制性养老储蓄并不会显著地促进金融市场发展。相反，在制度能力非常有限的国家，现存的金融市场基础设施不完善，强制性个人账户制会使得成千上万就业者的养老金面临极大的投资风险。

除了上述两种极端情况，对于大部分国家而言，积累存在促进金融市场发展的可能性，但是也同时存在风险，例如就业者的缴费并不能够获得理想的投资回报率，或者政府最后不得不承担救助养老金制度的成本。这种风险也是非常容易理解的，发育不完善的金融市场获得回报率较低。与发达的金融市场相比，不完善的金融市场运行成本更高，这对于资产规模较小的账户而言更是如此。良好的金融市场需要完善的监管制度和合理的治理结构。“自由市场”理论认为，管制必然是有害无益的，智利的成功并没有太多的管制，当然这一观点是不正确的。共同基金和保险公司在运营智利个人账户时受到严格管制，这和美国的资本市场是一样的。当然这并不意味着所有的管制都是有益的。当然，一般而言，我们需要的是更多的良好的管制、更少的糟糕的管制。建立在较大经济总量之上的资本市场，其规模越大越有益。简言之，糟糕的金融市场不仅仅对退休者是有害的，而且与缺乏把储蓄转化为投资的正规渠道相比，糟糕的金融市场对投资配置的影响更坏。积累潜在的益处也非常容易理解，运作良好的资本市场能够提高经济效率，促进经济增长。获得这些潜在收益的方法是持续地努力，以改善金融市场的管制，促进经济的良好运作，通过约束养老基金和政治利益集团来实现。

另一个方法是通过刺激私人自愿储蓄来促进金融市场发展，特别是对于经济规模较大的国家而言，足够多的自愿储蓄能够实现规模经济。

更详细地研究这个问题，主要存在四个渠道把储蓄转化为投资：

(a) 市场交易——购买新发行的债券和股票，这是和交易现存的债券和股票相比；

（b）金融中介——存入银行或者其他金融中介机构，再由其借给投资者；

（c）直接匹配贷款——借给亲戚、朋友和其他寻求直接投资的人来开办中小规模的企业或商业，或者借给那些通过贸易信贷进行交易的人，或者借给那些通过卖方信贷进行交易的人；

（d）直接投资——自己直接使用储蓄进行投资。

在一些国家，金融市场不发达，银行效率较低，上述的渠道（a）和（b）是不可行的。在金融市场不发达的地区，短期而言，从就业者那里获得的个人账户基金用来匹配贷款或者直接投资，也许是一个较好的资金配置方式。

养老基金在提高资本市场效率的作用第二种论证方式是完善公司治理结构，国有企业私有化后把相关股份转移给社会保障信托基金，这是中亚、东欧等前共产主义国家的通常做法，这种做法能够提高公司治理结构，这是在市场经济国家提高经济效率和促进经济增长的重要因素①。良好的治理结构需要优秀的立法，监管机构的有效监管，以及股东通过投票机制实施的有效监管和执行能力。在发达国家，集中管理的养老基金（DB型制度下的或者公积金制度下的），是公司治理结构中的积极参与者，因此能够影响经济结果，或好或坏②。

三、积累和人口变化

尽管很多年前已经证明该论点存在缺陷，但是还是需要讨论积累对人口变化的影响。这一问题的讨论需要在婴儿出生率和老年人死亡率都在下降的背景下进行。

假设目前就业者数量较多，然后下一代就业者数量减少。在一个纯粹现收现付制养老金制度下，在给定缴费率的情况下，养老金制度的缴费收入会下降，因此存在提高缴费率的压力，或者存在降低待遇水平的压力，或者两种压力并存。这个问题非常容易理解，而且不存在争议。在纯粹现收现付制的基础上增加积累因素，正如美国政府已经实施的那样，通过熨平税收有利于养老金制度适应人口变化。

但是，即使完全积累制的养老金制度也会受到人口变化的影响。继续假设目前就业者数量较多，然后下一代就业者数量减少的情况，我们继续考虑人口变化对养老金制度的影响问题。假设在就业者数量较多的时期，每个就业者都建立了

---

① 具体可参见《牛津经济政策评论》（Vol. 2，No. 2，2005）中关于公司治理结构的专栏。

② 例如，加州公务员退休基金（CalPERS）拥有的资产大约1 500亿美元，是完善公司治理结构的积极参与者。

养老储蓄；假设DC型养老金制度带来的强制性储蓄正好和就业者自愿储蓄相等；如果这样的就业者数量很多，也不会存在问题，因为平均而言，每个就业者都积累了足够的储蓄来支付他自己的养老金。该结论就“财务”而言是正确的，因为这种情况实现了财务平衡，没有赤字；但是当第一代老人退休后，就他们的“消费”而言，上述结论就是不正确的了。该观点的详细论证可以参考专栏4.2。在现收现付制下，缺口来自养老金缴费的下降。在积累之下，问题并不那么直接和明显，但是原因是一样的：除非下一代就业者数量的下降对产出没有影响，否则和上一代就业者数量较多的情况相比，产出一定会下降，如果产出下降了，消费和投资一定会下降。较低的回报率和较高的物价，使得退休人员无法获得他们原先预期的消费；或者提供下一代就业者和退休者的共同消费的代价是降低投资，这就会把未来的经济增长置于危险境地。正如前面提到的，无论是现收现付制还是基金积累制，它们都是来实现对未来产出要求权的一种机制。既然人口变化影响产出，那么人口变化必然会给养老金制度带来问题，这和养老金制度是现收现付制还是积累制是无关的。

一个类似的情况是出生率是稳定的，而老年人口的预期寿命延长了。其效果就是增加了每个就业者需要供养的老年人口的数量。在纯粹现收现付制下，这种情况要求提高缴费率或者降低待遇水平以实现制度平衡。在基金积累制下，如果不改变利息率，退休人员寿命的延长必然会导致其待遇水平的下降。

关键的问题不是融资方式，而是增加产出，只有这样才能够满足就业者和退休者对产品的要求权。因此人口老龄化的解决方式不在于融资方式本身，而在于持续地增加产出。

【专栏4.2】产出下降是如何影响个人账户持有者的？

产出下降对个人账户的影响和个人账户持有的是现金还是股票等资产类型无关。假设第一代就业者数量较多，第二代就业者数量较少；假设第一代就业者退休后通过建立银行账户来获得对未来产品的购买力。在给定财政政策和货币政策的情况下，第一代退休者意愿的消费（即他们希望全部花光他们退休账户上的资金）可能超过了第二代就业者的储蓄。这会在产品市场上导致过度需求，引起通货膨胀，因此会降低名义年金（nominal annuities）的购买力。由于人们会预期到这个问题，因此这会影响用来吸引银行存款的利息率。因此，人口变化的影响对储蓄者和投资者都是可见的，随着时间的延长而扩散。

现在假设第一代退休者通过积累非名义资产，诸如股票，来获得对未来产品的购买力。在这种情况下，退休者消费时必须卖出他们的金融资产。但是，由于下一代人的数量较少，因此总需求相对较小，对生产性资产的需求较小，这会导致资产市场上的过度供给，因此资产价格较低。同样的例子，假设每对夫妻只有一个子女，那么下一代的每对夫妻会继承两套房子，在其他情况不变的情况下，房子的价值会下降*。这样会降低养老金账户的资产价值，相应地降低年金的价值。在现实生活中，由于投资者预期到人口变化对资产价值的影响，资产价格很早就会出现增长缓慢，甚至下降的情况。

总之，养老基金无论持有的是名义资产还是非名义资产，第一代退休者获得的养老金实际价值总是低于他们的预期。

* 感谢安德拉斯·西蒙诺维茨（András Simonovits）提供的这个例子。

四、积累和产权

如果一个国家建立的是公共管理的 DB 型养老金制度，那么立法当局就会有权改变待遇公式。无论结果好坏，对当前和未来退休者的保护取决于政治程序的特征，当然考虑到再当选问题和避免街头抗议问题，政治家一般不会突然、大幅度地降低养老金待遇和权益。

一般人认为，积累制个人账户的私有产权特征使其不易受到政治掠夺。最近发生在阿根廷的事件是一个反例，第九章第一节将会详细讨论这个问题。在 2008 年，阿根廷取消了积累制个人账户制度，把该制度积累的资产转移到了政府管理的现收现付制制度中来。这个例子说明的问题经常容易被忽略：那就是经过多年积累，个人账户资产规模不断增长，容易成为政府眼中的“唐僧肉”。比较而言，现收现付制下每年的基金收入规模不大，反而不容易引起政府的注意。

即使在产权保护程度较高的国家，个人账户积累的资产并不能消除政府有意降低现在或未来养老金价值的能力。政府可以使用多种方法实现这个目的：

• 通过未预期的通货膨胀降低政府债券的价值；

• 提高公司所得税，降低股票价值；

• 提高包括养老金在内的个人收入所得税，或者提高消费税，降低退休者现在和将来的养老金价值；

• 降低对积累制养老金的税收优惠。

因此，对于支持个人账户的学者而言，仅仅提醒他们 DB 型计划面临政治风险是不够的，还需要提醒他们个人账户计划也同样面临政治风险。

在美国，对社会保障待遇的税收政策已经改变了两次，在 1983 年，对一些退休者而言，50%的待遇需要纳税；在 1993 年，纳税比例已经提高了 73%。另一个例子在英国，从 1997 年开始，针对养老基金的税收优惠幅度下降了。因此，立法当局可以改变税率和起征点，而不违背私有产权保护。

无论是 DB 型计划还是个人账户计划，预期的养老金价值都可能被立法当局改变。应该把这种情况视作一个问题吗？把改变未来养老金待遇的问题仅仅看作是就业者和退休者的风险源泉，还是看作养老金制度内在的风险分担机制？这种机制可以被很好地利用，也可以被滥用。正如在第五章讨论的那样，无论是支持还是反对 DB 型计划，该计划和 DC 型计划不一样，DB 型计划能够在不同代与代之间分散风险。这种分散风险机制具有极大的价值。

总之，私有产权在保护就业者和退休者的养老金待遇方面，并不像一些学者分析的那样简单和有效。

五、结论

积累和经济增长的关系既不是简单的也不是必然的，而是需要一定条件才能实现的。

第一，积累能够增加储蓄吗？正如前面讨论的，如果强制性储蓄的增加被个人自愿储蓄的减少而抵消，或者被政府储蓄的减少而抵消，那么积累不会增加储蓄。因此，储蓄可能增加，也可能不会增加。因此，国民储蓄的增加和养老基金的积累以及融资方式之间的关系极其复杂。

第二，储蓄的增加在多大程度上会增加产出？最简单的论证是这样的：(a) 积累会增加储蓄；(b) 增加的储蓄会增加投资；(c) 通过资本的边际产品会增加产出。在很多情况下，这个链条是存在的，但并不是一成不变或必然的，并且还可能更为复杂。

- 正如前面讨论过的，转向积累并不必然增加储蓄；
- 储蓄的增加和投资的增加之间的关系是复杂的，一些储蓄只会简单地增加现存资产的价格；部分储蓄的增加会推高供给相对有限的资产的价格，诸如城市的土地；
- 投资的增加并不必然会增加相应的产出。无效率的资本市场会使得投资的边际产品较低，例如，在中东欧以及前苏联社会主义国家，即使按照西方国家的标准，这些国家的投资率也非常高，但是这些国家却出现了经济停滞，甚至经济倒退。而且，金融资产的回报率包括了对承担风险的调整。在没有考虑风险调整问题和管理成本问题的情况下，使用金融资产回报率来代替社会回报率的做法是错误的；同样地，使用股票的预期回报率来代替所增加积累基金的收益率也是错误的。

第三，增加积累是最优的政策吗？即使增加积累可能增加产出，也并不意味着必然会促进福利改进。福利效果依赖于各国的具体情况。

• 一个国家的储蓄率低于最优储蓄率吗，或者养老基金能够改善储蓄配置效率和公司治理结构吗？

• 代际分配问题是前一个问题的另一侧面。通过提高积累来增加投资意味着降低当前的消费。那么，即使这种积累能够促进经济增长，但这种减少当前消费而增加未来消费所导致的再分配政策是否最优也仍然是不确定的。

第四，上述政策是可行的吗？这个问题的答案取决于该国是否拥有适合的制度予以配套。该国是否有能力有效地管理养老基金，是否有能力管理养老金账户，是否有能力来监管金融市场？

总之，上述分析并不是想证明增加积累是糟糕的政策，或者说其对人口老龄化问题无所助益，而是想说明，积累对人口老龄化问题的助益依赖一些条件，即依赖于对经济增长的促进效果的大小，以及该国的具体国情。积累可能对促进经济增长非常重要，但是必须根据各个国家的具体情况而得出结论，既不是假定的，也不是必然的。

第四节 现收现付制和基金积累制的回报率比较

一些学者把资产的长期回报率和经济增长率相比较，后者是现收现付制的回报率。例如：

> "社会保障缴费的均衡回报率是2.6%，与此形成鲜明对照的是，同期非金融公司资本的税前实际回报率是9.3%……因此强迫个人通过非积累制养老金计划获得养老收入的行为极大地增加个人成本。"(Feldstein 1996，p. 3)

由于资本的长期收益率超过了经济增长率，因此股票市场高出的收益率被看作纯粹的盈利。这一论点是存在瑕疵的，这两个数据的基础不同，因此不具有可比性。为了深入分析这个问题，还需要考虑如下因素：(a) 从现收现付制转向积累制的转型成本，(b) 两种制度的相对风险，(c) 它们各自的管理成本。

一、稳定状态的比较是不合适的

如果适当考虑从现收现付制转向基金积累制的转型成本，那么这两种制度的回报率大体上是相等同的。

如果股票市场回报率超过了实际工资增长率，那么积累制下退休者的境况就会更好。如果政策制定者能够在全新的环境下建立养老保险制度，那么上述观点的缺陷是显而易见的。和现收现付制相比，在基金积累制下，已经达到退休年龄的第一代人没有任何养老金。第一代人把养老金给予了后来的退休者，在此基础上计算后来退休者的回报率是不正确的，明显偏高的。但是，我们要讨论的是从现收现付制转向基金积累制。在这种情况下，考虑到转型成本问题会得到更全面的结论，一些人会受益，一些人会受损。在专栏 4.3 中，讨论的核心问题是在哪些方面转型成本会下降。

专栏 4.3 的核心观点是第一代人和后面几代人之间是零和博弈。在现收现付制下，第一代人会免费获得一份养老金，其成本可以通过重新谈判而完全转移给养老金转型的一代人（B 代人）；或者通过税收为 B 代人的养老金买单而把上述成本完全转移给当前正在工作的一代人（C 代人）；或者通过借债为转型融资而把上述成本转移给以后的几代人。这可以改变转型成本的时间路径，但是不能改变其总量。再一次回答上节讨论的问题，如果转向积累制能够提高经济增长率，那么上述僵局就会被打破。正如上节讨论的，这个问题的争议仍然没有解决[①]。

正如在专栏 4.4 讨论的那样，稳定状态的比较是个更加严重的错误。

【专栏 4.3】谁来承担现收现付制转向基金积累制的转型成本？

情形 1：固定的待遇规则，通过公共借债为转型成本融资，例如在表 4.1 中，每一代人在年轻的时候缴费 1 美元，退休时领取 1 美元的养老金。在时期 1，代际 A 获得 1 美元养老金是代际 B 年轻时缴费的 1 美元。在时期 2，当代际 B 退休时，其养老金来自更年青的一代即代际 C 的缴费。现在假设资产的实际回报率 i 为 10%，并且假设我们就是代际 C。在现收现付制下，我们在时期 2 缴费 1 美元，在时期 3 获得 1 美元的养老金，这时实际回报率为零。与之形

① 在此讨论这个问题可以简化假设，即对资本的收益不征税。税收问题只是增加了讨论的复杂性，但并不影响谁是改革的赢家和输家。

成鲜明对照的是，在个人账户制下，我们在时期 2 缴费 1 美元，在时期 3 可获得 1.1 美元，由此可知，实际回报率为 10%。

上述论证的缺陷在于，如果代际 C 把其缴费存入个人账户进行积累，那么代际 B 的养老金必须从其他渠道获得融资。如果这个渠道是政府借债，那么代际 C 需要从获得的 1.1 美元养老金中拿出 0.1 美元用来支付为代际 B 的养老金而借债的利息。这样，个人账户的实际回报率和现收现付制是一样的，都是零。因此，现收现付制下的相对较低的回报率不是制度本身的缺陷，而是因为第一代人 A 没有缴费就可以免费获得养老金，这一成本的存在导致现收现付制的回报率较低。正式的表述是，如果不孤立地考虑积累制，而是考虑到转型成本，那么现收现付制和积累制是等价的。因此，转向积累制并不能够使得代际 C 变得更好。

> "模型中，金钱价值的下降并不是因为婴儿潮一代人的老龄化，也不是预期寿命的延长，更不是行政管理的低效率，而是由现收现付制下简单的数学关系而决定的。"（Geanakoplos，Mitchell，and Zeldes 1999，p. 86，最初强调了这个问题）

表 4.1　　一个简化的现收现付制养老金体系

时期	代际			
	A	B	C	D
1	+1 $	−1 $		
2		+1 $	−1 $	
3			+1 $	−1 $
4				+1 $

资料来源：Orszag 1999，p. 9.

情形 2：固定的待遇规则，通过税收为转型成本融资，假设我们是代际 C，在时期 2 我们缴纳 1 美元放入个人账户中进行积累，代际 B 获得 1 美元养老金部分是向代际 C 征税而融资的。代际 C 获得的养老金是 1.1 美元。但是，代际 C 通过纳税部分支付了代际 B 的养老金，因此代际 C 获得养老金小于 1.1 美元。目前，虽然资产的实际回报率为 10%，但是考虑到强制性储蓄和通过纳税向代际 B 支付的养老金，代际 C 个人账户的实际回报率并不一定是 10%。

情形 3：转型的一代人没有养老金，为转型成本融资的方式就是抛弃代际 B，不向他们支付任何养老金。代际 C 成功地获得 10%的实际回报率，获得这一回报率的代价是牺牲代际 B 的利益，由他们独自完全承担转型成本。因此，在这种情况下，代际 A 获得免费养老金，而代际 B 缴费了，却没有任何养老金。

二、对风险差异的调整

转型成本的融资问题只是现收现付制和基金制比较的一部分内容。第二个需要考虑的因素是风险，关键的问题是现收现付制和积累制都需要考虑风险而向下调整回报率。简单进行风险调整的方法是假设股票的回报率是债券利率，尽管这种方法会低估那些没有外部资产的基金的价值。

除了市场风险外，还有政治风险，该风险在现收现付制和积累制下都会出现。通过各种形式的政府失灵，政府行为会增加风险。同样地，通过政府某种形式的调整，至少在某种程度上能够部分解决个人面临的风险。关于政治风险以及两种制度下的差异等问题，还有待进一步深入研究。

三、控制管理成本

很多证据已经充分表明，个人账户的管理成本通常比现收现付制要高，而且高很多。管理成本的重要性不应该被低估。正如在表 7.1 中所示的，在合理假设下，在整个职业生涯中，如果个人账户的管理成本是养老基金资产的 1%，那么最终养老金总资产将减少 20%。

【专栏 4.4】使用稳定状态的分析是不恰当的：不仅仅是一个微不足道的智识差错

不当使用稳定状态分析方法导致的错误比看起来的要复杂。看看如下的观点，“一些问题和缺陷是现收现付制度本身具有的，诸如代际的再分配是不可避免的，后面一代人的收益率必然较低”（World Bank，1994，p. 236）。毫无疑问，现收现付制使得第一代人可以免费获得养老金，这必然会相应地减少后面几代人的回报率。但是，上面提到的问题和缺陷却是不正确的。

第一，上面提到现收现付制下第一代人获得免费养老金是存在“问题的”，这一观点的隐含假设是向第一代人转移支付是错误的，但实际上第一代人面临的生产率更低、收入水平更低，因此向他们转移支付是合理的。

第二，上述观点导致一些帕累托最优（Pareto Superiority）政策是无效的。如果政策制定者在一个全新的环境中建立养老金制度，上述观点更加明显。如果引入现收现付制，第一代退休者获得养老金，而随后几代人将会获得比较低的回报率。如果引入积累制，后面的几代人将会获得更高的回报率，但是第一代人没有任何养老金。在这种情况下，如果认为后几代人获得养老金的增加是帕累托改进，那么这明显是一个错误，因为他们获得收益是以第一代人没有养老金为代价的。这一结论同样适用于那些已经建立起现收现付制的国家，此时如果转向积累制，那么这相当于收入或财富从当前的一代人向未来的一代人进行再分配。因此，宣称转向积累制是帕累托改进的观点是错误的。

第三，有的学者认为，养老金制度中保留现收现付制的因素是最优的，因为这可以使得代与代之间风险分担，因此有利于福利改进（Dutta，Kapur and Orszag 2000），实际上这种观点也是不正确的。同样，有人认为支付隐性养老金债务必然是有益的，该观点也不正确。

四、结论

在评估养老金改革建议时，一个核心的问题必须清晰，那就是哪些问题已经获得答案。例如，费尔德斯坦（Feldstein，2005）认为美国的社会保障计划减少了储蓄。他使用的是稳定状态的比较方法，那就是拿美国目前现收现付制下的经济状态和积累制下的经济状态进行比较。因此关键的问题就是，稳定状态下 B 的福利和 A 福利有何不同？本书大部分的分析都是不同于上述方法，我们的问题是：从稳定状态 A 过渡到稳定状态 B 的过程中，福利是如何受到影响的？这两个问题和相应的答案都是合理的。但是，不合理的是使用一个问题的答案回答另一个问题。能够获得一个更好的稳定状态并不意味着要不惜一切代价去实现这种状态。

本章结论并不是说转向积累制是一个糟糕的政策选择，而是说简单地比较两种制度回报率不能够证明积累制是合意的。

• 从现收现付制转向积累制需要恰当地考虑转型成本问题，既包括总成本，也包括成本的分布问题，还需要考虑风险的变换，以及管理成本的差异。

• 即使假设在一个全新的国家实施改革，专栏 4.3 中的三种调整方式和养老金制度的选择密切相关，因此转型成本就转化为如下的问题：是否给予那些已经退休或者接近退休人员一定程度的待遇补充。

阿特金森（Atkinson 1999，p. 8）指出对福利国家的批评往往只看到了其成本，而没有看到其收益：

> "经济学家强调福利国家负面的经济影响是因为其采用的理论分析框架……该理论框架植根于完全竞争和完全市场出清模型，该理论框架没有包含任何导致福利国家存在的因素……建立福利国家的整个意图都被上述理论框架遗漏了。"

这里的结论也非常类似：不应该仅仅考虑转向积累制的收益，而且需要同时考虑其相关成本。

第五章

再分配与风险分担

对于因种种原因导致退休时养老金过低的人们来说，任一国家都可以通过多种方式提高他们的收入水平。有些国家为所有老年人提供类似于家计调查型社会救助的最低收入保障，无论老年人是否被养老金制度所覆盖都可以享受，但本章忽略社会救助的补充作用而集中讨论养老金制度自身对收入分配的影响。除了直接的贫困救济外，一些国家的公共养老金制度给那些收入较低但并不是绝对贫困的人提供较高的养老金替代率，以帮助他们熨平消费。还有另外一些国家用普惠制养老金来提高低收入退休者的收入水平，如在专栏 9.2 中所讨论的那样，这种方式对贫困的影响取决于两个因素：一是养老金通过年龄对贫困瞄准的准确程度，二是有多少资源能够被投入养老金制度中。这其中隐含的思想是，年龄是表明贫困的一个好信号，这将在专栏 5.1 中加以解释。

本章将集中讨论下面三个方面的再分配和风险分担问题：代际负担分配（第一节）、风险分担（第二节）和养老金制度的适时调整及再分配与风险分担之间的联系机制（第三节）。

【专栏 5.1】“瞄准待遇”（targeting benefits）：“收入调查”（income test）还是“指标瞄准”（indicator targeting）？

精确瞄准的贫困救济应该救助所有贫困人口（有时被称为水平瞄准效率），而且被救济的应该仅限于或主要是贫困人口（垂直瞄准效率）。瞄准待遇有各种不同的方法（见 barr 2004，pp. 217－219）。在本章中有两种方法是非常重要的：收入调查和指标瞄准。还有另外一种方法是自我瞄准，就是设计一个只对特定瞄准人口申请待遇有吸引力的激励制度，在这个制度安排下获得待遇（例如，提供主要由贫困人口消费的低档物品，或者需要烦琐费时的待遇申请手续及获得方式），在这里不做讨论。

收入调查试图通过收入来确定贫困人口。其优点是能够最大限度地瞄准待遇。比如说，贫困线标准是每月 100 美元，原则上就给贫困人口支付待遇使其收入达到每月 100 美元的标准，这样就不需要为总收入超过 100 美元的人支付任何待遇。

可是，收入调查有一个突出的缺点。正像前面分析的那样，如果待遇紧紧瞄准一个人的收入，那么，这个人每从财产或工资中额外多获得 1 美元的收入，就会失去 1 美元的待遇，这会对工作和储蓄产生严重的负激励。如果济贫待遇不能紧紧瞄准收入，要么一些人的收入不能被提高到贫困线以上，要么待遇被付给了那些收入高于贫困线的人，或者两种情况都存在。另外，收入调查是典型的基于家庭收入的调查，会抑制家庭的形成。即使在发达国家，收入调查也有行政管理能力上的要求，而在发展中国家还引起了更严重的测量问题，这是因为在发展中国家的经济中，大多数收入发生在非正规部门或通过家庭生产而获得，很难测量。最后，至少在一些国家，获得基于收入调查的济贫待遇，尤其是收入调查本身被看作一种侮辱。

任何基于收入调查的济贫待遇都弱化了人们为自己年老进行储蓄的激励。实际上确实如此，理由是强制性退休储蓄限制了“搭便车”。如果人们选择不储蓄，拥有很少的财产并因此从财产中获得很少的收入，而仍被给予大量的转移支付时，“搭便车”就发生了。

指标瞄准不通过收入而是力图通过其他指标确定贫困，其思路可以通过下面的例子给予最好的说明：假设只有红头发（redheads）的人是穷人，即所有红头发的都是穷人，而且没有染发技术，则在理论上就能够通过确定贫困线并给予红头发的人待遇而完全消除贫困。此外，因为待遇只给予穷人，支出最小化。同时，因为确认非常容易，行政上的要求也很低。这样，理想的指标和贫困高度相关，能够确保精确的瞄准；个体无法控制而最小化负面激励，并很容易观察，很容易促进管理。在实践中，家庭中存在子女和足够年老是有用的指标。

指标瞄准最大的优点是避免了收入调查的一些最坏的影响。尽管它会阻碍人们为退休而储蓄（由于人们预期未来会有养老金待遇），但它不改变由额外储蓄所产生的收入的数量，没有引起扭曲。但这种方法不是万能药。首先，和其他的转移支付一样，待遇来自于扭曲税收下的财政收入；其次，可度量的特征实际上和贫困并不完全相关：一些待遇会给予那些具备相关特征但并不贫困的人，而那些不具备相关特征但实际上很贫困的穷人却得不到待遇。再次，像年龄这样的指标可能并不能完全准确地测量。最后，用家庭结构去决定是否符合条件或待遇水平，也对家庭的形成产生了负激励。因此，实际上基于指标瞄准的济贫待遇制度需要基于收入调查的待遇制度作为补充。

一些项目确实是这么做的。例如残疾人待遇只支付给其中的穷人，而收入关联待遇只支付给有子女的人。美国有两个残疾人项目，一个针对所覆盖的就业者，但并不需要收入调查；另一个针对穷人。

在发展中国家（Coady，Grosh，and Hoddinot 2004），基于年龄的养老金在不需要很高行政管理能力的情况下就能够实施，尤其是这种方式避免了对历史缴费记录的要求，这样的养老金通常很容易瞄准，如果领取年龄足够高的化，也很容易具有财政可行性。

第一节 代际负担分担

正如在第四章第三节第一部分和专栏 4.3、4.4 中讨论的那样，在现收先付制和积累制（或者更一般的是具有一定程度的积累）之间的选择自然也是代际进行收入分配的选择。如果通过增加储蓄形成的额外资源提高未来的待遇或减少未来的缴费，政策就会导致群体之间的再分配。

需要从两方面来评估这样的收入再分配是否有价值：一方面，不仅需要考虑增加资本的回报，而且还要考虑所引致的消费增长的程度；另一方面，还需要考虑每一个群体内当期消费的减少和未来消费增加之间的分配。

更为重要的是，还要考虑当期缴费率的增长所导致的未来缴费率的下降。当期支付了较高缴费率的就业者有更低的消费，而后面的支付较低缴费率的就业者则有较高的消费，我们如何估算从当期就业者向后面就业者群体所进行的再分配？比较而言，这种估算包括三个部分。

• 每一名就业者如何评价这一消费变化？由于边际效用递减规律的作用，消费水平越高，消费增长的价值越低。这样，对于未来养老金领取者而言，消费快速增长条件下将消费推迟到将来的价值低于消费低速增长条件下将消费推迟到将来的价值。同样，一个高储蓄率的国家在当期的收入较低，相应的消费率也低。如果当这个国家达到更高的生活水平时，储蓄率在未来就会降低，那么消费增长就会削弱推迟消费的回报。

• 假设一个国家的投资在本国有充足的市场，这个国家的投资需求越大，资本的边际产品也可能越大。但对于一个高储蓄率的国家，如此高的投资率，可能已经使资本投资在最高资本回报率的机会上，这种情况下，再提高储蓄率就不可能还获得如此高的回报。

• 不同群体的净公共权重：通常要对不同群体进行贴现，还要对一个就业者不同时期的消费进行贴现。

在评价养老金改革方案时不应该忽视这些群体间的分配效应。同样，在解释过去的养老金改革时也不应该忽略这些群体间的分配效应：较早时候，一些国家曾经决定，用现收现付（美国 1935 年后和英国 1946 年后实施的）的养老金慷慨地支付超过老年人自身缴费所决定的养老金待遇，借此提高老年人消费，这必然意味着当时更少的投资和后来所经历的低迷消费。这并不是政策不可预料，也不是倒霉的结果，而是再分配的应有之义。

第二节　风险分担

一、待遇设计和风险分担

不同的养老金设计，风险分担也存在差异。正如第二章第二节第三部分讨论的那样，纯粹的制度之间存在广泛的差异。在纯粹的“缴费确定型”（defined contribution，以下简称 DC 型）制度中，个人就要面对第二章第三节所讨论的所有或者大部分风险。在纯粹的“待遇确定型”（defined benefit，以下简称 DB 型）制度中，风险由制度的发起者承担（雇主或公共制度的纳税人）。可是，现实中的制度在制度设计、调整机制方面和纯粹的制度有所不同（包括 DC 型制度中的政府担保，有时甚至是待遇支付；还包括 DB 型制度中的待遇调整）。还有一点非常重要，那就是通过政府储蓄和借款，使风险和未来各代进行分担。通过社会保险或税收融资（部分或者全部），应该清晰明确地设计出制度结构，以达到分散风险的目的，而不是应对糟糕结果的马后炮。

二、养老金待遇的价格或工资指数化

养老金指数化的方式也和分担风险密切相关。第三章第一节第三部分讨论了就业者的前期收入如何决定退休待遇。这里，我们讨论就业者退休后养老待遇的指数化方式。

如果退休待遇是基于名义收入计算的，那么就业者最初的实际退休待遇将和过去的收入没有什么固定的联系，而是依赖于过去通货膨胀率的具体方式。如果养老金待遇本身为名义值，随着通货膨胀率的变化，实际待遇将随时间的推移而下降，并且这种变化是飘忽不定的。本节将依次考虑和讨论养老金指数化的正确的和不正确的方式。

• 用就业者的历史收入或历史缴费决定他们的最初养老金待遇时，使用什么样的指数化规则？

• 最初养老金待遇确定后，应该使用什么样的指数化规则？

• 错误的规则可能引起的一些问题。

就业者历史收入或缴费的指数化。DB 型制度下就业者的养老金待遇和其历史收入相关，或者名义账户制（NDC）下就业者的养老金待遇与缴费相关。正如上面描述的那样，典型的做法是取一些收入最高年份的收入或所有工作期间的收入的平均数。为了避免多变的通货膨胀对养老金待遇的负面影响，待遇可以使用价格指数化或工资指数化两种方法中的一种或混合的方法进行指数化：

• 价格指数化：如果就业者过去的收入根据价格的变化进行指数化（这样的制度作为现实存在而广为人知），最初的实际待遇就基于就业者实际的历史收入进行计算。这种情况下，就业者最初养老金取决于某些年份的名义收入，并根据起始年一直到最初养老金计算年为止的每一年的价格水平的增长进行调整。

• 工资指数化：在工资指数化的制度中，最初养老金待遇是基于历史上每一年就业者个人收入和该年整个经济平均收入的关系计算的。因此，最初养老金待遇就取决于每一年就业者个人的收入和社会平均收入。

• 还有一种方法是价格和工资的混合指数化，这种方法就是使用价格和工资适当的加权平均数（见下面的定义）进行指数化，例如芬兰。

待遇水平和指数化方法之间的关系是相当复杂的。对于给定的待遇计算公式，如果实际工资增长是正的，就业者通过工资指数化的最初待遇一般来说会高于通过价格指数化的最初待遇。可是，实际上一个国家是同时选择指数化方法和待遇计算公式的。这样，即使由于工资增长导致的过去收入的增加大于由于价格增长导致的过去收入的增加，但如果公式是不同的，那么前一种情况的养老金也不一定比后一种情况多。如果价格指数化制度和工资指数化制度想要给一个群体相等的平均待遇，那么一些就业者的状况将在某一个制度中得到改善，而另外一些就业者的状况将在另一个制度中变得更好。工资指数化对于早期的工资给予更高的权重，那些职业生涯早期收入更高的就业者在工资指数化时会变得更好，而那些职业生涯中后期收入更高的就业者在价格指数化时会变得更好。如果指数化制度是错误的，问题甚至更加复杂。

如果待遇计算公式在各个群体间是稳定不变的，并且工资增长率随时间而变化，那么工资指数化将使各个群体的替代率趋于相同，而价格指数化将导致各个群体的替代率趋于离散。但全面的分析需要考虑去除在劳动力市场上（在平均工资的决定上也是如此）可能交叉的群体的相关工资，这将使分析更加复杂。

对于积累制或名义账户制（NDC）的养老金计划而言，待遇的确定还取决于收入获取的方式。

• 对于积累制计划，缴费对于待遇的影响取决于缴费期到待遇决定期资产的累积回报率。由于资产回报率有高于工资增长率的趋势，积累制计划和工资指数化的DB型计划相比，早期资产被赋予了更高的权重。

• 对于名义账户制（NDC）计划，不同年份的权重取决于名义利率。这个名义利率可能等于平均工资增长率，也可能等于工资总额的增长率。前者和工资指数化的DB型制度相同，后者在预期劳动力不断下降的国家将会变得更低。

退休后的养老金指数化。一些发达国家退休后的待遇指数化盯住通货膨胀率，而另一些发达国家则盯住平均工资率的改变，还有一些国家盯住这两者适当的加权平均数（“适当”的意思是所有权重加总后为1）。例如，在芬兰，待遇根据价格增长率的80%和工资增长率的20%的和进行调整。另一种方法是瑞典的做法，瑞典的待遇根据工资增长率减去1.6个百分点的差进行指数化调整。指数的选择涉及两个相关的问题：退休余命时期待遇的平均预期增长率和不同调整方法的风险特征（这里的讨论不考虑预期寿命改变的待遇调整，相关的内容将在本章第三节第一部分进行专题讨论）。

指数化方法选择的内涵非常广泛。

成本与待遇充足性的平衡（Cost v. adequacy）。对于给定的最初养老金，待遇增长越快，制度成本越昂贵；待遇增长越慢，随着时间的流逝，退休者的待遇和平均生活水平的差距越远。因此，盯住价格的待遇指数化更加重视控制成本和保持购买力，而盯住工资的待遇指数化则重视待遇的相对充足。当认识到两种不同的指数化方式对收入分配影响的区别后，政策需要在这两个关注的焦点之间保持平衡。而且，对于实际价值而言，盯住工资的待遇指数化比盯住价格的待遇指数化更加具有可变性。因此，还要考虑退休者承担风险的能力。

另外，考虑待遇增长还要认识到，对于给定的长期费用，最初待遇的平均水平和后续的待遇增长率之间是一种替代关系：在保持成本不变的情况下，待遇增长越快，最初待遇的替代率就越低，这就是基于保险精算原理平衡（或准保险精算）的制度中最初待遇的决定机制。从保险公司购买年金的DC型积累制计划和瑞典名义账户制（NDC）的最初待遇确定都是这方面的典型例子。

收入分配效果。由于就业者在预期寿命上存在差别，在保持长期总成本不变的情况下，最初待遇水平和待遇增长率之间不同的组合对不同就业者的影响也存在差异。高最初待遇和低后续增长率的组合对那些预期寿命较短的人更有利。高收入的男性和女性通常比同性别的其他人群存活的时间更长，因此选择待遇的高增长率就具有重要的事前（ex ante）收入分配效果。由于女性的平均预期寿命比男性更长，这也会导致性别平等方面的问题。有些就业者可能仅基于退休后最初的养老金待遇做出退休决策，而不关注退休后的整个时期。最初养老金待遇水平的新闻报道会强化这种关注。对于这些就业者来说，低的最初养老金待遇和快速增长的组合可能会激励其更晚退休。

救济贫困。老年人中贫困的测定方式取决于养老金制度的设计特征，还取决于贫困的测定标准，即贫困是按照绝对贫困还是相对贫困进行测定。养老金待遇指数化的方式影响退休者和就业者的相对消费。由于工资的增长常常快于价格的增长，实际替代率就会随时间的推移而下降[①]。在反贫困社会保险的其他资源缺失的情况下，养老金待遇随时间而增长是必要的，例如，不断增长的养老保险待遇可以为长期照护提供融资支持[②]。

在保持家庭结构不变的情况下，美国老龄化和贫困之间有一定的联系。其原因主要是老龄组内的寡妇数量的增加，而不是单纯的老龄化效应。通常，贫困受遗属抚恤金的管理规则所影响。

风险。工资的增长常常快于价格的增长，而且比价格更具有波动性。因此，养老金待遇指数化方法的选择还需要考虑风险维度。假设有两个制度，具有相同的最初养老金待遇，一个制度采用盯住价格的养老金待遇指数化方式，另一个和瑞典相类似，采用工资变化减去一个和预期实际工资增长率相等的常数进行养老金指数化。这两个制度具有相同的期望成本但风险程度不同。选择工资指数减去一个常数进行指数化，意味着制度将保持退休者大概相同的地位，同时也蕴含着被选择的常数在10年或更长的时期内不能跟踪甚至远离平均实际工资增长率的现实可能性。那么，在相同的期望成本下，采用实际工资减去一个常数的这种指

① 英国从20世纪80年代末期开始，国家基础养老金待遇盯住价格进行指数化，这导致养老金待遇的增长低于平均收入的增长。养老金领取者中贫困的广泛蔓延最终推动了英国养老金委员会的成立。

② 关于长期照护的融资问题参见 chapter 5 of Barr2001。

数化方法，和采用价格与工资变化的加权平均数的指数化方法相比，就包含了更高的风险。

其他的风险问题。虽然分担风险的范围越广越是有益的，但问题是那些更厌恶风险的人所承担的风险应该小于总风险。在岗就业者与退休者相比，具有更强的风险承受能力：他们可以同时调整收入和消费，因为他们剩余的预期寿命更长，在受到非预期的收入冲击时，可以在更长的时间内进行微小的调整，更容易熨平消费。因此，下面的建议非常值得重视：如果要使养老金待遇的调整小于工资的变化，就应该通过价格和工资的混合指数化的方法对养老金待遇进行调整，而不要采用工资减去常数的指数化调整方法。

潜在的问题。毫无疑问，一个人养老金待遇的实际价值应该不随通货膨胀而上下波动，这是因为通货膨胀率可能在一年甚至连续几年显著变动。如果养老金待遇完全盯住通货膨胀价格进行调整，其实际购买力将不受影响；但随着时间的变化，如果工资增长超过通货膨胀，退休者的生活将越来越低于一般的生活水平。相反，如果养老金盯住名义工资增长率进行指数化，养老金待遇将根据通货膨胀进行调整，就能够跟上通货膨胀的速度并保持退休者和就业者的相对地位不变；可是，由于工资增长率常常高过通货膨胀率，这个制度要保证给定的最初养老金待遇水平就会变得更昂贵。在这种情况下，通货膨胀对工资影响的部分风险将会在就业者和退休者之间分配，至少在长期是如此。无论是这些规则，还是一个适当的加权平均数，都被赋予了不同的目标，都是合情合理的。当盯住通货膨胀进行指数化时，使用的权重不能归总为一个权重，这就不合理了。正像第十章第二节所讨论的那样，中国就有这样的一个案例。专栏 5.2 和专栏 5.3 还给出了来自于美国和英国的其他错误的指数化方法的示例（现在已不再使用了）。另外，还要考虑使用养老金待遇随通货膨胀调整的最高限额。虽然这么做有助于制度的收支平衡，但最高限额潜在地破坏了养老金待遇指数化的社会作用。

合理的指数化可以应对多变的通货膨胀。根据对最初养老金待遇水平的关注程度、养老金待遇和平均工资的关系、预期寿命的变动和养老金筹资方式的可行性等因素，不同的国家可以合理地做出不同的选择。

【专栏 5.2】最初养老金待遇对通货膨胀的过度指数化：美国，1972—1977

错误的指数化既影响一个人最初养老金的数量，又影响养老金待遇的增长。美国 20 世纪 70 年代的经验提供了一个前者的例子，而专栏 5.3 则提供了一个后者的例子。1973 年前，美国社会保障制度并不根据通货膨胀自动调整养老金待遇，而是相反，国会通过定期投票修改养老金公式，以应对上次修改后价格的上涨。这些修改适用于待遇的当期支付公式和未来最初养老金待遇的计算公式。1972 年的法律要求最初养老金待遇和养老金支付随着通货膨胀自动调整，基本上吸收了国会从前所遵循的惯例。立法的结果是，养老金待遇计算公式使用就业者平均名义收入，同时还添加了通货膨胀调整的养老金待遇公式。这样，高通货膨胀就从两个方面影响养老金待遇：一方面，改变养老金的计算公式直接地改变养老金待遇；另一方面，较高的通货膨胀抬高了名义工资，进而间接地提高了养老金待遇。

养老金待遇过度指数化的问题在立法时已经被认识到了，但过度指数化被认为是养老金待遇公式的改进，能够有效地抵消生活成本的提高。虽然这种方法在通货膨胀预期保持在过去那样温和的状况时，养老金制度的成本也能够和通货膨胀一样保持在温和的状态，但实际上通货膨胀更快。结果，养老金待遇实际价值的增长远快于国会的预想，促成了财务危机。1977 年的立法，引入了盯住工资的养老金最初待遇指数化机制，而继续沿用价格指数化的养老金待遇支付方式，至此过度指数化制度才被终止。

【专栏 5.3】养老金待遇支付对通货膨胀的过度指数化：英国，1975—1980

英国提供了一个养老金最初待遇决定后的错误指数化的例子。在 1975 年的法律下，英国基本国家养老金根据工资或通货膨胀的高增长率进行指数化，但需要每年单独决策。这样，如果第一年工资加倍而价格不变，第二年价格加倍而工资不变，背后的实际工资不变，但养老金将在第一年加倍（和工资保持一致）并在第二年也加倍（和价格保持一致）。20 世纪 70 年代后期重要的价格攀升和高工资率，使养老金待遇出乎预料的偏高。

第三节 养老金制度的适时调整

养老金制度应该如何调整以反映类似于较晚出生的人口可能有更高收入和更长寿命这样的不同群体间的差异？更重要的还有缴费和待遇之间的关系如何变化？最低受益年龄如何变化？根据提前和延期退休的变化如何调整养老金制度？下面我们将讨论应对预期寿命延长、劳动力变化（尤其是出生率下降的影响）和社会风险变迁的调整。

一、应对预期寿命延长的调整

虽然死亡率极有可能会继续下降，但关于下降速度仍然存在争论。即使目前对死亡率的预测就长期平均而言是准确的，但历史显示，仍然偶尔会出现偏离。1981年英国政府的保险精算师预测，2004年65岁男性的预期寿命还有14.8年，但实际为19年，误差达28%。这种情况在英国养老金委员会的第二份报告(2005，p.90）中记录如下：

> “2003年关于2050年65岁老年人平均余命的重要预测为21.7，在这一预测数据周围是一个至少从20.0到29.0宽的非对称的不确定的范围，但这种范围很宽的分布的概率却很小……因此，公共部门和私人部门的国家养老金政策和职业年金的供给被设计成稳健的政策是非常必要的，这恰恰不是为了应对平均寿命的增长，而主要是为了应对平均寿命增长进程的不确定性。”

因此，死亡率预测准确性的提高面临着对未来结果存疑的正在变宽的漏斗。如果目前的法律设立了未来的调整因子，这些因子通常并不能和实际的死亡率相匹配。当然，法律可能需要经常改变调整因子，但立法调整可能是非常困难的并可能包含非对称的转变：如果需要较大幅度地降低待遇，要缓慢进行；而较小幅度地降低待遇，充分并有融资保障的，则快速推进。这样，至少在一定程度上，设计根据不确定结果实现自动反应的制度就具有巨大的好处。例如，在瑞典的名义账户制（NDC）中，包含了一个针对最低受益年龄的养老金待遇和延迟退休养老金待遇增长的自动指数化机制，但不包括最低受益年龄本身的自动调整[①]。进一步的问题是，美国所有收入范围内死亡率的提高速度存在差异（据推测，各地都是这种状况）。在男性和女性中间，那些一生总收入较高的群体，其死亡率的改善程度要好于同性别的低收入群体。当考虑最低受益年龄时，这一问题是非常重要的，而且涉及未来预测时，这一问题会更加复杂。死亡率分布的改变对于养老金制度成本的重要性是有限的，但对确定切合实际的退休年龄的分布是非常重要的，进而对最低受益年龄的选择也是至关重要的。

---

① 这样内生变量不是最早的可领取养老金年龄，而是养老金规模，在一个理性的世界里这不是一个问题。但是，个人贴现率超过了养老金精算调整后利率的当事人将会选择尽早退休，导致潜在的养老金领取者陷入贫困。因此，还需要对最低养老金领取年龄的调整给予考虑。

在DC型制度中，由于任何给定年龄的养老金待遇都低于财务能够支付的水平；因此，平均寿命的增长对制度的财务没有影响。如果人们像从前一样，和具有较低预期寿命的更早出生群体中的人们在相同的年龄退休，在回报率相同的条件下，养老金替代率会比较低。这种情况下，个人能够通过适当地延长工作时间而抵消这个影响。但历史上他们并没有这么做：因为退休是正常商品，即随着收入的提高对退休的需求也增加，所以意愿退休年龄直到最近通常都在下降，而女性劳动力参与率的提高还不足以主导一个完全相反的趋势。由于许多就业者并不会主动地增加工作时间以应对寿命的延长，最低受益年龄的提高有助于防止一些就业者过早退休。还有一种应对预期寿命延长的保障措施，那就是重新审议缴费率。

对于DB型制度，如果不针对预期寿命对制度进行调整，预期寿命的提高就会对养老金财务产生消极的影响。如果年龄导致的养老金待遇增长在开始时大体上是精算的，那么延长平均职业生涯并不能减轻这种负面影响。实际上，待遇的调整会随着平均寿命的提高而变得过大，在这种情况下DB型制度就不得不调整待遇计算公式了。

严重依赖于死亡率预测的自动调整进程很容易政治化。如果以真实的死亡率信息为基础调整养老金待遇，制度就可以很好地运行。在瑞典，一个群体退休后，用历史死亡率数据计算养老金，而不是根据死亡率的预期增长进行调整。还有一种方法是在死亡率逐年变化的基础上逐年进行调整。

当根据变化的预期寿命随时调整制度时，几个独立（和完全可分离的）的政策工具可供选择，大概包括以下几种：

• 减少最低受益年龄的月平均养老金待遇，目的是应对预期寿命增加所导致的养老金待遇既定支付成本的增长。这个政策能够自动实现，而且实际上在依靠市场提供年金的DC型制度中便是如此。

• 自动地或通过周期性的评估随时提高最低受益年龄，以便缩短养老金待遇的平均发放时间，但同时还要消除因为推迟最低受益年龄所带来每月养老金待遇的补偿性增长。这相当于把第一个选项与提高最低受益年龄合并。

• 调整延迟退休情况下的养老金待遇增长：当退休后余命延长时，养老金待遇增加的价值更大；那么就可以随着预期寿命的增加，降低延迟退休一年所增加的养老金待遇①。

不过，没有必要把所有的调整措施都集中在养老金待遇方面，这在各种条件下似乎也不是最优的。另外的选择就是增加缴费。

• 增加缴费。增加缴费可以根据预期寿命增长所导致的费用增加进行指数化。

第一和第三个选项是瑞典政策制定者所采用的，也是标准 DC 型完全积累制的养老金所固有的（例如智利）。第一个选项也曾是对美国社会保障制度的改革建议之一，该建议由乔治·布什（George W. Bush）总统任命的委员会提出。第二个选项是英国国家基础养老金正热衷的方案。还有一个不同的选择就是把第一个选项和增加缴费结合起来，二者的平衡取决于现存缴费水平和可获资源状况。戴蒙德和奥尔扎格（Diamond and Orszag 2005a，2005b）已给缴费率和替代率都低于国际水平的美国提出了这个建议。一般来说，使用这些政策的组合才能取得更好的效果。

正如第三章第二节第三部分所讨论的那样，调整最低受益年龄产生了一些复杂问题，因为决定多少就业者从这种调整中获益而又有多少就业者从中受损的因素，不仅随着平均预期寿命及平均收入的增长发生变化，而且和个人条件及决策有关。使最低受益年龄和预期寿命成比例的简单规则，不仅在透明度上具有优势，而且在理论上也可能是次优的：人们活得更长，养老金成本随之增加，但这种增加效应部分地被如下事实所抵消，即人们比过去更加富裕，能够负担得起更多的退休消费；而且正如前文所提到的，不同收入阶层预期寿命的提高会有很大的差别。所以，最低受益年龄的周期性调节可能要好于自动调整，前者或许可以根据超党派委员会提出的建议进行调整。或者，预期寿命达到既定的变化就可以推定为需要调整，但这种周期性调整仍然需要通过立法颁布。

一旦政府下决心定期调整养老金待遇和资格领取的相关规则，这些决定应该依据专栏 5.4 中提出的原则执行。

---

① 每推迟一年开始领取养老金待遇，典型的养老金计划就会对初始或全部养老金待遇增加了一个固定的百分比。随着就业者年龄的增长，这导致了相应时期所应得养老金按照递减的百分比增长。只有给养老金乘以（1＋固定的增长率）而不是加上固定的百分比，才能保证养老金以固定百分比增长。但是，随着年龄的增长死亡率也会提高，如果目标只在于进行精算调整，那么加到养老金待遇上的百分比也要相应提高。

【专栏5.4】调整养老金领取年龄的原则

如果要实现养老金待遇和领取资格根据死亡率的变化自动调整，就应该坚持下面三条原则：

• 规则应该和出生日期相关，而不应该和退休日期相关；否则，在慷慨的养老金给付的任何降低生效之前，将会出现一波退休浪潮。由此造成的对退休的激励是无效的。

• 应该逐年进行调整，从而避免相近年龄群体的养老金待遇水平发生大幅度变化。过大的调整是不公平的，在政治上也会困难重重。由于相邻年份出生的人们的养老金待遇可能会有很大差别，有时仅仅相差几天出生，养老金待遇就可能有天壤之别。把大幅度调整和基于退休日期的决定规则捆绑到一起，将使对提前退休的无效激励雪上加霜。

• 一目了然，调整养老金待遇的规则应该是明晰的。由于养老金待遇的成本主要取决于预期寿命，所以随着预期寿命变化这里采用明晰规则来调整养老金水平就不难理解了。根据清晰规则自动调整养老金待遇会增强可预期性，并能减轻政治压力。如果自动调整是基于实际的死亡率结果而不是推断的数据，那么这种调整就可以运行得更好。尽管如此，如同对所得税税级进行指数化一样，立法依然有权对自动调整规则产出的结果进行修正。

既然选择最低受益年龄的标准分析更多地取决于预期寿命，那么以明晰规则自动调整的情形就不及比周期性重估的情形。

英国于1991年宣布的依法提高妇女领取养老金资格年龄就详细解构了上述三条原则。英国当时选取的关键日期（key date）为1950年4月6日。在1950年4月6日前出生的妇女，国家养老金领取资格年龄将持续到60岁；在1950年5月6日（关键日期后一个月）出生的妇女，养老金领取年龄资格将为60岁加1个月，这将在立法19年后的2010年发生；对于1950年6月6日出生的妇女，养老金领取年龄资格将为60岁加2个月，依次类推。对于1955年4月6日出生的妇女，养老金领取年龄资格将为65岁。

二、应对劳动力变化的调整

除了一些国家战后婴儿潮时期以外，世界上大多数国家的生育率都经历了长期下降趋势。由于那个时期某些阶段，儿童死亡率的下降大大抵消了出生率的下降，导致工作年龄人口迅速增长。但在许多国家，现在儿童死亡率已经处于非常低的水平，未来进一步下降的余地非常有限，劳动力的后续增长将是缓慢的，我们预测这样的趋势还会持续下去。

通常，劳动力增长的减速会影响经济，尤其是影响养老金制度。假设其他条件不变，可以预期，随着时间的推移，劳动力增速的减慢将不断抬高工资，降低资本回报率（见专栏 4.2）。可是，实际上劳动力增速减缓对年龄—薪资结构或各群体工资增长的影响并不是如此简单直接。一些分析人士曾经猜测，较高年龄的劳动力市场还将导致技术进步减缓，尤其是“干中学”效应的下降。另外，未来几十年，即使是全球化的影响也远远不能抵消这些消极影响。同时，经验研究也已经发现，在人口和回报率之间几乎没有什么可靠的联系。尽管如此，经济将对利率下降作何反应却无法回避。在分析不完全积累制的 DB 型制度之前，我们先考察完全积累制的 DC 型制度。

对于完全积累制的 DC 型制度，如果利率下降而其他参数保持不变时，就业者退休后获得的收入替代水平将会下降。由于和更早的收入相比，退休消费变得更昂贵，所以在一定年龄下需要更多的储蓄来为既定替代率融资。虽然可以立法设定强制储蓄率的增长，但除了可能会使提供最低养老金的成本增长外，利率的降低不会产生财务压力。关于最低受益年龄也有相同的结论。在不强制增加储蓄率的情况下，一些人会增加储蓄，而其他人不会增加储蓄；一些人将延长工作时间，而其他人不会延长工作时间。就其性质而言，完全积累制的 DC 型制度在各群体间没有收入再分配，这种模式会按部就班进行下去。

对于缺少自动调节机制的部分积累制的 DB 型制度，劳动力增速的减缓直接影响养老金制度的融资状况，并间接导致利率的下降。因此，有必要对制度进行一些调整：降低待遇水平，提高缴费率，提高养老金领取资格年龄（不修正待遇水平的调整），或使用这些政策的组合。在名义账户制（NDC）中，通过把待遇和工资总额增长（假设为平均工资的增长）挂钩，能够把这种直接影响自动化解；当负债超过显性和隐性资产时，能够通过内置的“刹车机制”减少待遇（比如瑞典），或者根据赡养率调整待遇（比如德国）。至于间接影响，在低利率情况下，今天某个给定的消费增长，折算成未来更低的消费，成本更少。其他情况相同的条件下，就减少了基金积累的价值。由于非完全积累制具有在不同群体中进行收入再分配的功能，一系列相关的立法应该充分考虑到政策的任何改变所引发的进一步的收入再分配。

三、应对社会风险变迁的调整

正如一再强调的那样，养老金制度远不止熨平消费这一功能，同时还具有其他多重目标。例如，实施完全积累制的DB型制度的智利，历史上曾通过最低保障养老金救济贫困，并在2008年7月后实施非缴费型基础养老金，以提供贫困救济，智利还通过立法，约束家庭降低养老金积累的速度。另外，智利的人寿保险和残疾人社会保险还被用来帮助保护家庭。正如专栏6.1和专栏6.2所讨论的那样，美国社会保障制度为配偶双方、遗属和离婚的前配偶提供补充养老金待遇。有趣的是，瑞典养老金制度的不同部分以不同的方式对待配偶：积累制部分允许个人用他们的积累购买联合终生年金，而名义账户制（NDC）却不允许这样。许多国家都有遗属养老金，资格和待遇水平的规定千差万别①。

正如环境和条件会改变社会态度一样，环境和条件也会推动这些规则随时间而变化。结婚率、离婚率和再婚率已经发生变化，对同居和同性婚姻的态度也已经改变。男性和女性的预期寿命已经偏离并且在未来差距可能会变得更大（或变得更小）。社会上被认为很恰当的最低保障水平，在和平均收入比较时，可能需要进行改变。虽然，认为环境和态度的改变要求养老金制度一些细节也做出改变的观点顺理成章，但我们已经看到，并没有要求对这一类明显变化进行自动回应的方案，我们也无法提供这种方案。我们只想表明，经常审视肩负多个社会目标的养老金制度的设计是非常有价值的。而且，当把养老金制度财务状况变化相适应的（或者可能带来的）调整结合起来时，这种审视在政治上可能更容易。例如，在美国，财政亏空使改革成为必要，而在早些年的财政盈余也使改革具有可能性，当时代锚定一些特定社会问题时，无论是财政亏空还是财政盈余，都能使我们意识到改革的必要性。于是，美国除了采取广泛的待遇削减以解决预测的财务亏空外，由布什总统任命的委员会还要求对一些脆弱群体采取更大的财务安全保护措施。这里，我们讨论的重点已经表明了对肩负众多社会目标的养老金制度进行审视的价值所在，而不是直接讨论这些目标本身。我们将在第6章讨论有关男性和女性差异的一些问题。

---

① 我们把一个调整期的临时寡妇待遇和从退休年龄一直持续到死亡的待遇区分开来。

第六章

性别与家庭

生活方式安排千差万别，且就个人而言，亦随时间变迁而不断变化。在任何既定时间内，成年人群体中既有孑身一人，过独居生活者；也有虽是单身，但与人同居和分担其他生活支出者；又有以婚姻或各国政府通过不同途径认可的其他结合形式生活在一起者。即使是已婚夫妇，他们在资源分享的程度上也不尽相同。有些夫妻的婚姻关系只有在其配偶死亡时才会终止，但也有一些婚姻关系却在经过若干不同时期之后以离婚而告终。同时，也有很多人在其离异或者配偶死亡后选择再婚，重建新的家庭。本章即是探索由于这些生活方式安排的差异，对养老金制度设计带来哪些有意义的启示。文章结构设置如下：第一节，框定所要探讨的问题；第二节，阐述了养老金制度设计的一般层面；随后，对照看儿童的养老金积分（第三节）、个人养老金与家庭养老金（第四节）、遗属津贴（第五节）、离婚因素（第六节）等进行了讨论。最后，第七节得出了一些结论。

第一节 框定问题

背景。三类政府实施的项目识别出不同方式的生活安排，这种识别既存在于一国不同项目之内，也体现在各个国家之间。

• 对穷人收入或实物形式的商品和服务（或者两者都有）转移支付。这类项目将配偶的收入考虑在内，且在某些情形下，其他分享生活方式安排的类别也被涵盖其中。

• 作为一般财政收入来源的税收。税收以单个个体的收入或配偶一方的资本收入为基础，还是基于配偶双方的工资或资本收入，会导致夫妻缴税总额与他们单身时存在差异，这一情形在各国之间也有很大区别。

• 养老金制度。各国公共养老金制度在对待夫妻的形式上表现不一。一些国家强制实施联合终生年金（joint－life annuitization，见专业术语表），而在其他国家则自愿参加；在一些公共养老金制度中，公共养老金是基于单个个体记录，而其他制度则兼顾到个体的婚姻状况。

所有这些项目都需要将公平与效率关系结合起来。正如“2006 年智利总统咨询委员会报告”（2006 Report of the Chile Presidential Advisory Council）指出，无论是个体的独立性，还是家庭的整体性都需要得以确认，“妇女除了拥有以家庭成员的身份所获得的权利之外，还有作为市民的独立权利”（该报告在第十章第一节有专门论述）。

在本章中，我们主要研究养老金制度的规定如何对男性与女性产生不同影响，研究主要集中在以下三个方面：

• 养老金制度是否为男性与女性分别制定了不同的规定（这在历史上较为常见，但目前许多国家已对这些规定进行了改革，使制度向统一性迈进）？

• 即使规定一致，在总体上这些规定又如何对男性与女性产生不同影响？

• 许多个体以夫妻形式共同生活，不同程度地共享资源，且其后又遗赠于对方。政府是如何看待此种现象的？

由于两性在劳动力市场行为与结果（如劳动力参与率和工资率等）上各不相同，统一的养老金制度规定往往导致养老金分配后果的性别差异。例如，2005 年左右，85％的英国男性退休者有资格享有全额国家基础养老金（获得这一待遇必须有 40 年以上的缴费或应计缴费），而同期享受该待遇的女性退休者比例却仅为30％。此外，男性与女性老年时总体的经济状况也易有较大差别。在许多国家，老年贫困在女性群体中较为常见，孀妇和离异妇女更为突出。由于女性预期寿命长于男性，且一般情况下女性年龄小于其配偶，因而女性更易成为夫妻关系中的遗属一方。养老金制度如何处理遗属问题，是影响养老金待遇性别差异的一个重要因素。

公共政策与家庭行为。税收和养老金制度设计不可避免地对家庭行为产生广泛的、多样的影响，择其要者举例如下（更为坦率地说，任何政策都无一幸免地会影响到这些以及其他领域的激励效果）：

• 平均而言，由于男性与女性劳动力供给弹性的差异，即便不带性别色彩的税率也会对夫妻双方产生不同影响。

• 待遇支付给丈夫还是妻子，一定程度上决定了消费行为的差别。例如，有证据表明，如果儿童津贴支付给母亲而非父亲，津贴用于儿童本身的比例会有所增加。

• 政策设计会促使或者抑制婚姻关系的产生。男女二人结婚后比其单身时缴税低，必然会助长婚姻关系的出现；反之，则会起到阻碍作用。养老金制度亦存在此类问题。

• 政策设计会对有孩子的母亲是否参加有酬工作产生积极或消极影响。当然，这与一系列因素的设计有关，如所得税额减免、儿童在校时间长短以及适用于照顾儿童者的就业规定等。另外，照看儿童的养老金积分规定也与此密切相关。

产生的问题。这些政策影响导致了一系列问题，且其中很多问题无法在本章中找到答案。

• 家庭内部消费如何共享？又应如何共享？

• 对夫妻双方的收入如何征税？

• 征税税额、当期待遇（如照看儿童补助或儿童津贴）以及未来待遇（如养老金）应为多少才会鼓励或阻碍有孩子的母亲参加有酬工作？

• 税收和待遇的设计是否应鼓励结婚？如果其他政策的目标仅通过抑制婚姻的规定即可实现（如结婚时会丧失获得一些待遇的权利），那么在设计这样的政策时，又应给予这些抑制因素多大权重？

• 政策规定如何影响儿童的未来？

• 遗属津贴应怎样设置？

• 离异夫妻的养老金又应如何处理？

启示。之所以提出这些问题，主要原因是为了说明无论哪个问题都无法给出清晰明确的答案。尽管作为起点的横向公平（horizontal equity，见专业术语表）限制了可选政策的范围，但其余的一系列政策设计仍有很大的发展空间，且何为横向公平也是见仁见智，定义多重。因此，正如养老金制度设计的其他方面一样，政策设计任务在于使不同目标的权重达到最优；同时，由于这些权重反映出了个人偏好和社会价值观（如有酬工作和照看儿童活动）的区别，相比于养老金制度的其他方面，在性别问题上的政策认知差异可能更加明显。但是，我们时常难以判定一个如妇女放弃有酬工作照看孩子这样具体的结果，是否是由于个人选择或约束条件所导致，因而使有关性别问题的政策更加复杂化。

由上述分析，我们可以得出这样的结论：如同其他政策，养老金制度不存在，也不可能有唯一的最优政策，放之四海而皆准地指导各国实践。基于此理念，本章其他部分仅有一个并不高崇的目标：即讨论不同条件下政策选择合理性的问题，而不奢求为之找到一套准确无疑的解答。

第二节 养老金制度设计

女性在老年贫困中占据了较大比重，原因有二：一是由于她们工资水平相对较低，在职期间缴费密度不高且数额小；二是因为她们预期寿命一般长于其配偶。第二点尤为重要，也正是由于后者的缘由，家庭养老金待遇在配偶死亡后继续支付的部分可能不足以维持遗属的生活消费，若其老年时又疾病缠身，尤其是在需要长期照护的情况下，更是会给家庭财务雪上加霜，难以为继。基于此种情形，遗属津贴的设计至关重要。

缴费型养老金与非缴费型普惠制养老金。在一些国家，养老金待遇获取资格或待遇水平取决于在本国的居住年限；而其他国家则依赖于受益人对养老金制度的缴费时间。与基于缴费规定的制度相比，以居住年限为条件的养老金制度趋于为女性提供更多的养老金。

缴费要求。在有些国家，个人只有在达到最低年限的缴费之后才有资格取得养老金待遇（如美国养老金制度要求为10年）；而在另一些国家，并无最低缴费年限的限制，缴费即可享受养老金待遇。平均来说，女性缴费期限少于男性，后一种方式有利于为更多女性提供或多或少的养老金待遇[①]。同理，领取全额养老金待遇资格要求的缴费年限越少，相对之下女性能够得到的养老金待遇越多。智利养老金改革之前，缴费在20年及以上者才有资格获得最低保障养老金，在如此高的要求下，女性劣势凸显，符合这一条件的男性远多于女性（有关智利养老金制度改革的论述，见第十章第一节）。

正如本章第三节将要讨论的，相对而言，照看儿童的时间也纳入缴费期限中，有助于女性取得养老金待遇资格。英国政府已宣布："在继续坚持权利与义务相结合的原则下，深化对养老金缴费规定的改革，对社会的贡献也应视为缴费的一种形式"（英国就业与退休保障部，2006，摘要第38段）。在此改革理念指导下，"那些从事工作或者照看活动累计30年者将享有全额国家基础养老金"（同上，第47段）[②]。

---

① 美国养老金制度中，最低10年的缴费期限要求在实际运行中影响较小。究其原因：一是养老金制度中存在补充养老金；二是一旦受益人符合领取养老金的资格条件，他或她都会得到养老金待遇的最高限额。

② 依据该建议，英国公民在满足以下两个条件时即可享受全额的国家基础养老金（定额）：第一，实际缴费或视同缴费30年及以上；第二，达到国家法定领取养老金的年龄。目前这一法定年龄为65周岁，且在未来几年会进一步提高。

待遇计算公式。待遇计算公式的具体细节会对两性产生不同的影响。以美国社会保障制度为例，养老金待遇水平与职业生涯收入最高35年的指数化平均收入相关，若未能满足35年的要求，无收入的年份也被计算在内。有建议认为应把待遇计算的平均期限由35年增至38年，对此有专家指出，在该建议之下，女性一般会比男性加入更多无收入的年份才能达到38年平均期限的要求，这将会使女性待遇水平降幅更大。但在另一方面，与其他国家不同，美国社会保障制度实行的是累进性质的待遇计算方法，由于女性总体上收入低于男性，这一待遇计算方式的累进性反而对她们较为有利。

退休年龄。在过去，许多国家女性的法定退休年龄低于男性（一般为5年），尽管这一现象现在已鲜见。假定女性较低的退休年龄与男性较高的退休年龄下获得的养老金待遇相同，那么较低的最低受益年龄有利于女性。过去养老金政策之所以会做出如此选择，主要是基于以下两点考虑：一是反映出了对男性与女性社会角色的认知差异；二是在典型的家庭结构模式中，女性年龄通常小于其丈夫（女性领取养老金的最早年龄较低，能够使这样典型家庭中的夫妻双方退休时间几乎一致）。但是，妇女享有的这一权利却可能给其带来社会压力，迫使其提早退休，导致实际退休年龄较低，最终可能难以使一部分女性实现利益最大化。相反，较低的强制性退休年龄规定则会确定无疑地损害妇女利益，这表现在：首先，女性收入机会的丧失；其次，如果养老金待遇与工作年限成正比，也会降低女性的养老金待遇水平。在许多养老金制度安排下，无论是由于强制退休的规定还是社会态度的结果，女性实际退休年龄低于男性的事实都会降低女性养老金待遇水平。同时，诸如伤残津贴、对税优支持的退休金账户缴费的权利等其他规定是否基于最早资格年龄，也与妇女利益密切相关。同样，在这些方面，较低的退休年龄也会让一些女性处于不利地位。

由于待遇计算公式和两性收入历史的典型特征存在差异，男性与女性在达到最早资格年龄之后继续工作的激励方面有明显区别。举例示之，如果待遇水平在缴费年限超出一定标准之后会有大幅提升，且达到最早资格年龄的两性在此标准之下的女性数量多于男性，相对男性而言，继续工作直至满足这一标准的激励对女性更为重要。此外，养老金制度在确定待遇时若将家庭结构因素考虑在内，也会对收入水平不等的夫妻双方产生不同的激励（专栏6.1讨论了美国社会保障制度的案例）。

在许多“待遇确定型”（defined benefit，以下简称DB型）养老金制度下，养老金待遇取决于缴费年限，退休较早则意味着缴费年限少，养老金水平低；而在“缴费确定型”（defined contribution，以下简称DC型）养老金制度中，养老金待遇与个人养老金积累通过精算方式关联，多种方式都可能降低女性的养老金水平：第一，若女性退休早，那么其缴费年限少，养老金积累不足，使其每月养老金待遇水平较低；第二，由于女性退休早，相对而言她比同等条件下退休较晚者领取养老金的时间长，这也降低了其月养老金待遇水平。且如果养老金待遇计算时既已考虑到女性预期寿命较长的因素，那么早退休对降低待遇水平的作用更为明显。另外，女性可能比男性更不愿意在较低年龄即被强制或受社会压力而退休。事实上在一些国家，要求提高女性领取养老金年龄的压力正是来自于女性自身。

不同性别的生命表与统一性别的生命表。政府既可以自己对既定出生组（birth cohort）的人群征收统一费用以为之提供养老金，也可以要求私人部门以同样方法去做此事。在这样的体制之下，有等额的养老金积累、以相同年龄退休的男女二人每月领取养老金数额一致；若此二人预期寿命也相同，那么他们在生命周期内预期得到的养老金数额也相等。然而，平均而言，在统一费用下，由于男性预期寿命较低，其能够获得的养老金待遇积累额每美元折现后少于女性。

【专栏6.1】美国补充津贴与配偶津贴

美国社会保障制度规定，缴费不少于10年，且当前收入不高的62岁及以上的老年人，可以有资格享受雇员津贴待遇（换言之，该待遇基于退休后收入调查。有关待遇确定的具体细节，参见第九章第十节）。若领取该待遇的已婚雇员其配偶亦在62岁及以上，无收入或收入较低，即有资格享受相当于雇员津贴一半的配偶津贴，配偶津贴具体数额因其领取时年龄而有变化。然而就个人而言，依据其具体情况，只能在雇员津贴或配偶津贴中择其较高者领取。若夫妻双方均在62岁及以上且都有资格享有津贴，那么作为丈夫一方只能在依据他个人收入确定的雇员津贴和1/2其妻子享有的雇员津贴之间做出选择，领取其中相对较高的待遇（两种待遇具体数额均依据开始领取时的年龄而有调整）。同样，作为妻子一方也只能在依据她个人收入确定的雇员津贴或相当于其丈夫雇员津贴1/2的配偶津贴之间选择其较高者（从技术层面看，夫妻双方都可以得到依据其收入确定的雇员津贴，以及雇员津贴和配偶津贴之间差额所形成的补充津贴。若个人缴费10年后其配偶津贴高于其雇员津贴，那么此人可被称为双重待遇受益人）。

当夫妻一方（如丈夫）退休后死亡时，津贴需被重新评定计算，以使遗属享有基于其收入确定的雇员津贴或与其已逝丈夫雇员津贴数额相等的遗属津贴，二者亦是取其较高的一种。同样，这些津贴也因受益人领取时年龄不同而有变化。若参保的雇员退休前已死亡，在其遗属达到领取津贴年龄时，待遇计算方式与上述方法类似。

在此制度框架下，与其配偶的收入相比，已婚者终身收入的均值若低至一定程度，额外增加的收入将不会带来更多的津贴收益。这相当于对其额外收入施加了一个隐性税收（工资所得税与未来额外津贴的差值），该税额等于对养老金征收了全额所得税，而没有对预期津贴进行补偿。假定收入均值提高一定程度，有申请遗属津贴（已逝雇员养老金待遇的100%）而不是配偶津贴（已逝雇员养老金待遇的50%）的潜在资格，这种隐性税收仍然很高。此种制度设计最早可以追溯到美国社会保障制度创建初期，考虑到配偶津贴的资格要求，额外增加收入并不能带来更高的津贴待遇，这就对一方职业生涯收入较低而配偶收入水平很高的夫妻的劳动力市场参与以及超时工作产生了负面激励。夫妻中高收入一方的劳动力市场激励同样取决于配偶的收入水平，若提高雇员津贴能够增加配偶津贴的水平，激励作用会更加明显。

美国社会保障待遇给付是累进式的（见第九章第十节），低收入者总体上处于较为贫困状态，他们的养老金替代率一般也较高。其背后的逻辑要求将有同样收入的个体与夫妻双方的需求水平进行比较。同样，相对个体而言，当两人依赖于一个既定待遇时，也需做出一些调整。

应注意的是，在这一模式中，遗属领取的待遇水平约在该夫妻均存活时领取水平的1/2至2/3之间（不考虑待遇发放时因年龄差异而进行的调整）：若夫妻双方平均收入水平相同，遗属待遇水平为1/2；当夫妻中仅有一位有工资收入者（或夫妻有一方领取配偶津贴）时，待遇水平在较高收入一方津贴的150%和雇员津贴的100%之间波动，相差约1/3的水平。如此确定的遗属津贴替代率并无明显的逻辑可言。

如果再婚会丧失基于前任配偶收入而获得的养老金待遇，那么与再婚相关的激励问题值得进一步去探讨。

此外，政府也可以允许养老金提供者以不同性别的生命表为基础来提供年金，在这样的情形下，由于男女之间预期寿命不同，缴费也就会有性别差异：有相同养老金积累且同时退休者的男女二人月养老金水平也会不同，相比之下男性更高。这一做法在拉美诸国普遍实施，但在美国和欧盟等雇主主导的养老金制度中却已被法律明文禁止；同时，许多国家不仅在强制型养老金制度实行统一性别的生命表，自愿型养老金制度也是如此。

总之，不同的缴费规定导致待遇模式的差异，进而使作为制度再分配的一部分——与缴费相关的回报方式也呈现出差异性。同性别的高收入者一般比低收入者寿命长，统一缴费对高收入者而言较为有利；此外，以市场为基础的缴费机制能够反映出管理成本，养老金待遇水平高者在缴费上有可能享受更多优惠。男性与女性的养老金待遇也会因养老金缴费差异而有区别。统一缴费与差别缴费下不同的待遇模式应该从养老金制度整体上进行评价和审视，一般应将其他再分配因素涵盖进来，尤其是减贫因素（例如，养老金资金部分来源于累进税）、定额养老金或最低保障养老金等。

第三节 照看儿童的养老金积分

通常情形下，女性承担了更多的照看之责，因而若一个制度将照看儿童或老人的时间计入领取养老金的资格之中，将会更有益于女性。在本部分，我们首先讨论此类资格条件的不同安排方式，然后在更为广泛的层面上论述这种办法是否是一个好的政策。

养老金积分的不同形式。在确认照看活动方面存在多种方式，也因之导致分配和激励功能的多样性。一种方式是女性每提供一年的照看活动，即为其养老金补偿固定数额的待遇，瑞典名义账户制度（NDC）就采取此种办法。此外，瑞典也为照看儿童者的个人积累账户提供补偿。由于女性个人账户能够得到来源于国家财政的额外资金注入，其养老金水平一般较高。在一些国家，养老金水平基于职业生涯平均收入，通常将个人收入最高的年份包含在内。在此情况下，每年照看儿童所获相同水平的补偿能够增加以下人群的养老金待遇：职业生涯较短者；工作时间虽长但收入水平很低且提供照看活动较少（或没有提供）者；收入水平较高者。包括加拿大和英国在内的其他国家，在计算职业生涯平均收入时将照看活动的年份排除在外，因而减少了用于计算职业生涯平均收入的年份。在与收入相关联的养老金制度中，对于同样退出劳动力市场照看孩子一年、但收入有别的两位妇女而言，此种方式无形中为收入较高的妇女提供了更多的补偿[①]。

除此之外，也存在其他类型的养老金积分形式。一些国家对接受高等教育的时间进行补偿，与仅基于收入的养老金制度相比，这种规定更有利于受教育程度高者。但由于受教育程度越高一般收入也越高，能否成为好的规定仍不明晰。另一些国家则对服兵役人员提供保护：或把服兵役的时间计入缴费年限中；或者在个人服兵役期间通过国防预算直接为其养老金缴费。

一个较为笼统的问题是：何时为照看活动时间提供补偿才是好政策？我们首先应该认识到，养老金积分是一个简单直接的工具，它并不能区分受养老金积分影响的劳动力供给和与补偿无关的劳动力供给的情形。例如，一些富裕家庭的父母可能并无有酬工作，因而有资格领取养老金积分，但他们却雇用全职保姆照看孩子。也即，对收入低或无收入且有孩子需抚养者提供养老金积分时，并不能识别父母是否亲自照看孩子。同时，除非将养老金积分加于有工作的父母任何形式的养老金缴费之上，否则也无从区别照看孩子不参加工作与照看孩子同时也仍然工作之情形（较之于不照看儿童下的收入可能低些）。

照看儿童的养老金积分提出了一系列问题：

- 社会应在多大程度上分担养育儿童的成本？
- 照看儿童时的收入与照看后的预期养老金之间的组合应是什么？
- 什么才是劳动力市场行为与照看儿童激励的理想均衡状态？
- 不同类型的家庭应有怎样相应的对待措施？

前两个问题范围较广，我们暂且不讨论；先重点讨论后面的两个问题。

有酬工作和照看行为激励的平衡。在有酬工作和照看儿童之间平衡的政策取向之外，有关熨平消费最优设计的确定问题也不得不予以解决。若照看儿童津贴以照看人参加有酬工作为条件，且对第二主要收入来源者（secondary earners）征收低税时[②]，参加有酬工作的激励作用较强；当照看儿童活动是以养老金积分形式确认时，参加有酬工作的激励作用较弱。相比而言，与工作无关联的儿童津

① 为便于理解这一点，可以假定计算养老金待遇时一般基于个人最高40年的收入。对于某个有30年工作收入、10年照看孩子的个体而言，其职业生涯平均收入将是以30年最高收入计算，将从事照看活动的10年排除在外。因此，这10年是以30年最高收入的平均值予以补偿而不是以无收入来对待。对于收入不同的妇女而言，此方式对30年中收入较高者意义更为重大。有收入的年份在30年以上的妇女，其养老金待遇则取决于有最高收入的30年，而非较低收入年份。

② 第二主要收入来源者是指配偶中收入较低的一方。

贴（通常情况下即是如此）对劳动力供给有收入效应而无替代效应[①]。

有酬工作和照看行为激励的平衡取决于这些因素相对作用的大小。在维持有酬工作激励既定水平不变的情况下，现有的养老金积分需要通过另一种激励相应变化来得以平衡。在设计政策时，也应该考虑到有偿儿童照看与父母自己或其他家庭成员提供照看激励的平衡问题。下面是一些可供选择的方案：

- 儿童津贴、养老金积分，或二者只有无收入（或收入很低）者才有资格领取，这样能够强化留在家中照看儿童的激励。
- 照看儿童成本的补贴如以至少工作最低的时间为条件，能够增强参加有酬工作的激励。这样的设计能够鼓励有收入者使用照看儿童津贴，因而也有助于提高参加工作的积极性，以使其有资格获得津贴。
- 当致力于改变有工作者的照看儿童津贴与低税收或较高养老金积分的平衡时，有可能将参加工作的激励与使用照看儿童津贴的激励区别开来。在制度设计时可以使兼职工作比全职工作更有（或更无）吸引力。

当然，在实际中出于避免不必要烦琐的目的，也会对支持儿童和鼓励（或不鼓励）参加有酬工作的政策设计产生影响。

不同家庭类型相应对待措施的平衡。不同政策工具之间平衡的选择有重要的分配效果。对养老金积分和儿童津贴的较多重视为有孩子的家庭提供帮助，没有孩子的家庭却得不到任何待遇（假定无论家庭是否有年幼儿童，对第二主要收入来源者的征税是一致的）。过度强调对第二主要收入来源者征收低税也会使有孩子的夫妻受益，没有孩子的夫妇却难以获益。除非仅有年幼孩子者享受对第二主要收入来源者的低税，否则与养老金积分也不能相匹配。由于照看儿童在有工作者之间并非是普遍现象，养老金积分与照看儿童津贴也不能完全一致。因此，不同政策工具的分配效果是多种多样的，也是复杂多变的，且需要做出一些相应的调整。

在富裕家庭和贫困家庭之间也存在潜在的再分配影响。一个关键问题是养老金积分受益人总体的经济状况。养老金积分是主要发放给那些有可观养老金待遇的高收入家庭成员（或许因为他们最有可能、也有能力使家庭成员不参加有酬工作），还是主要支付给低收入、养老金水平较低的单身父母，这两种方式所带来的结果将会有很大不同。因而，养老金积分需要以国别为基础来进行评估衡量，

① 儿童津贴通过增加父母收入减少了参加有酬工作的激励；然而，津贴对额外工作的净收益并无影响，也即并没有通过替代效应起到负激励作用。

特别是应关注获益对象是谁，在多大程度上与政策制定者的分配目标相符。

第四节　个人养老金与家庭养老金

如所得税设计一样，养老金制度的设计也绝不是随意而为，而是深深地植根于支持养老金制度的社会哲学。具体而言，政策是首先将妇女看作其丈夫的附属品，因而应该由其丈夫的养老金缴费所覆盖？还是将妇女主要看作一个独立的个体，应以自身所应享受的权利来获得养老金？前一种观点在过去较为普遍，但现在已被许多国家所摒弃，将妇女看作是独立个体的观点在这些国家逐渐得到支持和认可。将妇女视为个体与其作为家庭成员一分子的角色并不矛盾。从历史进程来看，后一种观点为政策调整劳动力市场和养老金制度提供了驱动力，进而增加了妇女收入和提高了其劳动力参与率；同时，它也影响到人们对于什么才是公平的养老金制度的看法。此类观点从某种意义上说是社会价值观的问题，与单收入和双收入夫妻的比重、婚姻关系的普遍程度、对其他组合形式的认知水平等一样，因国而异，在各国之间有较大差异。

也如同所得税，另一个相关的社会考虑是：将家庭还是个人看作政策设计的经济单位。这对于任何一个以再分配为目标的制度项目而言都是十分重要的问题。一个来自富裕家庭、但收入较低或养老金较少的个体，与一个有相同收入或养老金，但家庭贫困或独自生活者，是否有资格享有一样的再分配政策？很多人的答案是否定的。但是一个事实却使这一判断变得更加复杂，那即是家庭结构已变得更具流动性：与过去不同，领取待遇时的家庭与其成员在工作、缴纳养老金时的家庭可能已有较大区别。与此同时，未来的养老金待遇或许已将或未能将离婚协议考虑在内。

有专家认为，养老金制度安排以个人而不是家庭为基础，妇女仅以自身权利获得养老金待遇，在家庭结构流动性如此大的社会中更具适应性。另外，正如在所得税制度下，家庭结构会影响可获资源的数量以及对这些资源的需求。此外，作为认可家庭结构的一种途径，调节离婚后的养老金待遇（见下文）对相应的养老金水平有重要影响。专栏 6.1 即作为家庭结构角色的一个例子，说明了目前美国对配偶的公共养老金制度安排及其劳动力市场激励效应。

第五节 遗属津贴

研究表明，一般而言，遗属需要超过夫妻双方一半以上的收入（通常为65%～75%），才能维持相对稳定的生活水平。因此，在没有其他资源和遗属津贴的情况下，如果夫妻双方有着相同的年龄、历史收入和养老金待遇，一方死亡可能会降低另一方的生活水平，具体情形则取决于遗属能够获得非养老年金性质财富的数量。这也是导致遗孀贫困率高于有配偶老年妇女的原因之一。由此可见，遗属津贴是维持老年人生活水平的一个重要因素。尽管我们讨论的只是配偶作为遗属的例子，实则可以更为宽泛：一个设计良好的养老金制度可以对年幼的遗属给予补贴，主要是幼童。在此我们主要集中讨论的是孀妇退休后的生活消费，而不仅仅是其丈夫死亡至其退休这一过渡时期的消费部分。

遗属津贴制度安排与融资方式可以有多种途径。无论是在积累制DC型养老金制度还是在名义账户制度（NDC）下，基金积累都可以用来购买联合终生年金，以确保遗属有适当水平的养老金。若夫妻双方均有收入，可由二者共同购买。当然，在强制性年金制度下，由于同龄人可知预期寿命的差异，将会有部分参保者获益或受损。相比之下，如果联合终生年金是自愿型的，也存在逆向选择问题：夫妻认为其中一方较另一方寿命非常长者更倾向于购买这一年金。在瑞典养老金制度中，自愿型联合终生年金是与积累制部分结合在一起的，但没有与名义账户制度（NDC）部分相结合，因此，名义账户制度（NDC）不存在此种选择。为了平衡对政策的影响，可以将联合终生年金视为缺省选择。在这一缺省选择被单一终生年金（single－life annuity）代替之前，可以要求夫妻双方选择做出一致决定，以使政策更加强力有效。美国雇主提供的养老金制度中即包含这些规定。如对参加联合终生年金做出强制性要求，在这一方向上更向前迈出了一步。

以单一终生年金到相应联合终生年金的精算转换为基础，一个DB型养老金制度也可以提供与DC型制度相似的一系列选择方案。另外，如美国社会保障制度的做法，遗属津贴也可以由养老金制度总收入之外的资金发放，以损害单身者的代价来使有配偶者受益。这样的制度安排因存在养老金待遇越高、对其转移支付越多的特点而饱受诟病。因此，对遗属津贴适用更为复杂的规定：遗属津贴资金一部分来源于其配偶养老金待遇，另一部分则由养老金制度来支付，二者具体比例取决于遗属津贴的水平，或许是更为明智之举。

假设养老金待遇与收入成比例关系，养老金制度此处隐含的逻辑是制度并无意图对因收入水平不同导致的需求差异进行调整，也并不力图在富裕和贫困的养老金领取者群体之间进行再分配。任何形式的再分配是在养老金制度的其他部分，或者是以制度之外的途径达成；即使存在联合终生年金，与收入成比例的养老金制度也无须对再分配做出调整。因此，当一对既定年龄的夫妻开始领取养老金，包括二者均存活时领取的养老金与只有一人存活时领取的遗属津贴在内，养老金待遇的预期折现值应由DB型制度待遇计算方式或DC型养老金制度，即积累制或名义账户制（NDC）中的账户余额确定。

与之相比，如美国养老金制度，通过累进制待遇计算方式，不断调整养老金替代率以反映出需求变化。在累进制收入所得税制度下，单身者通常被视为比有同样收入的一对夫妇更具缴税能力；类似地，有相同收入历史的一对夫妻要比单身者需要更高的养老金替代率。因而，一对夫妻的养老金替代率（二者收入均得以反映）可能会与被认定为有相同需求的单身者相匹配。但是，由于一般情况下夫妻一方寿命长于另一方，这就带来了又一难题。在此情况下，“替代需求”（replacement need）需要基于寿命进行考虑，对“遗属津贴替代率”（survivor replacement rate）、遗属津贴与夫妻均存活时的养老金之比也要予以重视。在雇主主导的养老金制度中，通常做法是：雇员的养老金待遇与其配偶存活与否无关，但其配偶寿命如长于雇员，则会得到低于雇员养老金的遗属津贴。至于这样非对称性的制度安排是否合理，目前尚无定论。

第六节　离婚因素

婚姻流动性不断增强，使养老金制度中夫妻离婚时适用条款的作用日益显现。目前已有些社会规定，通过借助于法院的判决，在夫妻离异时就其积累的财富（某些情况下也包括人力资本积累）、尤其是婚姻持续期间积累的财富进行分割。作为离婚协议的一部分，公共养老金制度的权利资格可能会被分割，也可能被视为不可分割的隐性资产。养老金制度的规定可以对这一分割产生决定性影响，也可能仅仅是对离婚协议或离婚法庭在分割适用条款上起到一定的限制作用。这一问题非常重要：若不进行一些调整，结婚多年后的离婚，会导致历史收入有限的一方退休后只能领取极低的养老金待遇。美国老年离婚妇女未再婚者贫困率较高，已从事实上证明了这一点。

在离婚后养老金待遇提供方面，有多种策略可以选择：这些策略既可在退休时实施，也可在离婚后立即实行。第一种方式是在离婚者达到退休年龄后提供养老金待遇，这可以通过原夫妻双方之间的养老金转移来完成。例如，当某雇员开始领取养老金时，借助于与婚姻持续时间和离婚时机相关的待遇计算公式，对其养老金做出适当调整，不仅对其现有配偶发放待遇，前任配偶也能够得到其部分养老金。在未来，此种待遇的可获性可以作为离婚协议的一个组成部分。此外，可以效仿美国的做法，离异夫妻的养老金待遇一般可由养老金制度总收入来支付，以避免降低有领取资格者的养老金水平（见专栏 6.2）。

第二种方式是基于婚姻持续期间的收入记录（如果是资产，也要将其实际回报率考虑在内），在夫妻离异时将他们显性或隐性的养老金财富进行转移。在加拿大，在婚姻或普通法伙伴关系（common-law partnership）终止时，作为离婚协议的一部分，双方共同生活期间积累的、享有加拿大养老金计划（Canada pension plan）的资格权利将在二者之间均分。

第三种方式是以年为单位对婚姻存续期间的收入进行分割。例如，夫妻收入可以均分到各自的个人账户之中，账户积累资金归个人所有且能随婚姻关系终止而转移。然而，当夫妻双方年龄、收入水平（年龄大者收入高）相差悬殊时，如其继续保持婚姻关系，再进行这样的养老金资产分割则会削弱他们退休后的融资能力，这在只有一人有收入来源的夫妻中表现最为明显。先达到退休年龄的配偶只能领取一半的养老金待遇，直至年龄较小的另一方也达到退休年龄。

【专栏 6.2】美国离异配偶的补充津贴与遗属津贴

在美国，如果一对夫妻离异时婚姻存续期已有 10 年及以上，且待遇发放之前至少有一方未再婚，那么其中的一方即可以依据另一方收入记录享受社会保障待遇。这些规定与专栏 6.1 所述的配偶和遗属津贴相一致：离异者可以在以自身收入记录为基础的养老金待遇与其原配偶养老金 50%的津贴中择其较高者领取（1965 年美国社会保障法修正案对依赖于其丈夫工资收入支持，且婚姻关系存续期在 20 年及以上的离婚妇女或孀妇提供津贴，其后 1977 年又将婚姻关系存续期下调至 10 年）。由于基于个人收入记录可以得到来自养老金制度总收入供款的补充津贴，雇员养老金待遇并没有降低；同时，补充津贴也有一个上限，即个人收入记录的最大家庭津贴。在最大家庭津贴下，雇员养老金并未受到影响，但是其他的补充津贴则被削减。同样，美国离异者遗属津贴为原配偶养老金的 100%，也受最大家庭津贴的制约。

第七节　结　论

本章就养老金制度设计中存在的性别和家庭问题提出了三个论点：

• 养老金制度并无明确的最优设计，但一些制度设计却绝对是不良的。

• 政策不能仅关注养老金制度设计本身，也应认识到最终养老金待遇对其他相关政策的影响，如收入所得税、照看儿童津贴、全日制学校以及对有幼儿的父母工作灵活性的规定等。

• 我们并未争论妇女应该工作还是照看孩子，只是认为税收和养老金制度（当然也包括其他政策）不可避免地产生激励问题，进而影响有酬工作、照看行为和休闲等的决策。因而在制度设计时要审慎选择，以反映出社会价值观、个人偏好以及约束机制，尽管这些因素无论是在一国之内还是在各国之间都存在差异。

更具体地说，养老金制度设计需对两性之间不同的影响做出敏感反应。为达此目的：

• 认真考虑有社会价值的行为，如照看儿童、护理残疾人、赡养老人等所用年限如何适当确认？又应以怎样的形式予以确认？这种确认与参加有酬工作的激励之间如何平衡？

• 为养老金资格权利与确定设立一般规定。

• 若养老金制度将账户积累余额转化为年金形式，则应使用统一性别的生命表。

• 确保为遗属或离异者提供了令人满意的养老金制度安排。

第七章

养老金制度的实施

前面第二章到第六章阐述了作为良好政策设计基础的经济理论，认为存在许多不同的设计，并发现了一些不好的政策设计案例。本章将超出一般性经济分析的范畴，强调一个国家良好的政策设计还取决于其执行政策的能力。一项不能完全按照设计执行的制度就不是设计良好的制度。许多设计精巧的、有建设性的改革之所以失败，原因在于低估或高估了改革对于管理能力方面的要求，或是由于缺乏改革所需要的政治支持，如养老金、健康保健筹资、学生贷款及其他诸多改革。该问题并非是发展中国家独有的。发达国家的政府规划中也大量存在这样的例子，如延期、超支或完全失败等。

本章关注于养老金设计可行性的条件分析。该分析具有非普遍性，原因有二，一是时间有限；二是由于我们没有人是执行专家，我们没有人曾经实施过养老金制度或者仔细研究过政策执行。我们的核心点是一个国家的选择往往会受到财政、政治及制度能力等方面因素的束缚，这点非常明显却又往往被忽视。忽视或低估执行问题会大大增加改革无法实现其预期目标的可能性。

有效的改革至少需要三个方面的技能要素：政策设计，管理和技术两个方面的执行力，以及政治执行力。虽然最后一个要素我们涉及较少，但其与其他更技术性的因素同等重要。某一技术领域的专家往往难以抓住其他两方面的重要性。他们虽然有许多闲谈阔论，但却难以真正理解。政策设计领域的专家通常趋向于忽视政策执行或低估政策执行的困难；政治家往往对政策的连贯统一或者满足管理方面的需求重视度不够，如不给予充足的时间，不列入足够的管理经费；而管理者和其他技术专家则会过高估计变革的困难，从而采取一种思维狭窄的改革路径，或者由于其他原因而不愿意改革。

关键点在于政策执行与政策设计不同，政策执行还需要技术。那种认为如果能够理解政策就可以建立执行规划的观点通常是错误的。执行力是改革中不可或缺的必备因素，而不是附加因素。这些技术必须在政策设计阶段就作为必备因素加以考虑，而不是在政策颁布之后才仓促决定。存有一种极为错误的观点，认为政策需要“更高的”技能，即由较高水准的人设计政策，然后交由政府机构执行。显然这是错误的，三项技能要素（即政策、技术和政治）之间既没有等级之分，也没有次序之分。有效的执行从一开始就需要拥有符合要求的技能。

第一节主要阐述了养老金改革要想成功实施政府所需具备的能力和所要承担的任务，不同类型养老金制度的要求存在明显差异。第二节描述了为了有效地运行自愿或强制性的私人机构管理的个人账户，私人养老金提供机构需要具备哪些能力，也就是说如何确保供应方运转顺畅。第三节关注于个人账户市场需求方，尤其是对就业者在作出决策时所需要被告知的信息范畴，不同养老金制度的特征，以及不同养老金提供机构的质量。第四节将把本章关于执行问题的讨论和第四章的理论研究结合起来，共同探讨积累制可取或不可取的环境因素。

第一节　政府能力

不论规模大小，不论制度设计简单还是复杂，养老金制度必须考虑三方面的限制性因素：财政能力、管理能力和多方面的制度要求。退休人员的消费是以牺牲就业者的消费或投资消费或二者皆有为代价的。因而，从宏观经济角度看，养老金在某种程度上是一种帮助在就业者和退休人员之间进行产出分配的工具。显然，养老金总支出必须与一个国家的财政能力相当。虽然所有养老金制度都对政府能力产生了极大需求，但有一些制度的这种需求远大于其他制度。下面列出了一些公共养老金制度，并按照其对财政和管理的需求，升序排列。

非缴费型制度。贫困国家由于预算和管理能力受限，因而无力提供适度的、简便管理的贫困救济，如由地方自主设立的津贴；需家计调查的社会救助；或为高龄老年人提供定额养老金，其筹资来源为税收。如上这些制度中，即使是最简单的制度也都需要政府至少拥有一定的能力收缴税收，并且能够将津贴分发给目标群众（例如，这需要政府能够查明人们的年龄）。

简单的待遇确定型（DB 型）缴费制度。建立全国性收入调查的社会救助制度，或简单的现收现付制度（如每年统一缴费率），或二者兼有的制度需要更强的财政和公共管理能力。养老金可以有多种筹资方式：一种是通过专门的社会保险缴费，一种是税费混合。两种方式都可以采取信托基金的方式（即积累部分养老金用于支付未来的养老金债务）。该种类型的制度需要政府能够有效地征集缴费，为那些可能会在不同地域和不同企业之间流动的就业者保存记录，根据就业者开始领取养老金时的年龄调整待遇水平（如果制度允许延迟领取），并能够准确及时地支付待遇。政府还需要有预测未来缴费和支出的能力，从而使得制度能够逐步适应需求，并提前拥有充足的时间拓展其财政能力。

如果养老金制度拥有信托基金，则政府需要有保值增值的能力。保值首先要求政府具有预防养老金挪用的能力，这一问题普遍存在。同时，适宜的宏观经济环境也很关键。尤其是，在未实现完全指数化的情况下，一次次的高通货膨胀将会侵蚀或者甚至毁灭累积资金的购买力，以及指数化制度下兑现所承诺收益的能力，相关情况请参见专栏 7.1。信托基金可全部投资于政府债券，也可同时持有私人资产。如果募集养老金是为了提高经济实力，从而满足未来养老金领取者的消费所需，那么政府通过信托基金购买政府债券所得到的额外借款就不能主要用于当期消费。如果购买的是私人资产，则需要有一个完善的资本市场用以投资。虽然投资国外能够替代国内资本市场投资，但对于不同的经济发展阶段而言，其好坏不能一概而论①。

【专栏 7.1】避免高通货膨胀的重要性

政府必须拥有规避高通货膨胀的能力，因为难以预料的快速通货膨胀会侵蚀名义债券的实际价值，包括那些养老基金所持有的债券。虽然股票价值与企业潜在价值一样，会恢复其之前与经济的关系，但通货膨胀对股票的影响通常也是负面的。在一个人的职业生涯（如果资产没有完全指数化）或退休期间（如果年金没有完全指数化）的任何时间迅速爆发一次通货膨胀，都将引致其养老金待遇的急剧下降，这从下面案例中即可得知。

对于退休后的通货膨胀需要注意两点。首先，由于通货膨胀造成的任何价值损失都是永久性的。退休者几乎没有机会弥补任何损失，因为与工作者相比，他们难以通过挣得额外的收入或增加储蓄以适应通货膨胀。其次，随着预期寿命的增长，退休后人们比以前活的时间更长。因此，即使是很低的通货膨胀都会对退休者的生活水平产生相当大的累加效应。例如，如果年通货膨胀率为 2%，则 10 年后名义待遇的实际价值仅是其原价值的 82%，20 年后只有 2/3。需要注意的是，这些损失是相对于原有待遇而言的，是工作者之前实际收

① 发展中国家必须支付国家风险溢价以吸引资本流入，而这些流入的资本更容易受到国外投资者资本外逃的冲击。

入的一个固定百分比（替代率）；如果是与工作者不断增加的平均实际收入相比，下降的幅度往往会多很多。

下面来看一个通货膨胀对养老金产生负面影响的案例。英国 1974 年 1 月的价格指数为 100；在第一次石油危机的震荡下，1978 年 9 月的价格指数为 200。当时，英国大多数个人年金都没有与通货膨胀之间建立指数化关系，所以其实际价值少了一半。如今，英国大多数私人养老金都需要支付年通货膨胀补偿，最高为 5%（即所谓的有限价格指数化）。假如该规定在 20 世纪 70 年代即存在，则养老金的名义价值将从 100 增加到 133 左右，仍远低于需要保持其实际购买力的 200；换句话而言，养老金待遇的实际价值将损失 1/3。

单独来看，如果国家和地方政府都在赡养老年人方面发挥作用，则养老金制度需要在二者之间建立有效的协调机制。这不仅涉及宽泛的宪制安排问题，还涉及养老金设计的具体问题。同时，与所有制度一样，这也涉及制度执行问题。例如，除非地方政府（如果制度允许这样的变更）是在国家确定的规则范围内设定地方养老金待遇水平，否则养老金制度运行的软件应该统一提供，地方政府不能进行任何修改。经验显示，如果不进行严格预防，那么就很可能导致地方过度自治（excessive customization）。

收入关联型公共养老金。除上述能力之外，收入关联型养老金还需要政府能有效衡量人们的收入，并保持更为详细的记录，以用来计算养老金待遇。此类养老金制度的例子包括名义账户制（NDC）养老金，虽然有关累计结余的统计数据足以满足待遇计算的需要，但此类制度还是将就业者整个职业生涯的所有收入都考虑在内。然而，在没有详细记录的情况下，一旦就业者在临近退休前试图查对计算的精确性，届时错误是难以纠正的。因而，收入关联型养老金制度需要政府承担以下任务：

- 准确地追踪并记录每一个就业者在整个职业生涯中的收入情况，这需要对每一个就业者进行身份证明，并保持记录。
- 对于那些在不同就业岗位、不同就业状况（被雇佣、自雇或失业）、不同地域之间流动的就业者也要做到如此。
- 如果是名义账户制，则需要精确计算，以便能准确地将账户中的名义累积资产转化为福利水平。
- 持续为就业者提供相关信息，以帮助其进行规划。包括：可定期（理想情况是每年）提供相关的收入记录（或者，在名义账户制情况下，提供账户中的余额），和这些记录或结余所意味的退休收入，以及根据一系列假定条件所计算的未来缴费。

• 准确并及时地支付养老金待遇。

• 为保持制度的财政可持续性进行必要的计算和调整，或者通过自动调整，或者通过立法变化。

仅从上述这些列出的要求中就足以显示出此类养老金制度的严苛性了。

积累制缴费确定型（DC 型）公共养老金制度。属于此种类型的各养老金制度对政府管理能力的需求存在较大差异。由于此类制度持有资产，因而就需要政府具有持续的信托基金投资能力，这在之前已经讨论过。除此之外还需要哪些能力则视具体的制度设计而定。此类制度中最简单的可能是公积金制度，其拥有单一基金，以收定支。因而，公积金制度所需要的管理能力与名义账户制类似。实际上，其待遇的计算和支付可能更依赖于私人保险公司，而非国家计划。然而，反过来，这取决于能够对这些私人保险公司做到有效规范。

更复杂的制度允许就业者选择不同的投资组合。此种方式大大增加了对沟通交流和记录保持能力的需求，因为政府不得不持续追踪每一个就业者的投资组合，以便于正确记账；还必须维持允许就业者改变其投资组合的制度，以便就业者可以通过购买新的投资产品改变投资组合，也可以重新安排已有的投资组合。可供选择的投资产品数量越多，管理就越复杂，管理成本也就越高。此外，由于有些就业者难以做出投资选择，因而很有必要设立一种精心设计的默认投资组合，相关内容请详见本章第三节。

私人养老金。如果一个国家打算拥有运行良好的私人养老金制度，则对该国政府的能力需求更高。在雇主提供的养老金制度和个人账户的运行过程中，政府需要关注三个方面的事务：一是确保养老金能够满足人们预期所能获得的合理收益；二是鼓励低收入者为退休进行储蓄；三是许多国家（但并非全部）都普遍鼓励退休储蓄，目的是加强老年保障和促进经济增长。

实现这些目标需要政府具有下述能力：

• 保持宏观经济稳定性（专栏 7.1）；

• 建立适当的激励机制，如通过像自动注册这样的方式；

• 有效地规范金融市场。

即使是自愿性积累制私人养老金也需要政府具有非一般的规范和监督金融市场的能力，包括保险市场。自愿性计划有助于促成鼓励良好市场规制的政治环境；同时还能作为向强制性计划转变的试验阶段，强制性计划能够覆盖更多的劳动力，包括那些较为弱势的就业者。此外，养老金实现社会目标的程度还在于如何对这些计划进行良好的规范管理。强制性积累制私人养老金需要雄厚的财政能力，以及强大的公共和私人机构能力。

第二节　实施强制性积累制个人账户

自从智利和其他国家建立强制性积累制个人账户之后，获益匪浅，因而我们格外关注了此类制度的执行需求。由此产生了两个方面的问题：

• 私人部门的能力是否足以满足需求？如下文所论，私人养老金需要管理专业技能和金融市场专业技能，只有具有专业管理技能才能追踪就业者整个职业生涯的个人缴费和养老金积累情况，只有具有专业的金融市场技能才能有效管理养老金的存入和支出。缺失这两种能力中的任何一种都将导致私人养老金面临这样的风险，即管理成本、管理失误或不称职，或腐败的基金管理将会侵蚀养老金领取者的投资回报收益。由于管理个人账户存在固定成本（对于管理者而言，管理规模较小的积蓄所花费的管理成本并不会比规模大的少很多），因而该问题对于小规模的养老金而言尤为重要。最坏的情况是，管理能力和基金管理专业能力的不足将会使整个个人账户系统的持续存在濒临风险。

• 即使私人部门的能力足以满足需求，那么其管理私人养老金方面的安排部署是最大限度提高福利的做法吗？关键问题在于发展中国家是否愿意允许发达国家的企业承担这些其国内企业认为对技能需求过高的事务，从而避免弱势就业者的退休保障陷入风险的境地。

完全积累制个人账户的主要任务包括：

• 征集缴费；

• 保持记录并告知就业者；

• 选择投资组合；

• 投资基金；

• 确定并支付养老金待遇。

对就业者进行教育的过程也很重要，通过教育使他们了解：在某一给定时间其拥有什么，退休时预期能获得什么，以及如何考虑其所能进行的各项选择，这将在第三节中讨论。在一个大多数就业者对于做出这些金融决策都没有经验的经济体中，提供关于不同选择内在含义的教育就很关键。

所有这些任务的成本会根据制度设计的不同以及所提供服务质量的不同而有

所区别[①]。所有任务也都需要政府参与，只是不同的制度设计特征政府参与的方式不同。

虽然所有这些任务都非常必要，但本部分主要通过关注于上述所列事务中的第三项来阐明该议题。对于任何累计资产而言，与投资组合选择相关的制度设计很重要。确保所做的选择是为了退休人员当前和未来的收益而非其他目的也很重要。制定鼓励高效投资组合选择的规则更不可或缺。当然，这些规则在不同环境下自然会有差别。具备由专业基金管理者进行有效管理的，免受政治压力影响的，且具有强烈的动机做好的集中化信托基金是一回事。但在一些国家中，限制投资组合选择以使投资经理免受外部环境影响也是必要的。如果投资选择是由就业者个人做出的，则规定将会非常不同：管理成本和无经验投资者在进行良好的投资决策时所面临的困难都需要这种受限制的选择。

在考虑就业者应该有多少种选择这个问题时，有三点很重要。首先，他们可能做出的选择的正确程度（第三节将讨论）。其次，在有能力做出适当选择的就业者中，那些选择之间可能存在的差异程度如何，这些差异的重要性又怎样？最后，扩大选择范围所产生的相关成本有哪些？选择范围是指供就业者选择的投资组合的数量和允许一个就业者更换基金的频数。关于限制选择范围的争论正是如此，消费者往往不能做出正确的选择，从而使交易费和其他成本会超过扩大选择范围所带来的潜在收益。由于成本是争论的核心部分，并产生了关于测算的复杂问题。因而，先就不同的成本测算方式进行讨论对于进一步研究“选择”问题是有益的。

费用评估。下述不同制度的成本之间存在系统性差异，选择越多的，成本往往就越高。这些成本需要在不同的账户之间进行分配（或是与账户制度之外的因素之间进行分配）。不同账户之间的成本分配方式（在集中式制度中）或费用管理方式（在分立式制度中）有多种选择。费用可以根据年度缴费按比例收取，也可以根据个人总累计资产按比例收取，这意味着所有拥有相同投资组合的就业者能获得同样的回报率。或者是，按照反映成本内在结构的固定额收取费用，这意味着累计资产较高的就业者，其扣除费用后的净回报率也较高。因而，费用收取方式选择的重要性取决于所覆盖群体的收入分布状况。

对于任何给定的账户成本分配制度而言，可以有多种收费方式。专栏 7.2 将

① 设立该制度需要付出可观的一次性成本，而且制度一旦成熟还存在运行成本。本部分只讨论运行成本，但也会对设立所需制度的初始投入成本加以指导。

介绍其中一些方式。对成本的考虑和对不同制度的对比需要对成本的复利性质有所了解：不同的成本分配方式将会影响就业者职业生涯的长度和时机。由于受复利性质的影响，费用的重要性很容易被低估。表 7.1 对申购佣金和管理费进行了对比。

【专栏 7.2】费用测算

个人账户的成本对比较为复杂。一些个人账户的初始设立成本与制度规模无关，而另一些则与参与者的数量相关。大多数情况下，每个账户的运行成本是固定成本。因而，个人账户的成本评估通常接近于初始设立成本与固定成本之和。对于所有计划而言，管理总投资组合的成本要低于个人账户记录保持的成本，其中后者包括与账户所有者沟通的成本，但规模最小的计划除外。例如，专栏 9.4 中介绍的美国“储蓄节俭计划”（Thrift Savings Plan，TSP）的投资管理费只相当于总成本的 10%。

自愿私人市场中的账户费用收取可以有多种方式。可以是在申购基金时所需缴付的费用（称为前收费或申购、销售手续费），也可是在赎回基金时所需缴付的费用（称为后收费或购回、卖回费用）；还可以根据账户资产的价值和种类或根据投资回报率定期收费（通常为年度管理费），这在对冲基金中较为常见。类似的，成本也可以有不同的测算方式，因而，需要有一种通用的测算方式以便对不同制度进行比较。下面介绍几种有用的方式：

• 前收费百分比（percentage front—end load）。储蓄节俭计划（TSP）报告了其账户运行成本情况。该年度运行成本与年度储蓄相除为前收费百分比，即年度运行成本占个人年度缴费的百分比。这可能与个人账户的收费方式相一致，也可能不一致。

• 年度管理费百分比（annual percentage management charge）。即年度收费占账户持有人累计结余的百分比。

• 收益扣除（reduction in yield）。在给定的一年中，如果收费前的回报率是 5%，收费后是 3%，则收益减少了 2 个百分点。

• 收费率（charge ratio）。指自账户设立之日起至退休时止，由于对其所收取的各种管理费用所造成的个人总累计损失百分比。

表 7.1 显示了在连续时间计算的基础上，手续费、管理费和收费率之间的关系。

表 7.1 申购佣金和管理费对账户价值的累进效应[a]

申购佣金或年管理费	40 年后账户累计额价值的累加跌幅（收费率）[a]
申购佣金（占新缴费的百分比）	
1%	1%
10%	10%
20%	20%
年管理费（占账户结余的百分比）	
0.1%	2.2%
0.5%	10.5%
1.0%	19.6%

资料来源：Diamond 2000.

a. 测算假定实际年工资增长 2.1%，实际年投资回报率为 4%。随着工资增长率与年度投资回报率差额的扩大，年管理费的费率会稍微提高。

表 7.1 显示了 40 年职业生涯的费用情况，评估了职业生涯结束时的费用。许多就业者需要缴纳这些费用的时间在其整个就业期间相对较短，而且这一时期在其整个职业生涯中出现的时间也会稍早或稍晚。对于年度收费而言，缴费时间的长短对于该费用而言尤为重要。在领取养老金待遇之前一年缴纳一美元，1% 的年费仅占用了积累的 1%。而在领取待遇前的 20 年或 40 年缴纳一美元，费率会高很多，因为所缴纳的这一美元在这 20 年或 40 年中的每一年，也都要缴纳年费。当然，如果实际净收益率为正数的情况下，早缴一美元就意味着会获得更高的退休待遇。然而，该测算的关键点是，对于给定的总资产投资回报而言，费用越高意味着净回报越少；年费越高，其所带来的影响就越大；缴费积累的时间越长，其所要缴纳的年费次数就越多。面对成本和选择之间的竞争压力，各国都采取了很多不同的方式。

单一的、政府控制的投资组合。对于政府而言，最简便和花费最少的选择是，由政府为就业者选择投资组合，新加坡之前就是这样做的①。尽管这可以通过建立单一投资组合实现，但在不允许个人选择的情况下，对于具有不同特征的就业者也可以提供不同的投资组合。例如，就业者账户中的股票和债券组合可以根据就业者的年龄而有所差异；智利的默认基金分配所采用的所谓生命周期法。在每个账户成本固定的情况下，那么单一的、简便的、由政府设计的基金就可用于就业者的个人账户，除非其账户超过了某种最小规模。在最小规模这一点，对

① 新加坡的中央公积金投资计划提供了一些有限的选择，详见第九章第七节。

于选择（非强制）转向其他制度的就业者而言，投资组合选择的成本被视为是值得的，如下所述。

在少量政府控制的基金中选择。对于政府而言，要为就业者提供一些选择花费最少的做法是，设立数量有限的投资基金供就业者选择，并为每个基金选择相应的管理人员。继而，就业者会将其缴费分别用于购买政府提供的可供选择的投资基金，他们可以根据具体的限制性规定，改变新缴费的分配或者重新安排已有的持有资产组合（均会改变成本）。正如第三节所讨论的，默认基金对于难以做出选择的就业者而言是必要的。虽然政府可以直接进行资产投资，然而，与私人提供机构签署相关协议，由其管理基金则可以发挥现存企业所具有的显而易见的规模经济优势。此外，同一基金中，混合有私人投资的养老基金有助于投资免受政治压力的影响。在对可供选择的基金进行审核之后，为不同基金成功选择一家有能力的、低成本的提供机构可实现最低的管理成本，选择的方法包括对被认定具有执行能力的企业竞标（专栏 9.4 介绍的美国联邦工作人员的养老金计划——储蓄节俭计划就是使用的这一方法）。

在基金高度规范的竞争性提供机构中选择（结果导致数量有限的基金）。在智利和其他一些国家，养老金资产只能投资于高度规范的私人基金，该基金不能从事于其他任何商业活动。理论上讲，只要企业满足注册资产规模限制，就可以进入该行业，从而在理论上形成竞争性行业。然而，实际并非如此，如第十章第一节所述，智利对基金的选择仍然是有限制的：少量企业办理大多数相关业务，而高费用也一直是备受关注的问题。

其他拉丁美洲国家所采取的方法与智利类似，只允许两家企业进入，且最初不允许就业者对这两家企业进行选择，玻利维亚除外（详见专栏 9.1）。由于企业必须为成为被选中的两家企业之一进行竞标，因而拉丁美洲的费用要低于其他国家。然而，在这种机制下，当价格确定之后，对所提供服务的质量进行规范尤为重要，但这并不容易。事实上，在玻利维亚，服务质量问题也确实是投诉的源头。如表 7.2 所示，即使是那些采取类似战略的国家，其成本也存在很大差异。从表中可以看出，除玻利维亚之外，其他国家的管理成本占个人年度缴费的比重为 13%～36%，在不考虑其他因素的情况下，这反映了账户的规模较小[①]。

---

① 对近期拉丁美洲养老金经验的更为丰富的论述，请详见 Gill，Packard，and Yermo 2005 和 Arenas de Mesa and Mesa-Lago 2006。

表 7.2 2002 年 12 月拉丁美洲私人投资基金的管理成本 (%)

国家	管理费占工资的比重[a] (1)	基金缴费占工资的比重 (2)	管理费占总缴费的比重 (1) / [(1) + (2)]
阿根廷	1.56	2.75	36.19
玻利维亚[b]	0.50	10.00	4.76
智利	1.76	10.00	14.97
哥伦比亚[c]	1.63	10.00	14.02
萨尔瓦多	1.58	11.02	12.54
秘鲁	2.27	8.00	22.10
乌拉圭[d]	1.92	12.27	13.53
平均	1.60	9.15	16.87

资料来源：Gill，Packard，and Yermo 2005，table 7.3.

a. 只包括账户和资产管理费占缴费或工资的比重，保险费不在其内。

b. 只包括缴费的费用；资产管理费根据投资资产总额在 0～0.23%变动。

c. 仅涉及 2000 年 12 月的强制型养老基金制度。

d. 排除额外的监督委员会，这在 2002 年 12 月平均占其管辖下总资产的 0.293%。

在各种有价格管制的经由政府批准的基金中选择。与拉丁美洲国家限制选择相比，瑞典提供了大量的基金供人们选择，详见第九章第八节。瑞典建有名义账户制养老金和强制参与的完全积累制个人账户，工资总额的 2.5%计入个人账户。满足规定要求的基金可以加入被批准的基金行列，只要他们同意政府所设立的定价规则。2007 年年末，这样的基金共有 785 个。就业者可以将其缴费分配至最多五个基金中，并且要将其选择告知政府。政府要适当地设置一个中央票据交易所，用于保持记录，征集缴费，汇总要购买基金（和任何投资转移）的缴费，并将这些缴费转移给基金。各种不同基金之间的竞争存在一个潜在问题，即鼓励广告宣传，这在增加成本的同时却未必会改善消费者的选择，因为毕竟就业者所做出的选择并不完美，这将在本章第三节中论述。制度建设之初的那段时间过去之后，瑞典的制度安排实现了对广告宣传的控制，部分原因是通过中央票据交易所进行管理意味着这些企业无法得知哪些就业者会投资给他们。如果没有价格管制，则各基金之间的竞争将会非常昂贵。即使设有中央票据交易所，瑞典的制度也会比专栏 9.4 中介绍的美国储蓄节俭计划（TSP）昂贵许多。价格管制的长期作用还有待观察，因为从历史上来看，价格管制都难以长期持续发挥作用。

在各种竞争性提供机构中选择。在美国，享有税收优惠的个人退休账户中的个人储蓄可以持有那些遵守资本市场规范标准的私人提供机构的基金。美国自发性共同基金行业的分析发现各种不同类型的共同基金费用存在持续下降的趋势。然而，费用的影响仍然很大。2007 年，债券共同基金的平均年费为 79 个基点，股票共同基金的平均年费为 102 个基点。根据表 7.1，混合基金最终导致的收费率（由于收费所导致的损失）在 15%～20%[①]。这不包括许多美国投资者为投资建议所单独支付的成本，有时每年这一成本相当于被称为包管账户（wrap accounts）资产的 1%。

英国也允许那些决定不参加公共和私人待遇确定型（DB 型）制度的就业者直接与投资和保险市场中的企业签署协议，从而实质上使得人们面对的是整个市场。在美国，这一方法被证明是非常昂贵的：在资产积累阶段，即使不计入年金成本，这些养老金的收费率估计也要高于 1/3，即在有这些成本情况下的待遇会比没有时低 1/3。之所以进行改革不仅仅考虑到这一原因，更是由于管理成本仍然是备受关注的问题。我们不知道有哪个国家的强制性账户是采取这种方式的。

考虑到固定成本因素的规模，英国养老金委员会（Pensions Commission，2004a，p. 224）提出质疑："［成本水平］是否意味着存在这样一部分养老金市场，该市场由低收入储蓄者和小企业就业者组成，而自由市场将再也不能向其售卖营利性养老金产品，除非［收益扣除］使得储蓄不再吸引人。"出于那些原因，随后的报告（Pensions Commission，2005）建议引进低成本储蓄计划，该计划拥有中央管理的个人记录和批量基金管理。

总而言之，有诸多竞争性提供机构供人们可进行广泛选择的制度面临两大战略性问题：

• 提供广泛选择的方式被证明是昂贵的。不应该低估通常被忽视的费用所产生的影响。从表 7.1 可以看出，即使年费仅相当于所管理资产的 1%，但如此长期执行下去，也会对积蓄产生重大影响。对于 40 年的职业生涯而言，典型情况下，账户中持有资产的时间大约为 20 年。因而，每年 1%的收费在 40 年的职业生涯后将使得个人积蓄减少大约 20%（收费率）。

• 此外，许多投资者所做出的选择较差，下面我们将讨论这一话题。

① 这包括年费和申购佣金转变成的年度收费，但不包括转变为基金办理业务的手续费。

第三节　消费者能力

除了政府能力和私人提供机构能力，第三方面的问题关乎个人能力，尤其是，消费者个人是否理解明智选择的基本原则。有争论认为，通过允许进行更多的选择，个人账户显现出两个方面的优势：一方面，他们通过储蓄向投资的更多配置来提高经济增长；另一方面，他们会提高那些根据个人不同风险厌恶程度进行投资的就业者的福利水平①。

第四章第三节第二部分评估了第一个潜在优势，认为这一好处是实际存在的，但依赖于各国的具体情况。第二个潜在优势还需要进行考察。传统论点认为，选择可以通过满足个人偏好的差异从而实现福利最大化。是否如此至少有两方面的限制性条件是需要考虑的，即一是选择的成本，二是消费者理解的程度和获得信息的范围。

选择的成本。虽然增加个人选择所带来的益处是实际存在的，但由于允许选择所产生的成本将对其产生相互抵消的作用（专栏 7.2）。这对于个人账户而言非同小可：正如已经提到的那样，费用有增加的趋势，且很大程度上趋向于表现成为每个账户的固定成本，这对小额账户和那些不具有规模经济的国家产生了极大压力。根据定价规则，这一成本将打击较为贫困的就业者，以及那些较为贫困小国家的大多数就业者。

消费者理解和信息。这是核心。在风险和不确定性的程度，以及一些养老金产品的复杂性给定的情况下，如果存在这一范围的选择，那么增加选择的范围到何种程度会更有利于就业者？

一个潜在问题是短视。养老金的目的是确保退休收入，但一些就业者对未来关注甚少：他们并不致力于做出正确的选择，他们在选择投资时会受到当前诱惑性因素的影响，如外在的销售压力和可能的回扣。

第二个需要关注的问题是个人通常难以制定较好的退休规划。由于专栏 2.1 中所讨论的原因，许多人对复杂的金融市场了解甚少，因而对金融中介机构和退休储蓄的投资组合选择往往较差。例如，许多人不理解投资组合多样化的重要性，这点可以从一些就业者大量投资于其雇主的股票中可以得以证明。

① 对于除养老基金之外还拥有大量资产的消费者而言，对内部（养老基金）资产进行选择的意义很小，因为内外不同的资产组合都能达到相同的总投资组合。

一种相关的可能性是就业者难以做出任何选择。虽然2000年瑞典在个人账户完全积累制度建立之初，在公众教育方面做了大量努力，但最终大约有1/3的就业者还是选择了默认基金[①]。此后，大约90%的新就业者没有选择基金，而是最终选择了默认基金。因而，一个精心设计的默认基金远比完全满足理性选择标准经济学家模型的情况要重要许多。

第三个需要关注的是，即使一个人拥有做出正确选择所必备的能力，然而，个人账户是一种持续发展的关系，因而其某月由于做出精明选择并从中获益（如高回报或低收费）并不重要，重要的是时间的交易成本。因此，就业者几乎没有动机熟练掌握可供选择的投资和可供选择的费用不断变化的具体情况，尤其是那些每月收入均最低的低收入者[②]。

对于一些就业者所做出的错误选择，不应该感到惊讶。毕竟金融原理并非是一些直觉上的简单概念，而是包括多样化的优势、风险和回报之间的权衡、识别背后的随机结构，甚至是市场效率。事实上，认知心理学告诉我们，即使是非常简单的统计学概念通常也不是凭直觉即可获知的。此外，如果考虑到投资回报噪声（noise），那么任何一个人都难以分辨出是管理者技术还是幸运导致了有效的投资组合结果。

结论。专栏2.2指出强制性账户可以从个人选择中获益是值得怀疑的。那么通过实践进行学习能够解决么？证据表明不能。美国401（k）计划的经验显示若想要对投资选择产生显著效果，那么就必须对就业者进行大量且昂贵的教育。对此我们并不应该感到惊奇，因为可以说其所涉及的教育并不是信息问题，而是信息处理问题（专栏2.1）。一般来说，做投资选择时的巨大困难在个人投资历史有限的国家是备受关注的重点问题，即使这些国家已有几代人都拥有投资经验。

第四节　积　　累

本章第一节描述了政府实施不同的养老金筹资方式所需具有的能力，第二节

① 这些人中有些将默认基金视为最优选择：它的出现并非作为一个选择，但在没有选择可做时确是仅有的选择。

② 即使对于最简单的金融制度也是如此。一些国家的银行为新类型的储蓄账户提供较高的利率，而同时保留已有账户的相关规定不变，许多依赖于已有储蓄惯性的人们仍然保留其原有的、产出率较低的账户。而另外一些国家的规定限制了银行通过这种方式提供不同利率的自由。

和第三节研究了个人账户积累制实施中存在的问题。第四章阐述了有关养老金制度选择积累是否合意的一些经济理论，本章的这些分析是对第四章的补充。专栏7.3指出政策制定者在考虑转向积累制时必须弄清楚的几个关键性问题，借此将上述两部分内容结合起来。

【专栏7.3】积累并非易事

转向积累并非不证自明且总是正确的政策。这一转向正确与否皆有可能，其结果取决于对下面一系列问题的回答。

转向积累最优吗?

转向积累能够通过增加储蓄来提高产出吗?

• 更高的储蓄是正确的目标吗? 回答往往为"是"，但却不尽然。如第十章第二节所要探讨的那样，中国的储蓄过高。

• 积累能够增加储蓄吗? 如同第四章第三节第一部分所讨论的那样，增加强制储蓄可以被私人储蓄的减少所抵消，或者因转向积累融资所需导致更高的政府借债。

转向积累能够通过强化资本市场增加产出吗? 如同第四章第三节第二部分所讨论的那样，发达经济体不能做到，没有达到一定发展水平的国家也无法做到。对于介于二者之间的国家可能是有利的，但这依赖于制度实施的质量和资本市场规范的改善。不管怎样，政策制定者应该考虑通过鼓励自愿型养老金能在多大程度上获益。

转向积累能够对代际间的收入分配产生有益影响吗? 如同第四章第四节第一部分和专栏4.3中所讨论的那样，对现收现付制和积累制的选择必然也是对代际间收入分配所做出的选择。这一再分配效应可能是正确的政策，但也可能不是。如同第十章第二节所论述的，中国养老金制度向积累转变很可能导致当前的贫困就业者向未来的富裕者进行再分配。

一旦这些问题得以解答，则另外一个单独问题便会接踵而至。

转向积累可行吗?

最简单的方法是建立单一的、由政府控制的公积金，其管理可以外包。

个人账户对制度能力的要求非常高。

• 公共部门必须预先具备的能力包括：征集缴费，保持宏观经济稳定，保持有效的规制能力，以及保持政治的持续稳定。

• 私人部门必须预先具备的能力包括：熟知人口，对私人部门能力和正直的信任，金融资产、金融市场，私人部门管理账户和基金的能力。

总而言之，对竞争性养老金制度支持者的驳斥是若要获得理想竞争中所设想的优势，依赖于两个方面的条件，即足够强大的制度能力和足够明智的决策选择。管理能力不足、不确定性的程度、风险，以及其他消费者信息问题并不必然地排斥可以改善福利的消费者选择，而是应将其视为消费者选择的对应因素，尤其是在政府和公民都几乎没有金融市场经验的较为贫困的国家。

第八章

1950 年以来国家之间的差异和变化

不同国家面临不同的养老金选择，并且随着各国在经济和制度建设能力方面的加强，他们在养老金制度安排上的选择也更加多样化。本章第一节讨论了当前养老金制度与 50 年前相比已经大不相同的原因；第二节考察了各国养老金制度的发展与设计，以及各国在面临长期趋势时的政治经济对策，有些国家成功地应对了长期趋势带来的压力，而有些国家却陷入困境，其中一个重要原因是政策失误（正如第三节指出的那样）。下一章将通过对一些国家养老金安排的简短介绍来展示制度选择的多样性。

第一节 过去 50 年发生的变化

在过去 50 年里，世界各国养老金制度一直处于变化中，其合理解释是：许多早期的制度安排不再很好地适应社会和经济环境，因为后者已经发生了深刻变化。而且，鉴于对养老金制度工作原理认识上的进步，一些国家并没有设计出良好的养老金制度。因此，各国不应沉溺于那些本应舍弃的早期制度设计，而是要持续关注当前的养老金制度运行状态并找出适合本国国情的最优制度。

长期趋势。下文探讨第一章所提及长期趋势的背景。

• 人口结构变化主要体现为两个方面：第一，在相当长时间里，人口预期寿命不断延长（见图 1.1），未来这一趋势仍将继续（见图 1.2）；第二，人口出生率持续下降（见图 1.4），这在工业化国家和较贫困国家较为明显。以上两种趋势都非常显著和普遍。

• 劳动参与率不断下降很大程度上是生活水平提高的必然反映，因为随着人们越来越富裕，可以负担得起更多闲暇。图 1.7 和图 1.8 说明了这种长期趋势。图 8.1 展示了 2002 年的情况：相对于年轻人口，老年人口（把男性和女性都包括在内）的劳动参与率更低，在许多国家，这一比率已经降至极低水平。提前退休再加上不断延长的预期寿命，二者共同导致老年人退休赋闲时间增加，比如，日本男性退休时的预期余命为15年，而意大利已经达到21年，女性面临的情况则更加严重。因此，在许多国家，提前退休政策已被叫停。

• 随着女性政治和经济地位的提高，如何适应这一新变化成为未来养老金设计将面临的核心问题。事实证明，越来越多的女性开始从事有偿工作，并且工作时间不断延长，过去女性完全依赖丈夫来获得养老保障的观点逐渐过时，鉴于以上原因，更多的女性开始拥有自己的养老金。另外，正如下面要讨论的，养老金制度设计还必须与越来越多样化的生活安排相适应。

战后的变化。过去半个世纪发生的一系列变化就是上述长期趋势的一部分。

• 养老金制度的发展与成熟：第二次世界大战以前，即使在发达国家，养老金制度也仅仅覆盖少数群体并提供相对适度的待遇。第二次世界大战后，养老金制度扩张（包括覆盖面的扩大以及替代率的提高）成为各国社会政策发展的重要标志，养老金支出占GDP的比重越来越高，养老金改革的政治重要性逐渐凸显。在许多国家，提高缴费率或提高缴费工资上限成为增加养老金收入的主要途径。在发达国家，现收现付制养老金几乎覆盖所有人口，因此已无法通过扩大制度覆盖面来缓解财务压力。

• 婴儿潮：第二次世界大战后，“婴儿潮”成为全球范围内的普遍现象，再加上其他人口变化，许多国家深受其影响。但是，我们也不能过于高估这种影响，正如图1.5显示的那样，据预测，在2050年，美国人口年龄金字塔和没有经历“婴儿潮”的印度、中国相比，二者之间并没有太大的区别。

• 女性劳动参与率的提高：在战后西方国家，女性劳动参与率的提高不仅体现为越来越多的女性开始从事有偿工作（见表1.2），而且她们一般将终身就业作为职业生涯目标。对于养老金制度，女性扩大就业可以增加养老金缴费费基，从而缓解制度短期财务风险，但同时也必须对制度进行重新设计，对女性各种权益加以确认，这些权益是建立在女性自身收入历史基础之上的。

以上因素（包括长期趋势和战后的变化）都对养老金成本产生了直接而明显的影响，不仅如此，未来将对养老金设计产生重要影响的因素还包括以下两个方面：

不断变化的国际环境。随着国际贸易和国际资本的自由化，劳动力在世界范围内的流动越来越受到大家的关注。从一个国家迁移至另一个国家工作，并且不时地返回自己的国家，这种行为成为全球化的显著表现，对于某些青壮年移民来

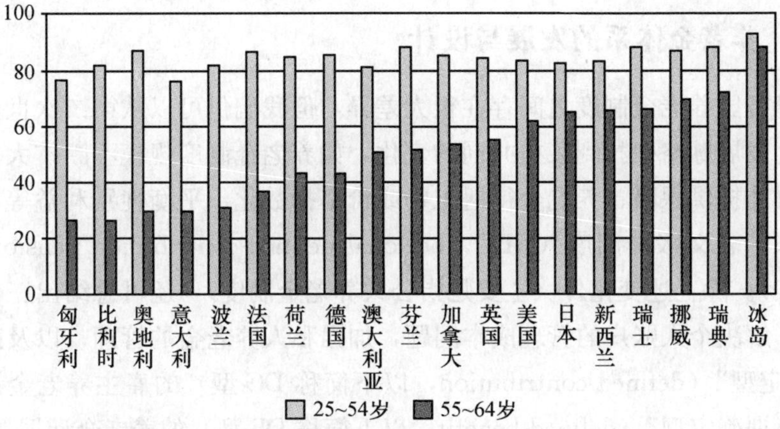

图 8.1　2002 年部分 OECD 国家不同年龄人口就业率（%）

资料来源：Sigg 2005，figure 8.2.

注：就业率不区分性别。

说，他们在迁入国的工作时间要多于迁出国，如何解决该类移民的养老金问题仍未受到太多关注。但是，随着制度的发展，不完整的养老金权益问题逐步凸显。因此，移民问题，以及与此相关的养老金权益国际便携性问题成为大家关注的焦点，其中一个重要表现就是如何在欧盟范围内整合养老金权益。

更加不稳定的家庭结构。不再像 50 年前一样，现今许多国家的核心家庭既缺乏稳定性又规模有限。在多数人选择结婚或保持婚姻状态的年代里，女性单身的主要原因是寡居，而解决该问题的主要手段是养老金体系中的遗属待遇。而目前，女性单身的主要原因变为离婚或不婚，在英国，大约有 40% 的母亲愿意成为单身母亲。对此，养老金体系应不断进行调整，从而适应不同个体之间以及不同生命阶段之间更加多样化的生活安排。在那些主要依靠大家庭或城乡移民来解决老年保障问题的国家（如中国），家庭小型化对养老金体系提出了重要挑战。

第二节　问题和回应

如前所述，相对于 1950 年的制度安排，当前养老金制度所面临的社会经济环境已发生了翻天覆地的变化。对此，本节将讨论在过去 60 年里各国政策制定者在面临环境变化时遇到的问题，其中包括养老金制度的发展与设计（第一部分）；为适应长期趋势，调整养老金制度的经济政策选项（第二部分）；以及进行养老金改革时的政治考虑（第三部分）。

一、养老金体系的发展与设计

尽管各国养老金制度之间存在很大差异，但我们仍可以从第二次世界大战后的养老金发展脉络中找到某些共同的变化，如养老金制度规模不断扩大、开始为制度外群体提供保障、养老金待遇工资或价格指数化、平衡性别利益等，有些国家还引入了名义账户制度（NDC，notional defined-contribution pensions，见专业术语表）。除上述变化外（主要是指公共养老金制度），还可总结出三个重要发展趋势：解决个人账户的管理成本问题，加强私人养老金的管理，以及鼓励发展“缴费确定型”（defined contribution，以下简称 DC 型）的雇主养老金计划，来替代“待遇确定型”（defined benefit，以下简称 DB 型）的养老金计划。

养老金规模以及制度覆盖面的扩大。如前所述，以往养老金制度的发展主要体现为覆盖面的扩大以及待遇水平的上升，与此同时还包括缴费率的不断提高。

为制度外群体提供保障。强制型养老金制度的一个重要目标是降低老年贫困发生率，同时减少对带有羞辱性和成本较高的家计调查制度的依赖，低贫困发生率是养老金制度的主要成就，而将制度扩展至城市雇员以外的群体则是反映该成就的重要表现。但在那些养老金制度不成熟、制度能力有限、非正规就业部门庞大的国家，收入调查型老年保障制度仍是必需的，即使在已经几乎实现制度全覆盖的国家，由于职业生涯的不完整，这一问题仍然存在。也就是说，即使是在发达国家，也并非所有劳动者都具有完整的缴费记录，如第六章第一节中英国的情况。

正如智利“总统咨询委员会”（Presidential Advisory Council）指出的那样，幻想通过更好的管理来解决覆盖面狭窄的问题是极其错误的：

> “1981 年智利养老金改革之时，劳动力市场主要由从事固定工作并能够持续缴费的男性构成的情况变得越来越不具有代表性，未来也将继续减少，这也就意味着，以往的养老金制度设计已经丧失了应对全体人口需要的能力。”（Chile Presidential Advisory Council 2006，p. 6）

未来养老金设计应该考虑到上述出现的缴费缺口现象，一种解决方法是调整养老金缴费规则，例如，为失业人员或照看儿童者提供缴费补偿。另一种解决方法是减少领取养老金所需要的工作年限。同时，为了应对移民问题，一些国家在计算养老金时开始考虑个人在其他国家的公共养老金缴费。

由于公共养老金不可能覆盖所有人口，因此，为女性、职业生涯不完整者以及非正规就业者建立非缴费型制度成为解决这一问题的另一途径。澳大利亚、加拿大、新西兰和荷兰都建立了某种类型的非缴费型养老金，智利也于 2008 年建立该制度。南非（见专栏 9.2）为我们描述了一个发展中国家的非缴费型养老金制度应如何运行并扩展至农村人口。同时，专栏 9.2 也讨论了其他国家的情况，包括某些实施该制度的发展中国家。

养老金待遇工资或价格指数化。在通胀背景下，通过指数化调整来维持养老金购买力是保证老年人能够依赖养老金并保证一定生活水平的关键。一直以来，许多国家都采取了某种程度的指数化调整，有的是价格指数化，有的是工资指数化，有的是二者兼顾。如果没有指数化调整，通胀能够解决养老金制度的资金短缺问题，某些前社会主义国家也确实采取了这种做法，但很明显，这是一个很糟糕的做法。

除了对退休期间养老金待遇指数化调整外，一些国家也开始对工作期间的缴费记录或收入记录进行指数化调整，通常表现为工资指数化，由此，在计算退休人员的初始养老金时能够将其职业生涯的工资增长考虑在内，同时避免通胀对初始养老金造成的不确定影响。通过上述做法，政治家可依通过某些外在的手段，而非依靠通货膨胀解决养老制度的资金短缺问题。

不同的指数化方法将会产生不同的影响。例如，在 20 世纪 80 年代末，英国国家养老金开始采取价格指数化方法，在其影响下，养老金替代率从 80 年代中期的 20%左右降至 2002 年的 16%，据预测，只要仍然坚持价格指数化，国家养老金替代率仍将下降。

平衡性别利益。随着女性地位的提高，许多国家在养老金立法中开始取消性别差异[①]。虽然养老金制度应该追求性别中立的原则，但同时也应该考虑到家庭的存在，当夫妇离婚或其中一人去世时，制度应该保证其配偶的基本生活水平。还有一个需要注意的问题（见第六章第三节），即是否应该对照顾儿童的时间进行缴费补偿，应该怎样补偿，以及在多大程度上进行补偿，一些国家已经开始这样做，如加拿大、瑞典和英国，但各国做法有所不同。

引入名义账户制（NDC）养老金。作为养老金制度模式的创新——名义账户制（NDC）养老金（建立在准精算基础之上的现收现付制养老金，见第二章第二

① 例如，在 1978 年前的英国，只要已婚女性已经受到丈夫缴费的保障，她就可以选择极低水平的国民保险缴费，这种情况在当前是不可想象的，并且也违反了欧盟的某些法律。

节）几乎同时在意大利和瑞典实施，其他国家，包括某些经历改革的前社会主义国家也建立了类似制度。该制度的创新主要体现为将缴费确定的理念引入现收现付制养老金，并根据预期寿命的变化来调整养老金待遇。

建立 DC 型积累制养老金。在许多国家，随着共同基金的成长以及交易成本的下降，越来越多的人开始通过资本市场运作来获取退休收入。在某些国家，越来越多的人开始熟悉资本市场运作。较低的运作成本再加上对资本市场的掌握，已经增强了 DC 型积累制养老金的实用性。

以 DC 型积累制计划取代 DB 型计划。缴费者通常认为 DB 型制度在权益累积和养老金预期方面都是安全的，但事实并非如此，未来可领取的养老金将会随计划规则的更改而变化，累积的权益亦可能由于计划主办者的资金短缺而得不到兑现，正如专栏 8.1 中所讨论的那样，DB 型养老金计划是很难保证最后支付的。在英国和美国，许多公司的 DB 型制度不再吸纳新的参保人，或者尝试将雇员的未来缴费转移至 DC 型制度中[①]，这些改革的原因正是（至少部分是）反映了以上趋势。

【专栏 8.1】调节私人 DB 型计划的困难

出于保障就业者和退休人员收入的需求，养老金制度需保持长期财务稳定，当公司或行业的非累积型或累积程度较低的 DB 型养老金遭遇财务风险时，其参保人可能会损失部分或全部的养老金，许多国家已经开始意识到这一问题，并采取一系列解决措施。

其中一种措施是建立政府保障金，但如果政府保障金很低，由此并不能有效保证就业者和退休人员的生活水平，如果政府保障金很高，公司就会丧失提供养老金并审慎管理养老基金的动力（也就是产生所谓的道德风险）。例如，高风险的基金投资将会受到格外欢迎，因为在 DB 型制度中，如果投资回报率很高，收益将完全属于养老基金，如果投资失败，政府保障金将承担所有损失。

无论政府保障金存在与否，还有一种补救措施是提高养老基金运行的资格要求。但这种要求，特别是公司根据该要求来弥补养老基金损失的速度可能会产生问题。当养老基金价值发生损失时，根据已有的资格要求，公司需要采取

① 布莱克（Blake，2006）指出，在英国，由于改革缺乏整体规划以及管理评估体系，个人所能领取的养老金要比 30 年前低，并且越来越多的 DB 型计划开始面临偿付能力问题。

措施弥补损失，于是提高缴费率成为相对便捷的途径。这就意味着公司利润率的降低将立刻反映到公司的收入账目上来：利润率降低和资产价值下降总是高度相关的。

提高对养老基金运行的要求将会产生一个重要后果，即主办者可能取消原有的DB型计划，特别是当制度成本大幅上升，并使得计划主办者意识到不值得维持该计划时，例如，公司需要完全保护离职雇员的养老金权益，或者公司需要提供遗属待遇等。

尽管如此，在保障DB型制度长期财务稳定的措施之间，亦存在不可调和的矛盾：监管太少将使得参保人的待遇水平得不到保障，而过多的监管将给计划主办者带来额外成本（特别是在不适当的时机），最终导致计划取消（至少对于新参保人）。在上述矛盾的作用下，我们有必要考虑，如果雇主养老金计划从原来的DB型改为DC型，这样是否能够改善最终结果。那些没有建立DB型计划的国家可能会庆幸没有通过税收优惠计划来鼓励雇主建立该计划。

解决个人账户的管理成本。管理成本，表面上看起来属于微不足道的技术性问题，但却可以对整个制度的发展产生较大影响。正如表7.1指出的那样，每年1%的管理成本将使得参保人的养老金积累减少，进而降低每月养老金待遇，由此整个职业生涯累积的养老金权益将减少20%。当智利1981年引入个人账户制度时，一些分析家指出，市场竞争可以降低管理成本，但此后智利以及模仿智利建立个人账户的国家的实践结果却未能如人所愿，但其中一个例外是玻利维亚（见专栏9.1）。玻利维亚并未像智利那样完全依赖市场，而是由政府组织投标来确定个人账户投资管理人。反观智利多年经验，为了降低管理成本，个人账户管理规则一直处于变动之中，参保人对此则早已习以为常（专栏2.2和第七章第三节）。

针对个人账户较高管理成本带来的不利影响，各国纷纷采取补救措施。瑞典将养老基金进行集中管理，同时建立价格管控机制；美国在进行基金集中管理的同时还减少个人投资选择，但这只是针对联邦公务员，并非所有劳动者（专栏9.4）。

从历史上看，政府确定的基金投资组合表现参差不齐，有些国家的集中投资管理收益率很低[①]。近年来，随着投资更加注重激励性和透明性，一些政府的投资收益可以媲美私人投资者。高质量的投资更加追求完善和透明的会计制度，其中包括清晰明确的投资规则，独立于政治的管理体系以及详细、公开的审计账目等。但养老金计划很难兼顾以上所有要求并实现较高的投资回报率，特别是在投资经验较为有限的情况下。

加强对私人养老金计划的治理。对于所有国家（包括发达国家）来说，完善投资市场规则是一个必要且长期持续的过程，在此过程中，许多国家不断提高对积累制私人养老金的要求，并加强对其监管，一些国家还建立强制型保险计划[②]。

二、适应长期趋势的经济调整

如果一个国家的养老金制度远远实现不了全覆盖，那么该国的人口年龄结构和养老金制度内的人口年龄结构将会差别很大，一旦基本实现全覆盖，该国长期的人口结构变化将对养老金制度产生较大的影响。未来，由于人口老龄化压力再加上老年男性工人就业率降低的影响，养老金制度将会面临财务失衡，对此，许多国家开始扭转以往养老金待遇不断上升的趋势，并且很少有政府宣布本国的这一行为已经结束。

面对越来越多的养老金领取者，政策制定者（如欧盟的一些国家）一开始并未给予足够重视，而主要是通过一般税收来弥补养老金赤字。此后，一些更为现实的措施陆续出现，如提高缴费率、降低每月养老金待遇和延迟退休等。此外，促进经济增长也成为解决养老金财务问题的重要选择，如通过调整经济政策（如提高国民储蓄率）来提高产出。

提高缴费。通过提高缴费率和缴费工资上限来增加养老金收入成为许多国家应对财务不平衡的重要措施。虽然缴费率仍有调整的空间，但它要面临负激励影响的约束，并导致一个国家在面临国际竞争时更加脆弱。面对人口老龄化不断加深的趋势以及较高的缴费率水平，提高缴费本身并不能提供完美的解决方案，因此，一些国家在进行养老金改革时，开始采取措施以避免未来缴费率水平的进一步提高。

---

① 例如，世界银行（1994）中的专栏 4.5 展示了一些国家个人账户的实际回报率，最差的是秘鲁，在 1982—1988 年，个人账户基金损失了 37%。

② 典型的例子包括美国 1974 年《雇员退休收入保障法》（Employee Retirement Income Security Act）建立的“养老金待遇担保公司”（Pension Benefit Guaranty Corporation）；英国 2004 年《养老金法案》（Pensions Act）建立的“养老金保障基金”（Pension Protection Fund）。

降低每月养老金待遇。在人口预期寿命不断延长的情况下，如果平均退休年龄和养老金资金来源不发生改变，那么个人平均养老金水平将降低，遵照以上做法，养老金财务压力问题将得以解决，但养老金领取者的贫困风险将被放大。许多国家已经开始通过降低待遇来应对越来越严重的养老金成本问题，例如，英国选择更加低水平的待遇指数化方法，美国在养老金立法后不久就开始提高领取全额养老金的年龄；还有的国家对养老金制度进行了结构式改革，如通过建立名义账户制度（NDC）来减少未来的养老金待遇，在建立名义账户制度（NDC）的国家，如瑞典和波兰，个人养老金待遇将随预期寿命的延长自动降低，由于名义账户（NDC）属于准精算制度，参保人可以通过增加工作时间来弥补待遇的减少，有些DB型制度也是如此：如果延迟退休，可领取的养老金待遇将上升。在实际操作中，一些劳动者的确会对待遇降低进行回应，如通过延长工作时间来提高精算（或接近精算）待遇，由此弥补全部或部分的养老金下滑。

该措施的关键在于不同代人口之间合理分担降低的养老金待遇，并对相关群体提前告知，与此同时，为了提高替代率水平，还要鼓励增加储蓄和延长工作时间。如果降低待遇并非特别迫切，那么养老金改革在政治上就比较容易通过，也就是说，当长期问题提早处理就会在政治上赢得机会。

延迟退休。如果养老金待遇接近精算水平，那么个人延长工作时间将不会影响制度的长期融资状况，但它确实会使得替代率水平提高，从而影响养老金待遇的充足性。事实上，我们更应该关注那些仍旧打算及早退休的群体，他们的养老金替代率水平将受到改革的影响。当某一给定退休年龄的养老金水平下降时，我们可以通过提高领取养老金的最低年龄来限制替代率的下降。从实际情况看，无论养老金待遇是否发生变化，各国在养老金改革方面的主要方向仍是提高退休年龄。正如特纳（Turner 2007，pp. 88—89）指出的那样：

> “在1993—2004年间，大约有2/3的OECD国家（15个）进行了提高养老金领取年龄的改革（见表2），其中9个国家在1993年之前已经降低了该年龄，但在1993年之后，领取养老金的年龄又大幅提高。在其中10个国家，与提高养老金领取年龄相关的法案的生效日期一般在1993—2002年之间，根据2004年立法，1993—2035年间23个OECD国家领取养老金的中位年龄都将提高，其中男性从62岁提升至65岁，女性从60岁升至65岁。”

养老金、储蓄和增长。促进经济增长成为各国应对人口老龄化趋势的重要途径，其中一种做法是将额外收入转化为储蓄基金，例如，为了应对人口老龄化风险，挪威将部分石油收入划入“挪威政府石油基金”（Norwegian Government Petroleum Fund）；美国建立信托基金，并规定当前缴纳的工薪税要略高于未来支付需要，该基金将用于婴儿潮一代的部分养老金支付[①]。智利建立积累制个人账户，而旧体系下规定的养老金债务主要由一般税收支付。

与此同时，还要采取其他可以促进增长的措施：

• 能够提高劳动生产率的措施包括投资更优更好的资本设备，通过资本市场和税收政策合理配置资本，通过教育和培训提高劳动力素质，鼓励劳动力流动从而实现更高效率的劳动力配置。

• 提高各年龄段劳动力数量的措施包括增加劳动力供给（比如通过提供更加完备的儿童照料设施来鼓励已婚女性工作），提高退休年龄，鼓励提高生育和增加外来劳动力移民等。

此外，政策制定者要对所有促进增长的措施进行全面考量。

三、政治协调

不同国家的政治文化可能差别很大：有些国家的政治更加具有对抗性，而有些国家则更具有一致性，有些国家倾向于精英统治而有些国家倾向于草根政治，不仅如此，不同国家的公众对政治的参与意愿也体现出较大的差异，有的较高而有的较低。英国和美国是对抗性政治的典型，而挪威和瑞典的政治文化则体现出较强的一致性。瑞典 1998 年养老金改革是长期政治辩论和公众讨论的结果，有趣的是，瑞典改革经历了两次议会投票：第一次投票主要确定建立名义账户制（NDC）养老金的原则，而第二次投票主要针对制度实施的具体细节。这种投票过程可能避免这样一种情况：所有人都支持整体改革，但具体改革细节可能会给多数投票人带来负面效应，因此导致改革破产，正如每个人都支持建立垃圾处理场，但没有人希望垃圾场建立在自己的后花园里。

养老金对大部分人的影响将持续多年，因此需要更加清晰的战略来支撑改革，毫无疑问，这些战略都是建立在细致工作的基础之上。但无论是提高缴费率、降低养老金待遇，还是提高养老金领取年龄，在政治上都很难通过。有一种做法可能会减少该政治难题，即由非政治组织发布关于未来养老金成本方面的预

---

① 鉴于对政府预算结余部分的政治考量，信托基金的建立能在多大程度上增加国民储蓄仍不明朗，并存在争议。

测并努力使公众接受该预测，因此，政府更加倾向于组建由非政府官员领导的委员会（争取必要的专业支持并保持政治独立），并由该委员会评估养老金制度运行状况、提供建议，从而减少政治过程中的对抗因素。在此我们主要介绍四个该类型的委员会，两个在美国，另外两个分别在英国和德国。

美国的“格林斯潘委员会”（The Greenspan Commission）。自1935年建立社会保障制度以来，历经数次改革，美国养老金制度的覆盖面、缴费率以及待遇水平都有了很大程度的提高，1972年立法首次实现养老金待遇对通胀的自动指数化调整，但是这种指数化并非完全合理，因此，在1977年，通过对养老金预测发现，由于养老金赤字的存在，未来5年内养老金待遇将下降，不仅如此，在未来75年内，只有将工薪税税率提高75%才能维持当前法律规定的待遇。对养老金短期改革的要求以及1972年养老金立法中的不足直接促使两党于1977年进行养老金改革，也正是此次改革确立了当前美国养老金制度的基础框架。但由于养老金缺口较大，改革从长期被压缩至短期，涉及的改革时间虽然足够长但仍少于75年。通过1977年立法，美国养老金改革目标本应实现，但由于20世纪80年代初期的严重经济衰退，即使是短期目标也没有实现，因此有必要在若干年后对养老金待遇和缴费重新进行评估。

此后的改革更加具有争议性，并否定了某些原来的改革提议。在1983年，通过对养老金制度预测发现，长期资金短缺减少至1977年预测结果的1/4，但整个制度在当年春季的运行却面临资金短缺，因此应该降低待遇水平。对于如何改革，两党同时认为应该尽快降低养老金待遇和提高缴费水平，在达成政治妥协的过程中，一个由艾伦·格林斯潘（Alan Greenspan）领衔的两党委员会（当时还是一个鲜为人知的组织）起到了关键性的作用，该委员会的部分成员由两党任命，并和两党领导人保持密切联系。

格林斯潘委员进行的改革包括增加养老金收入和降低待遇水平的相关措施，其中一些措施用于缓解养老金短期财务压力，而另外一些措施将在未来几十年内逐步推行直至实现75年的长期财务平衡。

上述改革过程为两党制国家提供了三条可借鉴经验：首先，只有当公共养老金开始面临财务风险时，才会引起政治上的重视；其次，两党委员会（在有些国家可能是多党）对于打破政治僵局具有重要意义；最后，立法原则和目的不能带有党派痕迹。

美国的“社会保障加强委员会”（The Commission to Strengthen Social Security）。1983年立法显然不能解决75年预测中提到的养老金赤字问题，不仅如此，在预测范围之外每年将出现大规模赤字，因此，关于未来 75 年的动态预测再次显示将出现赤字，但随后将大量结余①。

在 2000 年总统竞选中，乔治・布什（George W. Bush）宣称他将任命一个委员会来进行养老金改革，改革的主要原则包括建立个人账户和限制增税等，此后，布什在其任期内兑现承诺，任命了所谓的两党委员会，之所以称其为两党委员会，是因为该委员会的成员同时包括共和党和民主党成员，但不像格林斯潘委员会，该委员会的所有成员都由政府任命，因此它并没有真正同时代表两党。由于 2001 年 9 月 11 日的恐怖袭击，美国社会保障改革基本上被搁置，直到 2004 年大选。连任成功后，布什总统将养老金改革作为其任期内主要的施政目标，并开展一系列行动向公众推广改革理念，虽然并未提出完整计划，但布什在很大程度上赞成委员会的改革意见并帮助其成员在其公共场合发表言论。尽管如此，布什改革并未受到公众的广泛支持，并且在改革宣传期间，公众支持率有所下降。因此，除了强调前面提到的三条经验以及重新认识“两党委员会”中的“两党”概念外，通过此次改革应该意识到：在没有额外资金来源的前提下，以部分积累制代替原有的 DB 型制度是不被美国公众接受的。

“英国养老金委员会”（The UK Pensions Commission）。2002 年，英国成立养老金委员，以期解决养老金制度运行中存在的一系列问题，如养老金领取者的贫困问题，对家计调查制度的依赖性问题以及较低的养老金储蓄问题等。该委员会的核心建议是逐步提高国家基础养老金水平，退休年龄每十年提高 1 岁直至 2024 年的 66 岁，建立类似于美国“储蓄节俭计划”（US Thrift Savings Plan，主要面向联邦雇员，见专栏 9.4）的小规模个人账户，在该计划下，个人账户资金的投资范围较窄，并且由政府部门实行集中管理，与此同时，养老金委员主张该计划的加入资格是强制性的，在本书即将出版之时，该计划正在被打造成另一个储蓄节俭计划。

英国养老金委员会主要提供了以下经验：

•从战略的角度审视养老金制度，从而使其养老金改革建议更具有战略性特征；

•委员会的部分成员来自英国的“工作和养老金部”（Department of Work and Pensions，DWP），因而具备进行深入分析的能力。

---

① 此次立法经验促成了对未来 75 年养老金财务衡量标准的修改，即精算平衡，可持续的精算平衡标准，它将信托基金的未来情况（在预测期末不降低）增加至一般标准中，它也使得 75 年预测更加注重无限的横向预测。

• 2004 年，养老金委员会发布第一个养老金报告，报告内容主要包括对原有制度的评估以及未来发展建议，其中一个建议是提高领取养老金的年龄，这在政治上是极富敏锐性的。作为政治上难以跨越的“雷区”，该报告以及随后的委员会公共讨论对改变公众态度起到了重大的作用。

• 2005 年，委员会发布第二个养老金报告，报告指出，提高退休年龄将是很久远的安排，委员会主席在一次公开简报里提出“如果你的年龄已经超过 50 岁，那么提高退休年龄的改革将不会对你产生任何影响，如果你的年龄为 40～50 岁，你将会多工作 1 年”。该言论对于减少公众对于提高退休年龄的不满情绪起到了重大作用。

• 作为和政府最初协议的一部分，在第二个养老金报告发布后，委员会组成专门小组并用 6 个月的时间来回应关于此报告的误传、谣传以及公众的特殊要求。

“德国社会保障财务持续委员会”（The German Commmission for Sustainability in Financing the Social Security System）。2002 年，德国公共养老金制度开始面临财务危机[①]，为了应对危机，联邦政府同意对整个养老金制度进行评估，并实施包括提高缴费率在内的“一揽子”改革计划。

评估委员会主席为社会民主党学者伯特·卢瑞普（Bert Rürup），委员会成员一共有 24 人，包括学者、商人、利益团体（包括雇主联盟和工会）代表以及养老金政府代表。委员会主要包括三个工作小组，分别研究公共养老金、健康保险和长期照护保险，每个小组包括两名持反对意见的联席主席。

很快，健康保险小组和长期照护保险小组分别分裂为两大阵营，并最终向公众阐述了之所以未能达成共识的原因。但公共养老金小组最后在一揽子养老金改革建议以及建立多支柱体系问题上达成了一致意见，多支柱体系是由当时的劳动部部长沃特·里斯特（Walter Riester）提出。

2003 年发布的养老金改革建议报告主要包括三个方面的内容：

• 改革后的养老金待遇由社会平均工资和制度内老年人口赡养率（领取养老金人数除以就业者人数）决定，通过此次改革，德国传统的 DB 型制度将变为类似于名义账户（NDC）的制度，随着人口老龄化程度的不断加深，为了保持制度的长期财务持续性，未来养老金待遇将自动降低。

• 正常退休年龄将由 2011 年的 65 岁升至 2035 年的 67 岁。

---

① 感谢阿克塞尔·伯尔施—苏潘（Axel Borsch—Supan）提供该部分的相关资料。

• 放宽私人养老金的限制条件，从而鼓励更多人加入该制度中。

以上三个建议得到了委员会绝大多数成员的支持，并在2004年上升至法律层面，但只有不受欢迎的提高退休年龄的建议拖延到2007年才通过。

很难评论为什么养老金小组的改革通过而其他两个小组失败，其中一个可能的原因是由于委员会中的学者代表之间很早就达成一个协议，即避免将自己置于极端的立场，同时还试图让政府官员接受他们的中庸观点。另一个可能的原因是当时媒体将大部分的注意力放在健康保险改革上，留给养老金公共讨论的空间很少，最后，养老金小组的争论主要变为如何使得改革后的养老金制度更加合理，为意识形态方面的争论留下较小空间。

第三节　政策性失误

前面章节已经讨论过了分析性错误，并在专栏11.1进行了总结。除了分析性错误外，还存在政策性失误（常常是分析性错误的结果），该类型失误通常影响养老金制度在适应长期趋势时所作的调整。作为在养老金改革领域产生较大影响的国际组织，世界银行曾对此进行描述。不仅如此，世界银行还通常能够正确判断当前养老金制度安排的改革需求，尤其是当一些国家的养老金制度陷入财务成本高、覆盖面窄和激励性差等不良境地时。近期，世界银行的一系列养老金专著成为诊断失误的最有力代表①。专栏8.2介绍了某些类型的政策性失误，这些失误在很大程度上是由于对制度实施能力考虑不足而造成的，如建立强制积累型制度时通胀率较高，或预算赤字较大，或该国的资本市场较弱、腐败问题严重等。下面我们将讨论政策性失误并指出一些过于乐观的估计。

【专栏8.2】世界银行对养老金政策性失误的诊断

世界银行在其养老金文献中指出了许多国家养老金体系中的政策性失误，并将这些失误总结在文献的图表目录（World Bank 2006，p. v）中，例如：

图2.1　将更多注意力放在解决财务问题和转型成本上，较少关注公共管理问题

① 尤其是参见：World Bank 2006a、World Bank 2006b、Gill，Packard and Yermo 2005，也可以参见如下文章的背景资料：World Bank 2006a、Rofman 2007、Valdes-Prieto 2007a、Valdes-Prieto 2007b；还可以参见如下相关资料：Devesa-Carpio and Vidal-Melia 2002、Rofman and Lucchetti 2006、Von Gersdorff 1997。

图 3.1　许多国家在改革时面临较高的通货膨胀率

图 3.2　一些国家的养老金改革面临较高的预算赤字

图 3.3　一些进行多支柱养老金改革的欧洲和中亚国家面临不发达的资本市场

图 3.5　许多国家在改革时面临严重的腐败问题

图 3.6　一些即将改革的国家同样面临腐败问题

图 3.7　某些进行多支柱改革的国家的储蓄率已经很高

图 4.2　许多国家第二支柱养老金的财政赤字持续上升

图 4.3　只有哈萨克斯坦的储蓄率有所提高

图 4.4　市场的资本化程度仍然很低

图 4.5　金融危机后阿根廷的养老金投资更加倾向于政府债券

图 4.6　拉美和加勒比地区的养老金制度参与率未发生变化

一、政策问题

对减贫问题的忽略。贫困问题在很大程度上来自于对养老金制度目标的认识偏差，尤其是忽视制度的再分配职能而造成的。通常情况下，当前各国养老金改革更加强调制度的财务持续性，从而导致决策者忽视养老金的减贫功能，但目前越来越多的人开始意识到这个问题：

> “秘鲁养老金制度的问题不在于其支出占 GDP 的比重为 1.2%，而是覆盖面太窄，作为基本养老金制度，未能达成为老年人提供收入保障的目标，并且离该目标还很远。在最后 10 年，对于拉美地区来说，最重要的工作应该是加大对缓贫性养老金制度的重视和发展。”(Gill，Packard and Yermo 2005，p. 11)

此外，智利总统咨询委员会同时也指出：

> “如果继续按当前的制度模式发展下去，据估计，在未来 20 年内，大约只有一半老年人能够领取高于最低收入水平的养老金……2025 年，将近有 100 万人口的养老金待遇低于最低水平，而面临低收入风险的人口多数是低收入工人、季节性工人、自雇人员和妇女。”

对具体改革措施的重视不足。第七章特别讨论了进行养老金改革所应必备的前提条件，特别是在进行积累制个人账户制度改革的情况下。但我们不得不承认的是，许多国家在改革时通常对本国改革已经具备的条件持过于乐观的态度。

良好的资本市场状况是建立积累制个人账户的基本前提，由此才能实现养老基金的保值增值。但是，“世界银行一直鼓励像乌克兰、俄罗斯这类国家实施多支柱养老金制度，而这些国家的资本市场状况并没那么好”（World Bank 2006a，p. 56）；不仅如此，世界银行还建议在一些腐败问题严重的国家进行类似改革（World Bank 2006a，figure 3. 5）。

对于个人账户的管理成本，我们一直未给予足够重视，即使是那些已经长时期实施个人账户的发达国家（如英国为退出国家收入关联养老金制度者建立的个人账户，以及美国自愿的个人退休账户），其制度成本也是非常惊人的，不仅如此，那些刚刚建立个人账户制的国家，虽然账户规模还小，但成本也是比较高的。

政府的管理能力同时也非常重要。但是，

> “首先，在玻利维亚，由于公民记录机制的不完善，个人可以随意更改自己的年龄，甚至可以虚构待遇领取人；其次，由于缺乏相关机构，养老金待遇不能及时准确地发放给老年人，一些老年人自己不得不从乡下步行去领取养老金①。”（Valdes-Prieto 2007b，para 3. 61）

政府的执行力同样非常重要。但是，

> “世界银行（玻利维亚制度的设计者）和外部评论者并未发现这其中的一个陷阱：政府可以在其任期内提高养老金待遇，但事实上，政府为了在选举中将养老金改革的影响放至最大，在 1997 年选举之前的一个月，未来一年的养老金待遇已经发放……由此导致 1998 年的养老金支付不得不暂停。”（Valdes-Prieto 2007b，paras. 3. 61－64）

① 另外一个例子，虽然不那么重要，但也能同样说明问题。此前我们已经提到对未来养老金支出进行预测的重要性，世界银行的“养老金改革仿真工具模型”（pension reform simulation toolkit model，PROST）能够帮助各国实现这一目的，但由于政府技术能力的不足以及专业人士的缺乏，一些国家将不能利用该技术（World Bank 2006a，p. xxv）。

未能正确认识养老金制度存在的问题。当养老金制度陷入不可持续的危机时，拖延改革时间可能会加大制度改革成本，如果一种制度不能克服制度设计中的问题（如无效的退休激励），最后的成本将由经济承担，改革可能无法解决由制度设计缺陷导致的巨额成本，比如，个人为应对无效的提前退休激励而出现的养老金成本。

二、过于乐观的预测

对比所做的预测，结果如何呢？

替代率。“政策制定者在确定多支柱养老金体系各种缴费参数后，一般将个人养老金的替代率设定为退休前一段时间平均收入的 60%～70%”（Gill，Packard and Yermo 2005，p. 225），但这些预测通常是过于乐观的，有些情况下养老基金实际回报率比预测的要低，还可能是预测时采用的回报率标准通常是未将管理费用排除在外的总回报率，此外，还有的预测通常假设市场竞争可以降低成本和管理费用。阿根廷是特别明显的例子，但阿根廷并不是唯一的国家：“2002 年年初，智利官员曾经表示，由于个人账户养老金令人失望的替代率，智利可以回到原来的现收现付体制”（Gill，Packard and Yermo 2005，p. 15）。

覆盖面。通过建立个人账户制度来扩大养老金覆盖面的目标并未实现。尽管有观点认为“现收现付制下较低的制度覆盖率成为推动养老金改革的强大动力”（Gill，Packard and Yermo 2005，p. 96）。还有观点认为“通过加强待遇和缴费之间的联系，非正规部门的逃费现象以及其他的劳动力市场扭曲现象将有所改善”（James 1998，p. 276）。

但是，由于个人短视、信息缺乏、借贷限制以及最低养老金制度不完善等原因，上述观点在理论上并不成立，并且在实践中也受到了挑战。对比拉美地区养老金制度在改革时以及 2004 年的覆盖面可以发现：所有国家的养老金覆盖面都有了不同程度的下降。阿根廷从改革时的 50%降至 2004 年的 20%，墨西哥从 37%降至 28%，秘鲁从 31%降至 12%，智利也有下降，但下降幅度较小。因此，

> “改革的停滞不前以及如何提高制度覆盖面成为拉美地区政府考虑的头等大事。参加正规养老金制度的劳动人口仍然较少，在一些拉美国家，领取养老金的老年人口数量不断下降。对于一些个人来说，改革后的积累制私人管理的个人储蓄账户并不像预期的那样吸引人。”（Gill，Packard and Yermo 2005，p. 125）

转型成本。转型成本是影响现收现付制向基金积累制改革的重要因素，但在具体改革过程中却存在一种低估转型成本的倾向。1997 年，有人预测玻利维亚的转型成本将在 1999 年达到最高值，占 GDP 的比重约为 2.6%，此后将不断下降。但在实际运行中，“由于制度设计中的重大失误，导致退休后的初始养老金待遇激增，此后随着某些养老金决策的出台，2002 年实际转型成本占 GDP 的比重要比 1996 年中期预测的水平要高出 2.6 个百分点”（Valdes-Prieto 2007a，para. 3. 79）。

如果一个国家因为财政赤字而进行养老金积累制改革，那么如何应对改革中出现的转型成本是最棘手的问题。“玻利维亚、哈萨克斯坦、拉脱维亚和罗马尼亚的预算赤字都超过 GDP 的 3%，也就是说这些国家实行基金积累制是不现实的”（World Bank 2006a，p. 22）。至少因为转型成本的问题，国际货币基金组织在推动这些国家实行改革时的积极性并不如世界银行高。

对于一些国家来说，转型成本不仅高而且具有持久性特点。在智利，虽然养老金制度的财务可持续性强，但每年仍需投入大量财政化解转型成本，在 1981—2004 年间，年均投入为 GDP 的 5.7%，预计到 2004—2010 年将下降至 GDP 的 5%。据统计，上述转型成本要比 20 世纪 80 年代改革时的预测高得多。

经济增长。还有一种观点认为，可以通过养老金改革来促进经济增长，但在实践中，真正实现上述目标的国家并不多，“世界银行尤为强调养老金多支柱改革在促进增长方面的作用，也就是说，改革可以提高储蓄率和促进资本市场发展，从而达到经济增长的目的。但世界银行的一份内部评估却发现，很少国家实现了上述目标”（World Bank 2006a，p. 56）。

总结。改革的支持者认为，强制性的多支柱养老保障体系可以帮助各国实现以下目标：

> “• 加大强制性私人养老金支柱缴费和待遇之间的联系，这对于降低有效税率，减少逃费以及劳动力市场扭曲现象具有重要意义；
>
> • 通过引入完全积累和分散化投资控制的第二支柱，可以提高长期储蓄率、深化资本市场和促进经济增长；
>
> • 避免出现在政治压力下形成的既不公平也无效率的制度特征。
>
> 从长期趋势看，养老金改革将为一个国家的经济发展带来活力，同时促进老年人口和年轻人口生活水平的不断提高。”（World Bank 1994，pp. 22—23）

那么，结果如何呢？虽然上述情况在有的国家已经实现，但仍非普遍现象：

“在建立多支柱养老金体系的许多国家，由于投资于政府债券，养老基金的投资回报率较高，但并未实现多样化投资模式。政府债券的回报率虽然高，但也只能补偿经济发展和投资带来的风险。另一方面，投资政府债券也体现了政治对养老基金的影响，就像现收现付制养老金一样，特别是在经济危机发生时。”（World Bank 2006a，p. xxiv）。

第九章

不同国家的养老金制度

本章主要介绍阿根廷、澳大利亚、玻利维亚、智利、中国、匈牙利、荷兰、新西兰、波兰、新加坡、南非、瑞典、英国和美国的养老金制度。不同国家的养老金制度之间差异很大，因而并不存在世界范围内占优势地位的制度安排。正如专栏 2.3 中分析的原因那样，一国的养老金制度安排会从战略高度上反映出在各种目标与面临的形势约束之间的相关权衡。这些权衡在不同国家之间的差异，一个重要体现就反映在老年人的贫困率与工作人口的贫困率之间的比较。如图 9.1 所示，这两个指标存在大的差距。

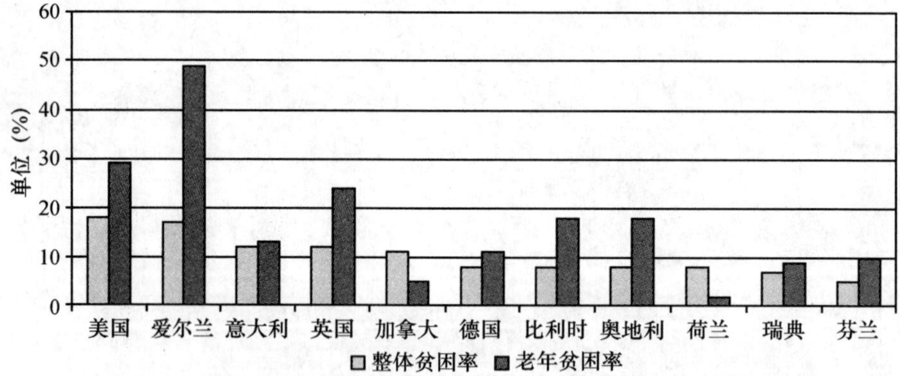

图 9.1　2000 年部分 OECD 国家生活在收入中位数一半以下的人口比例

资料来源：Luxemburg Income Study.

本章选取的案例涵盖从强制储蓄型到非缴费型的定额养老金等各种不同类型的制度。强制储蓄型制度很少或者没有保险特征，主要用以熨平消费，例如新加坡的公共管理的公积金制度，本质上就是一个储蓄计划。而非缴费型的定额养老金，主要目标在于减贫，熨平消费依赖个人自愿，例如新西兰的制度。介于这两种类型之间的很多制度都明确地兼顾这些目标，有些国家主要以积累为主（如智利等），有些国家适度依靠积累（如瑞典、美国等），其他国家则主要建立在现收现付基础之上（如法国、德国，意大利等）。荷兰已经建立了一个基于居住年限的非缴费型现收现付的普惠养老金制度，和一个基金积累的职业养老金制度。智利在已有的个人账户制之外建立了一个非缴费型现收现付的基础养老金制度，以增强减贫功效（智利的改革将在第十章第一节中讨论）。总之，许多国家已经成功建立了包含多种制度类型在内的混合型制度框架。本章主要对其中一些国家加以介绍[①]。

第一节 阿 根 廷

1994年，阿根廷对养老金制度进行改革，建立了一个包含“待遇确定型”（defined benefit，以下简称DB型）现收现付的公共养老金和强制性个人积累账户的混合制度，法定退休年龄确定为男性65岁，女性60岁。这些改革对制度的财务能力和技术能力提出了严格的要求，养老金制度也没能经受住2001年的经济危机的冲击[②]。为了应对经济危机，政府强迫养老基金将持有的美元标价债券兑换成最新发行的比索标价债券。对新债券的合理估价引发的问题持续不断，因为他们的估值依赖于政府政策的公信力。因此，阿根廷国会于2008年通过一项法律，终止了个人账户制度，将其资产转移到新的制度下，即“阿根廷统一退休养老制度”（Sistema Integrado Previsonal Argentino，SIPA），该制度也合并了现有的现收现付收入关联型计划。

符合缴费条件的人数较少成为另外一个问题，这对有着庞大非正规部门的国家的缴费型制度来说是与生俱来的。于是，许多雇员无法满足阿根廷至少30年

① 根据收入关联程度划分养老金制度类型的国际比较，参见U.K Pensions Commission 2004b，appendix D。有关OECD国家和欧洲转型国家的内容，参见OECD 2004c，Queisser and Whitehouse 2006，Whiteford and Whitehouse 2006。关于美国和英国最新进展的内容，分别参见Thompson 2006，Hill 2006。关于欧盟福利国家的介绍，参见Pestieau 2006。关于拉丁美洲国家的内容，参见Arenas de Mesa and Mesa-Lago 2006，Mesa-Lago，2007，也可参见Oxford Review of Economic Policy，Vol. 22，Spring 2006。对制度的介绍，参见OECD 2007 和 U. S. Social Security Administration 2007b。有关机构和组织介绍的链接，参见美国社会保障网站中的“其他国家的社会保障”（Social Security in Other Countries），www.ssa.gov/international/links.html，也可参见美国退休者协会（AARP）的“全球老龄化大纲”（Global Aging Program），www.aarp.org/research/international/map。总体概况参见Whiteford and Whitehouse 2006，tables 2 and 3。

② 一些评论家认为养老金制度改革的财务需求造成了经济崩溃，但这一推测仍未得到证实。有关阿根廷改革的全面讨论，参见Bertranou，Refman and Grushka 2003，Arza 2006。更多关于拉丁美洲经验的介绍，参见Gill，Packard and Yermo 2005。

缴费才能获得任何待遇的资格条件，个人账户制在减贫方面的效果受到了极大的限制。

阿根廷的经验暗示着三条教训：第一，脱离实际的改革风险太大。这些改革看似建立在最优化假设的基础上，却难以从容地面对经济动荡的冲击；第二，无论 DB 型还是“缴费确定型”(defined contribution，以下简称 DC 型）制度，都会在经济危机期间受到政治干预的相关风险；第三，必须重视在实践中满足制度覆盖的要求，而不能严重停留在纸面上。

第二节　智　利

这里简要介绍一下智利的情况，更详细的讨论将会放在第十章。智利与新加坡相类似，养老金制度建立在强制储蓄基础之上。不过，智利实行的是私人管理的 DB 型个人账户制度，任何企业只要能满足法定的要求都能够自由进入市场，因此更加依赖于私人企业之间合法的竞争。雇员强制性的缴费包括收入的 10%的养老保险缴费，加上残疾、遗属保险缴费和管理费。养老金待遇可以通过通胀指数化年金或者分期提款等形式发放。

个人账户可以熨平消费，在各类法律的支持下辅助减贫。2008 年以前，向强制型制度缴费 20 年以上的雇员可以获得由财政资助的最低养老金保障。此外，财政还资助一个家计调查养老金制度，其提供待遇相当于最低养老金保障的一半。从 2008 年开始，最低养老金保障和家计调查养老金制度终止，被一个新的非缴费型基础养老金制度所替代。

私人养老金的供给趋于集中，竞争的有效性受到质疑，甚至对于智利这样中等规模的经济体也不例外，这已违背了政策制定者的初衷。对于小型经济体这一问题更为严重（见专栏 9.1 中玻利维亚的案例）。

【专栏 9.1】玻利维亚的养老金

1996 年，利用从国有企业私有化过程中获得的基金，玻利维亚为 65 岁以上的居民建立了一个非缴费型养老金制度（Bonosol)*。同时，像其他拉美国家一样，玻利维亚也仿效智利，为工薪阶层建立了一个强制性的积累制个人账户制度。由于意识到行政管理成本和市场规模较小，玻利维亚开创性地将这些个人账户组成共同基金。这个制度的缴费包括规定收入的 10%的养老保险缴费，

1.71%的残疾和遗属保险缴费加上0.5%的行政管理费。智利的管理费是1.76%，秘鲁是2.27%，相比之下，玻利维亚的行政管理费显然比该地区其他国家要低。

起初，玻利维亚只允许存在两个养老基金的供给者，每个覆盖半个国家，而不是允许企业自由地进入这个行业。这两个公司是通过竞争性的招投标过程选出，核心标准是账户平均每月的管理费。从2000年开始，这一计划允许这两家公司可以竞争，从2002年开始，法律允许企业自由进入该行业。

这种方式产生了两个主要问题：一个是管理机构能否确保提供足够的优质服务。一般认为，中标之后的企业因而确立了垄断经营权力，这就很难保证它们能提供充裕的服务（不容易评估，难以被监管）。另一个问题是，最初这种竞争性的方法，会产生额外的营销成本，因而是否可以保持较低的初始成本结构？在一个藩篱林立的小型市场，进入自由本来就受到限制或者根本不能自由进出，因而，双头垄断与完全垄断的行为决策并无太大区别。

* 相关评估内容，见Escobar and Nina 2004，Leach 1998，Martinez 2004，以及Von Gersdorff 1997。这个养老金制度（Bonosol）在1998年终止，2002年又重新建立。2007年，新的养老金计划，即“体面收入计划”（Renta Dignidad）取代了原有的非缴费型养老金制度（Bonosol），不但待遇提高了，资格年龄也降低了（60岁）。

于是，智利1981年之后的制度，都是通过自愿的年金保险，提高熨平消费的目标权重，限制减贫的目标权重。诸如养老金领取者的贫困、覆盖不完全、性别公平问题以及高额的管理成本和财务成本等制度问题，将在第十章介绍2008年养老金制度的重要改革中加以讨论。

第三节 中 国

对中国的制度以及实施的改革更为详细的介绍将会放在第十章。1997年以来，中国从之前以企业为基础、根据退休前最终工资确定待遇的养老金制度，转变为一个统一的城镇职工养老金制度。这个新制度有三大支柱：DB型现收现付的第一支柱养老金（社会统筹），强制性的DC型积累制养老金，自愿性的企业年金。

从1999年开始，制度覆盖的目标扩展到包括城镇私营和其他类型的企业、自雇者和（期望的）非正规部门。但是，实际覆盖面的扩展十分有限。制度的财务来源主要是来自于企业和雇员的专门缴费，以及一部分的政府财政支出。

这个制度具备长期战略，但是计划远赶不上变化。三大支柱和一些来自于不同渠道的津贴，一起提供减贫、保险、消费熨平等功能。制度存在碎片化、财政赤字和管理困难等许多严重的问题，特别是体现在基金积累的个人账户中。

第四节　荷　　兰

荷兰的非缴费型养老金制度为 65 岁以上的老年人提供相当于最低工资 70%的待遇。这一制度跟传统的公共养老金制度有两个方面的不同：第一，享受待遇的前提是居住年限，而不是缴费。年满 65 岁并且 15 岁到 65 岁之间在荷兰居住满 50 年的老年人可以获得全额养老金，居住时间每少一年，待遇就相应递减 2%①。居住期间不满 50 年的人也基本上有资格获得社会救助。第二，待遇的融资来源于根据《基础养老金法案》（Algemene Ouderdosweet，AOW）设立的一门专项税收。这项保险费尽管额外开征的，但其税基是收入（income），而非所得（earnings），因此整合到收入税中一并征收，仅由 65 岁以下的人缴纳。

深入考察这一制度安排的性质会感到非常有趣。从非缴费型待遇的角度来看，养老金的权利部分来源于居住权，因此，自然产生了覆盖面的问题。另外，它从按照《基础养老金法案》收取的费用中获得融资，因此被认为是从缴费中“获益”，但这些缴费是通过收入税（income tax）不是工薪税（payroll tax）来收取②。这些观点都有正当理由的，每一个都有来自于不同的政治观点的支持。所以，从 1957 年建立以后，这个制度就一直相当稳定，也就不足为奇了。从制度覆盖的角度来看，制度的蹊跷之处是离不开缴费，但又不是根据个人的缴费记录来确定待遇条件。目前，在生命周期预期不断提高的背景下，政策制定者正为待遇成本的日益增长而纠结。

与非缴费型养老金相结合的，是一个根据行业划分的职业年金制度。尽管对于正规部门，参加这个养老金制度是自愿的。一旦某个行业选择参加一个计划，那么这个行业的雇员将会被强制性加入该计划③。1998 年，超过 90%的劳动力参加了职业养老金（根据法律它是基金积累制的），其中大约有 1/4 的参保人参加

① 尽管劳动力的国际流动增强，预期受益人下降，但 2005 年 84%的受益人领取到了全额待遇。

② 但并不要求曾经有一定水平的应纳税收入。

③ 如果它选择加入一个更好的企业养老基金计划，那么它可以选择退出这个行业计划。

的DB型计划的待遇是根据职业阶段平均工资计发的，2/3的参保人参加的计划的待遇是根据退休前最终工资来计发的。因此，民间强烈呼吁待遇计发基础从退休前最终工资调整到职业平均工资，到2004年，根据职业阶段平均工资确定待遇的计划的比例上升到了2/3。这个计划比较典型之处是混合了DB和DC的计划，其待遇基于职业期平均工资并根据缴费率和应计债务（基于基金的偿付状况）进行调整。面对股票价格下降和投资回报率下降的“完美风暴”和伴随而来的更加苛刻的资金需要，这种变化势在必行。于是，养老基金采取了在雇员、雇主和养老金领取者之间更广泛地分担风险的应对策略，而非传统的DB型计划（整个计划的风险都落到雇主头上）或者传统的DC型计划（整个计划的风险完全落到雇员头上）。对于一个普通劳动者在结束整个职业生涯时，非缴费型养老金和职业养老金结合在一起有望达到它退休前最终工资70%的替代率。

第五节　新　西　兰

新西兰的养老金制度在很多方面与新加坡截然相反。这个制度的基石是非缴费型的普惠制养老金（新西兰超级年金），由一般税收支付，所有65岁以上的居民，通过居住权测试①，都可以获得，这份待遇收入必须纳税。替代率相当于一对已婚夫妇的净平均工资的72.5%，对于单身会更高一些（根据不同的生活安排）。如果夫妻一方低于65岁，则会低一些。强制储蓄对基础养老金进行补充，没有税收优惠，这在这许多国家中并不常见。因为没有建立强制性的收入关联养老金，所以国家成为了局外人。不过，统一的定额待遇足够高，覆盖人口规模很大，替代率高，熨平收入的职能有限。

2007年，新西兰改革了强制储蓄制度，建立了“几维储蓄”（Kiwi Saver）。这是一个DC型计划。它和另一份定额补贴一起，获得的税收优惠部分能抵消行政管理费用。它设有自动进入机制，如果某个雇员希望选择退出制度，那么它必须采取相应的积极的行动。制度的设计非常简单，考虑了消费者选择的问题，这些在第七章第三节已经讨论过了。

普惠型的养老金待遇高于贫困线标准，并基于居住时间而非有报酬工作的历史来确定，这就不难看出，在新西兰的制度安排中，比较注重制度在减贫方面的

① 养老金支付给65岁以上，20岁以后在新西兰居住时间超过10年，50岁以后居住时间不少于5年的新西兰居民。

效率。同时，它能够克服在缴费制度中经常出现的性别不公平现象，适应不同的劳动市场安排以及流动的家庭结构。以某个妇女为例，她所获得的定额养老金不需要依靠她自己或者她丈夫的缴费。

这一制度非常受欢迎。1997 年 9 月，一个关于强制的积累制个人账户（仿效智利经验）将取代税收支持的定额养老金的投票活动落败。有 80%的选民参与这次投票，这其中 92.8%投票者反对这一改变。2000 年以来，公共养老金计划中已经实现了部分的预筹积累，以利于在人口年龄群中熨平税率①。

专栏 9.2 对一系列国家的非缴费型养老金制度进行了介绍。

【专栏 9.2】非缴费型养老金

高收入国家。新西兰、荷兰、澳大利亚都有非缴费型养老金*。待遇由政府一般收入提供，且无须接受旨在只限于穷人获得待遇的收入调查（income test），但必须接受财富调查（affluence test），只是达到非常有限的从富人手中收回待遇的目的。从 1992 年开始，雇员被要求额外参加一个强制的个人积累制账户。它作为该国以雇主为基础的自愿计划的副产品，久而久之将会被政府纳入到体制内**。

中等收入国家。智利的新型非缴费型养老金计划将在第十章第一节中讨论。南非也有非缴费型计划，即“国家养老津贴”（State Old Age Grant）。南非的经验非常值得称道，它不仅有效地满足了城市养老金领取者的需要，也有效地落实到了农村老年人头上，而且目标导向明确。后者应该不足为奇，因为老年本来就是显示潜在贫困的好指标。

养老金待遇由一般税收融资，凡是 65 岁以上的男人，60 岁以上的女人，无须缴费都可以享受。待遇大概相当于平均家庭收入的一半，与南非绝大多数非白人的较低收入相比是较高的，但与经济富裕的家庭收入相比则不高。这一计划最早建立于 20 世纪 30 年代，最初旨为白人减贫，现如今已经逐步扩展到所有人种人群。研究发现，它在社会政策和计划执行方面都有很高的效率：

① 打算在 20 年时间每年从政府一般收入中划拨 20 亿新西兰元。参见新西兰超级年金基金的主页：www.nzsuperfund.co.nz。

"南非的社会养老金是典型的转移支付计划，因为它的资格由年龄决定。尽管采用了简单的瞄准指标，但养老金在到达最贫困家庭和那些有子女的人群非常有效……南非当局已经克服了向特别偏远的农村地区支付待遇和在文盲受益人中查验资格等各种难题。"(Case and Deaton，1998，p. 1359，也可以见 Lund 2002，Burns，Keswell and Leibbrandt 2005)。

制度的行政管理工作合并在"南非社会保障局"(South African Social Security Agency，见 South African National Treasury，2007)。在大多数的城市地区，人们从银行账户或者邮局领取养老金。在农村地区，政府将养老金支付业务外包给私人部门，在省一级来进行统筹组织。这个制度因有效和创新性而处于最佳状态。在某些区域，给现金发放者配备交通工具以便在预定的时间到达预定的地点，领取者使用他们的识别号码(ID number)或者手印，就可以领到养老金。原则上应有一名政府官员在旁提供帮助，但很多时候都省略掉了这一程序。

这一制度还存在诸多问题，包括私人部门承包者可能私下谋取超额利益，交通工具受到袭击，银行缺乏前往农村地区开办这项业务的激励(尽管在制度执行中这是赋予他们的一项重要职责)等问题。正因为如此，南非已经付诸实施一项重要的革新措施，即把取款机放在超级市场中。于是，银行发放现金的功能可以利用起来，也可以发挥其储蓄功能(因为养老金领取者不会一次取出所有的养老金)，但是其他的银行功能还没有涉及。

低收入国家。许多低收入国家也建立了非缴费型养老金制度(有时也被称为社会养老金)，这些国家包括玻利维亚、博茨瓦纳、纳米比亚和尼泊尔。总支出占 GDP 的比重通常比较小(博茨瓦纳、纳米比亚、尼泊尔都低于 1%)，待遇也非常低(Willmore 2006，table 1)。这种养老金潜在的优势就是在缴费记录非常有限的人群中扩大覆盖面，这对于妇女和非正规部门的雇员尤其重要。在评估它们在一个特定国家的合意性和可行性时，政策制定者需要考虑一系列因素：

• 养老金如何有效瞄准？非缴费型普惠制养老金的成本效率依赖于确定真实年龄等瞄准策略。原则上，一国的极端贫困的人群越多，减贫和非缴费型制度的瞄准就越重要。一定程度上，独居年龄也许是个可用的指标，不过其有效性在每个国家将有所区别(Kakwani and Sunnarao 2007)。比如说，要看老人独自或者在大家庭中生活的时间。

• 是否具备足够的行政管理能力？哪怕再简单的养老金制度也有行政管理要求。政府必须能够掌握人们的年龄信息，防止个人的重复申报和已故养老金领取者的亲戚的冒领。

• 派送养老金的成本相对于其规模而言是否较低？

当政府拥有必要的执行能力时，政策制定者拥有一系列控制成本的方案：

• 可以提供低水平的养老金待遇（例如，博茨瓦纳，尼泊尔只有人均GDP的10%）。

• 可以设置较高的首次领取养老金的年龄（在尼泊尔，只有1.1%的人口在资格年龄之上）。

• 如果行政管理能力允许，还可以进一步选择向年轻一点的老年人（例如，65～75岁）支付较低的养老金待遇，向年龄更大的老年人（75岁及以上）支付较高的养老金待遇。

* 关于非缴费型养老金更多的讨论，见 Willmore 2004，2006；关于澳大利亚，见 Borowski，2005；从性别的角度，见 Jefferson and Preston 2005。

** 1992年，澳大利亚政府建立了一个税收追加罚款制度，如果雇主不缴费，将要追罚比他们应该支付的缴费更多的税收。其效果是养老金覆盖面从75%～80%上升到92%～93%。缴费对自雇者和工资极低的雇员不采取强制性。

第六节　波　　兰

从共产主义时代承袭下来的波兰养老金制度非常难以适应市场经济①。一个战略性问题是养老金领取者的规模非常庞大，这一方面是因为制度几乎覆盖，可以看作该制度的一大优势；另一方面是因为领取养老金的资格年龄很低。后者有一系列的原因：许多人在社会主义衰落时期被允许提前退休以保持社会稳定，这一过程延续到转型早期，用以吸纳经济结构调整形成的失业者。同样，获得残疾人养老金也比较容易。由此带来的第二个战略性问题是：20世纪90年代早期养老金支出达到了GDP的15%，基于财政能力的匮乏，特别是曾经不断下降的产

① 关于前共产主义国家的养老金改革，见 Barr 2001，chapter 15，Müller 1999，Whiteford and whitehouse 2006。有关波兰的改革，见 Góra and Rutkowski 1998，Golinowska，Pietka and Zukowski 2003，Muturi at al 2000. Chlon－Dominczak 2002，以及 Chlon－Dominczak and Góra 2006。

出严重侵蚀了财政能力，因此，养老金的高额支出与其他财政支出需求难以调和。养老金待遇因缺乏系统性而差异较大，与缴费或需求几乎不具有相关性。最后，尽管已经开征社会保险缴费，但并没有雇员缴费数量的记录。在普遍充分就业（大批雇员具有视同完全缴费记录）和养老金待遇基于退休前最后工资来确定的情况下，对雇员缴费数量的记录毫无必要。

1998年，波兰的一项重要改革是建立包括两部分内容的强制型养老金制度。第一部分是名义账户制（NDC）养老金。个人名义账户基金根据经济领域工资总额的增长，也就是根据生产率和就业的趋势进行指数化，而退休后待遇是与养老金领取者物价指数挂钩①。这样个人的公共养老金就会严格与其（名义上的）缴费积累成比例。当然不排除如下两种情况：一是制度为达到一定缴费记录的人提供最低养老金保障，二是对因抚养子女而离开劳动市场的人提供缴费补偿。制度第二部分是一个强制性的、私营管理的DC型养老金，在很大程度上为第一部分提供补充。改革本意想将最低退休年龄统一在62岁，但最后规定男性65岁，女性60岁。据规定，所有这些安排适用于年轻雇员，同时为年老雇员提供过渡性安排。因此，波兰提供了一个制度案例，即通过名义账户（NDC）和积累制个人账户一起来熨平消费，并把减贫内容结合起来（最低养老金保障，为养育子女提供养老金积分以及其他形式的针对老年人的减贫项目）。因此，波兰的养老金制度与瑞典很类似。

从养老金制度实施情况来看，波兰这一案例也是具有启发的。尽管有着相当不错的制度能力，在改革过程中也着重强调建立充足的行政基础设施，但是改革难免遭遇阵痛，这主要是因为制度开始不能有效跟踪人们的缴费。究其根源，在于新计算机系统的延迟执行和初始人们对缴费的遵守问题。虽然这种状况在改善，但从旁观者看来，却只是侥幸逃过一劫。

中东欧某些国家也采取了类似于波兰的战略，例如拉脱维亚，而其他国家则采取了不同的方法。捷克共和国和斯洛文尼亚就不赞成强制性的积累制账户，而是选择对现收现付制进行改革，并鼓励自愿性的养老金储蓄。匈牙利选择了一条“中间道路”，包括强制性的基金账户积累，重点关注的问题见专栏9.3中的介绍。

① 1998年以后退休阶段的待遇本应该基于通货膨胀率加上工资增长率的20%进行指数化，但实际上待遇有些不稳定。

【专栏 9.3】匈牙利改革

匈牙利的改革涉及养老金制度的两个方面：对现收现付制度进行参数改革和建立强制性的、积累制的 DC 型账户的新制度，而已有的自愿性积累制账户维持不变。

1998 年 7 月 1 日以后进入劳动力市场的雇员必须强制参加新建立的第二支柱，其他人可以选择自愿参加。第二支柱开始于 1998 年 1 月，2004 年，其资产已经累计相当于 GDP 的 4%。

改革引起了一系列的关注，最早的反响是关于转型成本、执行和管理成本：

• 转型成本与基金账户建立相关，相当于 GDP 的 1.5%，从而形成巨大的财政赤字。

• 世界银行和国际货币基金组织的一项联合研究发现“（养老基金）平均投资回报非常令人失望”（World Bank 2005，para. 30）。研究报告显示，1998 年到 2005 年之间的平均加权实际净回报率是 3.75%（某些年份的实际回报率是负数），低于 5.3%的实际工资平均增长率，低于任何一个拉美国家的表现。

• 行政管理成本很高。利用本书中表 7.1 的相同方法评估的长期成本（也就是说，对最初的开办成本不赋予过高的权重），世界银行和国际货币基金组织的联合研究预测每年的管理成本达到了 1.18%（World Bank 2005，para. 48），而且总的管理费率在 18%到 30%之间（见表 20）。

• 因部分阶段性的管理收费，净实际回报率几乎减少到零（Augusztinovics at al. 2002；updated in Matits，2004），这对处于职业晚期才新进入制度的人群十分不利。正如马蒂特斯（Matits，p. 11）提示的那样，“这类雇员”对于新的私人支柱理解水平较低，只有允许老年雇员可以自由转换，才有可能会公平一些。

基于这些或者其他原因，匈牙利国家银行的一份特别报告中总结道：

> “匈牙利养老基金的表现可能不尽如人意……比起在完全现收现付制度下工资和服务年限都相同的人，多支柱体制中的（新）养老金领取者预计领到的待遇低得多……而且，……一个主要的压力可能来自于养老金低于任何社会最低保障。”（Orbán and Palotai 2005，p. 28）

第七节 新 加 坡

新加坡的养老金制度主要建立在一个强制性的、公共管理的、DC型的中央公积金基础之上，制度的核心本质是一个带年金形式的个人储蓄计划，几乎不具备保险的特征。

参保人的缴费被分为三份分别进入不同账户：普通账户用于积累退休基金，经过批准之后可以提前支取，比如用于购买房屋；医疗储蓄账户用于住院支付，参保人也可以自愿购买由中央公积金发行的重大疾病保险；特别账户原则上只用于退休，但也能够用于额度有限的抵押。缴费率随着年龄递增而下降，这样就可以鼓励雇主以较低的工资雇用55岁以上的老年人①。新加坡为提前退休者建立一个中央公积金，其投资制度允许个人选择世界范围的投资组合，不过相应的管理成本也很高②。

缴费积累因为大量的提前退休者提前支取以及养老基金储蓄的低回报率而遇到了一些难题。尽管政府对每年2.5%的名义利息率提出担保，但1987—2005年实际的回报率只有1.3%。通过签订合约，一个相当于整个预算3%的小型资金池被拿出来交给私营基金来管理，这些基金的实际回报率在1987年到2004年之间达到2.9%，超过中央公积金的2倍。

退休时，个人可以选择购买一份年金，但并非强制性。选择购买年金的退休者的比例很小，绝大多数新加坡人因而暴露在长寿风险之下。也没有任何其他应对通胀风险的安排。

总而言之，新加坡的养老金制度几乎完全依赖于强制性储蓄来熨平消费。然而，替代率（大约是退休前收入的20%）不够充足，也没有税收融资的再分配支柱来提供减贫。缓解长寿、通胀和政治风险的能力也非常有限。此外，该制度的设计和治理也一直受到关注。

① 2007年，缴费率规定分别如下：50岁以下雇员缴纳参保工资的34.5%，50岁到55岁之间是28.5%，55岁到60岁之间是20%。60到65岁之间是12.5%，超过65岁的雇员是10%。缴费结余总体规模到2006年3月已经达到了GDP的63%。

② 中央公积金建立于1955年。核准投资体制建立于1986年，1997年改名为中央公积金投资体制。

第八节　瑞　　典

在20世纪90年代进行了重大改革之后，瑞典的养老金制度包含两大支柱：一个部分积累的名义账户结合一个慷慨的养老金保障，以确保瑞典的老年人脱离贫困；一个积累制个人账户制度，即投保养老金（the Premium Pension）。退休前在瑞典居住了40年以上的居民可以获得一份完全待遇的最低养老金担保。居住时间不足40年，待遇也相应比例地减少。最低养老金待遇还会根据名义养老金的待遇水平相应地削减。此外，还存在一个收入调查型的最低养老金。在雇员因照看小孩、失业或生病而退出劳动力市场，名义养老金和投保养老金都会相应给予补贴（credit）。

制度的缴费率已经达到了18.5%，其中16%进入名义账户，剩余2.5%进入完全基金积累的个人账户。名义账户会规定一个等于平均工资增长率的名义利息率。不过在任何时间内，如果计算出来的财务结余不令人满意，这个利息率会自动调低，不需要任何法律程序。每一名雇员都能够收到一份有关名义账户和基金积累账户的余额以及预测未来待遇等信息的年度报告。

养老金待遇可以在61岁时首次申领。尽管对这个年龄规定的改变还没有列入日程，实际上，大多数人首次领取待遇的年龄会在65岁（相比之下，许多美国人会选择在最低受益年龄时申领待遇）[①]。初始待遇根据一个准精算的计算表来设定，基本变量包括雇员出生群组的死亡率，初次领取待遇的年龄，以及预期的待遇增长率。退休后的待遇每年都会根据名义利息率（通常是工资增长率）和每年1.6%的增长期望值之间的差距进行调整。

雇员工资的2.5%进入积累制个人账户，由政府征缴，分配给共同基金。基金数量繁多，2007年达到785个。个人可以选择投资哪一只基金，最多能选择5只。许多不做选择的雇员可以选择默认基金。正如在7.3节中讨论的，近年来，大约有90%的雇员不做选择，因此进入了默认基金。这些共同基金必须得到政府的批准，同时必须接受由一个公式计算出来的管理费用。在退休时，每个雇员累积的资产必须用于购买一份由政府提供的年金——个人年金或者联合终生年金（joint-life）。这笔存款可以在配偶之间或者已登记的伴侣之间转移（如果接受者

---

① 2006年，在瑞典，7%的参保人首次接受养老金是在61岁，4%的参保人会在62岁，63岁有4%，64岁有4%，65岁会有75%，66岁会有4%，67岁会有1%。67岁时绝大多数人都会领取养老金（即使没有必要停止工作的）。65岁以下就停止工作的人普遍依赖残疾养老金。

的寿命预期过长，则将会减少 14%）。

瑞典通过中央清算公司来管理和维护个人账户，以解决行政管理成本问题。名义养老金和个人账户的缴费一并征缴，款项都汇入个人账户。于是基金管理者并不了解缴费者是谁。平均年费（净）为资产的 0.73%，大致相当于 14%的费率①。尽管基金的中央管理方式与美国的“储蓄节俭计划”（Thrift Savings Plan, TSP）（见专栏 9.4）很相似，成本也更高，但两个计划之间并不具备完全可比性，主要是因为后者严格限制基金的选择，而且雇主单一（联邦政府）。瑞典的制度表明，即使在发达国家，完全积累个人账户可能会很昂贵，许多雇员对一个广泛的投资选择也并不感兴趣。

【专栏 9.4】联邦储蓄节俭计划

1986 年，美国政府为联邦公务员建立了“储蓄节俭计划”（见 www.tsp.gov）。该计划向参保人提供一个非常有限的投资组合选择。最开始只有三个：一个股票市场指数基金，一个持有由私人企业发行债券的基金以及一个持有联邦债券的基金。2007 年，雇员的选择扩大到 6 只基金，包括一个终身选择。一个政府机构维护个人投资组合的核心记录。基金的管理立足规模效应，对私人部门资产的投资交由通过投标之后获得管理资格的私营的财务公司（其投资组合与在自愿的私人市场中的业务相同）。

结果，管理成本低得令人吃惊：每年 6 个基准点，或者 1 000 美元的账户结余 60 美分。截止到 2007 年，计划已经发展成为拥有 380 万个参保人和 2 250 亿美元的规模。乔治·W. 布什总统任命的社会保障改革建议委员会建议社会保障改革参照这个计划，以满足更广泛利益，其他国家，特别是机构能力有限的发展中国家，也可以参考这个计划。正如在第八章第二节第三部分中讨论的，英国也在借鉴类似的计划。

瑞典成立了一个全球化顾问委员会，负责分析可行的改革方案以应对全球化的不断加速。在他们的计划中，已经安排了一部有关养老金内容的报告（Diamond 2009）。

① 2005 年，个人账户的管理费用包括对所有账户征收资产 0.3%的行政管理费；平均打了折扣的资产的 0.43%基金费（包括默认基金）（平均折扣是资产的 0.37%）；对默认基金资产 0.16%的平均基金费。因此，平均来看，全部费用是 73 个基准点，正如表 7.1 所示，一个 40 年职业生涯的积累大概会减少 14%。

第九节 英 国

这些年，英国的养老金安排已经历了太多变化。1946 年的国家保险法规定，定额缴费才能获得定额待遇。男性资格年龄为 65 岁，女性为 60 岁。要获得全额养老金，男性必须缴费 44 年，女性必须缴费 40 年。待遇没有法定指数化，但是会定期提高。

1975 年的社会保障法取消了定额缴费，取而代之的是收入关联型缴费，提供统一费率的基础养老金和新的国家收入关联型养老金（State Earnings-Related Pension System，SERPS）。缴费条件仍然不变，此外还为照料活动建立了养老金补贴。基础国家养老金是强制性参加的。雇员也要参加收入关联型养老金计划，除非他们的雇主已经选择退出。这种情况下，雇员可以参加雇主举办的、获批准建立的职业养老金计划。1975 年法案还规定缴费根据工资变化进行指数化，退休期间的养老金将根据工资和物价变化两者之间的最高者进行指数化。专栏 5.3 中已经讨论过其中一个重要的设计瑕疵。

1986 年宣布的改革改变了退休期间的待遇根据物价变化进行指数化的规定，允许个人选择收入关联型养老金中的个人账户或者是雇主提供的养老金，选择退出的权利扩大了。同时，还宣称收入关联型养老金的待遇从 2000 年以后不再那样慷慨。此外，还宣布进一步改革，计划将女性的退休年龄逐渐提高到 65 岁。结果，英国的公共养老金支出的趋势非同一般，在人口老龄化趋势非常显著的情况下，占 GDP 的百分比反而下降了，正如图 1.9 所示。

然而，到 20 世纪 90 年代中期，英国的养老金制度已经面临两大主要问题：物价指数化的累积效应和养老金领取者贫困。众所周知，后者是因为缴费型制度覆盖面下降所造成的。职业养老金掩盖了公共养老金制度的许多问题，对低收入者的覆盖也不完全。因此，政府宣布对公共养老金进一步改革，旨在为低收入人群建立个人账户。这样的改革除了增加制度的复杂性之外几乎没起到什么效果。职业养老金的问题使得境况更加恶化，部分原因要归咎于 2000 年以后股票市场状况的反转，也可能是因为过度调节导致的。

这些问题是英国养老金委员会的基本建议（已在第八章第二节第三部分中讨论）的背景。政府在接受这些战略性建议的基础上更深入一步，从 2010 年开始，将获得全额基础国家养老金的缴费要求调整为 30 年。

英国的实践印证了两个战略错误：第一，制度在短时间内变革得过于频繁。

因为养老金的一个核心功能就是在寿命不断延长的前提下熨平消费，因此长时间的稳定非常重要，变革不宜频繁。改革计划宜提前很长时间宣布，但是进程要分阶段逐步实施。第二，制度过于复杂，这部分是由第一个问题导致的。一个制度开始应该简单，容易理解。如果过于复杂，不仅广大公众难以理解，就连许多专家都存在困难，那么这个制度必定会灭亡。

在英国，积累制雇主养老金的覆盖非常显著，并且呈现出DB型向DC型转变的强劲趋势。

第十节　美　国

从1961年开始，美国的社会保障体系已经体现了性别中性（gender-neutral）。凡是从62岁到享有全额待遇的年龄（从原来的65岁调整到67岁）之间，收入足够低的雇员，通过退休测试，就可以享受退休待遇。完全退休之后将不再进行退休测试。待遇确定的过程分四步：第一步，如果缴费达到或者超过35年，那么将雇员其中最高的35年内已经进行工资指数化（wage-indexed）的年度收入（如果为了能够凑足35年，也可以包括零收入）进行平均，工资指数化只适用于雇员60岁之前，之后将适用名义收入；第二步，通过一个三阶待遇方程计算出待遇水平，替代率分别能达到0.90、0.32、0.15，待遇方程根据收入的等级实行累进的（progressive）；第三步，对享受待遇的起始年龄进行调整，这种调整基本体现了62岁到享有完全待遇的年龄之间的精算中性（actuarially neutral），但它的范围太小，不足以将精算中性推行到所有年龄阶段，对雇员的配偶支付补充待遇（auxiliary benefits）；第四步，在雇员年龄满62岁以后，无论其是否开始享有待遇，保证其待遇水平的增加与物价增长幅度一致。例如，在2006年，一个年满65岁时才开始享有待遇的雇员，指数化后的平均终身收入为3万美元（略低于中间水平），那么他每年享有的待遇将为13 812美元，其替代率为46%（忽略补充待遇）。2006年的制度的支出占GDP的4.2%。

残障养老金与退休养老金的预算支出都来自工资税，税率从12.4%到最高税率，近94%的雇员每年需要纳税（不过大约总收入的15%可以获得豁免）。此外，部分养老金收入需缴纳的所得税收入，也可以作为预算收入的来源。现金收入超过支出时的盈余将存入一个信托基金，该基金持有支付市场利率的美国长期国债。2007年年底，该信托基金的规模已超过2.2万亿美元，是当年年度开支的3.8倍左右。

除公共养老金外，参加其他养老金没有强制性，但是雇员却要向为数众多的雇主养老金与个人储蓄等计划缴费。正如在英国，建立了大量的积累制计划，且有从DB型向DC型转换的明显趋势。专栏9.4已讨论过的“储蓄节俭计划”，作为联邦公务员（federal civil servant）的社会保障制度的补充，提供了一个计划简单、行政管理费用低廉的有趣例证。

第十一节　总　　结

尽管养老金制度和机构错综复杂，然而综合前面和本章，我们可以得出一些简单的结论：

• 今天与50年前的制度的区别很大。这不是意外，而是必然。

• 通往养老金制度目标的道路多种多样。运行良好的制度也各具特色，这也是必然。

• 许多国家制度框架设计拙劣，而那些制度框架设计优异的国家具备了某些可以与时俱进的特征。

第十章

密切关注：智利和中国的养老金改革

第一节 智利养老金改革

智利 1981 年的养老金改革一直令评论家们着迷，而且已经对其他国家产生了影响。因此，与其他国家的养老金制度相比，我们用更长的篇幅来探讨智利养老金制度[①]。2005 年，智利新当选的总统米歇尔·巴切莱特（Michelle Bachelet）任命了一个咨询委员会，去探索有关改革问题。该委员会的分析及其建议构成了智利于 2008 年所进行的改革的基础。本节第一部分描述并评价 1981 年创立的积累制个人账户，以及这些年来的改革，包括 2008 年的改革。第二部分探讨该委员会的论证及其首要建议，即引入普惠制养老金（a universal pension）。第三部分简要分析覆盖面问题。

一、个人账户

1. 制度

与新加坡相似，1981 年之后智利养老金制度的核心是强制储蓄。1981 年改革的主要内容是为受雇于正规部门的职工建立强制性个人积累账户，代替此前的一系列“待遇确定型”（defined benefit，以下简称 DB 型）计划。每个职工被要求把缴费收入（covered earnings）的 10%存入一个账户，并另外交费购买残疾和遗属保险，还要向负责个人账户管理、费用征缴、养老基金管理的公司支付佣金。退休职工可以通过从保险公司购买通货膨胀指数化年金的方式获取养老金，但这并非是强制性的。另一个选择是以逐步提取的方式把所积累的资金取走；而对提取率是有限制的，从而避免因资金不足而出现养老风险。在这种情况下，基

① 更全面的探讨参见本书的完整版（Barr and Diamond 2008）的第 12 章和第 13 章。

金仍然由养老金管理公司管理。年金和取款都要遵循对家庭成员的法定保护。如下文所述，曾经向参保至少 20 年的人提供最低养老金保障（minimum pension guarantee），已经被基础养老金（basic pension）所取代。

职工可以在达到有资格领取养老金的年龄（男性 65 岁，女性 60 岁）之前提前领取养老金，前提条件是所积累的资金足够多。具体而言，需要满足双重条件，即所积累的资金能够使养老金替代率达到 70%以上（2004 年 1 月之前是 50%），而且养老金的绝对额要多于最低养老金的 150%（2004 年 1 月之前是 120%）。这种对领取养老金设置双重条件的政策，不仅异乎寻常，而且挺有意思。该委员会曾建议，对于接近退休年龄的职工提前领取养老金，降低最低替代率要求，但这一建议并没有成为法律。

为了管理个人账户，智利建立了受到监管的市场，其中，养老基金管理公司（被称为 *administradoras de fondos de pensiones*，AFPs）在管理基金上相互竞争，并且最初每家只能管理一个共同基金（mutual fund）。只要有足够的资本，并且达到有关管理水平的标准，任何公司都可以进入（并留在）这个行业。因此，证券投资组合的确切构成是由私人市场决定的（与专栏 9.4 中所描述的美国储蓄节俭计划形成对照）。

2. 选择、竞争和成本

无论政策制定者怀有什么样的意图，但养老金供给变成了高度集中，就产生了这样一个问题：即使在智利这样的中等规模经济体中，也难以确定是否能够形成有效竞争。对于像玻利维亚（专栏 9.1 中曾探讨）那样的小型经济体，这种情况尤为突出。可用的证券投资组合难以实现多样化，是由一系列原因造成的。

• 每个公司所提供的产品的数量都受到限制：目前，每个公司最多只能管理 5 个基金投资组合，且其中股票和债券的组合各不相同。

• 参与管理的公司数量很少。尽管从理论上讲这个行业是开放的，但公司的数量已经急剧萎缩：在 2006 年，只有 6 家公司还在这个市场活动，而其中前三家公司持有 80%的资产。这在一定程度上是由于要求养老基金管理公司（AFPs）不得从事其他商业活动，因为，对新进入者而言，本来可以从规模经济中获益，但该规定限制了他们分享资源的能力，因而也就减少了机会。另外一个原因是吸纳职工十分困难，他们具有相当大的惰性，特别是因为专栏 2.2 和第七章第三节中所探讨的原因。

• 公司所提供的产品相似。从一定程度上讲，这是有关保证相对收益率的规定所造成的。这种规定使得大家都模拟从服务于大型专业购买者的市场上可发现的基金管理合同。按照这种合同，通过与同等基准（在智利，它等于所有同一类型养老基金的平均回报率扣除公司的利润率）相比较，基金经理的业绩会定期得到评估，而业绩低于该基准的基金经理将被罚款（在智利，罚金被存入成员账户，因此该制度通常被描述成相对收益率“保证”）。

如我们在有关行为经济学的探讨中所指出的，我们并不认为有限的选择范围本身是一个问题。

对公司数量的担忧与对管理费用水平的担忧相关联。尽管智利的管理费用水平在拉丁美洲属于较低的范畴，为工资的 1.76%（与此相对照，缴费额是工资的 10%）（参见表 7.2），但是，自个人账户开始推行以来，人们就一直在担忧管理费用水平问题。为了解决这个问题，智利数次修改监管法规，以鼓励既有公司相互之间更多地进行竞争，并使进入这个行业变得更为容易；尽管如此，对费用水平的担忧仍然会继续存在。法律要求每个养老基金管理公司（AFP）都要按照同样比例的费率向所有成员收费。这个规定的目的是实行累进性再分配，因为对所管理的账户征收固定费用将使低收入者的回报率更低。既然购买养老基金管理公司（AFP）的服务是强制性的，这种费用结构就可以被认为是合适的。因为费用从很大程度上讲是每个账户的固定要素，收入高且稳定的客户就非常有吸引力：“以提供赠品和折扣为基础的行销使基金公司有可能获得这些客户，却能够逃避对所有成员都降低费率的责任”（Chile Presidential Advisory Council, p. 13）。

为了鼓励更多的价格竞争，吸引更多的公司进入该行业，智利的委员会建议从 2010 年开始进行一次有意义的尝试，把投标与个人选择结合起来，这有可能在保持服务质量的同时降低费用。该尝试让所有养老金提供者对所有一年内新进入劳动力市场的人进行竞标。新进入者必须在竞标获胜者那里至少待 18 个月，而且，如果养老金提供者此前向老成员收取的佣金更低一些，它就必须向新成员收取同样的佣金。在 18 个月以后，养老金提供者将被允许提高向所有成员收取的佣金，从而与竞标时所提出的佣金水平保持一致。在这 18 个月的过渡期之后，把最有利可图的职工从初始公司那里挖走的常见激励措施将被允许使用。

推想随着时间的推移在这种建议下可能会发生什么，是很有意思的。新进入者的账户自然很小，尽管如果留住他们，在经过较长的一个时期后他们可能会变得有吸引力，但短期内从财务上看并没有吸引力。我们期望能够收集到详细资料用以评估。虽然强化竞争的尝试可能会对管理费用施加某种向下的压力，但我们认为，高成本是制度的固有结果，因为该制度寻求让职工个人选择养老金提供者。

3. 融资

1981年向积累制转型，意味着每个职工的缴费必须被用于其自己的养老金；因此，政府不得不为已有退休者的养老金和继续工作者在旧制度下所积累的养老金权益而筹资。为了资助制度转型，智利在改革时留出的资金相当于GDP的5%。自1987年以后产生的数额庞大的系统性财政盈余，使得政府有可能在既不会深陷债务又不削减养老金待遇的情况下接手这些法定责任。与把这些盈余用于减税或扩大（非投资性）公共开支相比，这种政策产生了更高的国民储蓄率，而如果养老金改革是为了促进经济增长，这就是一个关键因素。在这方面，智利的经验与绝大部分国家的教训形成了鲜明对比，绝大部分国家在存在预算赤字的情况下采取了类似的改革措施①，但养老金改革使情况变得更糟糕，并进一步带来了财政困难，因为改革会抬高政府债券的利率。

智利养老金的财政成本一直很高，而且持续存在。2004年政府的直接养老金开支达到了GDP的5.5%，接近1987—2004年5.7%的平均值，而官方预测在2005—2010年（改革过去了大约30年）为GDP的5%。这其中一部分是为向积累制养老金过渡而进行筹资的后遗症②。但高额开支还有其他几个原因。其中一个是减贫：2003年用于最低养老金保障和福利养老金的开支加起来接近GDP的1%，另外对65岁以下者还有残疾养老金开支。此外，还有用于军队和警察养老金的公共开支（2003年大约为GDP的1.7%），而军队和警察的养老金并不是1981年改革的内容。

这些高昂的财政成本本身并不是什么缺点，但它们提醒其他国家：养老金制度难免会影响公共开支，而转型成本的时间跨度可能会很长。

4. 资本市场

一些智利模式的拥护者强调资产所获得的实际回报率非常高，但以下几点值得注意：其一，在早期的年份，基金完全投资于政府债券和政府支持的银行存款。因此，高回报率反映了智利的高利率，而不是基金经理的精明。由于扩大了所准许的证券投资组合范围，研究已经发现，一旦账户的投资组合不再受法定限制的束缚，证券投资组合就始终处于风险—收益边界上。委员会的报告指出：

---

① 例如，玻利维亚、哈萨克斯坦、拉脱维亚和罗马尼亚在启动改革时预算赤字超过GDP的3%，参见World Bank 2006a，figure 3.2。

② 对因向积累制转型而产生的公共开支的估算，可参见Valdés-Prieto 2005。

“有人断言养老金制度已经获得了年均10%的实际回报率，但这并没有恰当反映制度的表现。对职工缴费的实际回报率更恰如其分的评估，即一直到退休时的回报率减去佣金，表明每年的回报率在4.5%至6.5%之间。”(Chile Presidential Advisory Council 2006，p. 15)

关键是，由于存在管理费用，证券投资组合的回报率与银行存款的回报率并不一样；因此，计算扣除管理费用后的回报率就十分重要。还需要注意的是，在股票和债券市场经历了这样大的变化之后，预计未来的回报率会有所不同。

相对于GDP而言，智利股票市场的价值在这些年已经得到了显著增长。这种进步归功于养老金改革自身、对股票市场监管的改革以及资本账户对外国权益投资者的开放。然而，由于持有个人账户的基金大多遵循购买并持有的策略(buy—and—hold strategy)，这种相对于GDP的价值增长并没有伴随相匹配的交易量增长，因而流动性也没有得到同步提升。同时，长期债券市场已经发展起来，并且对于政府和公司的融资十分重要。实际上，在面对共同基金和保险公司不断增长的需求之前，债券市场并不是以目前的形式存在，因为他们需要持有指数化债券从而为指数化年金提供支持。这要归功于养老金改革以及为应对通货膨胀而成功进行的指数化。确保投资于股票和债券市场的强制性储蓄获得显著优异回报的政治压力，也增进了对这些市场进行监管的政治努力。

5. 监管

智利通常被描述为依赖不受限制的市场（“自由市场”），而政府发挥的作用很小。这是一种误解。养老基金管理公司（AFPs）、股票和债券市场以及保险公司都受到了严格监管。实际上，智利创建了一个仅用于监管养老基金管理公司(AFPs）的新监管机构。智利的经验表明，如果要让依赖市场的养老金制度运转良好，政府和市场应该共同发挥作用。

二、基础养老金

该委员会确认养老金制度存在一些至关重要的缺点，特别是它对减贫的准备不充分以及它对女性的影响。他们建议设立基础养老金，与个人账户并行，从而更全面地实现养老金制度的所有目标。

1. 制度

旨在熨平消费的个人账户得到1981年改革之前就存在的两套制度安排的支持。第一，对于向养老金制度缴费至少20年的低收入者，由一般财政收入提供补贴，把他们的养老金收益提升至所保证的最低水平。第二，对于年老的穷人，有一般财政收入资助的家计调查型福利养老金（means-tested welfare pension），数额大约为最低养老金保障（the minimum pension guarantee）的一半。对这两种制度运行状况的不满，使委员会提议建立基础养老金。按照委员会的建议，政府建立了基础养老金（与残疾和遗属待遇并存），无论男性还是女性，只要达到65岁就可以领取，而且没有任何缴费条件。委员会的报告把基础养老金收益应该高于贫困线作为一个明确的目标。当新制度逐渐得以全面推行，基础养老金将取代最低养老金保障和福利养老金。

如果个人和家庭的收入处于较高的水平，基础养老金会被收回，这是以双重检验为基础的：随着个人的缴费型养老金收入增加，它会被逐渐收回；随着来自家庭所有资源的总收入的增加，它也会被收回，而如果一个家庭不属于最穷的40％（已经制定了提高至60％的法律）之列，它将彻底不再能够领取基础养老金。

2. 性别

非缴费型养老金对于女性尤其重要。为了两性平等，重要的是贫穷家庭的丈夫和妻子均被授权可以各自领取全额基础养老金。另外，一个女性即使养老金权益很少或根本没有，但却有一个富有的丈夫，她也不能领取基础养老金。此外，委员会建议进行另外几项变革以解决性别问题。

根据2008年的立法，如果一个女性属于最穷的60％人口，她在生育子女时有权利获得对其个人账户的缴费补偿，数额等于一年的最低工资，由一般财政收入提供融资。这一规定是为了保障妇女因生育原因而离开劳动力市场时会失去的养老金权益。

对寡妇提供了一定的保障，因为男性被要求购买向未亡配偶提供其60％的养老金的年金；女性不需要为他们的丈夫做同样的安排。该报告建议对遗属待遇制定对称性法规，包括丈夫作为以妻子缴费为基础的遗属养老金的受益人。

女性领取该待遇的最低年龄是60岁，低于男性的65岁。这不仅会影响退休待遇的领取，还会影响领取残疾待遇和自愿性缴费享受税收优惠的资格，这两者都是在达到最低退休年龄时终止。考虑到已经付诸实施的与性别有关的措施，委员会的报告建议，在10年的宽限期之后，女性缴费型养老金的退休年龄应该逐步提高，直到与男性相同。

养老金提供者被允许将按性别分类的死亡率表运用于年金和有计划的资金提取，因此，对于给定的积累额，可以向女性提供更低的养老金待遇以反映他们更长的预期寿命[①]。这种安排的理论基础是，在贫穷家庭，主要是男性从事参保职业，因而不分性别的死亡率表会将低收入家庭置于不利的地位。

三、覆盖面

以特定年份缴费者占全体职工的比例衡量，智利养老金制度的覆盖面在1980年为64%。虽然该数据一直保持在大约60%的较低水平，但在拉丁美洲仍然属于最高水平之一。覆盖面问题在中等收入国家普遍存在。然而，值得注意的是，尽管智利的行政管理相当不错，但覆盖面问题仍然存在，不过，有了第三章第一节第二部分对精算型待遇给付的探讨以及专栏2.2和第七章第三节对有效消费者选择的探讨，这种结果就不应该令人吃惊了。智利的结果几乎没有为此前的以下观点提供支持：缴费与收益之间的更紧密的联系，将会大幅度改善合规情况。改革在5年内逐渐把强制型养老金延伸至部分自雇者，从而扩大了覆盖面[②]。改革包含了向年龄35岁以下的低收入者的最初24个月的缴费提供补贴。想必这一想法是基于对如下行为的洞察：违规与惰性有关，而使职工开始加入制度有助于克服这一惰性[③]。

总之，智利自1981年以来的经验可以使人们得出以下结论：

• 强制性积累制个人账户可以成为良好改革的一部分，但这种改革并不容易，而且依赖于补充性改革。

• 私人供给加上竞争，其自身并不足以降低交易成本或费用。

• 除非同时建立强有力的减贫制度，否则，个人账户并不是养老金制度的全部，而仅仅是养老金制度的一部分。

第二节　中国养老金改革

自1997年以来，中国已经从企业养老金制度转变为统一的城镇职工养老金制度，旧制度提供以最后工资为基础的DB型养老金待遇。新制度有三个基本要

---

① 年金提供者还被允许使用按财富分类的死亡率表，其中，一生财富按照退休时养老金积累规模进行估算。这种设计是为了反映更富有的人活得更久的事实。如果没有这种措施，精算出来的养老金待遇，包含从寿命短的人向寿命长的人的再分配，因而会进行从穷人向富人的再分配。

② 这一强制性规定仅仅影响“正规”自雇者，他们被界定为向“国内收入署”（the Internal Revenue Service）报告酬金收入（honorarium income）的人。

③ 美国通过所谓的储蓄者抵免（saver's credit）对中低收入职工向自愿性退休储蓄的缴费提供补贴，它是针对该类缴费的一种额外的税收抵免。

素：DB型现收现付的第一支柱养老金（社会统筹），强制性积累制的“缴费确定型”（defined contribution，以下简称DC型）养老金，以及自愿性企业年金。对于实现养老金目标，该制度具有长期战略合理性，但它还没有像计划的那样运转。碎片化、制度财务赤字和管理困难等严重问题困扰着它。这对于积累制个人账户尤其明显。本部分描述中国养老金制度，并列出我们俩都参加了的一个专家小组所提出的改革建议[①]。我们在本节第一部分探讨基础养老金，在第二部分探讨个人账户，在第三部分探讨覆盖面问题。

在经济改革之前，中国接近充分就业，职工的绝大部分养老金待遇来自于企业，因而是以正规部门、终身在城镇国有企业就业的模型为基础。由于农业和其他农村经济占主导地位，国有企业就业人员只占全体就业人员的一小部分，因而养老金制度的覆盖面非常低。随着正规就业人数的增长，该制度与竞争性市场经济在战略上显然不相容，从而引起了改革。

中国经济增长一直十分强劲，而且过去的25年都是如此，另外储蓄率也格外高。然而，与这种增长趋势的同时存在的却是地区之间的显著差异。如图1.5中的人口金字塔所示，中国正在经历快速的人口老龄化，原因有两个方面：一是如其他国家一样的预期寿命的提高，二是中国实行的一个家庭只能生一个小孩的政策。尽管独生子女政策对老年人口占工作年龄人口的比例产生了重要影响，但是，相对于养老金支付流而言，它对缴费流的重要性较小，因为养老金制度仍然只覆盖了一小部分职工。不过，制度赡养率（参见专业术语表）已经急剧恶化。

一、基础养老金

1. 制度

只要遵守有关缴费规定，所有城镇职工都有资格参加该制度。按照制度的过渡性安排，对不同群体养老金将会不同。1997年及以后参加工作的职工全部加入改革后的制度。在该制度下，基础养老金是现收现付DB型的，在缴费满15年之后原则上按当地平均工资的20%发放。实际上，养老金水平会达不到目标水平，而覆盖面即使是在城市里也很低。

制度存在相当大的随意性，特别是养老金随价格和收入上升而调整的方式，因为调整的额度与频率由省级政府决定。男性和女性都有法定退休年龄，男性为

① 参见Asher et al. 2005，可从以下网址获得：www.oup.com/us/pdf/social_security_study_2005。更全面的探讨参见Barro and Diamond 2008，对改革的其他评价和建议参见Drouin and Thompson 2006和Salditt，Whiteford and Adema 2008，以及Williamson 2004。

60 岁，白领女性为 55 岁，蓝领女性为 50 岁；如果从事特定的艰苦工作，男性和女性的法定退休年龄分别为 55 岁和 45 岁。对于基础养老金和个人账户养老金，可领取养老金的年龄是一样的。但是，实际上许多人甚至被允许在各方面都不降低的情况下更早退休。专家小组建议终止强制退休，而且，男性和女性领取全额基础养老金的年龄都应该被逐渐提高到 65 岁；此外，基础养老金和个人账户养老金的最低受益年龄对男性和女性应该相同。

自 1998 年开始，费用由职工、雇主和各级政府分担。费基是“标准工资”，这一收入定义要比市场经济中典型的应税收入狭小。在征收专项费用的同时，中央和地方政府由一般财政收入提供了大量补贴，因为不是所有地区都征收到了足以发放全部养老金的缴费。而且，国务院在 2000 年建立了全国社会保障基金，用以创建战略储备。最后，在用以发放基础养老金的资金中，部分是通过动用个人账户基金筹集的。

尽管养老金制度的统筹目标至少在省级水平，但组织工作仍然是高度碎片化的，大部分处于市级或县级水平，而且在某些地方养老金还是以企业为基础的。在市级层面，政府通常不能够强制缴费。

中国大部分地方的养老金都在赤字运行，这是巨额养老金开支与有限的征收缴费的能力共同作用的结果。现有法规和赡养率的预期上升表明，赤字可能会持续存在。养老金开支数额庞大，原因有很多，包括高替代率、因提前退休和扩面缓慢而形成的高制度赡养率。

单独讲，指数化的一套方法有问题。养老金的实际价值不应该随通货膨胀水平而发生显著变化。而这正是在中国所发生的情况，因为养老金没有以一种适当加权的方式被指数化。目前，养老金的增长速度应该大约为名义工资增长率的 40％至 60％。这就使得养老金的实际价值不稳定。例如，在以下两种情况下职工的实际工资增长率都是 5％：名义工资增长率为 5％，而通货膨胀率为 0；名义工资增长率为 10％，而通货膨胀率为 5％。如果名义养老金的增长速度为名义工资增长速度的一半，这两种情况产生了非常不同的结果：在通货膨胀率为 0 时，名义养老金和实际养老金的增长速度均为 2.5％（5％的一半）或实际工资增长率的一半；在通货膨胀率为 5％时，名义养老金的增长速度为 5％（10％的一半），这意味着实际养老金根本就没有增长。因此，实际养老金并没有按照实际工资增长率的一半增长。更高的通货膨胀率会使这种情况更为严重。如果名义工资增长率为 15％，通货膨胀率为 10％，那么，名义养老金的增长速度为 7.5％——实际养老金减少 2.5％。恰当的指数化会避免这种因通货膨胀而来的不稳定。

为了解决管理上和费用征缴中出现的问题，专家小组建议建立单独的全国养老金管理部门、单独的记账和标准化软件系统、单独的全国财政储备基金，由税务机关征收费用，对缴费和养老金的界定都与税基（与目前使用的“标准工资”完全不同）保持一致。

对职业生涯不完整或职业生涯中曾在不同地方工作过的人，基础养老金应该按一定的比例进行调整。在开始领取养老金的年龄就需要进行精算调整。对所给付的养老金的指数化，应该以工资和物价增长率的恰当加权平均数为基础，从而反映工资增长率与养老金增长率之间应该具有的关系，避免产生专栏 5.2 和专栏 5.3 中所描述的错误指数化带来的问题。

2. 历史欠债

基础养老金不仅与目前正在工作的人有关，也与已经在旧制度下退休的人有关。一个重要问题是，如何为这些历史欠债筹资。在这种情况下（如第四章第二节所探讨的），对净隐性债务的最恰当的测算需要把养老金和缴费结合起来考虑，并且使用闭合的方法（the shutdown method）。通过继续向已经退休的人发放养老金，并对正工作的人在最终退休时支付已经积累的养老金，这种方法表明政府愿意信守以往的承诺。

推行养老金制度改革的国家能够为解决这种债务筹集资金，资金可以来自养老金制度内部（未来的缴费），也可以来自外部，或者两者兼而有之。波兰和玻利维亚运用出售公共资产的收入创立了社会保障信托基金。智利向个人发行“认可债券”，作为对被废止的旧制度的债务进行确认的方式。当这种债券到期时，需要依靠未来的一般财政收入提供资金。因此，智利的历史负担落到了所有纳税人的肩上。

如第四章第二节所探讨的，一个国家不需要在养老金制度之外为其历史欠债进行全额筹资，正如它不需要还清所有国债一样。然而，如果不断积累的历史欠债被保留在养老金制度之内，未来职工获得的养老金将会低于债务已被他人偿清的情况下其缴费所形成的养老金。因此，偿还一部分历史欠债可能是一项合理的政策。

对于中国而言，一个选项是把私营化的国有企业的一部分股份投入一个信托基金。由于这些股份所处的市场目前还十分狭小，该建议并不是说信托基金出售股份以发放养老金或者再投资于其他资产；而是说，它将运用由此而来的红利作为正在进行的筹资活动的部分资金来源。与出售部分股份有关的任何问题仍会是未来的一项重要课题。

作为朝这个方向前进的重要一步，中国政府在 2003 年决定把它在国有企业的部分股份转入全国社会保障基金（the National Social Security Fund）。然而，如同 2004 年专家小组报告所述，进展十分缓慢，只划转了少量股份。专家小组建议继续划转，不仅是为了帮助筹资，还希望有助于提升公司治理质量。

把全国社会保障基金增添为股东，有助于改进国有企业的公司治理，而这是经济效率和经济增长的关键因素[①]。股份的划转使得全国社会保障基金有机会作为长期战略股东在这些公司发挥作用，这对于保护股东权利（包括获得合理分红的权利）十分重要。此外，全国社会保障基金参与公司治理，将为整个企业改革进程添砖加瓦，包括改进立法和监管，这正如智利的情况：通过为改进对股票市场的监管贡献力量，强制型个人账户投资于股票市场有助于加快改革进程。就算即使是在向全国社会保障基金划转一些股份之后国有资产管理委员会（the State Asset Management Bureau）仍将继续掌握国有企业的大量股份，两个具有不同视角的主体的所有者的作用会相互补充、相互促进。

3. 其他形式的减贫

与养老金制度并行的还有最低生活保障计划（低保）。该计划在 1993 年由上海首先建立，随后发展成为由民政部主管的全国性的城市政策。该制度的主要缺陷是覆盖面。至少一半可能有资格的人没有领到津贴，而该计划只覆盖了总收入低于低保线的群体中的少部分人。尽管从理论上讲制度的设计应该使所有人的收入都不低于低保线，但实际上它对贫困的改善作用很小。

二、个人账户

1. 制度

从 1998 年开始，城镇国有和非国有部门的职工还被要求向一个 DC 型积累制个人账户制度缴费。每个职工在退休时从其个人账户所获得的月度养老金等于账户积累额的 1/120；也就是说，养老金是建立在以下假设的基础上：在退休时的平均预期寿命是 10 年，而且利率被忽略了。这种计算月度养老金的方法从技术上讲是错误的。经过准确精算而得出的养老金可能只有大约按这种方法计算出的养老金的一半[②]。被允许提前退休的职工从其个人账户所领取的养老金也没有

① 参见《剑桥经济政策评论》中有关公司治理的专题论文集：Oxford Review of Economics Policy, Vol. 21, Summer 2005。怀疑中国公司治理的稳健性的观点参见 Hutton 2007。

② 这一精算假定年利率为 3%（针对通货膨胀进行调整），养老金水平每年提高 1.5%，退休持续时间为 25 年。

经过精算缩减。

从现收现付制向积累制的转变，必然会产生提前到来的现金流开支，因为，既要为已经退休的一代的现收现付制养老金提供资金，同时还要向当前职工的积累制个人账户缴费。在中国，方才描述的赤字意味着这种现金流开支是不可能满足的，当地方政府时常把职工向个人账户的缴费用于弥补社会统筹的赤字、再用白条（IOUs，实际上就是政府债券）补上时，就产生了“个人账户空账”。

账户对持有私人资产缺乏恰当的制度安排是更深层次的问题，而且，不管怎样都存在适用的私人部门资产供给不足和资本市场监管不当等问题。因此，在个人账户得以积累的地方，低利息的政府债券和银行存款是其主要持有形式。还有养老基金被侵占挪用的问题，2006 年上海的重大丑闻便是例证[①]。腐败是中国的一个严重问题，也会使得不完全遵守缴费条件的问题进一步恶化。

专家小组得出的结论是：以资产投资组合的方式积存资金的个人账户对当前中国而言并不是最好的政策。前边几章的分析表明，如果积累制产生至少一个如下结果，它就是合理的：在储蓄不足的国家使得国民储蓄增加，改进储蓄对生产性投资的配置，以及想要实现的代际再分配。另外，积累制需要在管理上是可行的。这其中没有一个看上去适用于当今的中国，因为中国的储蓄率很高，资本市场不能够很好地把储蓄配置于投资，未来的参保群体的生活状况可能比当前的群体要好得多，而且从行政体制看似乎也并不可行。这些结论适用于当前的中国，但并不一定适用于未来的中国。因此，重要的是，如果政策制定者认为是可取的，今天的个人账户本应该被设计得可以向积累制平稳过渡。专家小组建议采用名义账户制（NDC）的方法，因为它使这种平稳过渡成为可能。另一个方法，即明确以另外发行政府债券为基础，也能够为未来的积累做好准备。

2. 通过新发行政府债券为个人账户筹资

如果政府想要坚持强制性、完全积累的个人账户的基本原则，一个方法是向职工的账户中存入新发行的政府债券，该债券按市场利率支付利息。任何转让的债券都应该因通货膨胀而被指数化。如果由私人保险公司进行年金化，就应该考虑创造适用于保险公司的指数化债券以支持指数化年金，而且指数化债券可能也

① 在 2006 年 8 月，调查者发现大约 1/3 的上海社会保障基金已经被投资于投机性房地产项目，并怀疑是官员们个人从中受益。上海市委书记因腐败被监禁，还有中国国家统计局的领导。参见“Beijing Probes Shanghai Pension scandal,” *Financial Times*, August 27, 2006；“Chinese Real Estate Executive Detained in Shanghai Pension Fund Case,” *International Herald Tribune*, November 7, 2006；以及 Salditt, Whiteford, and Adema 2008。

适用于公众。另一个方法是把政府拥有的外国债券分配给这些账户，包括因这些债券而实际获得的利息。这种方法不同于当前在“空”账中放白条的做法，因为它会提供明确的资产，其利率可以由市场决定。

名义账户制（NDC）的方法没有排除未来向强制性积累制账户过渡这一选项，但不是要现在就勉强做出决定。以债券筹资的方法实际上是要现在就做出如下判断：强制性积累制以增加储蓄在未来的中国是可取的，悬而未决的是证券投资组合分散化或增加缴费从而增加储蓄的时机。

三、覆盖面

1. 城镇覆盖面

覆盖面非常小，刚刚扩展到超过城镇职工的 20%。尽管宣称法定制度覆盖所有城镇职工，国有部门之外的雇主和职工的缴费仍然非常少。因此，法定养老金制度在城镇地区的覆盖是不尽如人意的，而且没有扩展到城镇范围之外。未来需要优先考虑的应该是把制度延伸至未参保的城镇职工（已经颁布了法令，但进展缓慢）和农村人口。推进扩面工作将会对行政管理能力提出额外的要求。另外，猛一下按很高的费率对收入收费，会扰乱年轻且正处于成长中的工商企业的经营活动。因为这两个方面的原因，变革应该小心谨慎地逐渐推进，可能需要从最大的企业开始。所得税主管机构应该迫使人们遵守有关法规。公务员也应该被包含进来。这一变革并不要求削减公务员的养老金，因为在他们参加全国性制度的同时，政府应该为它们建立补充养老金，就如同私营企业被鼓励在法定养老金之外建立补充养老金一样。

2. 自愿型养老金

原则上讲，企业或个人可以自愿加入养老金计划。目前，中国只有前一种养老金计划，而没有有关个人养老金计划的规定。一旦有了有关个人养老金计划的法规，这两种计划都有可能逐步得到发展。在 DB 型制度得到充分发展的国家，把政府保障和有关资金积累的要求结合起来可以保护该制度，也会有助于应对最严重的问题。在几乎或根本没有自愿型养老金计划的国家，似乎没有理由沿着被认为难以为继的固定路线走下去（参见专栏 8.1）。自愿型养老金计划要求对积累水平进行娴熟的监管，这为反对目前在中国推行这种养老金增添了理由。这样，所有获得税收优惠待遇的自愿性补充养老金都应该是 DC 型计划。

3. 农村养老金

专家小组的报告专注于城镇养老金，但它至多覆盖了 1/3 的人口。需要承认的是，为剩下的 2/3 人口提供养老保障应该是头等大事，因为他们在过去的 10 年里已经逐渐丧失了传统形式的经济保障，而且，随着年轻劳动者移居城镇地区，农村人口面临的老龄化问题要比整个国家的平均水平更为严重。特别是养老金领域，一个政策方向是扩大现有城镇计划以包含较为发达的部分农村经济，而乡镇企业是其中之一。

一个核心问题是，在财政约束和行政管理能力不足的情况下如何解决贫困问题。行政管理问题尤其难以解决。在西方，通过收入调查进行目标定位对行政管理的要求很高，而在中国这样的国家甚至有过之而无不及，因为中国在城市和农村地区都存在庞大的非正规部门，而且，农村人口的大部分收入来自家庭自己生产的物品，特别是食物。很难精确或有效地估计收入，降低了把收入调查作为目标定位机制的实用性。

最简单的方法可能是把地方自由裁量与分类财政补贴结合起来。地方自由裁量的一个替代方法是指标瞄准（见专栏 5.1），它不是以收入为基础，而是以与贫困高度相关的更容易计量的特征为基础，特别是考虑到中国的国情，健康状况不佳（ill health）和足够老（sufficiently old age）可能更好。中国可能会考虑南非的经验（见专栏 9.2）。

总之，1997 年的社会统筹与个人账户相结合的策略是正确的，但对个人账户实行完全积累的决策是对中国特定经济条件的误解。保留统账结合的政策，但对个人账户实行名义账户（NDC），目前对中国来说是一个更好的战略。

第十一章 政策原理和经验

本章汇总我们的主要观点。第一节讨论原理，第二节考虑制定政策的相应经验，第三节得出我们的主要结论。

第一节 原 理

一、原理分析

养老金制度有多重目标。对于养老金，个人的基本目标是熨平消费以及保险功能。政府可能还有其他目标，包括贫困救济和再分配。在不同国家和不同时代，这些目标被赋予的权重是不一样的，但在制定政策时，需要想到所有这些因素，而且政府还应一并考虑其他公共政策目标，包括经济效率和产出增长。

应将养老金制度作为一个整体来分析。养老金设计影响劳动力市场、经济增长、风险分布以及收入分配，包括性别因素引致的问题。分析这些影响，需要考虑整个养老金体系，尤其要关注养老金体系一部分的变化是否会引起另一部分的变动。同样道理，分析时还应考虑到任一变化所带来的短期和长期影响，包括从一个稳定状态转向另一个状态的时间路径。

在分析再分配效果时，应从整体上考虑制度的累进性，而不仅从单个因素做分析。因此，来自养老金体系各个子部分的待遇应整体考虑，并且出于多方面目的，同时还应考虑到税收因素，它为各个部分提供了融资。例如，假设每个人都得到一份来自同税率的等额养老金，尽管单从税收上考虑待遇不是累进的，但制度整体上仍是累进的，因为低收入者相对高收入者的缴税水平要低，但所有人都得到了等额养老金。事实上，即使税收是累退的，只要待遇上的累进性超过了税收上的累退性，养老金制度仍能实现累进性[1]。

分析需要考虑到最优性存在重大偏差。在最好的框架下制定养老金政策，分析起来很简单，但在有限政策工具和存在重大市场缺陷的情况下，这种分析是对养老金设计的一个误导，在这种情形下，最重要的是信息和决策问题（见专栏2.1和专栏2.2）。养老金引发了生命周期内的选择性问题，并且通常来讲，养老金产品是复杂的。因而，在帮助消费者获得更多信息方面，所取得的进步是有限的，即便在发达国家亦是如此，这其中尤为重要的原因是，消费者在选择具体的养老金产品时，不仅面临信息问题（这可靠获得更多的信息来解决），而且还有信息的处理问题。也就是说，这些问题太复杂了，即使获得了必要的信息，许多人仍难以应对。因此，人们通常难以做出选择，使个人或家庭的长期福利最大化；而且从根本上讲，人们往往不会做出清晰的决策，即当出现过多的和过于复杂的选择性时，这成为一种普遍结果。养老金制度的设计要考虑到这些信息问题和决策过程。例如，与单纯的理论相左，限制个人选择却总能改善结果；此外，对于那些没有做出明确选择的人，设计良好的缺省选择项是十分关键的。

除了养老金产品的选择性问题外，消费者还面临何时退休的决策问题。如果养老金待遇与个人的预期退休期长短存在保险精算关系，那么长寿问题与尽可能提前早退休的现象（普遍发生）结合在一起，会不可避免地加重老年贫困问题。有些人出于个人利益需要或者家庭原因，退休的时间太早了，该问题关系到最早受益年龄的选择，也关系到如何去设计激励机制，让人们在超过最早的退休年龄后继续工作。

在供给方，参保者也面临信息问题。一个特别值得注意的问题是，预测代际预期寿命的难题。在没有政府提供的强制指令下，参保者也面临年金市场中的逆向选择问题。

除了这些信息问题外，分析时还需考虑到其他一些最优性偏差问题，尤为突出的是不完全市场和税收问题。

对积累制的分析需要考虑到筹资来源。养老金制度的设计会影响未来产出。提高积累的一个方式是提高当前的缴费率（或降低给付），以便在将来有较低的费率或较高的待遇；另一方式是将资产交由养老金行政部门管理，而不是将其置于别处。第一个方法能够提高国民储蓄，进而增加产出，从而提升未来给付的能

① 一个制度如果有着等额待遇（flat benefit），融资来源于有上限的比例税，那么制度在达到封顶线前是累进的，但之后就不再有累进性了，原因是在超过封顶线后，所有人都付出同样的税收并得到相同的待遇，不管他们的收入是多少。

力。这其中的核心点非常简单：为提高国民储蓄，养老金安排就要发生变化，去降低个人的消费水平：要么是采取提高缴费的做法来降低就业者的消费；要么是采取削减待遇的做法来降低退休者的消费。如果资产以某种方式被储备起来，它的转移就不会发生上述效果。资产转移不会带来附加产出，只会改变待遇支付负担的分配方式。但这并不意味着资产转移就是一个坏主意，因为待遇支付分配方式上的变化可能是有价值的，在待遇属于旧养老金体制遗留问题的情况下，这一点尤为突出。但认清一点十分重要：收获是再分配性的，而不是来自附加性产出。

政府要为未来的待遇支付进行融资，这种能力主要取决于储蓄效果，而不是信托基金中资产的类型。我们可通过两个例子来说明这个问题。如果政府提高缴费率以购买（进而持有）公众拥有的政府债券，那么政府就有了一个更好的财务状况，即便养老信托基金中的资产是政府债券。与之相对比，如果政府通过发行附加债务的方式，为买进资产融资，那么政府的财务状况就没有变好，即便这些资产是私人资产。

这些原理为好的政策设计提供了基础。认识不到这些，将导致出现专栏11.1中所总结的那些分析性错误，它们是以上各点的映射。

二、政策设计的原则

在一般设计原则上，应避免无益于政府目标的改革变化（如果计划没有破产，就不要修补），并且要以最简单的方式来实现改革目标；除了上述两点外，大量关于养老金设计的更具体原则需要加以重视。

【专栏11.1】分析性错误：世界银行和其他误导性机构

对于养老金制度的讨论易受来自以下机构的错误分析影响，其中世界银行（当然但不限于）就是主要的例子。这些错误的地方至关重要。这不仅是出于智力方面的原因，尤为要紧的是，这些分析性错误导致出现第八章第三节中所列的政策性错误。

视野狭窄。有些分析通常暗含着聚焦于单一目标，例如消费熨平，这可能是错误的，因为它未充分关注到其他目标，例如贫困救济。相类似，一个常犯的错误是封闭性地考虑养老金制度中的一个子部分，而忽视了其他部分的影响。将再分配效果从制度的一个子部分转向另一个子部分，并没有实现效率收益，即使这种变化并未使一项子制度偏离完全保险精算的原则。

不能正确地运用最优分析。一个错误是仅关注由一系列既定养老金制度安排引起的劳动力市场扭曲效应，而忽略或不重视这些制度安排对实现养老金制度多样性目标的贡献，即没有扭曲效应不可能带来贡献。一项包含贫困救济的养老金制度将带来扭曲；使扭曲效应最小化意味着减贫效果也最小化，结果是治疗比疾病更糟。这里的核心意思是任何优化项目都会不可避免地引致扭曲效应，因为从自由主义分析开始，扭曲效应都会带来次优效率成本，但它却有着最优性再分配效果。有一种观点是，就劳动力市场影响而言，建立缴费与给付间的保险精算关系是最优性的，这通常是一个错误的观点。在养老金设计上应避免大的扭曲效应，该效应的影响超出了其对制度目标的贡献，这一点是正确的，但它没有遵从扭曲效应最小化这一理性目标。

另一个错误是无批判性地接受这样一个结论，养老金提供商间的竞争必然会增加选择性并降低管理收费，从而使消费者受益。尽管这类结论可在大量经济情形下实现，但它们低估了信息问题的严重性以及信息处理过程中的问题，这些问题对养老金制度的影响尤为突出（见专栏2.1和专栏2.2）。出现这些问题并不意味着要放弃消费者选择，而是说要谨慎设计选择，例如，实行有约束性的选择和良好设计的缺省选项。

稳定状态分析的不当应用。错误的做法是仅关注稳定状态下养老金制度改革的设计，而忽略或轻视达到该稳定状态前的步骤。这个问题在考虑是否从现收现付向积累制过渡时，尤为突出。由于股票市场回报超过工资增长率，因而积累制具有内生性优势，这样一个论断是错误的，原因有多个，不单是因为它没有考虑如何为向积累制转型融资的问题。

不能全面地分析隐性养老金债务。仅关注未来负债（即未来养老金支付）的简单分析是误导性的，它忽视了显性资产和靠政府征税能力可提供的隐性资产。将眼光过多地局限于成本方面，往往会忽视人们福利的大幅改善效果，这种改善来自于增强的老年保障性。正如公共债务不必完全付清一样（重要的是债务对GDP的比率不要膨胀），公共设立的养老金也不必是完全积累的（相对于费基来说，未筹资债务不要急剧膨胀）。与之相关联的一个错误是将隐性债务和显性债务一视同仁。

不能全面分析积累制的效果。老年退休者的生活水准取决于他或她消费物品和服务的能力，而这些物品和服务来自年轻就业者的产出。现收现付制和积累制是构建这种产出索取权的两种方式。因此，过多地专注于养老金融资，而忽视未来的国民产出以及产出在就业者和退休者间的分配问题，是错误的。这种错误通常的一个例证是认为有了积累制后，就不需要采取多少行动来适应人口变化了。该论断的错误之处在于没有认识到，积累性效果取决于一系列问题的答案，而其中许多问题通常是难以完全解决的或者说被忽略了。

- 积累制养老金会提高储蓄吗?
- 提高储蓄是正确的目标吗?
- 积累制养老金会增强资本市场绩效吗?
- 如果是这样，出于这个目的强制型养老金是必需的吗?
- 代际间的再分配效果虽然是不可避免的，但这是想要的政策吗?

忽视分配效果。由于养老金制度可在不同年份出生的代际人群间实现再分配，所以在某些时候出现筹资需求时（也可能在将来），就要考虑谁得益、谁失利。专栏4.4中详尽讨论了一个恶名昭彰的错误，它忽视了这样一个事实，任何积累制与现收现付间的选择都要对代际间的再分配问题做出选择。这一点在建立新养老金制度时尤为突出。如果政策制定者引入一个新的现收现付制度，早退休的几代会得到较高的养老金，而后代人得到的回报较低；如果建立了完全积累制度，后几代人会从较高的回报中受益，但前几代会得到很低的养老金或没有养老金。因此，认为后几代人受益是一种帕累托改进的看法是错误的，因为这种受益是以牺牲第一代人口的利益为代价的。向增进储蓄水平的积累制转型，会实现从当前代向未来代的再分配。虽然转型有好处，但忽视这些再分配效果也是错误的。

忽视再分配效果的错误是深刻的：它对代际间的收入再分配暗含着一个假设；导致人们错误地追求一些政策的帕累托最优性（参见术语对照表）；而且它忽视了这样一个事实，养老金制度中的现收现付因素通常会改进福利，因为它提供了实现代际间风险共担的相应可能性。

养老金应在统一制度内具有可便携性。对于有效率的劳动力市场，流动性是十分关键的。因而，在某种程度上，在就业者从一个地理区域移动到另一区域、从一个公共企业到另一个公共企业、从公共部门向私人部门（包括反向流动）、从一个私营企业到另一个私营企业、从未覆盖部门（非正规部门或农村）向覆盖部门，包括在进出自我雇佣就业部门时，养老金应是可携带的。不管是跨区域还是跨部门，当所有参保人口享有一个统一的制度结构时，这样的便携性就很容易实现了。便携性并不排除待遇水平上的差别，事实上，在生活标准和成本差异性很大的大国中，这是必要的，但这确实要求制度框架应是全国性的。如果一个制度在不同地区或不同产业部门有着分散的养老基金，流动就业者在原地区或部门中的缴费应可计入新制度中去。对于像中国这样大而富于多样性的国家来说，建立一个全国性制度的问题尤为关键。统一的结构并不排除为私人企业或政府雇员建立补充养老金制度（在企业层面具有自愿性）。

结构上的统一性同样有着重要的政治含义。养老金计划的多重性会引起政治压力，使资源转向一些制度，其覆盖的就业者和退休者在政治上可很好地结合在一块。统一性对此提供了一些保护，可抵制与公共社会目标相悖的政治压力。

养老金设计应高度重视激励结构。养老金对劳动力市场和储蓄具有重要影响。正如专栏 11.1 所讨论的，追求扭曲效应的最小化是一个错误，因为达到养老金某些方面的目标，比如降低贫困、保险和再分配，会不可避免地会涉及扭曲效应。替代性的政策应寻求限制逆向激励，要在心中意识到这些逆向激励与实现养老金制度目标之间的权衡。也就是说，大家都知道，某些类型的政策设计会带来负面激励，但它们是可避免的；例如，“待遇确定型”（defined benefit，以下简称 DB 型）养老金应基于个人在一段持续期内的收入，从而避免其高度依赖于个人职业期末的工资。

尤为关注的是退休激励。国家强制性退休年龄是一个坏的设计，应避免。重要的是要有足够的激励，促使人们在超过申领退休金的最早年龄后，继续工作。这个目标可以通过以下方式来实现：当个人继续工作时开始支付养老金，或者对延迟领取养老金，给予待遇增加。

政策设计应高度关注行政管理能力和成本问题。不同类型养老金对制度能力有不同要求。例如，强制型养老金不应过早地依赖于私营市场资产；考虑采用这类制度时，要等到建立起完善的监管框架，对账户和年金市场提供商、金融市场以及企业会计的监管到位。全部就业者都参保的强制性制度，是否应依赖于私营市场资产，这个问题应基于已验证的成功经验，该方面的经验既可来自自愿性私人养老金，也可来自一些实验人群，例如公务员。

不同类型养老金在管理成本上差别很大，并且每年的成本累积起来，影响要比预想的大，正如表 7.1 所阐述的那样。在就业者可选择投资服务的提供商，或者可直接向市场购买个人组合时，成本一般是最高的。很明显，政策制定者面临的一个主要问题是如何从总体上监管养老金，尤其是管理费用。

积累制个人账户宣称的优势是账户增加了个人选择，并且提供了相对于现收现付制更高的回报。正如已讨论的决策制定问题，最优性带来的福利收益可能是有疑问的。第二个论断忽略了一些重要问题，这些问题事关待遇、成本和风险上的分配性：正如专栏 4.4 所讨论的，向积累制的转型不可避免地在代际间进行再分配；此外，该论断忽略了一个事实：积累制个人账户一般会有较高的管理成本，其中大部分是由单个账户分担的固定成本；佣金如果与成本相同，大部分负担则会落在小账户上。

瑞典已开始着手解决这些问题，通过引入清算所模式（clearinghouse model），个人账户的管理和维护得以集中化。与瑞典类似，美国的储蓄节俭计划（Thrift Savings Plan，见专栏 9.4 论述）已实现了集中化管理；该计划还限制就业者可做出的选择，进一步降低了成本。在这两个国家，资产转给私人公司投资都由政府汇集完成，而不是由单个就业者分散操作。

制度应具备调整和进化能力。任何养老金制度都应随时间变化而做出调整。随着收入增加、改革过程以及制度能力的提升，制度应相应做出调整，并着眼于未来和现在的情况进行设计。制度应有某种程度上的自动反应能力，适应经济和人口变化结果，尤其是工资增长、通胀和预期寿命变化等因素。

第二节　政策制定的经验

这部分总结来自经济理论方面的经验，这些经验适用于养老金的总体设计、融资和积累以及政治和管理应用问题。

一、养老金设计

1. 来自经济理论的经验教训

许多国家的养老金制度有三个部分：基础养老金、强制型个人账户以及自愿型养老金。如果每个部分都能设计好，可帮助其他部分实现其社会目标。其他国家例如美国，在解决再分配和消费熨平问题时，将二者纳入一个单一的公共养老金制度中去。还有的国家，例如瑞典，主要通过对老年贫困人口的收入支持来解决再分配问题，而在养老金制度自身内很少有再分配因素（除了保障养老金外）。所有这些办法可以用来纳入一个好的制度设计，用以解决制度的多重目标。

基础公共养老金是对个人账户的一个重要辅助。仅靠自身，个人账户不足以提供贫困救济、收入再分配或者针对逆向劳动力市场后果的保险功能。政策制定必须解决许多人处于贫困的现实问题；单一的个人账户将使这部分人群生活在贫困线之下，即便他们在一个很长的职业生涯内缴费。而且，在许多国家，政策制定者需实现的再分配目标要比贫困救济更宽泛。因此，来自技术层面上的依据是非常明确的，并在很大程度上独立于意识形态目的：需要建立一个基础养老金和个人账户相结合的混合型制度，或者采取其他整合机制，来应对多方面目标需求。每个部分的相对规模和具体设计，将取决于政策制定者赋予各个目标的权重。

既然养老金制度主要是为那些在大部分职业生涯内工作的就业者设计的，因此，对那些缺乏长期就业记录的人群或自雇者来说，就需要其他一些机制来解决其贫困问题。对这些人的贫困保护可在养老金制度内实现（例如通过非缴费型普惠制养老金），也可通过单独的机制（例如通过收入调查社会救助）来完成，也可将两者结合起来。

个人账户是解决消费熨平问题的方式之一。在一个大部分人口处于贫困状态的国家，养老金制度中的收入关联环节相对并不那么重要。但在收入较高的国家，或在像中国以及欧洲前苏联共产主义那样的国家，其收入增长速度很快，且收入分配差距在不断加大，一个独立的消费熨平机制就成为基础养老金越来越重要的补充了。该项设计不论采取完全积累、名义上的或是某种其他收入关联方式，但都将取决于该国的偏好以及其财政和制度能力。

自愿型账户对于增加个人选择十分关键。人们有不同的需求、品味、预期寿命和职业生涯：有些人更厌恶风险，有些人更关注老年生活水准，还有些人更渴望提前退休。因而，各类人群会以不同的比率进行退休储蓄，并且随着个人职业生涯的变化，选择最佳的储蓄时点。相类似，住房成本模式，尤其是购买价格，在一国内部以及不同国家间也是不同的。然而，全国性养老金制度在复杂程度上不应太高，以便制度可有效地（尤其是政治上能成功地）容纳这种复杂性。自愿型补充养老金计划提供了这样一个机制，能够包容这些不同偏好，当然需要建立起合理的监管体制，以确保这类计划为社会目标服务。强制型制度的规模以及对自愿型制度的税收优惠，对于自愿型计划的应用都是十分重要的。

不同制度实现不同的风险共担。在一个由私人部门运营并基于私人金融资产的、纯粹的个人账户制度中，出现令人不满意的运营结果时，风险会施加到单个参保人身上（如果待遇以年金形式领取，长寿风险将是个例外）。在纯粹性的案例中，风险分配可通过政府担保或政府救赎发生改变。在一个单纯的、私人运营的、DB 型待遇安排下，风险由雇主承担，并且最终由雇主当前雇用的和未来雇用的人员以及股东来承担，并且在养老金出现亏损，成本部分转嫁到价格上时，风险还可能由企业的消费者来承担；因而，风险在更广范围内实现了共担。如果一个雇主无法支付承诺的待遇，这种风险分配也会被改变，而且还有可能通过政府的救赎发生改变。在一个单纯的、靠社会保险缴费筹资的、现收现付制 DB 型待遇下，风险在缴费者间共担，即在当前代的工作人口间共担，如果待遇被调整，受益人群也会承担风险。单纯现收现付情况下的风险分配，可通过不同形式的部分积累或借贷而发生变化，通过对缴费或待遇的调整，这些措施实现了风险在各代人口之间的转移分配。最后，在一个由一般税收或代之以工薪税融资的制度中，风险将由全部纳税人、进而是各代人口来承担（因为债务融资会部分性地反映在当前税收上，导致未来的税负上升或政府支出下降）。对于政策制定者来说，一个既具效率性又有公平性内含的核心问题是，在多大范围内实现风险共担。

不同制度有不同的性别影响效果。养老金制度就像其他制度一样，会产生激励机制，影响人们在薪酬工作、照护活动和休闲方面的决策。因此，制度分析需要反映一国内和不同国家间在社会价值、个人偏好和经济状况方面的多样性。遗属养老金对于缩减贫困可能是十分重要的。就如养老金涉及的更广范围面一样，没有单一绝对最好的设计，但某些设计毫无疑问是不好的。

以上经验教训可通过一条信息概括出来：

没有单一最好的养老金制度设计适用于所有国家。合理的养老金设计原则考虑到多重目标、市场容量、以上提到的缺陷性以及对工作和储蓄的激励性。正确运用这些原理可以并确实会带来千差万别的制度设计；但完全应该是这样的：就如专栏 2.3 所讨论的，不同国家在其目标权衡、行为参数、财政状况和应用能力上的情况是不一样的。制度设计如果不符合理性的原则或一国实施该项设计的能力，就无法正常应用。

对政策制定者来说，以下问题说明了选择的多样性。

2. 政策制定者面临的问题

如何保护老年人免受贫困？不同国家在老年贫困救济上付出的资源不同，并且在这方面所采取的不同工具组合方式也不一样。

在所有的发达国家以及许多发展中国家，都有一个家计调查型的老年人最低收入保障制度，但该项目的待遇水平相对于该国平均收入的相对比例有着很大差别。

有些国家对全部老年人口实行非缴费型养老金。例如，新西兰和荷兰向全部超过一定年龄的公民，提供来自税收融资的均额养老金[①]。在澳大利亚和南非，发放财富调查型（因此排除了富人）的统一养老金，而智利则在2008年引入了该类项目。

此外，强制缴费型养老金制度在解决贫困问题时，要求参保人员需在工作时缴费，然后在退休时获得待遇。这种制度所起到的减贫作用，并没有达到制度本身设计可实现的效果。

有些国家，区别于其他国家，将再分配功能融入缴费型制度中，进一步缩减了贫困。例如，阿根廷和中国都有一个基础养老金，其每年的缴费实行统一的费率，同时，这两个国家还伴有按收入比例确定待遇的关联型制度。墨西哥的制度靠税收融资，每年按统一费率向积累制个人账户缴费。智利对缴费满20年的参保者提供一个保障型最低养老金。美国的社会保障制度有一个累进的待遇公式，为职业生涯历史较短的人员提供一个较高的替代率。在其他国家，对抚养儿童给予养老金积分，提高了那些职业生涯期短的人员的待遇；还有些影响离婚后配偶的制度规则也起到了同样的再分配作用。

许多老年贫困者是寡妇。遗属待遇是缩减寡妇贫困的一个关键性因素。此外，有些政策鼓励妇女参加工作，从而使其得到一个较高水平的养老金，也可起到解决老年贫困的作用。

一个好的制度，即能缩减贫困又可实现其他目标，其构建可以将以上办法混合起来。我们的观点是，国家之间有着不同的目标组合以及差异性的经济和人口状况，因而也应采取程度各异的方法组合。对非缴费型养老金的依赖水平，在很大程度上取决于妇女的劳动参与率水平以及养老金制度的覆盖面。所有包含再分配和保险因素的制度，都会对劳动力市场带来扭曲。为实现这些目标，好的制度不应带来不必要的扭曲效应，并且在平衡目标时，这些制度可识别扭曲效应所带来的成本。家计调查型制度也会扭曲储蓄决策。但不同制度在分配扭曲化的激励效应上是不同的，这就使得制度的设计选择依赖于观察到的行为参数和收入分配。

什么样的设计有助于熨平消费？养老金制度中的强制性缴费部分在设计上有很大差别，从完全的DB型待遇到完全“缴费确定型”（defined contribution，以下简称DC型）待遇，某些国家具备其中之一。所有这些制度安排都能够搭建良好的运行框架。法国、德国、意大利以及瑞典有着线性待遇公式，在一定范围

① 待遇水平不随以往收入，而是随居住期限调整变化。

内，待遇基本上是收入的一个固定比例。其他国家有着累进性、收入关联型结构，或像美国那样有一个单一制度，或像阿根廷和中国那样，将均一成分与线性成分结合起来。不管什么方式，待遇都应全部或部分性地依赖于参保者的历史收入。

强制性缴费和自愿性缴费间的关系如何平衡？该问题至少有两个方面。

强制性缴费水平应为多高？不同国家有着不同的强制缴费比率以及不同的融资积累比率，也体现在替代率水平的相应差异上。不同国家费基的收入水平上限也是不同的。另一差异体现在对低收入者缴费的豁免上，或体现在给予这类参保者的所得税优惠上，这些优惠至少部分抵消了他们的缴费。

强制收入关联型养老金起到两个关键性作用。第一个是控制人们在储蓄和年金化上的错误决策结果（见专栏 2.2）。这方面的考虑对象扩展到了一般贫困线水平以上的收入人群，但不包括那些非常富裕的人。第二个作用体现在：如果一个国家有着家计调查型的最低收入保障制度，这种制度会减轻家计调查型制度带来的储蓄扭曲效应。

强制型制度有统一规则，但考虑到对于就业者来说，恰当的养老金水平、储蓄时机以及适当的退休年龄是不一样的，这些规则对某些就业者是无效的。自愿性安排可是灵活的，但在选择性上仍有较大的改进空间，而且通常这些计划的行政管理成本，高于那些良好运营的强制性安排。因而，强制型和自愿型的混合体通常会是一个好的办法，并且不同的比例搭配适用于不同的制度配置。

应在多大程度上鼓励自愿型养老金和个人退休储蓄的发展？自愿型养老金在不同国家的重要性有着很大差别，它取决于社会主流态度以及强制型制度的规模。自愿性的缴费大都是由富人做出的，如果可得到税收优惠，那么这项选择就有着明显的分配含义。税收优惠的幅度和设计可以选择，以改进自愿型制度的运行，并限制逆向分配效果。自愿型养老金应是积累型的，并得到谨慎监管。对个人来说，制度可是自愿的，或者可以由企业自愿提供；在后种情况下，公司员工的参与可以强制性的，也可以不是。在一些国家，例如澳大利亚和荷兰，制度从初期的自愿型发展起来，但随着时间的进展，在实事上或法律上变成强制型的了。

所有私人退休储蓄计划（以及强制型私营个人账户）都有赖于金融市场。因而，良好的市场监管是好养老金政策的一个关键性因素。个人储蓄市场运转不好的国家需要改进监管，并促进具有低管理成本的、简易型储蓄工具的发展。此外，有些国家需要实现宏观经济的稳定性，这是金融市场和养老金制度良好运转的先决条件。

退休时和退休后养老金应如何调整？这个问题有几个方面的因素。

养老金的领取应以停止工作为条件吗？设计良好的制度可包含也可不包含退休检测（停止工作作为领取养老金的一个条件），还可对不同年龄的退休人员采取不同规则。如果一项制度确实有退休测试，接下来这个问题的答案就十分重要了。

对于延迟退休，待遇应提高多大幅度？国际经验是十分明显的，退休决策在很大程度上受继续工作的隐性税收影响，如果待遇并不能充分反映领取待遇的延迟效果，以及可能增加的附加性缴费年份，上述问题就产生了。应避免高额的隐性税收。可通过两种直接方式来实现这个目的：或是在一个既定年龄启动给付，不管个人是否继续工作；或是在延迟退休发生后提高待遇水平，增加额不应在太大程度上偏离按精算公平原则算出的数额。

退休后养老金应如何调整？一个主要问题是养老金如何防通胀。建立在名义年金基础上的养老金易受通胀影响，应避免这种政策。一些国家采用物价指数化待遇，其他国家采用工资标准指数，还有的国家采用一个经过二者适当份额加权的平均数。所有这些方法都是可行的。与之对比，应避免加总后之和小于1的权数。

如何保护就业者的家庭？养老金通常包括一个生命保险成分，当出现就业者死亡的情况时，该保险可保护儿童。与此类似，当家庭收入急剧下降时，残障制度是支持家庭的一个重要部分。在老年人中，当夫妇中的一方死亡时，另一方的生活水准可能会突然下降，在死亡者为高收入者时，这种情况尤甚。重要的是对遗属配偶的保护，通过捆绑型年金产品、统筹缴费或将这两个措施结合在一起，足可避免生活水准的突然下降。类似的考虑适用于离婚配偶。

二、融资和积累

1. 养老金制度的融资和积累引发了复杂而有争议的问题

这些问题也是专栏 11.1 讨论的一些常见性分析性错误所在。

不可兑现的养老金承诺需得到直接解决。有一个经常听到但是错误的论断，围绕的话题是现收现付养老金面临重大财务问题，从而这些制度需进行私有化改革。这是一项不合理的判断：这个“从而”并不符合逻辑。不管一个养老金制度面临何种财务问题，私有化在缓解该问题上所起到的作用都是很小的，或起不到任何作用；事实上，私有化可能会加重这些问题（已出现这样的情况，例如阿根廷，以及在某些改革建议下美国会出现的结果)。重要的是区分以下两个问题：

• 公共养老金的财务成本是一个问题吗?

• 向积累制转型会受益吗?

这两个是分开的问题，也需要不同的结论。如果一项公共养老金制度出现亏空，被看作难以持续，唯一使其可持续的解决方案是通过提高缴费、削减待遇或者采取一个二者的混合方案。与之对比，如果积累制有潜在好处，向该方向的转型可能是合理的政策，即使公共养老金的财务成本是承担起的。

向积累制转型通常有着重大的财务成本。在一个现收现付制度中，年轻就业者的缴费支付老年退休者的养老金。但如果一国向积累制转型，年轻就业者的缴费代之以进入个人账户，退休人员的养老金从而必须来自于其他渠道：高税收，或附加性的政府借贷，或削减其他政府项目的支出。因而，向积累制转型通常会对当代就业者带来额外负担，他们不仅要支付自己的缴费，还要承担部分或全部税负，为当前的退休金支出融资①。

一项（但不是消除）分散财务转型成本的方式是逐步引入积累制养老金。一个想引入个人账户但不能消化转型账务成本的国家，或者是在制度环境尚不完善、不足以支持强制性个人账户的国家，可以选择引入强制性、名义DC型养老金，辅之以自愿性的个人账户。这种方法保留了个人账户的结构，但避免了积累制引致的额外财务成本和行政管理负担；它还为后期阶段逐步引入强制性个人账户保留了选择机会。这种策略适用于中国以及其他具备潜在性的国家，在这些国家采用强制性积累制可能是不成熟的，或者其应用条件尚早。

向积累制过渡具有代际效果。如果引入积累制是为了提高未来的产出，那么就必须提高今天的储蓄。但是，为了提高储蓄，当前就业者的消费水平必然会因为缴费提高而下降，或者是当前退休人口的消费水平因为待遇被削减而下降，也可能是出现二者混合的结果。因此，向积累制过渡通常会给当代人口带来负担，使他们承担未来几代的待遇。取决于一国的具体国情，积累制可能会是也有可能不是合理的政策。从更广意义上说，引入一个新的现收现付制度会使早代人口领取的养老金高于引入一个完全积累制度的情况。因此，任何在现收现付、部分积累和完全积累间的选择，也必然是一项关于代际收入分配的选择。

积累制和增长之间并无自动关联。积累制会提高经济增长率，如果它提高了

① 一个例外源自某国在以下方面的能力，利用积累起来的一般性财政预算盈余，该国能够在多大程度上为转型成本融资，例如智利。既然这些资金被储蓄起来了，储蓄水平就不会提高。与此类似，如果不会增大债券市场的压力，附加的借贷也可资利用。

储蓄或改进了效率，并且通过上述方式储蓄可转化为投资。但某些提供融资的方法可能并不会增加储蓄；其他一些，例如增加强制型养老金储蓄，可能会被其他储蓄方式所抵消；并且在储蓄率已经很高的情形下，积累制有可能不是好的政策设计。并且，要形成储蓄转向投资的有效渠道，需要有正规的资本市场，在将资金分配给好的投资机会方面，这种市场比非正规资本市场更有效率。资本市场效率上的获益是有可能出现的，但这取决于有效的行政管理，也取决于在管理部署上对金融市场监管的政治支持。因而，积累制的经济效果须视每个国家的情况来分析。

一个与之关联的观点是积累制并不是人口问题的一个自动解决方案；相反，这方面的关系是间接性的，其所提供的帮助仅限于其能否对增长产生有效影响。如无额外资源，为应对长寿问题，要么延迟退休，要么削减月待遇水平，不管制度的融资方式如何。

总结以上观点：

在强制性制度中从现收现付向积累制的过渡，可能会也可能不会带来福利改进。是否是福利改进取决于具体设计以及具体国情，但所有国家都要在心中牢记以下几点：

- 显性公共债务并不等同于隐性养老金债务。
- 积累制可能会提高国民储蓄，或提高显性公共债务水平，也可能两种效果都有。
- 积累制可能会改善资本市场运作和经济增长。二者皆有可能，但没有一个是必然发生的。
- 能增加国民储蓄的积累制通常有重要的财政影响。因而分析需要考虑到从一个稳定状态向另一个稳定状态过渡的成本；简单地对比稳定状态的前后是个错误性的分析。分析还需要考虑到风险的差异以及不同养老金制度安排的行政管理成本。
- 积累制可以按不同方式来组织，包括积累制个人账户，也可以不包括。
- 根据专栏 4.4 列出的原因，任何应采取积累制而不是现收现付制的决策，都是一项关于代际收入和风险的分配决策。因此，即使积累制确实能提高产出，该项变化也并不能代表帕累托改进。

2. 政策制定者面临的问题

以下仅是最基本的问题。

采取什么方法支持长期可持续性？由于财政缺口原因调整养老金制度，在政治上是很困难的。关键的第一步是，针对现行制度及改革方案的未来财政状况，做出高质量、专业性和非政治性的预测。对于那些未采取这种措施的国家，或者缺乏资源这样做的国家，由一家国际机构帮助提供预测是有益的。为支持养老金改革的政治决策过程，这样的预测不仅应是高质量的，也要组织好并公布出来，以使它们为公众所接受。支持长期可持续性应采取的第二项措施是，除了通胀保护外，纳入一定程度的自动调整机制，以应对到达退休年龄时出现的预期寿命延长问题；这可以通过一系列方式来完成。由于预期寿命上升速度存在不确定性，自动调整机制尤为重要。完全DC型制度在设计上可持续性应该是没问题的，但它也需要谨慎的预测，以便评估制度如何完成它的社会目标，尤其是能否提供一个充足的替代率。

哪些工具有助于恢复可持续性？正如第八章第二节第二部分所讨论的，可通过将提高收入和降低支出结合起来，恢复可持续性。

在待遇不同步增长的情况下，可以通过提高缴费率来增加收入，前提假设是费率不是那么高，平均每个就业者的缴费增加要高于参保就业期缩短所抵消的效果。另一可能性是扩大覆盖面，或提高缴费收入基准的最高上限；这方面的收入增加会在短期内（但长期内则不一定）增强可持续性，因为这也会引致未来养老金给付的增加。

削减平均待遇水平或减少养老金领取者人数都可以降低支出。提高首次支付养老金的年龄、但并不因延迟退休而提高待遇水平，也是实现上述结果的一个办法。

什么方案最适合，取决于一国的国情：例如，如果缴费水平已经相当高，再提高费率可能就不会受到欢迎；如果平均退休年龄低，就有空间来提高它。实现可持续性也要考虑到财务约束条件和保持养老金实现其他社会目标的能力。更高缴费、更低待遇、或制度外的转移支付导致积累水平上升，这有助于可持续性，前提是它实现了更高的国民储蓄，从而引致未来更高的消费水平。

强制性制度应有多高的积累水平？一些国家没有积累：例如意大利靠一般收入来弥补亏空。其他的国家如智利，有着完全积累式的缴费型养老金，但其老年最低保障或新的非缴费型养老金并不是积累制。一些国家介于二者之间：美国有一个部分积累制的DB型制度；瑞典将部分积累的名义账户制度（NDC）与一个单独的强制性完全积累、DC型制度结合在一起。正如本书通篇所述的原因，在不同情况下，适合的积累水平也是不同的。不管积累水平多高，长期内账务的可持续性都是一个设计良好制度的关键因素。

在一个强制性养老制度中，如何平衡公共管理与私人管理间的份额？第九章中描述了一些国家，说明强制性制度从管理上可覆盖一个很广的范围，从完全公共（美国）到完全私人（但受到监管）（智利在2008年改革前）①。理论上的分析表明国家间的多样性是合理的，这可反映出不同国家的不同情况。不过，至少是在账户管理的某些方面，成本随着运营规模上升而下降；例如，将养老金缴费与其他工资扣除（例如所得税）一起征收，成本会低一些。因而，设计良好的制度通常包含着政府某些方面的职能，包括政府要提供和（或）组织某些既定行政管理任务。

强制性制度中的积累制组织形式如何？与账户行政管理并列的问题有：基金管理和养老基金可持有资产的类型。一些实行DB型制度的国家持有政府债券。其他国家持有多元化组合，既有不同类型的资产，也有不同国家的资产。这些组合可由政府机构管理，也可由雇佣的私人公司掌控投资交易，甚至于做出投资选择。从采用公共组织的投资管理（新加坡）方式，到采用完全私人但严格监管的金融中介机构管理方式（智利），实行DC型制度的国家存在很大差异。在比较上述方案时，政府的政治和行政管理能力，以及私人选择的政治可行性，都是重要的。如果具备充分的政治和技术能力，一些资产组合多元化就是好的政策。

当组合多元化可行时，可采取不同方式来组织组合选择。最简单的方式是有一个单一的、政府组织的基金，如可作为DB型制度的一个信托基金，或DC型制度的一个中央公积金。在上述两种方式下，管理都可以承包出去。如第七章所讨论的，个人账户对机构能力的要求更高一些。

何种情况下积累制个人账户可行？向积累制过渡可能会也可能不会带来福利改善，这取决于一国的环境。一个要问的、更具体的问题是积累制个人账户何时可行，该制度或是用于提高积累水平，或是可作为中央融资积累的替代方案。例如，智利通过发展个人账户提高了积累水平，而瑞典在很大程度上将个人账户视为中央积累的替代方案。通过分析最优偏离（见专栏2.1）以及随之而来的消费者选择问题（见专栏2.2），可以指出，不加批判地依赖于消费者选择和市场竞争，是建立在错误性分析基础之上的一种观点。行政管理成本问题与制度运行所必需的执行能力是相互作用的。成本问题是复杂的，原因在于这一事实：管理积

① 制度性的描述参见OECD 2007和U. S. Social Security Administration 2007a。由机构和组织提供的描述情况链接参见美国社会保障署网站上的“其他国家社会保障”（Social Security in Other Countries）部分 www.ssa.gov/international/links.html/. 还可参见美国退休者协会（AARP）的“全球老龄化大纲”（Global Aging Program），www.aarp.org/research/international/map/。

累制个人账户在很大程度是固定成本，因而小账户承担着最重负担，尤其是在那些相对贫困的国家。取决于成本在账户间的分配方式，小账户低收入者承担的成本负担更重一些。

基于这些原因，通过个人积累账户来提高积累水平的可行性只适用于部分国家，在这些国家，积累水平的上升可能会提高经济增长率，并改进代际间的再分配结果，同时这些国家还需要具备必要的制度能力。在满足这些条件的情况下，如果政策制定者想通过个人账户引入积累制，简化单个就业者面临的选择并以很低的行政管理成本来组织账户就有了充分依据。联邦政府雇员的储蓄节俭计划（见专栏 9.4）就是这样一个例子。

三、政治和管理应用

执行问题。有效的改革远比好的政策设计要求得多，它依赖于以下三个方面的能力：政策设计、政治执行以及行政实施。执行上的重要性通常被低估了。它对技术的要求像政策设计一样苛刻，并且在政策设计时，就需要具备这些技术，而不是在事后反思时才引入。

政策制定者需要问一系列问题：在消费熨平、保险、贫困救济以及再分配目标之间如何权衡？财政约束性有多大？制度能力上的约束条件如何？以下讨论列出了其中的一些主要问题。

强制型养老金的规模需视财政能力而定。在宏观经济术语中，养老金在某种程度上是划分就业者和退休者之间产出的一项工具；这些也会影响产出如何在消费和投资间进行分配。因而，养老金上的支出必须与一国的财政能力相协调，尤其是应与一国为退休人口的消费进行融资的能力，以及未来经济增长所需的投资能力相适应。

政府是养老金制度中一个不可或缺的参与者。所有养老金制度对公共部门的技术能力都有很强的要求。在现收现付制度下，这些要求包括征收税收和缴费；对于具有流动性并可能更换姓名的就业者，跟踪记录他们的缴费；合理准确地预测未来的缴费和待遇水平，以便使政府能够根据财政能力变化逐步调整制度，从而避免产生对退休或接近退休就业者的剧烈冲击。

一个根本性错误是假定私人养老金将政府排除在养老金行业之外。如专栏 2.1 中所讨论的一些重大市场缺陷，单纯由私人组织的保险和消费熨平机制有可能是无效的，或者说是不存在的。因而，不管制度安排的具体结构如何，所有国家的政府都在养老金制度中发挥着重大作用。政府必须能够实施强化追缴措施，维持宏观经济的稳定，保障有效监管以及对养老金计划和金融市场包括年金市场的监督。在高度复杂、个人难以自我保护的领域，这样的监管是至关重要。从更大范围上来讲，当政府制定出好的、明晰的规则，并且在执行上是公平的、诚实的且可预测时，私人市场才能发挥最好的作用。

私人部门能力对于私人养老金是必需的。除了政府能力，私人养老金还要求私人管理部门有足够的能力。管理任务包括以下方面的能力：收集缴费，在长期内保存个人账户记录，通知参保人其已积累起的和预期的待遇水平，确定和支付待遇。金融任务包括管理大规模投资组合的能力。

消费者的能力是重要的。养老金制度的参加者需要得到教育，让他们知道可在退休时预期得到什么，并让他们思考可做出的选择。这项任务在发达国家都非常困难，而在大多数就业者缺乏做出这种金融决策的经验的经济体中，则更难。

争论是不可避免的。任何养老金制度都免不了有争论。当有可能的改革意味着某些群体面临损失时，争论会尤为突出，对于谁应承担这种损失，会存在价值观和政策视角上的不同观点。许多国家的制度有着不好的设计特征，它引致逆向劳动力市场激励和非可持续性，并进而给就业者和金融市场带来过多的不确定性，而这些不确定性本来是可以避免的。在其他领域也存在争论，包括最低受益年龄、公共养老金和私人养老金之间的权衡、公共养老金的设计、性别平等的规则，以及对私人部门授权的规模。有效的政治可用来创造和维护好的设计，因而它是成功改革的核心。

第三节　结　论

一、政策结论

养老金“危机”的主要原因是无法适应长期趋势。许多国家的养老金制度面临着如第一章中所述的总体性长期趋势：预期寿命的上升，出生率的下降以及提前退休现象[①]。前两个因素，至少正在发生（在死亡率上，世界上有些地方存在令人悲伤的例外情况）。远比以上因素更严重的是最近出现的两个现象：婴儿潮（虽然不是全球性的，但很普遍）以及自第二次世界大战以来养老金规模在覆盖

① 在许多国家，提前退休的长期趋势变弱了，或者出现了逆转。但我们没有发现另一方向的变化趋势：随预期寿命的不断上升成比例地延迟退休。

面和待遇水平上的普遍增加。

某些养老金制度的缴费率、月给付水平和退休年龄是早期时代设定的，它们不符合退休期延长的要求，这种延长是由预期寿命上升和平均退休年龄提前带来的；考虑到死亡率下降造成的未来工作人口的缩减，上述情况就更为明显了。在几乎所有国家，某种程度的调整都是必然的。由于婴儿潮和养老金支出规模的上升，需调整的幅度进一步加大了；尽管如图 1.5 中所显示的，这些问题即使在上述因素不存在的情况下也会出现。出现财务问题的主要原因是，如果不调整价格和工资增长，DB 型制度已处于一个固定的设计之中，缺乏针对长期趋势的自动调整机制。

解决养老金支付问题的主要方案。针对以上趋势，任何改进养老金财务状况的方案都要包含以下一个或更多的因素：

- 提高缴费率；
- 降低待遇水平；
- 在同等待遇下延迟退休；
- 政策：例如提高储蓄，以便增加国民产出。

不论积累程度有多高，以上论断都是正确的。如果一项公共养老金被认为不可持续，就要通过上述所列措施中的一条，来直接解决问题。

有些人认为延迟退休会加重失业问题。这是一个错误，因为它忽视了工作岗位供应对就业者供给所做出的反应。

改革养老金制度。不可持续的养老金制度需建立在可持续的基础上。许多养老金制度设计不好：有些覆盖面差；有些对部分青壮年就业者的劳动供给造成过多的负面激励；有些很难调动人们的参保积极性；有些激励过早退休。这样的设计应当改变：

- 养老金应提供贫困救济。贫困救济的设计应认识到缴费水平上会存在差距。在缴费型制度中，缴费上的差距应通过一系列机制来解决，包括实行最低保障和对照护活动给予养老金积分；另一方案是非缴费型普惠制养老金。这些机制可与老年人的最低生活保障制度结合在一起成功运行。
- 养老金应有助于熨平消费，实现方式应考虑到最优偏离（见专栏 2.1）以及在选择和竞争上存在的问题。
- 养老金制度规则应是性别中性的，并在选择上具有敏感性设计，以使制度对男性和女性的影响效果各异。

二、政策选择和经济发展

本部分讨论有关财政和制度约束的情况。讨论的不是最优设计，而是对处于不同发展水平的国家，在政策选择上什么样的限制是可行的。

将国家划分为三类典型，我们来说明实施问题：低收入发展中国家，中等收入发展中国家以及发达国家。现实国家可能处于中间位置，并且经济体中的不同部分可能处于混合位置。此处的讨论使用传统术语第一支柱养老金（主要目标是贫困救济），第二支柱养老金（强制性，用来强化消费熨平功能），和第三支柱养老金（在企业和个人层面上是自愿的，受到监管并可得到税收优惠，容纳差异化的个人偏好）。尽管在此处以三个不同的工具来描述它们，但某些国家可能仅有两项；例如在美国和墨西哥，单一性制度解决了辅助性的贫困救济和消费熨平问题。我们指出某一国家的养老金制度，并不意味着这些国家就是该类别的典型。

引用以下案例的目的仅是为了做阐述说明，而并不一定作为样板。举例来说，一个国家的行政管理能力可能具有典型中等收入国家的部分特征，也可能有在低收入国家普遍出现的部分其他特征。同样，财政约束可能要求，针对单一国家内的不同部门或不同形式的就业，采用不同的制度：例如，一个中等收入国家可能在城市地区有着正式制度，在农村地区有着相对简单的制度（或没有）。与之类似，对公务员设计的制度会在很大程度上区别于为整个国家设计的制度。一旦建立全国性制度，公务员应是其中的一部分，他们通常有着补充养老金；大型的私人公司可能有着类似的制度安排。

所有以上例子都基于以下假设：

• 制度的参数，例如待遇水平和首次发放养老金的年龄，应与财务可持续性相一致；

• 除了养老金，所有具备必要管理能力的国家，都为老年人提供某种程度的家计调查型收入支持。

对一个低收入国家的养老金制度描述

第一支柱。选择受到很大程度的约束：

• 一个非常贫穷的国家可能难以融资或组织一个全国性的贫困救济制度，而作为替代主要靠家庭、慈善组织和地方政府。

• 在能力容许的情况下，有可能用一般税收提供范围有限的贫困救济，这可通过对地方政府的转移支付，或通过一个针对既定年龄的全国性制度来实现。

低发展水平的国家通常有着非常高比例的非正规部门和大规模的家庭作坊，因此往往缺乏能力管理收入调查。地方性的甄别制度可能以近似方式完成上述任务，它更多地基于地方性经验，而不是对家庭收入的正式评估制度。

第二支柱。处于这种发展水平上的国家通常缺乏能力，去管理一个强制性收入关联制度；除了一些其他条件外，该类型制度还要求具有征收缴费、测度和记录个人 40 年或更长期内收入的能力。这些国家应预留这样一个制度，作为未来的发展议程。

第三支柱。这些国家的自愿性储蓄计划不应得到税优，因为财政资源有很强的约束，并且税优往往是累退性的。不过，对自愿性储蓄提供简单、可靠的发展机会是重要的。

对一个中等收入国家的养老金制度描述

第一支柱。这类国家有以下选择：

• 一个非缴费型、靠税收融资的养老金，有或没有财富调查皆可（如澳大利亚、加拿大、荷兰、新西兰、南非以及 2008 年开始的智利）；或者

• 一个简单的缴费型现收现付制度，例如，一个基于缴费年限的等额养老金（例如英国的基础国家养老金）。

第二支柱。选择介于：

• 一个公共组织、收入关联的 DB 型待遇养老金，或有可能采用名义账户制（NDC）养老金；或

• 一个 DC 型养老金，作为公积金（如马来西亚和新加坡）的一部分，或该制度采用严格限制的个人选择。

如果采取缴费型的第一支柱养老金，以上选项既可是分开的，也可整合到该计划中去。对缴费和待遇的税收政策，应考虑到税优的累退性大小。

第三支柱。在企业或个人层面的自愿性 DC 制养老金是可能的；监管是重要的，并且任何税优设计都要避免过高的累退性。对 DB 型计划融资上的监管难度会非常高，以至于难以判断对这些养老金的税优问题。

一个发达国家的养老金选择

第一支柱。这些国家应考虑如下：

• 一个缴费型养老金，目标在于贫困救济（在许多国家使用），有着一系列不同设计；或者

• 一个非缴费型、靠税收融资的养老金，或者通过财富调查（如澳大利亚、

加拿大、南非)，或者没有（如荷兰和新西兰)。

第二支柱。菜单包括：可采取某一项或结合在一起（尽管在应用难度上不同）的以下措施：

• 一个公共组织的、DB型养老金，可能与第一支柱缴费型养老金整合为一个单一制度（例如美国)，或者不这样做（如法国和德国)；

• 一个名义账户制度（NDC)，例如瑞典；

• 一个管理成本较低的储蓄计划，可获得年金产品或者有年金方面的要求（如美国联邦政府雇员的储蓄节俭计划)；

• 强制性积累制DB型养老金，由行业发起（例如荷兰所实行的制度)；

• 积累制DC型养老金（例如智利和瑞典)，可能包括一个反贫困的成分（如墨西哥)。

第三支柱。可以在企业或个人层面组织自愿性DC养老金；监管（尤其是DB计划的积累）是重要的（且困难)，而且任何税优应寻求避免过多的累退性。

总结。很明显，随着财政和行政管理能力的提高，选择的范围逐步加大。一个国家越不发达，其可选择的可行范围越窄；具体讲，一个国家应避免：

• 建立一个超出财政和行政管理能力的制度；

• 在缺乏稳健性能力、做到可以准确无误地保存40年或更多年份内记录的情况下，引入一个强制性的、收入关联养老金；或

• 在不具备监管投资、积累和年金化能力的情况下，引入个人积累制账户（不管是强制性或是作为强制性制度的一个选项)。

十分明显，发达国家有着全方位的选择。因而，并不奇怪，富裕国家的制度有很大差异性：从美国有着累进性的收入关联部分积累制度，辅之以自愿性的雇主和个人养老金计划；到瑞典，有着NDC制度和强制性个人积累账户制度；再到荷兰，有着非缴费型等额养老金制度，伴之以近似强制性参加的积累制职业养老金计划。虽然，这些国家的选择范围没有受到可行性问题的太大限制，但这一事实不应被误读：一个国家有能力实施一个计划，该计划在管理上需满足一定条件，这并不意味着该计划就是一个好主意，或者说它必然优于一个对管理能力要求不那么高的制度。新西兰有着一个简单的养老金制度，它是通过选择性而非约束性建立起来的。

养老金“危机”是一个结果，该结果是由于面对长期趋势，制度所做出的调整太少或太缓慢而引起的。养老金制度是复杂的，且不易理解；而且当养老金改

革打破长期和大范围的经济预期时，在政治上是很难行得通的。但好的养老金改革对人们生活和整个经济体都很重要，前者将惠及就业者以及当前或未来的养老金领取者。而且，虽然面临许多挑战，养老金改革仍能够很好地完成。本书提供的原则对此给出了建议。

专业术语表

精算型待遇给付（Actuarial benefits）：待遇流的预期“折现值”等于年金领取者在领取待遇的初始时点时所进行的积累。因此在积累给定的条件下，固定时期的待遇水平（如，一个月）就取决于领取者个人的余命预期和养老金提供者在未来支付待遇期间可获得的资产回报率。如果一种养老金制度大体上按照这种方法去设计，但是并没有严格使用生命预期和市场利率的预测技术，就被称为是“准精算”（quasi-actuarial）。

逆向选择（Adverse selection）：一种人们在购买“保险”时表现出来的倾向，即越是有可能根据保单获得保险收益的人越有可能购买保险。这往往发生在购买者比保险公司更加了解其个人风险的情况下。例如，超过平均生命预期的人更有可能购买“年金”。购买者的这种个人选择与保险公司正好相反。

财富调查（Affluence test）：一种待遇资格的测量方法，仅用于排除最富有的人。因此，它不同于“收入调查”，后者用于筛选出贫困人口。

养老基金管理公司（AFPs）：智利的竞争型私人养老金提供者。

老年赡养率（Age dependency ratio）：见“赡养率”。

完全待遇年龄（Age for full benefits，也称“正常退休年龄”）：一个人有资格领取全额养老金时的最低年龄。也参见“最低受益年龄”。

年管理费（Annual management fee）：养老基金管理者每年收取的行政管理费用，用其所管理的基金账户余额的一定百分比表示。也参见“收费率”和“收益扣除”。

年金（Annuity）：指养老金一直支付（例如，按年支付或按月支付）到死亡的一项安排。“单一终生年金”是指为一个人终生支付的一项收入，“联合终生年金”（也称之为“联合遗属年金”）是为两个人定期支付并直到两个人死亡的收入。每月支付数额的大小取决于一人还是两人存活，或取决于两人中谁还存活。当个人把他或她的养老金总额置换为按年或按月支付的养老金时，其支付方式可按“待遇确定型”计发，也可按“缴费确定型”计发，还可按一次性领取来予以购买。年金可使人们防范其寿命高于养老金储蓄的风险。对即期年金来说，支付即期开始；对延期年金来说，支付发生在购买后的某一个时点。不同形式的年金根据其不同的条件来调整它的支付行为。

资产调查（Assets test）：见“家计调查”。

债券（Bonds）：一种购买者（债券持有者）向出售者借债的金融证券。债券一般会明确标明债券持有者得到偿付的日期（也称偿还日期或到期偿还日）以及以美元（或者以其他货币单位）为单位的定期利率。债券与“股票”不同。

广义的积累（Broad funding）：因缴费增加或者待遇支付减少而引起的公共养老金资产的增加。在没有被自愿储蓄和政府储蓄的减少而抵消的情况下，这种资产增加会增加国民储蓄。“广义的积累”与“狭义的积累”相对应。

收费率（Charge ratio）：由于行政管理收费而从个人退休时的养老金储蓄中扣除的比例。在合理假设下，整个职业生涯每年征收1%的管理费相当于征收20%的费率；也就是说，退休时的储蓄以及由此转换来的任何一种“年金”的现值将比年管理费为0时的值低20%。也参见“收益扣除”。

公民养老金（Citizens pension）：见“非缴费型普惠制养老金”。

合规（Compliance）：指的是劳动者或雇员遵守养老金制度的相关法律和规定的行为。参加了养老金制度的劳动者没有按照法律的规定缴费就被认为是违规的（也就是逃避缴费）；但是，如果一个人是因为他目前没有在被养老金制度所覆盖的单位工作而没有进行缴费，那么他就不是违规的。

消费熨平（Consumption smoothing）：指尽管家庭收入发生了变化，但该家庭仍可在这个时期内维持其合意的消费水平的行为。养老金之所以可帮助实现消费熨平，是因为个人可在生命周期中对资源实行再分配，即在挣钱的年份里多储蓄，在退休的年份里多消费。也参见“再分配”。

缴费型基础养老金（Contributory basic pension）：向有完全缴费记录的人支付定额养老金，向有不完全缴费记录的人按比例支付养老金的养老金给付。也参见“非缴费型普惠制养老金”“收入关联养老金”。

覆盖面（Coverage）：通常情况下测量的是，在某一时点向养老金制度缴费的被雇佣人口的比例。与有制度覆盖下的收入记录或个人账户的一群人不同的是，向养老金制度缴费的被雇佣人口不包括那些过去已经缴费且至少已获得了一些养老金权利的人。也参见“合规”。

待遇确定型养老金（Defined-benefit pension）（DB）：一种待遇由劳动者的收入历史函数决定的养老金。公式可能根据劳动者的退休前工资和服务年限确定，也可能根据更长时期内（如劳动者的整个职业生涯）的工资确定。因此，一个完全积累制的、纯粹的待遇确定型计划如果要满足预期义务就需经常调整基金[①]，于是，养老金资产回报率波动的风险就由养老金发起人来承担，也即由雇主或政府来承担。待遇确定型计划不需要完全的基金积累。

缴费确定型养老金（Defined-contribution pension）（DC）：一种待遇由劳动者名下的、整个职业生涯的资产积累值决定的养老金。待遇可能采取一次性付清的形式，或者连续等额支付的形式，或者以“年金”形式支付；但是，不论采取何种形式，待遇都是由劳动者一生的养老金积累规模来确定。根据已有养老基金来调整养老金义务基本保证了基金和义务的完全一致。

赡养率（Dependency ratio）：这一术语有两种用法。老年赡养率是指超过一定年龄（如 65 岁）的人口占工作年龄人口（如 16～64 岁）的比率。制度赡养率是指领取养老金的人数占当前缴费者的比率。

最低受益年龄（Earliest eligibility age）：养老金制度允许个人领取任何形式的养老金的最低年龄。也参见“完全待遇年龄”。

收入关联养老金（Earnings-related pension）：待遇与劳动者收入存在正向关系的养老金。这种正相关也许是严格按比例的，例如“名义账户制养老金”；也许是大致按比例的，例如美国的社会保障制度。

股票（Equities）：见“股票（STOCKS）”。

公平（Equity）：遵循公正（fairness）理念在个人之间进行资源分配或共享的原则。公平或许意味着平等（equality）但是并不是必须如此。也参见“横向公平”和“纵向公平”。

最终工资养老金（Final-salary pension）：一种“待遇确定型养老金”，根据劳动者的服务年限和最后一年或几年的工资确定养老金。

融资和积累（Finance and funding）：融资指的是每年用于支付养老金待遇的现金流；积累指的是养老金制度全部持有的金融资产。

最优分析（First-best analysis）：通常是在简单的经济模型中使用的、建立在如下假设基础上的分析：经济活动参与者是拥有完全信息的、不存在“不完全市场”以及政府对市场的干预不会引起市场扭曲。也就是说，政府在干预经济时可以不必依赖于随收入和储蓄而变化的税收。与“次优分析”相对应。

正规部门（Formal sector）：经济中处于管制环境下的部分。受雇于正规部

① 原文如此，疑笔误，与作者联系，他们认为可以修改为“……就需经常调整缴费”——译者注。

门的劳动者通常会签订雇佣合同，单位在报酬和工作时间等方面有明确规定，并且劳动者要根据其收入交税以及向养老金制度缴费；同样的，雇主一般也需要支付一定的公司税。与“非正规部门”相对应。

积累制养老金（Funded pension）：一种待遇支付源自一定时期内所建立起来的基金积累的养老金。基金积累由养老金制度加入者的缴费和缴费所购资产的收益两部分构成。

积累制个人账户（Funded individual account）：见“缴费确定型养老金”。

横向公平（Horizontal equity）：对相同的人进行相同的分配，例如，对拥有相同可税收入的家庭征收相同的税收。当家庭间的可税收入不同时，对其征收的税收必须进行适当调整，以使收入更高的家庭在达到既定的生活水平时付出更高的代价。至于什么样的调整是合适的并不是显而易见的，不同的经济学家对此也有不同的看法。也参见“公平”和“纵向公平”。

隐性债务（Implicit debt）：对养老金制度待遇支付义务中的未积累部分进行的测量。

隐含税率（Implicit tax rate）：家庭在根据“收入调查”领取待遇时，会因为家庭收入的增加而失去一定的待遇，这就产生了隐含税率。如果家庭收入增加1美元待遇减少1美元，那么隐含税率为100%。

收入调查（Income test）：一种待遇资格的衡量方式，只有低收入个人或家庭才有资格领取待遇。也就是说，随着收入的增加领取待遇的资格会被取消。也参见“财富调查”“家计调查”。

不完全市场（Incomplete markets）：一种市场制度，在这种制度中并不是每个人想购买的所有商品和服务都能在某种价格下得到。例如，在一个标准化的市场中，要购买应对未来通货膨胀的“保险”是不可能的。

指数基金（Index fund，**在英国也称追踪基金**）：一种投资基金，基金所选取的投资组合收益被设计成与资产种类的收益相一致，收益通过所选资产的标准价格指数进行测算。这些资产可以是“债券”或者“股票”，例如，美国道琼斯工业平均指数（Dow Jones industrial average）或英国伦敦金融时报100指数（FT-SE－100）中的股票。当指数是依据大量债券或股票而定时，指数基金会选择一个子集以保持与指数有较高统计概率上的一致性。

指标瞄准［Indicator targeting，**也称委托瞄准**（PROXY TARGETING）］：一种将待遇支付给穷人的机制。该机制在筛选穷人时不是依据他们的收入，而是依据其他指标。当某个指标与贫穷高度相关，且个人难以控制，而又容易被观察时就是一个理想的指标。

个人账户（Individual account）：见“缴费确定型养老金”。

非正规部门（Informal sector）：经济中的一部分，其特征是规模小、经济活动基本上不受规制也没有进行注册。在非正规部门工作的劳动者通常是自我雇佣者或者没有签订劳动合同的人，他们一般不上报收入也不交税或者缴纳养老金。

保险（Insurance）：这一术语有两种用法。保险可以是一种帮助个人应对风险并提供安全的制度安排（例如政府项目），也可以是一种当未来约定的某种情况出现时进行支付的契约，后者一般是由私人部门组织的。前者根据保险目标来界定保险概念；后者作为一种当保险规定的情况发生时进行支付的机制。一个理想的市场有精算保险。

联合终生年金［Joint-life annuity，**也称联合遗属年金**（joint-and-survivor annuity）］：一种每月向两个人支付收入直至两人全部死亡的年金。月支付额根据是一个人还是两个人活着支付，或者根据到底是哪个人活着进行支付。与“单一终生年金”相对应。

遗留成本［Legacy costs，**也称遗留债务**（legacy debt）］：非积累型养老金制度所负有的义务，包括向未来“退休者”支付养老金待遇以及向未退休的劳动者兑现其到期权利的义务。在部分积累制制度中，遗留成本是指小于基金资产价值的义务。在任何一种情况下，遗留成本都是一种由此前的养老金制度运行所产生的未来成本。

生命周期基金（Life-cycle fund）：一种投资基金，随着账户持有人年龄的增长，账户资产自动地、逐渐地由以股票为主转向以债券为主。

家计调查（Means test）：一种待遇资格的衡量方式，只支付那些其所有收入和财产都（或者加总后）低于给定数额的个人。因此，这一术语既包括“收入调查”又包括财富调查（wealth test，后者也称资产调查）。也参见“财富调查”。

道德风险（Moral hazard）：购买“保险”的个人在保险公司不知情的情况下影响保险公司责任的行为，例如，被保险人比没有购买保险的人采取更少措施来避免被保意外事件的发生。

多支柱养老金制度（Multipillar pension system）：拥有几个组成部分的养老金制度，用于达到多种目标。正如世界银行最初定义的，多支柱养老金制度包括三个支柱：公共管理的现收现付型制度；强制型的个人积累计划，通常是“缴费确定型”计划；以及自愿型的个人积累计划。这一术语的含义后来演变成包括多种部分的制度。本书在对养老金制度进行分类时用的是“部分”（parts）或“层”（tiers）而不是“支柱”，目的是想说明还有很多从整体上分析制度的方法。

狭义的积累（Narrow funding）：由政府转移资产（新发行的政府债券或者国有企业股票）注入国民养老金制度而引起的制度资产的增加。这种转移支付创造了积累账户，并且影响“遗留成本”的分配，但是对国民储蓄的影响微乎其微。也参见“广义的积累”。

名义账户制（NDC）：见“名义账户制养老金”。

非缴费型普惠制养老金（Noncontributory universal pension）：一种等额支付的公共养老金，通常依据的是对居住地的登记而非缴费记录，并且有时只限于公民（因此有时被称为“公民养老金”）。这种养老金或许要经过“财富调查”才能领取，或许不必经过此调查。与“缴费型基础养老金”相对应。

正常退休年龄（Normal retirement age）：见“完全待遇年龄”。

名义账户制（NDC）养老金（notional defined-contribution pension）：一种通过“社会保险”缴费筹资的养老金，其待遇与一生的养老金缴费存在准精算关系。

老年赡养率（Old-age dependency ratio）：见“赡养率”。

帕累托效率（Pareto efficiency，**也称分配效率**）：一种资源分配的情形，在这种情形下没有一种再分配方式能够使任何人的状况变好而同时不使其他任何一个人的状况变坏。当一项政策能够改善某人的状况而又不使其他人的状况变坏时就被称为帕累托改进。

现收现付制（PAYG）养老金（Pay-as-you-go pension）：养老金支付（通常由政府进行）源自当前税收收入而不是积累的基金。在这种养老金制度下，或许也有一些资产积累从而可以被看作是部分积累的。

折现值（PDV）：见“折现值”。

养老金领取者（Pensioner）：领取养老金待遇的人，不管其是否退出工作领域。与“退休者”相对应。

折现值（Present discounted value）：根据一定折现率计算出的、未来一段时期内的现金流的当前资本价值。

公积金（Provident fund）：由公共组织的，强制型的“缴费确定型养老金”计划。在该计划中劳动者不能选择投资组合，而是只能在一个单一集中管理的投资组合中持有股票。

委托瞄准（Proxy targeting）：见“指标瞄准”。

再分配（Redistribution）：将资源从某个人或群体转移到另一个人或另一个群体。养老金能够产生代内的（如从富人转移给穷人）或代际的（例如，从现在的劳动者转移给养老金领取者）再分配。再分配有利于补贴低收入劳动者，帮助其“熨平消费”。

收益扣除（Reduction in yield）：一种对收费水平的衡量，这种收费是对个人养老金积累的净收益所进行的扣除。例如，如果收费之前收益率为5%但是个人在收费之后仅得到了3%的收益，那么收益扣除为2%。也参见“年管理费”“收费率”。

替代率（Replacement rate）：养老金待遇（例如，每月）与工作期间的月收入额（除去税收和转账后）的比率。这一术语可以有不同的定义方法。当被定义成人均养老金待遇占平均工资的百分比时，替代率衡量的是老年人口相对于工作人口的生活水平。当被定义成个人的养老金待遇占个人之前工资的百分比时，替代率衡量的是其“消费熨平”的有效性。在本书中，这一术语如没有特别说明指的是后一种含义。有时，公布的替代率是指包括了税收和转账而非净收入的情况。遗属替代率是指发放给寡妇或鳏夫的养老金占夫妻双方存活时共同领取的养老金的比重。

退休者（Retiree）：退出工作领域的人，不管其是否正在领取养老金待遇。与“养老金领取者”相对应。

退休（Retirement）：这一术语有两种用法。它有时指退出工作领域，有时指开始领取养老金待遇。这是两个不同的事件，可以发生在两个不同的时间。

次优分析（Second-best analysis）：当政府必须依赖扭曲税收来改变收入分配或者对经济扭曲和其他偏离简单经济模型的情况（如不完全信息、“不完全市场”，以及现存税收）做出回应时，所进行的寻找最优政策的分析。与“最优分析”相对应。

股票（Shares）：见“股票（STOCKS）”。

单一终生年金（Single-life annuity）：一种在一个人生存期间向其支付收入（例如，每年或每月）的年金。与“联合终生年金”相对应。

社会保险（Social insurance）：从私人保险模仿而来的一系列制度安排。在这种制度安排下，个人可以获得（例如）失业或“退休”等方面的公共津贴，获得这种津贴通常不需要进行任何财产状况或贫困等方面的调查，而只是依据以前的（通常是强制性的）缴费记录。

社会养老金（Social pension）：见“非缴费型普惠制养老金”。

社会保障（Social security）：这一术语的概念是模糊的，因为其在不同的国家有不同的含义。在美国，它指的是政府的退休待遇给付和残疾待遇给付；在英国，它指的是所有由政府提供的现金给付；在欧盟，它指的是所有由政府提供的现金给付和医疗健康保险。当本书中出现这一术语时，它仅指退休养老金。

股票（Stocks，也称"EQUITIES"或"SHARES"）：一种代表拥有公司部分所有权的金融证券。公司将发行股票作为一种融资手段，且通常会每年向股票持有者支付股息。如果发行股票的公司运营良好，它的股票价值会上涨，从而给股票持有者带来资本收益。如果公司破产，它的股票价值将取决于其偿还所有债权人之后公司的价值是否有剩余。因此股票代表的是一种所有权关系，而"债券"代表的是一种债务关系。

制度赡养率（System dependency ratio）：见"赡养率"。

待遇削减（Taper of benefit）：见"隐含税率"。

储蓄节俭计划（Thrift Savings Plan）（TSP）：美国1986年为联邦雇员建立的一种退休储蓄计划，该计划构成《联邦雇员退休制度法》的一部分，计划的管理部门是联邦退休节俭投资委员会。储蓄节俭计划是一项税收延迟的、"缴费确定型养老金"计划，有如下三个主要特点：计划加入者的选择范围仅限于少数几个明显不同的投资基金；进行集中管理；以及大规模的基金管理。见专栏9.4。

追踪基金（Tracker fund）：见"指数基金"。

信托基金（Trust fund）：将金融资产积累起来，目的是为了支付养老金计划的至少一部分未来债务。在以现收现付制为主的养老金制度中，信托基金会预留仅够几个月支出的基金以防止短暂的资金缺口；但是信托基金也可以进行更高比例的积累甚至达到完全积累，也就是说保证其拥有足够的资源来支付所有的未来到期债务。

储蓄节俭计划（TSP）：见"储蓄节俭计划"。

非积累型养老金（Unfunded pension）：见"现收现付（PAYG）制养老金"。

纵向公平（Vertical equity）：按照如下原则进行的再分配，一个社会中生活水平较高的人有能力承担更大比例的政府支出负担以及向穷人进行转移支付的负担，因此这就成为从富人向穷人进行收入、消费和财富再分配的基础。也参见"公平""横向公平"。

自愿型养老金（Voluntary pension）：这一术语有两种用法。一个自愿型的养老金可以是劳动者本人为自己选择的养老金，例如（在美国）个人退休账户

(Individual Retirement Account)。此外，自愿型养老金也可以是雇主为其雇员选择（没有政府强制）的养老金计划，而这对于雇员来说可能是自愿参加的也可能是强制参加的。

扣减率（Withdrawal rate)：见“隐含税率”。

参考文献

Arenas de Mesa，Alberto，and Carmelo Mesa-Lago. 2006. The structural pension reform in Chile：Effects，comparisons with other Latin American reforms，and lessons. Oxford Review of Economic Policy 22（Spring）：149-67.

Arza，Camila. 2006. Distributional impacts on pension policy in Argentina：Winners and losers within and across generations. International Social Security Review 59（3）：79-102.

Asher，Mukul，Nicholas Barr，Peter Diamond，Edwin Lim，and James Mirrlees. 2005. Social security reform in China：Issues and options. Policy Study of the China Economic Research and Advisory Programme（Jan.）；www.oup.com/us/pdf/social security study 2005（in Chinese，www.oup.com/us/pdf/china social security study）.

Atkinson，A. B. 1999. The economic consequences of rolling back the welfare state. Cambridge，Mass.：MIT Press.

Augusztinovics，M.，R. I. Gál，Á Matits，L. Máté，A. Simonovits，and J. Stahl. 2002. The Hungarian pension system before and after the 1998 reform. In Pension reform in Central and Eastern Europe，vols. 1-2，ed. Elaine Fultz. Geneva：International Labour Organization.

Banks，James，and Peter Diamond. 2009. The tax base. In Dimensions of tax design：The Mirrlees review，ed. J. Mirrlees，S. Adam，T. Besley，R. Blundell，S. Bond，R. Chote，M. Gammie，P. Johnson，G. Myles，and J. Poterba. Oxford：Oxford University Press for Institute for Fiscal Studies.

Barr，Nicholas. 2000. Reforming pensions：Myths，truths，and policy choices. Working Paper，no. WP/00139. Washington：International Monetary Fund；www.imf.org/external/pubs/ft/wp/2000/wp00139.pdf.

——. 2001. The welfare state as piggy bank：Information，risk，uncertainty，and the role of the state. London and New York：Oxford University Press；www. oxfordscholarship. com/oso/public/content/economicsfinance/0199246599/toc.html.

——. 2003. The economics of the welfare state，3rd ed. Chinese translation including a new preface. Beijing：China Labour and Social Security Publishing House.

——. 2004. The economics of the welfare state，4th ed. Oxford and Stanford，Calif.：Oxford University Press and Stanford University Press（3rd ed. in Chinese as Barr 2003）.

Barr，Nicholas，and Peter Diamond. 2008. Reforming pensions：Principles and policy choices. New York and Oxford：Oxford University Press；also see Oxford Scholarship online at www.oxfordscholarship.com//oso/public/index.html.

Barr，Nicholas，and Michal Rutkowski. 2005. Pensions. In Labor markets and social policy：The accession and beyond，ed. Nicholas Barr，pp. 135-70. Washington：World Bank.

Bertranou，Fabio M.，Rafael Rofman，and Carlos O. Grushka. 2003. From reform to crisis：Argentina's pension system. International Social Security Review 56（2）：103-14.

Beshears，John，James Choi，David Laibson，and Brigitte Madrian. 2008. Theimportance of default options for retirement saving outcomes：Evidence from the United States. In Lessons from pension reform in the Americas，ed. Stephen J. Kay and Tapen Sinha，pp. 59-87. Oxford：Oxford University Press.

Blake，David. 2006. Overregulating your pension out of existence：The long term consequences of British pension policy over the last 30 years. Discussion Paper，no. PI-0616. London：City University，Cass Business School，Pensions Institute. www.pensions-institute.org/workingpapers/wp0616.pdf.

Borowski，Allan. 2005. The revolution that faltered：Two decades of reform of Australia's retirement income system. International Social Security Review 58（4）：45-65.

Börsch-Supan，Axel. 2005. The 2005 pension reform in Finland. Working Paper，no. 2005：1. Helsinki：Finnish Centre for Pensions.

Burns，Justine，Malcolm Keswell，and Murray Leibbrandt. 2005. Social assistance，gender，and the aged in South Africa. Feminist Economics 11 (Jul.)：103-15.

Case，Anne，and Angus Deaton. 1998. Large cash transfers to the elderly in South Africa. Economic Journal 108 (Sep.)：1330-61.

Chile Presidential Advisory Council. 2006. El derecho a una vida digna en la vejez：Hacia un contrato social con la previsión en Chile；Resumen ejecutivo [The right to a dignified old age：Toward a welfare social contract in Chile：Executive summary]. Santiago. www. consejoreformaprevisional. cl/view/informe. asp.

Chlon-Dominczak，Agnieszka. 2002. The Polish pension reform of 1999. In Pension reform in Central and Eastern Europe，vol. 1：Restructuring with privatisation：Case studies of Hungary and Poland，ed. Elaine Fultz，pp. 95-205. Budapest：International Labour Organization，Central and Eastern European Team.

Chlon-Dominczak，Agnieszka，and Marek Góra. 2006. The NDC system in Poland：Assessment after five years. In Pension reform：Issues and prospects for non-financial defined contribution (NDC) systems，ed. Robert Holzmann and Edward Palmer，pp. 425-49. Washington：World Bank.

Choi，J.，D. Laibson，B. Madrian，and A. Metrick. 2001. Defined contribution pensions：Plan rules，participant decisions，and the path of least resistance. NBER Working Paper，no. W8655. Cambridge，Mass.：National Bureau of Economic Research；www.nber.org/papers/w8655.

Coady，David，Margaret Grosh，and John Hoddinot. 2004. Targeting of transfers in developing countries：Review of lessons and experience. Washington：World Bank.

Costa，Dora L. 1998. The evolution of retirement：An American economic history，1880 to 1990. Chicago：University of Chicago Press.

Devesa-Carpio，JoséE.，and Carlos Vidal-Meliá. 2002. Reformed pension systems in Latin America. Social Protection Discussion Paper Series，no. 0209 (May). Washington：World Bank.

Diamond，Peter A. 1965. National debt in a neoclassical growth model. American Economic Review 55 (5, pt. 1): 1126-50.

——. 2000. Administrative costs and equilibrium charges with individual accounts. In Administrative aspects of investment-based Social Security reform, ed. John Shoven, pp. 137-71. Chicago: University of Chicago Press.

——. 2002. Social Security reform. Oxford and New York: Oxford University Press.

——. 2003. Taxation, incomplete markets, and social security. Cambridge, Mass.: MIT Press.

——. 2004. Social security. American Economic Review 94 (Mar.): 1-24.

——. 2006. Système de retraite et vieillissement de la population. Revue Française d'Economie 20 (Apr.): 21-49 (Pensions for an Aging Population, http://econ-www.mit.edu/files/695).

——. 2009. Economic Globalisation and Swedish Pensions. Expert Report No. 28 to Sweden's Globalisation Council. Available at http://www.sweden.gov.se/sb/d/9150/a/119904.

Diamond, Peter A., and James A. Mirrlees. 1971a. Optimal taxation and public production Ⅰ: Production efficiency. American Economic Review 61 (Mar.): 8-27.

——. 1971b. Optimal taxation and public production Ⅱ: Tax rules. American Economic Review 61 (Jun.): 261-78.

Diamond, Peter A., and Peter R. Orszag. 2005a. Saving Social Security: A balanced approach, rev. ed. Washington: Brookings Institution.

——. 2005b. Saving Social Security. Journal of Economic Perspectives 19 (Spring): 11-32.

Diamond, Peter A., and Salvador Valdés-Prieto. 1994. Social security reforms. In The Chilean economy: Policy lessons and challenges, ed. Barry Bosworth, Rudiger Dornbusch, and Raúl Labán, pp. 257-328. Washington: Brookings Institution.

Drouin, Anne, and Lawrence H. Thompson, with Aidi Hu, Mike Whitelaw, and Hiroshi Yamabana. 2006. Perspectives on the social security system of China. ESS Paper, no. 25. Geneva: International Labour Organization.

Dublin, Louis I., Alfred J. Lotka, and Mortimer Spiegelman. [1936]

1949. Length of life—A study of the life table. New York: Ronald Press.

Dutta, Jayasri, Sandeep Kapur, and J. Michael Orszag. 2000. A portfolio approach to the optimal funding of pensions. Economic Letters 69: 201-6.

Economic Policy Committee of the European Union. 2006. The impact of ageing on public expenditure: Projections for the EU25 Member States on pensions, health care, long-term care, education, and unemployment transfers (2004—2050). Special Report, no. 1/2006. Brussels: European Commission Directorate-General for Economic and Financial Affairs.

Edwards, Sebastian, and Alejandra Cox Edwards. 2002. Social security privatization reform and labor markets: The case of Chile. NBER Working Paper, no. 8924. Cambridge, Mass.: National Bureau of Economic Research; www.nber.org/papers/w8924.

Escobar, Federico, and Osvaldo Nina. 2004. Pension reform in Bolivia: A review of approach and experience. Development Research Working Paper, no. 04/2004. La Paz: Institute for Advanced Development Studies.

Feldstein, Martin S. 1996. The missing piece in policy analysis: Social Security reform. American Economic Review 86 (May): 1-14.

——. 2005. Structural reform of Social Security. Journal of Economic Perspectives 19 (Spring): 33-55.

Garibaldi, Pietro, Claudia Olivetti, Barbara Petrongolo, Christopher Pissarides, and Etienne Wasmer. 2005. Women in the labour force: How well is Europe doing? In Women at work: An economic perspective, ed. Tito Boeri, Daniela Del Boca, and Christopher Pissarides, pp. 7-11. Report for the Fondazione Rodolfo DeBenedetti. Oxford: Oxford University Press.

Geanakoplos, John, Olivia S. Mitchell, and Stephen P. Zeldes. 1999. Social Security money's worth. In Prospects for Social Security reform, ed. Olivia S. Mitchell, Robert J. Myers, and Howard Young, pp. 79-151. Philadelphia: University of Pennsylvania Press.

Gill, Indermit, Truman Packard, and Juan Yermo. 2005. Keeping the promise of social security in Latin America. Stanford, Calif.: Stanford University Press for the World Bank.

Golinowska, Stanislawa, Katarzyna Pietka, and Maciej Zukowski. 2003.

Study on the social protection systems of the 13 applicant countries：Poland country study. Brussels：European Commission.

Góra，Marek，and Michal Rutkowski. 1998. The quest for pension reform：Poland's security through diversity. Social Protection Discussion Paper，no. 9815. Washington：World Bank.

Gruber，Jonathan，and David A. Wise，eds. 1999. Social security and retirement around the world. Chicago：University of Chicago Press.

——. 2004. Social security programs and retirement around the world：Micro-estimation. Chicago：University of Chicago Press.

Hills，John. 2006. A new pension settlement for the twenty-first century? The UK Pensions Commission's analysis and proposals. Oxford Review of Economic Policy 22（Spring）：113-32.

Holzmann，Robert，and Richard Hinz. 2005. Old age income support in the 21st century：An international perspective on pension systems and reform. Washington：World Bank.

Hutton，Will. 2007. The writing on the wall：China and the West in the 21st century. London：Little Brown.

James，Estelle. 1998. New models for old-age security：Experiments，evidence，and unanswered questions. World Bank Research Observer 13（Aug.）：271-301.

Jefferson，Therese，and Alison Preston. 2005. Australia's "other" gender wage gap：Baby boomers and compulsory superannuation accounts. Feminist Economics 11（Jul.）：79-101.

Kakwani，Nanak，and Kalanidhi Subbarao. 2007. Poverty among the elderly in Sub-Saharan Africa and the role of social pensions. Journal of Development Studies 43（Aug.）：987-1008；www.informaworld.com/smpp/content? content=10.1080/00220380701466476.

Leach，Jennifer. 1998. Bolivia's Bonosol. Presented at the Transfers and Social Assistance for the Poor in the LAC Regional Workshop，Washington，February 24-25；wb1n0018. worldbank. org/network/prem/premdoclib. nsf/58292ab451257bb9852566b4006ea0c8/fb45d2fe76c4e27b852567130004bca2?OpenDocument.

Loewenstein, George, and Peter A. Ubel. 2008. Hedonic adaptation and the role of decision and experience utility in public policy. Journal of Public Economics 92 (8-9): 1795-1810.

Lund, Frances. 2002. "Crowding in" care, security and micro-enterprise formation: Revisiting the role of the state in poverty reduction and in development. Journal of International Development 14: 681-94.

Madrian, B., and D. Shea. 2001. The power of suggestion: Inertia in 401 (k) participation and savings behavior. Quarterly Journal of Economics 116 (4): 1149-87.

Martinez, Sebastian. 2004. Pensions, poverty and household investments in Bolivia. Berkeley: University of California; emlab. berkeley. edu/users/webfac/bardhan/e271_f04/ martinez. pdf.

Matits, Agnes. 2004. Practical experience with the second pillar of the Hungarian mandatory pension system. Paper delivered at an International Labour Organization pension conference, Budapest, December 9-10.

Mesa-Lago, Carmelo. 2007. Reassembling social security: A survey of pensions and health care reforms in Latin America. New York and Oxford: Oxford University Press.

Mitchell, Brian R. 1998a. International historical statistics: Africa, Asia, and Oceania, 1750—1993, 3rd ed. New York: Stockton.

——. 1998b. International historical statistics: The Americas, 1750—1993, 4th ed. New York: Stockton.

——. 1998c. International historical statistics: Europe, 1750—1993. New York : Sto-ckton.

Müller, Katharina. 1999. The political economy of pension reform in Central-Eastern Europe. Cheltenham, U. K., and Northampton, Mass.: Edward Elgar.

Muturi, Slawomir, Marcin Zdral, Marcin Zajkowski, and Agnieszka Chlon-Dominczak. 2000. Transformation of social security institution (ZUS) under the Polish pension system reform. Warsaw: ZUS.

Orbán, Gábor and Daniel Palotai. 2005. The sustainability of the Hungarian pension system: A reassessment. Occasional Paper, no. 40. Budapest:

Magyar Nemzeti Bank.

Organization for Economic Cooperation and Development (OECD). 2004. Reforming public pensions：Sharing the experiences of transition and OECD countries. Transition Economies，vol. 2004，no. 1. Paris：OECD；titania. sourceoecd. org/vl=6782642/cl=20/nw=1/ rpsv/~6686/v2004n1/s1/p1l.

——. 2007. Pensions at a glance：Public policies across OECD countries. Paris：OECD. Orszag，Peter. 1999. Individual accounts and Social Security：Does Social Security really provide a lower rate of return? Washington：Center on Budget and Policy Priorities；www.cbpp.org/3-11-99socsec.pdf.

Orszag，Peter R.，and Joseph E. Stiglitz. 2001. Rethinking pension reform：10 myths about social security systems. In New ideas about old age security：Toward sustainable pension systems in the 21st century，ed. Robert Holzmann and Joseph E. Stiglitz，with Louise Fox，Estelle James，and Peter R. Orszag，pp. 17-62. Washington：World Bank.

Pestieau，Pierre. 2006. The welfare state in the European Union. Oxford：Oxford University Press.

Pestieau，Pierre，and Uri M. Possen. 2000. Investing Social Security in the equity market：Does it make a difference? National Tax Journal 53 (1)：41-57.

Queisser，Monika，and Edward Whitehouse. 2006. Comparing the pension promises of 30 OECD countries. International Social Security Review 59 (3)：49-77.

Rofman，Rafael. 2007. Pension reform and the development of pension systems：An evaluation of World Bank assistance. Background paper，Peru Country Study，Independent Evaluation Group. Washington：World Bank.

Rofman，Rafael，and Leonardo Lucchetti. 2006. Pension systems in Latin America：Concepts and measurements of coverage. Social Protection Discussion Paper Series，no. 0616 (Nov.). Washington：World Bank.

Salditt，Felix，Peter Whiteford，and Willem Adema. 2008. Pension reform in China. International Social Security Review 61 (3)：47-71.

Shanley Mary Lyndon. 1986. Suffrage，protective labor legislation，and married women's property laws in England. Signs 12 (Autumn)：62-77.

Sigg，Roland. 2005. Extending working life：Policy challenges and responses. In Toward newfound confidence, ed. Richard Levinsky and Roddy McKinnon, pp. 25-140. Geneva: International Social Security Association.

South Africa National Treasury. 2007. Social security and retirement reform. Second Discussion Paper (Feb.). Pretoria: National Treasury.

Tapia, Waldo, and Juan Yermo. 2007. Implications of behavioural economics for mandatory individual account pension systems. OECD Working Paper on Insurance and Private Pensions, no. 11. Paris: OECD; www.oecd.org/dataoecd/5/22/39368306.pdf.

Thaler, R. H., and S. Benartzi. 2004. Save more tomorrow: Using behavioral economics to increase employee saving. Journal of Political Economy 112 (1, pt. 2): 164-87.

Thaler, Richard H., and Cass R. Sunstein. 2008. Nudge: Improving decisions about health, wealth, and happiness. New Haven, Conn.: Yale University Press.

Thompson, Lawrence H. 2006. US retirement income system. Oxford Review of Economic Policy 22 (Spring): 95-112.

Turner, John. 2007. Social security pensionable ages in OECD countries: 1949—2035. International Social Security Review 60 (1): 81-99.

U. K. Department for Work and Pensions. 2006. Security in retirement: Towards a new pensions system. Cm 6841. London: The Stationery Office.

U. K. Pensions Commission. 2004a. Pensions: Challenges and choices; The first report of the Pensions Commission. London: The Stationery Office. www.webarchive.org.uk/pan/16806/20070802/www.pensionscommission.org.uk/publications/2004/annrep/index.html.

——. 2004b. Pensions: Challenges and choices; The first report of the Pensions Co-mmission, Appendices. London: The Stationery Office; www.webarchive.org.uk/pan/16806/20070802/www.pensionscommission.org.uk/publications/2004/annrep/appendices-all.pdf.

——. 2005. A new pension settlement for the twenty-first century: Second report of the Pensions Commission. London: The Stationery Office; www.webarchive.org.uk/pan/16806/20070802/www.pensionscommission.org.uk/publications/2005/annrep/annrep-index.html.

U. S. Social Security Administration. 2007a. The 2007 annual report of the Board of Trustees of the Federal Old-Age and Survivors Insurance and Federal Disability Insurance Trust Funds. Washington：SSA.

——. 2007b. Social security programs throughout the world. Washington：SSA；www.ssa.gov/policy/docs/progdesc/ssptw/index.html.

Valdés-Prieto，Salvador. 2005. Para aumentar la competencia entre las AFP [How to increase competition among pension fund managers]. Estudios Públicos 98 (Autumn)：87-142.

——. 2007a. Pension reform and the development of pension systems：An evaluation of World Bank assistance. Background paper，Bolivia Country Study，Independent Evaluation Group. Washington：World Bank.

——. 2007b. Pension reform and the development of pension systems：An evaluation of World Bank assistance. Background paper，Regional Summary：Latin America and the Caribbean，Independent Evaluation Group. Washington：World Bank.

von Gersdorff，Hermann. 1997. The Bolivian pension reform：Innovative solutions to common problems. Policy Research Working Paper，no. 1832. Washington：World Bank，Financial Sector Development Department.

Whiteford，Peter，and Edward Whitehouse. 2006. Pension challenges and pension reform in OECD countries. Oxford Review of Economic Policy 22 (Spring)：78-94.

Williamson，John B. 2004. Assessing the pension reform potential of a notional defined contribution pillar. International Social Security Review 57 (1)：47-64.

Willmore，Larry. 2004. Universal pensions in low income countries. Discussion Paper，no. IPD-01-05 (Oct.). New York：Initiative for Policy Dialogue，Pensions and Social Insurance Section，Columbia University.

——. 2006. Non-contributory pensions：Bolivia and Antigua in an international con-text. Santiago：CEPAL，Special Studies Unit.

World Bank. 1994. Averting the old age crisis. New York：Oxford University Press.

——. 2004. World development indicators. Washington：World Bank.

——. 2005. Hungary: Pension—Competition and performance in the Hungarian sec-ond pillar. Financial Sector Assessment Program Update (Dec.). Washington: World Bank and International Monetary Fund.

——. 2006a. Pension reform and the development of pension systems: An evaluation of World Bank assistance. Washington: Independent Evaluation Group, World Bank; lnweb18. worldbank. org: 80/oed/oeddoclib. nsf/DocUNIDViewForJavaSearch/43B436DFBB2723D085257108005F6309/ $ file/pensions _ evaluation. pdf.

——. 2006b. Pension reform: How to strengthen World Bank assistance. IEG Reach, Feb. 2; lnweb18. worldbank. org: 80/oed/oeddoclib. nsf/DocUNIDViewForJavaSearch/86FAF FBFBA032ED085257108005EDE9E/ $ file/pensions evaluation reach. pdf.

完整版《养老金改革：原则和政策选择（2008）》目录

序

第一章　理论背景

第一节　背景情况

第二节　政策反应

第三节　本书结构

第一部分　原　　则

第二章　养老金制度的核心目标

第一节　目标

第二节　分析性错误

第三章　养老金制度的基本特征

第一节　积累制和现收现付制

第二节　缴费与待遇之间的联系

第三节　随时间推移调整缴费和待遇

第四节　名义账户制养老金

第五节　争论

第四章　养老金的经济学基础

第一节　产出问题

第二节　普遍存在的消费者信息不完全与决策不完善问题

第三节　养老金制度面临难以预料的巨大风险

第四节　行政管理成本会严重影响养老金

第五章　养老金与劳动力市场

第一节　从整体角度看养老金制度

第二节　职业生涯的待遇设计

第三节　退休时的待遇设计
第四节　随时间调整养老金制度
第六章　融资与积累
第一节　特种税
第二节　隐性债务与显性债务
第三节　积累、国民储蓄与增长
第四节　现收现付制和基金积累制的回报率比较
第七章　再分配与风险分担
第一节　提高养老金待遇低的人群的退休收入
第二节　代际再分配的成本和收益
第三节　代内和代际间的风险分担
第八章　性别与家庭
第一节　框定问题
第二节　每年的收入税
第三节　养老金制度设计
第四节　结论
第九章　养老金制度的实施
第一节　政府能力
第二节　私人养老金提供者能力
第三节　消费者能力
附录 9.1　在美国的社会保障制度中实施个人账户：一个假设的任务清单
第十章　第一部分小结
第一节　原则
第二节　政策教训

第二部分　政策选择

第十一章　国家之间的差异和变化
第一节　过去 50 年发生的变化
第二节　问题和回应
第三节　政策性失误
第四节　不同国家的养老金制度
第五节　结论

第十二章　智利的养老金制度
第一节　1981 年以后的制度介绍
第二节　评价
第三节　结论
第十三章　智利养老金建议的改革方向
第一节　核心战略
第二节　基础养老金
第三节　个人账户
第四节　法定覆盖面
第五节　消除性别歧视
第六节　结论
附录 13.1　进一步改革
第十四章　中国的养老金制度
第一节　介绍
第二节　评价
第三节　结论
第十五章　中国养老金改革的可能方向
第一节　总体框架和行政管理
第二节　基础养老金的选择
第三节　个人账户的选择
第四节　自愿型养老金的选择
第五节　退休年龄以及退休时和退休后的待遇
第六节　扩大覆盖面
第七节　结论
第三部分　结　论
第十六章　政策问题与部分解决方案
第一节　政策设计的问题
第二节　关键信息
专业术语表
参考文献
索引

附录

中国的养老金改革：问题、选择和政策建议①

（2009年11月）

尼古拉斯·巴尔　彼得·戴蒙德

本文第一部分是关于养老金设计的原则，这部分利用巴尔和戴蒙德2008年以来的研究成果，介绍了养老金制度的理论背景和国际经验。第二部分对中国养老金制度的短期和长期改革提供了可行选择和政策建议。本文旨在帮助中国建立一个惠及所有老年人的统一养老金制度。我们认为强制性缴费型养老金不应仅限于城镇部门而忽视农业部门；政策应该关注大企业和小企业之间的差别，或者说正规部门与非正规部门之间的差别。我们建议扩展现行缴费型制度的覆盖面工作应从关注大企业开始，无论企业地理位置如何，都应该一视同仁。照此方法逐步扩展缴费型制度的覆盖面，最终会在中国建立一个覆盖全民统一的养老金制度。第2.1节讨论了这种扩展缴费型养老金覆盖面的方法，以及如何建立一个针对中国所有老年人的非缴费型养老金，以保证养老金制度至少有一部分能够覆盖所有老年人。第2.2节阐述了非缴费型养老金制度的设计细节。后面几节讨论了城镇缴费型养老金制度，及缴费型和非缴费型养老金制度的组织管理。对农村地区自愿性养老金的初步探讨在第2.2.2以及2.10.2。本文还讨论了公共雇员养老金和自愿性养老金。

第一部分　养老金设计原则

（这里省略）

第二部分　改革选择

2.1　养老金结构

---

① 该文由两部分构成，其中，“第一部分　养老金设计原则”有很多内容与本书重复，征得作者同意，这里刊发时全部省略。除此之外，为尊重原文，一字未动——译者注。

目前，中国为城镇职工建立了缴费型养老金制度，它由基础养老金和个人账户两部分构成。政府雇员有单独的养老金制度。另外，还有自愿性养老金制度。最后，低保制度为一些贫困老年人口提供了收入来源。当然，个人还可以为其退休进行储蓄。在讨论通过扩展缴费型制度和建立一个国家非缴费型养老金制度来扩大覆盖面之前，我们先对这几个制度的当前运行状况作一个简短评论。

2.1.1　城镇职工缴费型养老金制度

作为影响深远的总体经济改革的一部分，中国启动了根本性的社会保障制度改革，即把原先以企业为基础的劳动保障制度改造成了适应现代经济发展需要的强制性社会保障制度。这一改革的主要成就在于，建立了由基础养老金、个人账户和自愿性养老金三部分组成的养老金制度体系，并为后续养老金制度改革奠定了坚实基础。基础养老金在向低收入者提供较高替代率时发挥了关键性作用，而且在减少贫困和提供保险上也意义重大。中国居民收入水平正在不断提高，收入来源也日益拓宽，因此将养老金与收入关联的个人账户部分对确定退休后替代率水平变得越来越重要。而且，上述这两部分养老金都是基于年金制的待遇支付来提供长寿保险。这样，社会统筹和个人账户的结合便提供了一定的消除贫困、保险和熨平消费的功能。

除了强制性养老金制度外，中国还有包括企业年金计划、个人储蓄和由行业或地方组织的其他养老金计划所构成的自愿性养老金制度，这些都是对统账结合制度的重要补充。人们的需求、兴趣和工作各异，而自愿性养老金制度就提供了一种机制，把这些各异的偏好转变成现实。与必定成为国家强制性养老金制度一部分的统一性程度相比，以企业和个人为基础的自愿养老金却可容纳像中国这样规模巨大且多样化的差异。的确，中国统一的国家养老金制度只有当与规模庞大的自愿养老保险制度共存时才会变得最有价值。自愿性养老金制度还可以在支持资本市场发展和提升管理经验上发挥重要作用，从而增强私人部门在提供养老金上的长期作用。人们还可以直接为退休进行储蓄，未必要借助于养老金机制。从许多方面来看（不仅是退休），具有适当回报率的安全投资机会的广泛存在才是重要的。

2.1.2　巩固养老金制度的备忘录

目前，作为未来几十年中国养老保险制度结构中的一部分，制度改革后的三个要素相互补充和支持。但在执行这一养老保险制度的过程中，强制性养老金制度、自愿性养老金和政府雇员养老金以及农民工养老金都出现了问题。当然，在中国也可能产生安全的储蓄机会和较高的回报率，从而鼓励更多的积累并因此有助于对老年人的支持。

强制性缴费制度。从战略层面上来讲，有三个方面应引起注意：覆盖面、体系赤字和个人账户问题。

覆盖面。该制度面临着若干挑战：

- 实施过程中的组织结构仍高度碎片化；
- 法定缴费的执行情况参差不齐；
- 城镇地区覆盖面是不完整的，国有企业部门之外的雇主和雇员的缴费仍然非常有限；
- 缴费制度在很大程度上忽略了农民工和农村地区工人。

2.2 节将探索扩大缴费型制度覆盖面的途径和非缴费型养老金在扩大覆盖面上的作用。

体系赤字。大多数地区的养老金都出现了赤字：养老金支出超出了保费征缴能力和本来用于个人账户的一些缴费。如果现行规则不变且预期赡养率（退休人员占在职工人的比例）上升，那么未来的赤字也是可以预见的。

个人账户。由现收现付制转向积累制将不可避免地出现预付现金流成本，其原因就在于必须要找到一种方法，在为目前基于现收现付制退休的几代人提供养老金融资的同时，还要向当前在职工人的积累制个人账户进行缴费。刚才所描述的赤字很难满足这些转型成本，这就导致了所谓的空账问题，当然原因就在于地方政府通常用在职职工的个人账户缴费为退休人员养老金融资。此外，个人账户的金融市场投资管理体制尚未建立起来，这些积累起来的个人账户基金还只能投资于低回报的银行存款和政府债券。

2.1～2.6 节将详细分析基础养老金和个人账户。

政府雇员养老金。在上文所述制度覆盖了城镇私人部门大公司雇员的同时，政府雇员却有着不同的制度。在政府雇员养老金制度中，雇员无须缴费而其待遇是基于职业生涯结束时的高工资来确定的。虽然全世界都普遍存在对政府雇员提供这种基于短期收入来确定的慷慨养老金，但是从对不同雇员的公平性、养老金确定的风险和激励的角度来讲，这不是一个好的制度。目前，已经开始尝试把非政府雇员的公职人员（例如教师）纳入强制性城镇养老保险制度。随着中国经济的发展，当人们在政府部门与非政府部门之间的就业流动性增强成为可能时，改变养老金制度安排，对劳动力流动的激励机制进行精心设计将变得更加重要。在第 2.7 节中展开讨论。

农村劳动者的养老金制度。虽然不少农村地区出现了一些针对赤贫人群的收入保障计划，或者由农村地区雇主组织的某种形式的养老金计划，以及一些正在进行的养老金试点，但总体而言，迄今为止农村地区依然缺乏覆盖农村地区劳动者的“大”养老金制度。目前，农村地区的社会养老保险制度于1992年在全国范围内开始推广。该制度由乡村或者农村地区的企业组织，基金积累主要投资于存款和国债。该制度要求农村地区20～60岁的居民向个人账户缴费，并将于60岁开始领取一份年金。月缴费额采用定额的形式，设立2～20元不等的多个档次。参保对象60岁以前死亡的，其个人账户的资金积累（含利息收入）可以由其继承人继承。根据政府网站的数据：“截止到2003年年底……全国有5 428万人参加了农村社会养老保险，基金积累达到259亿元，198万农民开始领取社会养老保险金。”但是，由于个人缴费水平太低，而来自雇主或政府的补贴通常也非常低，甚至没有，这导致实际的给付水平非常低。这种养老金制度的低覆盖率使养老金制度所具有的通过经济增长来增进国民福利的制度优势无法有效发挥。2009年8月，国务院颁布了农村地区社会养老保险制度试点的新方案。与城镇养老金制度相平行，新的农村社会养老保险制度包括一个基础养老金和个人账户养老金，其中个人账户养老金属于自愿参加，基础养老金则取决于参保对象向个人账户缴费的情况。于是试点推广阶段，该政策的所有细节尚不清晰。对于那些45岁以下的参保人，需要缴费满15年才能获得基础养老金；对于45～60岁的参保人，其缴费年限要求会稍短一些，对于那些60岁（养老金待遇给付的起始年龄）以上的农村老人，其享受基础养老金的前提是，其子女也参加社会养老保险并缴费。基础养老金的初始水平是每月55元（中央政府确定的标准）。目前的试点计划覆盖10%的农村地区人口，并计划在2020年之前实现对农村地区的全面覆盖。

我们非常欢迎在农村地区扩展社会养老保险覆盖面的积极行动。然而，正如本部分2.3节所讨论的那样，我们对当前的试点方案也提出两个战略性的问题。

• 当前的基础养老金必须以缴费参保为获得待遇的前提，还是可以作为一个公民养老金计划而向所有人开放？

• 这种形式的养老金，仅仅针对农村地区，还是将扩展至全国？

另外，关于自愿性养老金制度的相关分析还包括试点方案中个人账户部分的政策设计问题。

自愿性养老金制度。正如上述分析所指出的那样，农村地区的社会养老保险试点方案包括了一个自愿性的个人账户制度。对于那些年轻的劳动者而言，向个人账户缴费是其获得基础养老金给付的一个条件，并且可能是其父母（制度实施时，已经年满60岁的老人。——译者注）获得非缴费型养老金给付（即基础养老金）的一个条件。除了讨论待遇给付的条件问题之外，下文还将对自愿性个人账户养老金的政策设计提出相关问题，并且进一步讨论自愿性养老金制度的法律结构，监管和监督的发展，以及在投资市场投资等问题。

从本部分2.2节开始将通过探讨扩大覆盖面的各种方案，对养老金制度进行详尽讨论。2.3节讨论公民养老金的制度设计。

2.2　扩大覆盖面：缴费型与非缴费型养老金制度

养老金制度能够熨平消费。通过给付晚年待遇，它们也成了一整套制度的组成部分，共同向老年人提供贫困救济、保险和终身收入再分配。在世界各地，这些制度总是根据不同形势和不同历史时期的需要，在老年人中表现为多层次性。对于一个典型的制度结构，我们提出如下几个层次：

第一层次集中在向经济最困难的这部分人提供帮助上，而不考虑其职业生涯。某种程度上的待遇资助，有时以现金形式提供，常常还辅以实物给付（食品、医疗和住房等），主要集中于通过收入调查确定的最贫困人口，或者甚至更为严格，仅仅适用于通过收入和财产调查确定的赤贫人口。也就是说，这些福利待遇只惠及最低收入人群或者仅有少量财产的最低收入者。中国低保制度就属于这样的制度安排。当认识到这一制度对老年人比年轻人更为慷慨时，就应该加强对老年人的资助。因为这种慷慨并不会像年轻人那样对工作产生抑制作用，更何况还有如此多的老年人明显无法获得收入。

第二层次是强制性缴费养老金制度。缴费型养老金在实现养老金目标的贡献力度上尤其要取决于惠及老年人的程度，也即覆盖面的大小。在中国，养老金覆盖面应包括三类人员：

• 既定的城镇职工：通过人口流动和农村地区城镇化进程后对人口的重新分类，这类职工的数量正在不断增加；

• 农民工：据估计约有2亿人口，按照在城镇地区停留时间的长短、就业状况和是否家庭随迁的标准来看，他们之间的差异较大。

• 农村工人：包括在农业和其他经济活动领域就业的工人。

既然在养老上普遍存在着财力是否足够的问题，那么最好能有一个在财力和管理上都是可行的养老金制度尽可能地将老年人覆盖进来。目前，强制性缴费养老金制度的覆盖面在两个方面是不完备的：对于城镇职工来说，这一制度缺乏完整性，特别是对私人部门雇员和自雇者来说这一问题就更为严重了；同时，覆盖范围并没有扩展到农民工或农村老人。因此当务之急是实施一套把这三类人员都覆盖进来的制度。

强制性缴费养老金制度的覆盖面问题在很多国家都存在。不完整的覆盖面在组织能力有限、非正规部门庞大，或两者情况兼而有之的发展中国家广为存在。例如在智利，积累制个人账户制度在常规月份只收到不到2/3的劳动人口缴费。该制度没有强制非正规部门参与进来。在强制性缴费养老金制度下，工人的收益水平取决于其缴费期长短。观测强制性缴费养老金扩面的进展，一方面有助于搜集缴费密度（也就是缴费数量除以理论最大值）方面的数据，另一方面可以显示强制缴费的推行程度和上行下达的力度。

在自雇者和小型雇主企业大量存在的国家，任何试图通过强制性缴费养老金制度把这些人员成功覆盖进来的尝试，都将在管理上形成巨大挑战。我们把这些工人称为非正规工人，而这些非正规部门是指几乎没有工人的名义公司和自雇者个人。此外，大多数工人都相当贫困，对他们晚年消费的支持应该更多源自公共部门的资助，而不是来自于迫使他们在收入微薄时的定期缴费。

在管理上，较为发达的国家确实成功地实现了强制性缴费制度对非正规部门的全面覆盖。但是，这种覆盖面的取得是以少报收入和致使最终替代率降低为代价的。此外，即使实现了广覆盖，非正规部门就业者面对着断断续续的职业生涯，其替代率是否充足也依然存在问题。2005 年，尽管英国已经有了一个成熟的养老金制度且缴费执行能力良好，但只有占当时大约85%的男性退休人员和30%的女性退休人员取得了享受全额基本国家养老金的资格，而这需要至少缴费40 年。

在转向养老金设计细节之前，我们先来看一下扩大覆盖范围的办法。第2.2.1 小节我们考察了当前缴费型养老金制度，利用当前的城乡差距并把城镇地区作为隐含的关注焦点，探讨是否应该在短期内继续推进这种扩大覆盖面的办法，或者探讨这一办法是否应该被用于向大公司扩大覆盖面的过程之中，而不论这些大公司位于何处都被称为正规部门，而对于向那些被称为非正规部门的小型企业和自雇者扩大覆盖面将留给未来议程考虑。然后，第 2.2.2 小节将转向作为填补空白手段的非缴费型（公民）养老金。不论扩大缴费型养老金制度覆盖面的顺序如何，这种空白都有可能持续很长一段时间。一些国家已经有了非缴费型养老金制度，以此来为老年人提供第三层次的收入保障。

2.2.1　缴费型养老金的覆盖范围

强制性缴费养老金制度在向非正规部门扩大覆盖面的过程中如果存在着普遍困难（我们预计这种困难在中国将长期存在），那么我们对扩大覆盖面的第一个基本看法就是：在现行中国经济运行和管理体制下，试图将当前强制性缴费养老金制度的覆盖面从城镇单位职工扩大到全体劳动力，或者甚至仅仅扩大到全部城镇劳动力都并非是一个好的政策选择。这反映了管理上的困难和执行强制性缴费率上的慎重，因为它可能阻碍企业的竞争力和成长，尤其是对小型私人公司来说。

我们的第二个基本看法是，对城市和农村地区的企业进行区别对待并不是养老金政策的一个好基础。近期扩展养老金制度覆盖面的基础应该是，养老金制度的管理能力和企业（无论其在何处）执行法定参保政策的成本有效性。政府在社会养老保险费征缴中的关键要素是，出示能够证明具有企业具体功能的那些证据。广泛使用的银行体系，尤其是对劳动者的薪资支付，与作为企业管理活动要素之一的会计记录，都有利于政府部门用来提高社会养老保险缴费的合规行为。虽然企业在以上维度的活动信息将有利于社会养老保险制度的执行，但是，企业的员工数量将是政府监督企业，以及企业合规行为的代理指标。换言之，政府可以首先向大型企业扩展社会养老保险的覆盖面，而不论该企业在农村还是城市地区，向小企业以及自雇企业扩展覆盖面则可以留待将来解决。

总之，我们可以使用各种正式或者非正式的手段来区别拥有大量雇员的大企业和仅有少量雇员的小企业以及自雇者。至于在中国，企业的雇员达到多大规模才纳入法定参保范围，并不是我们能够确定的事情，这个问题需留待那些对中国的行政管理结构有着更好理解和把握的人来解决。另外，不少小企业可以被视为正规部门企业，这是由其特殊地位决定的。比如，一个向政府或正规部门企业提供专业服务并获得高额报酬的服务提供企业自然应该包括在正规部门内，这是因为它的利润非常容易追踪，并且其劳动力成本之外的其他费用是比较有限的。

考虑到企业在管理和执行法定缴费方面的特殊角色和世界范围内正规部门的平均收入大大高于非正规部门的现实，我们建议法定缴费型养老金不应仅限于城市地区。当前城市地区的社会养老保险制度应该将那些规模足够大的企业纳入参保范围，不论其所在的区域是农村还是城市，而不是仅将当前的养老保障制度扩展至城市的小企业和自雇者。因此，扩大城市社会养老保险制度覆盖面的近期目标是那些虽然处在农村地区但是满足正规部门条件的劳动者，即在大规模乡镇企业、大规模奶业和其他农业企业工作的劳动者。这种关注企业规模而不是企业所处地方的做法，早就是发达国家社会保障制度发展过程中的共识。事实上，德国目前法定养老金制度的参保范围仍不包括那些自雇者。正如表 2 中美国的案例所表明的那样，养老金制度的覆盖面是在一段较长的时间内逐渐扩展的。随着中国农村地区的现代化，农村地区越来越多的经济活动将转至正规部门，而从事这些经济活动的劳动者届时也将被纳入法定养老保险制度。处理这个过程必须谨慎，以防止过激行为影响到国家的竞争力和经济增长。

表 2　　美国养老金制度覆盖面的相关法律条款

年份	法规
1935	工业和商业部门（铁路除外）所有年龄低于 65 岁的劳动者
1946	铁路部门和社会养老金领取者及其遗属
1950	一般农场主及其家庭成员，农场主之外的自雇人员（专业人员之外） 非营利性组织雇员、雇主和雇员推选的工作人员
1954	自营农场主，除律师、牙医、理疗师和医疗组织之外的专业人员，零星就业人员，家庭保姆
1956	自主性的军队后勤服务和培训机构人员，除理疗师之外的非全职自由职业者（1955 年之后不再缴税），部分参与经营劳动的自营农场主
1965	自营理疗师
1983	1983 年 12 月 31 日之后被雇用的联邦政府雇员 国会议员、总统、副总统、大法官和联邦政府执行国务秘书 非营利性组织雇员
1987	为军队提供培训的服务人员，农场工人（农场主每年至少为农场工人支付 2 500 美元以上）

数据来源：US Social Security，Annual Statistical Supplement，2008，Table 2. A1.

建议 1　强制性缴费型养老金不应该局限于城镇居民（忽略农业人口）：

• 扩大覆盖面的重点应该是大型企业（正规部门），不论企业地理位置在哪，扩面工作应该稳步谨慎推行。

• 覆盖面最终应该扩大到小企业和自雇者（非正规部门），但这一任务难度较大，短期内行政能力还达不到这一要求。

因此，我们建议将稳步扩大强制性缴费养老金制度覆盖面的过程集中于具有足够规模的企业上，而对其所属地域不加区分。照此扩大覆盖面能够支持劳动力在不同地域之间流动，因为缴费型养老金制度将同样包括类似替代工作。把这些受雇于规模企业的职工首先覆盖进来，而把小企业雇员和自雇者留待以后解决，最终将使每个人都被统一国家缴费养老金制度覆盖进来。

这在避免不同种类人员适用不同制度上是一个好的政策选择：对某些特殊工人有可能存在着如何合理分类上的边界分歧；农民工可能辗转于不同职业类别，有些人可能会在多个类别中就业，还有一些人没在任何一个类别中就业；随着时间的推移，职业类别可能发生改变或变得无关紧要，以至于制度不容易适应经济和社会变化。

对覆盖范围进行说明，将有助于厘清下列一些具体问题：

• 工人是否被纳入城镇部门，取决于其劳动合同的细节（例如合同是否至少一年以上）。这一点存在歧义，因为覆盖范围与用工合同可以不存在地理上的一致性。

• 不同地域的城镇养老金制度在农民工待遇方面存在差距。

• 对 TVEs 的说明也不甚明确。可能应由农村部门管辖的事务，手续却要在城镇办理。

• 对区域的划分标准还在不断改变。

给定了强制覆盖的适用规则后，一些雇主和工人便可以在正规和非正规部门之间进行有效选择。企业可以选择是否雇用更多工人或使用市场交易来获得人力资源。工人可以选择是否寻求正规就业或留在小型雇主企业中或者成为自雇者。因此，应注意避免增加强制性缴费型养老金制度的净成本（缴费扣除未来待遇的价值）。下文在对城镇养老金制度遗留成本如何分担的讨论中部分厘清了这个问题。这对于考察缴费型养老金和非缴费型养老金之间的联系也很重要，后者就是我们下面所要推荐的。

2.2.2　非缴费型（公民）养老金的覆盖范围

即使采取任何措施，覆盖面的扩大也只能按部就班地推进，所以大部分劳动人口将在相当长时期内无法被强制性缴费型养老金制度所覆盖。考虑尽快扩大覆盖面的需要，在短期内一个可行的措施是，引入一个非缴费型国民养老金制度，我们称为公民养老金。正如强制性缴费养老金制度的优势取决于职业特征（在正规部门就业）而与个人特征无关一样，国家公民养老金制度也具有优势，而不会出现适用于城镇职工、农村雇工和农民工的多个分立制度。但这不要求该制度对每个人都一样。事实上，待遇水平应该依据生活成本的不同而有所差异。在某种程度上，地方当局想利用本地财力参照当地生活水平来提高待遇水平，这也是一个适当可以灵活掌握的途径。此外，一个人从缴费型养老金获得的待遇越高，其公民养老金的福利水平就应该低一些，使获得高水平缴费型养老金的人只得到极少公民养老金或者根本没有。另外，通过了解得知哪些人获得了公民养老金，低保制度的管理人员还可以参照公民养老金的标准确定低保的待遇水平，低保也是家庭收入的一部分。

即使长期来看，非缴费型养老金制度也具有一些优势。事实上，很多发达国家都保留了这一制度，而其中一些国家的缴费型养老金制度已经实现了广覆盖。当认识到现代经济中缴费缺口在所难免时，税收融资的非缴费型养老金制度就会继续被使用，例如在澳大利亚、加拿大、新西兰和荷兰。在中等收入国家中，我们注意到，由智利总统巴切莱特任命的委员会出具了一份报告，确认了（该国原有的）养老金战略存在不少弊端，特别是在贫困救济和对妇女的影响上，随后智利于2008年引入了非缴费型养老金制度。此外，我们还注意到南非的国家老年津贴，该制度说明了非缴费型养老金制度在发展中国家如何运作以及如何覆盖到农村人口。

公民养老金制度可以覆盖每个人，包括正规和非正规部门的工人，城镇的和农村的，受雇者和自雇者，甚至是非劳动力人员。其深层含义是，它认同关怀责任：那些照顾年幼子女或老年亲属并因此从事没有报酬工作的人理所当然有权获得公民养老金。

待遇给付将通过一般性财政收入来融资。也可以为此目的专门指定某些收入来源，这些收入来源既可以是新的也可以是现存的。以智利为例，2008年推出的非缴费型养老金由退休金储备基金作为资金来源。这部分资金来自一般性财政收入，且由法律规定占GDP的一定比例。虽然，专款专用会减少政府预想的税收收入，但是在实践中，这通常被视为保证特定类别支出与稳定收入来源之间适度平衡的有效途径。特别是，这种方法能够为制作某些短期的预算提供长期支持。由于是非缴费的，当考虑待遇给付规模时，人们必定会觉察到使用一般性财政收入在分配上的深层含义。

建议2　政府应建立全国性的公民养老金，用一般税收或专项资金来筹资，支付条件是达到一定年龄和居住年限，并相应调低那些从强制性养老金制度获得养老金者的待遇。

本部分2.3节讨论公民养老金的设计方案，一方面包括该制度与低保之间的互动，另一方面包括该制度与强制性缴费型养老金制度两个部分（基础养老金和个人账户）之间的互动。另外还会涉及与政府雇员养老金之间的互动。

2.2.3　基础养老金的延续

随着公民养老金制度的引入，自然而然就会出现对同是旨在资助低收入者的基础养老金是否应该继续存在的质疑。在这里我们倾向于保留基础养老金。

为什么采取这个制度？拟议的制度包括：（1）非缴费型养老金（每个老年人都有可能符合条件）；（2）强制性缴费的基础养老金；（3）强制性个人账户；（4）自愿性养老金。这种结构与众不同，因为它包括了（1）和（2）。包含非缴费型养老金制度的典型模式还可以有个人账户或其他形式的收入关联型养老金（加拿大、荷兰)。另外一些没有非缴费型养老金制度的国家却有缴费型基础养老金再加上收入关联型养老金（英国)，或者在单一的收入关联型养老金的再分配中向低收入者倾斜（美国)。选择包含（1）和（2）制度的原因就在于它符合中国国情并建立在现有制度基础之上。

特别是像荷兰和新西兰这些国家，它们的城乡就业者之间不存在体制鸿沟，非正规经济活动相对较少，收入差距也比中国小得多。在这些国家，养老金制度中非缴费型养老金作为唯一的固定比率待遇给付的成分是可以理解的。但是，中国的养老金制度安排必须兼顾收入差距和非正规经济活动规模较大等客观事实，制度安排还需要把不同的劳动者群体（城镇的、流动的和农村的）都覆盖进来，而不要因人而异地建立多个制度。在这里所提的建议中，非缴费型养老金制度将首先惠及大部分农村和农民工，同时也会使城镇中的低收入者或缴费记录不完整的劳动者获益。这项费用由纳税人承担。相比之下，基础养老金却使缴费制度中低养老金领取者受益，而由制度中高养老金领取者承担为此付出的代价。因此，这两种再分配模式非但没有重复而且还解决了两个完全不同的问题。

新西兰只有自愿的个人账户，尽管它在2007年开始推行自动注册服务。然而，中国应该保留其强制个人账户，因为在这样一个人口大国，不可能有足够的财政收入为公民的养老金提供适当的替代率。养老金有熨平消费以及消除贫困的作用，个人账户则是一个适宜的养老金制度的重要组成部分。

有了这个制度，一定程度的覆盖便可以实现，而且没有分类制度也无妨。另外，这些制度安排还可以随着时间不断演变。在未来某一天，当中国的经济结构更像富国时，政府便可以考虑是否既保留非缴费型养老金又保留基础养老金，或两者合并。

这些制度安排具有显著优势：

• 非缴费型养老金实现了政府在城镇地区扩大覆盖面和向农民工和农村老年人展开扶贫的目标。一个人取得非缴费养老金的资格仅取决于年龄、居住时间和来自强制性养老金的收入（如果有)。该养老金覆盖了正规部门和非正规部门、城镇和农村、受雇者和自雇者以及劳动力以外的人。此外，该制度还覆盖了在不同类型劳动力市场流动的那些工人。

• 在扩大强制性养老金覆盖面的过程中，首先要解决的是缴费型养老金最容易实现的部分，即把无论地处何处的大公司雇员都覆盖进来。因此，该制度适应了中国经济和社会的演变，等到最后再由一个包含所有部分的单一制度将所有人都覆盖进来。

• 这些制度安排回避了收入调查带来的经济和管理问题。既然老年人提供的工作量并不是政策主要关心的问题，那么对老年人进行收入调查也没有太大必要。这使得按照较少的限制条件向老年人而不是非老年人提供收入支持成为可能。此外，财产调查是基于容易量化的收入来源进行的，因为当局既了解人们向强制性制度缴费情况，也知晓他们从强制性缴费制度收到的养老金待遇。这个财产调查把公民养老金限定在那些具有较低或根本没有缴费养老金的人当中。这种仅仅依靠强制性养老金收入的调查避免了人们对个人储蓄和自愿性养老金的不利影响。

• 因为该制度只需要年龄、居住时间和来自强制性制度的养老金收入等信息，所以管理需求已经非常小了。

2.3　公民养老金的设计

在公民养老金的设计中，会出现几个问题，其中包括待遇水平、资格规定和抵扣其他收入以及待遇水平的实施方式。

很明显，这一制度存在着成本问题。政策制定者可以用三个办法来确保养老金是负担得起的：待遇支付水平；首次待遇支付年龄；待遇是向满足年龄和居住时间调查的所有人全额支付，还是对那些拥有足够其他收入的人提供少量或不提供非缴费型养老金。每月待遇水平有限且首次待遇支付年龄较高的制度花费不多。可以通过选择领取养老金的起始年龄把每月定向发放的养老金与给定的财政预算匹配起来。对养老金多少和受益资格年龄的调整，最好包括一些自动调整机制，将对制度的长期可持续性大有裨益。

2.3.1　公民养老金设计

该制度具有以下特征：

全额养老金的大小。全额养老金的大小应该足以对消除贫困作出重大贡献并能证明养老金发放管理费用的合理性。为了控制财政成本，较高的待遇水平可能需要较大的受益资格年龄。例如，荷兰国家养老金的待遇水平等于70%的最低净工资。新西兰把已婚夫妇二人的这一待遇水平设定为72.5%的平均净工资，而对单身个人待遇标准更高（取决于生活安排）。如果夫妻中一人在65岁以下，那么待遇水平会少一些。如果让地方政府来选择，他们也会动用自己的财力来贴补待遇标准，以便反映当地的生活水准。

建议3　公民养老金的实际待遇水平应该尽可能在不同地区之间保持一致，领取者在其居住地就近领取。地方政府可以用其自己的税收提供补充待遇。

随着时间的推移，公民养老金可以依据物价、收入或二者的加权平均数来指数化增长。具体选择哪一项指数应该部分取决于更为关注绝对消费水平的贫困还是关注相对消费水平的贫困。价格指数化将保持实际购买力一直稳定。虽然待遇水平在收入分布中（例如中位数收入的一个百分比）将随着收入分配状况变化而有所改变，但收入指数化将始终保持与平均收入同步增长。在某种程度上，所作的选择应表现出与缴费型养老金指数的协调关系。因为收入的增长预计要快于价格的增长，所作的选择也反映了制度成本的变动趋势。

荷兰的非缴费型国家养老金是与合同工资挂钩的（这不同于所得工资，如果不考虑晋升和职业变动的影响，每年大约有 0.5%的差别）。在新西兰，当工资增长时，养老金将通过立法进行调整，使其常年稳定在平均税后收入的 65%～72.5%。在南非，养老金与通货膨胀保持同步增长。正如下面将要讨论的，以缴费型养老金待遇指数化方式调整非缴费型养老金待遇看起来似乎是合适的。

另一个可以视为影响成本趋势的因素是待遇水平与非缴费型养老金赡养率（受益资格年龄以上的人数与年龄介于 21 岁至合规年龄之间的人数之比）之间的关系。要考虑到中国较快的人口老龄化，这一因素在短期内尤其值得关注。德国在确定强制性缴费养老金待遇水平时使用的赡养率（被定义成养老金领取人数除以就业和失业人口总和）被称为可持续因子（见 Börsch-Supan 等人，2003）。当然，将待遇水平和受益资格年龄进行适当搭配可以适应现有财力状况。

如何安排养老金制度各个组成部分的大小和比例还需要进行更深入的研究。在现有研究较为匮乏的条件下，我们建议应大体维持当前基本养老金和个人账户的配比。公民养老金占总量的比重将主要取决于财政因素，正如我们所设想的那样，至少在最初阶段，公民养老金会低于全部的基本养老金。

在对这些问题的设计中，人们必须清楚地了解从政府转移到个人手中的金额，以避免由此引发对可能产生的腐败的关注。如果政府雇员养老金收益低于法定数额可能会引起抗议行动。对此，能起到一定作用的是公开各个地区公民养老金的待遇水平，以便人们知晓其权利。一个比较棘手的问题就是官员为虚拟（死）人申办养老金业务，而解决之道应是高效的审计与强制执行。审计可能是随机、不预先通知地展开，对出现这种情况的对象予以曝光并施以严厉处罚。

受益资格的年龄条件。如上所述，在预算给定的情况下，采纳较高的受益资格年龄是一种增加个人待遇水平的融资方式。受益资格年龄可以与获得全额缴费型制度养老金匹配起来。这既可以与现实年龄对应起来，也可以设定为一个目标年龄，如同取得全额缴费型养老金资格年龄不断提高那样，这也是我们下面所要建议的。因此，男女同样适用于 65 岁是我们着重建议的。因为较高的受益资格年龄可能是对提供充足养老金并使这一养老金更为有意义所不可或缺的，所以每月非缴费型养老金的大小和首次领取养老金年龄之间的平衡显然需要进一步研究。这也取决于用于此项目的财力状况。

从长远来看，鉴于健康的预期寿命多半是要增加的，受益资格年龄应该随同健康的预期寿命自动调整，但不一定非得严格按比例调整。如上所述，在认识到近期内人口的快速老龄化，我们提到了将待遇和赡养率联系起来降低成本趋势的方法。同样，受益资格年龄可以基于赡养率自动增加。也就是说，为了控制中期的成本，可以通过调整待遇水平和受益资格年龄对赡养率的变化作出反应。

建议 4　非缴费型养老金待遇应像缴费型养老金那样，根据物价和工资变化进行指数化调整。还可能需要根据赡养率变化而调整。最低领取年龄应该随着预期寿命增加而提高，并且根据赡养率变化相应调整。

受益资格和待遇水平的居住条件。非缴费型养老金制度把所有符合年龄和居住调查的人都覆盖进来。居住调查是指一个人在中国居住了足够长的时间。居住调查既可以是严格的（例如在荷兰，居住时间长达 50 年才能取得全额非缴费型养老金），也可以是较为宽松的（例如在新西兰，20 岁后至少居住 10 年且 50 岁后不少于 5 年）。虽然都使用了这些配套办法，但荷兰的养老金待遇水平是与居住时间成比例的，而在新西兰符合资格的人员当中，其待遇水平却不因其居住时间的长短而有所不同。在这两个国家中，待遇水平都取决于生活安排，独居单身的待遇水平较高。因此，对中国来说，问题是要不要减少曾经在海外生活的老年人的福利水平，例如，在海外学习或就业的人。很多这样的人在晚年貌似不会有这种经济上的需要，因此这似乎是一个不错的选择。

根据其他收入调整全额养老金。作为一个原则性问题，非缴费型养老金像所有的养老金收入一样，应该包含在个人所得税的税基里，荷兰和新西兰便是典型案例。在目前情况下，这可能主要还停留在理论上，但是随着时间推移制度会不断发展，养老金待遇属于应税所得的原则必将会成为这一制度的基础。开始不征税是因为对那些需要缴纳所得税的人，养老金实在是微乎其微，但是一旦养老金和所得税成气候时，可能再实施征税就变得很困难了。这种错误在美国出现过。当时，美国社会保障刚建立不久，他们花了很长时间才把社会保障财务危机更正过来。

养老金多少与个人所得有联系吗？有如下几种选择：

- 普享：只依据年龄和居住条件来确定的定额养老金，例如，新西兰和荷兰的情况。这种方法的优势在于简单易懂。但对于给定了待遇水平和退休年龄的情况下，这一制度却是最昂贵的。对这一待遇征收所得税似乎理所当然。

• 调查：如果要将一部分人的养老金待遇减少或者取消，可以依据他们在更低水平非缴费养老金面前的适应能力来确定。

如果选择调查式的，会出现两个问题：一是进行调查所要参照的收入评价标准，二是收入的调查层次。所以（可能隐含着）部分潜在受益者实际上也可以获得全额待遇或略微降低的待遇。

既可以根据全部收入进行调查也可以依据来自强制性缴费制度的养老金收入来调查。所作的调查既可以把待遇限定在最贫穷的老年人身上，也可以仅把富有的老年人排除在外。因此，设计出不同人群享受不同待遇的养老金计划完全是可能的。

• 针对总收入的收入调查：其目的是为了进行资格限制，以便只有那些最穷困的人才有资格领取这一养老金，例如英国的收入调查型养老补贴。这一改革选项的代价是最为低廉的，但收入调查（1）可能使受助人蒙羞；（2）对储蓄造成严重不利影响；（3）测定收入在管理上要求较高，且即使在发达国家也代价高昂；（4）这在具有大量灰色经济且生产上自给自足明显的国家基本上是不可能的。

• 针对强制性养老金收入的收入调查：其目的是为了进行资格限制，以便只有那些养老金收入很低的人才能领取这个待遇，例如，瑞典的最低养老金制度。这一改革选项在管理上要容易一些；实际上同一机构就能发放缴费型和非缴费型养老金，并且很容易调整净支付。尽管这远远称不上是完美的措施，但这有可能在瞄准最低收入人群上是合意的。只针对强制性养老金收入进行调查可避免对自愿性养老金和私人储蓄的冲击。鉴于其目前的结构，政府雇员养老金应成为收入调查的一部分。然而，这种养老金的协同管理对行政管理架构要求很高，其复杂性不容低估。

• 富裕调查：其目的不是把养老金只局限于穷人，而是要把富人排除在外，例如在澳大利亚、加拿大和智利。调查可以针对总收入、养老金收入或二者的加总。富裕调查既可严格一些，也可宽松一点。智利的目标是只对收入最低的60%的老年人群提供养老金待遇；加拿大95%的老年人得到全部定额待遇，而只有2%的老年人完全排除在外。这种方法既可避免使人蒙羞，也可随着对养老金收入的依赖，对两部分人群越来越一视同仁。这两部分人群分别是有养老金收入（但不高）的人群和没有参加强制性养老金制度却同等富裕的人群。这种依赖养老金收入的调查就比较容易管理。同样，公共雇员养老金也应成为收入或富裕调查的一部分。

除了这几种选择外，我们建议非缴费型养老金制度应该采取富裕调查，但只针对来自强制性养老金制度的收入，而不考虑其他收入。我们建议，这种调查只针对全部强制性养老金收入——来自基础养老金和个人账户收入的加总，尽管也可以对来自基础养老金和个人账户的收入采取不同的抵扣率。支持的理由是，既然他们已经从该制度所固有的再分配中获益，那么从基础养老金获得较多待遇的人应该有更大的抵扣率。反驳的理由认为，这种抵扣将对非正规部门而不是正规部门的激励造成影响。这种激励可能对低收入者比高收入者远为重要。相对高收入者来说，低收入者将从基础养老金获得更大比重的缴费待遇。针对这两种截然不同的论点，最简单的方法是针对超过豁免额的全部缴费养老金收入水平（到领取全额养老金的年龄时测算，如下所述）进行抵扣。也许豁免额将与非缴费型养老金的大小密切相关。这可能有助于我们理解和领悟，例如，如果设定的豁免额等于非缴费型养老金，工人可以很容易地知道，如果没有收到任何非缴费型养老金，那么来自缴费型养老金的全部收入将翻倍。设计抵扣方法时，确保起点足够高很重要，因为它能把从非正式部门向正式部门转移的障碍控制在有限范围内。

如果富裕调查是针对实际养老金收入，而不是个人养老金权益（这种权益是在假定他或她在享受全额退休金的年龄时应该取得的养老金收入），那么这将会激励他们要求提前领取养老金，这是因为提前领取养老金要做精算调整，从而待遇水平就会下降，对于那些待遇水平不是太高的人来说，用于调查的较低待遇水平则意味着更大的非缴费养老金净待遇。对于那些在领取非缴费养老金待遇之前就启动了缴费型养老金待遇的人来说，这尤其是一个问题。为了鼓励推迟领取养老金，其他的年金保险也一样，我们建议这种调查应该针对他或她在领取全额退休金的年龄时所能够具有的养老金收入水平。如果待遇已经处于支付状态，那么调查也只能进行下去了。要求推迟领取养老金待遇（为了以后取得更高的待遇）可以导致一定时期内没有用于抵扣非缴费型养老金待遇的养老金收入。在某一豁免额之上，强制性缴费养老金每增加 1 000 元，非缴费养老金就将减少 x 元。因此，可以选择折扣率（x/1 000）与最低豁免额来确定那些收到正的非缴费型养老金待遇的既定一小部分养老金领取者。

由于政府雇员不参加缴费型养老金制度而是参加一个慷慨的由政府资助的养老金，因此，他们得到非缴费型养老金的机会应该不能多于那些能够获得与之可比的强制性养老金待遇的私人部门工人。

建议 5 非缴费型养老金的待遇水平应根据财产调查进行相应削减，财产调查应基于正常的强制性缴费型养老金收入。削减额度应该与非缴费型待遇水平挂钩。对于未参加强制性制度的公共雇员，其非缴费型待遇也应该相应降低。

富裕调查应该单独针对夫妻中每一个人的强制性养老金，还是应该针对夫妻整体的强制性养老金；如果没有缴费记录妇女的丈夫有数额不菲的缴费型养老金，那么这名妇女可以得到全额非缴费型养老金吗？目前这些问题可能还微不足道，但随着时间的推移，这些问题将变得越来越难以回避，因此现在就应该解决。

低保和非缴费型养老金制度。对某些人而言，他们的需求将超过可以获得的非缴费型养老金待遇。为了能有一个较高的待遇水平而选择较高受益年龄仍然问题突出。因此，老年人还会继续需要像低保一样的制度，即其收入调查需要基于全部收入。当然，低保管理人员也会注意到非缴费养老金并相应地调整低保水平。

自愿性养老金和非缴费型养老金。如果把自愿性养老金包括在公民退休金的收入调查中进行富裕调查（affluence testing）会过度打击自愿性养老金，因此富裕调查所涉及的仅是强制性养老金。瑞典采取的方法是保证抚恤金制度。

2.3.2 农村社会养老保险试点方案与公民养老金的比较分析

如前文所述，国务院目前正在推行农村地区社会养老保险的一系列试点。虽然，推行农村社会养老保险以加强农村地区减贫工作的需要广受赞誉，但是，当前的试点工作应该增加一个公民养老金。如果农村地区的社会养老保险方案能够满足以下条件，则必将更加有利于减贫与扩大覆盖面。

• 推广至全民，而不仅限于农村地区。

• 推行非缴费原则，养老金的发放仅基于年龄和居住地，而不是要求向自愿性的个人账户养老金缴费满 15 年。

• 迅速推广，因为非缴费型养老金制度将比缴费型养老金制度更易于管理。

如果当前试点的农村社会养老保险方案是公民养老金，其与个人账户的关联而导致的额外行政成本，以及当前制度较低的覆盖率等问题必将重新评估。并且，正如下文将要指出的那样，我们不仅质疑一些政策设计细节，还质疑自愿性个人账户养老金短期内的成本和价值。

农村地区非缴费型养老金制度中的个人账户。所有 16 岁以上的农村居民（学生除外），若没有被城镇职工社会养老保险制度所覆盖，则可以自愿参加新型农村社会养老保险。该制度由基础养老金和个人账户养老金两部分构成。个人账户的年最低缴费标准是100元，并且实行多缴多得原则，当然目前我们所见的政策方案，并没有相关增加缴费会带来多大程度养老金给付增长的相关细节。政策要求地方政府以每人每年30元的标准对个人缴费给予财政补助，并对那些缴费困难群体提供额外补助。村集体以及其他农村社会组织也可以对个人缴费给予一定补助。个人账户储存额目前每年参考中国人民银行公布的金融机构人民币一年期存款利率计息。年满60岁的老人可以开始领取养老金。与城镇职工基本养老保险制度的原则相一致，个人账户养老金等于账户积累额除以139。个人账户积累资金由信托基金管理。目前的政策细节并没有基金投资组合选择方面的指导原则。下面的部分，我们将分析个人账户与基础养老金之间的关联，第2.10节将分析个人账户制度的设计问题，比如个人账户资金的投资组合问题，而并不再考虑其与基础养老金之间的关联。

农村社会养老保险制度中的基础养老金。基础养老金的初始给付水平定在每人每月55元，同时地方政府还可以增加财政补助而提高给付水平。政府对符合领取条件的参保人全额支付新农保基础养老金，其中中央财政对中西部地区按中央确定的基础养老金标准给予全额补助，对东部地区给予50%的补助。地方政府可以增加自己的补助数额。待遇给付一般始于60岁。

农村社会养老保险制度中的基础养老金与2.3.1小节中公民养老金二者之间的差别主要集中在给付设计与资格条件方面。

• 公民养老金针对所有老年人，而不仅仅是农村地区的老年人。虽然，中国将来可以将农村地区的公民养老金推广至全国，但是目前有很多城市老年人并不能从中受益。为什么目前存在这样的分隔，而不将城市的老年人纳入其中？原因并不清晰。正如第2.2节分析所表明的那样，覆盖全部劳动者的全国性制度安排显然优于仅针对流动劳动力的制度安排，现在是这样，将来也仍然是这样。

• 如第2.8节分析的那样，中国需要提高当前的退休年龄。公民养老金待遇领取的年龄资格标准在不久的将来应该尽可能接近法定养老金的水平。另外，由于人口寿命将持续增长，退休年龄应该开始有计划地缓慢延长。并且，我们还需要充分权衡财政可负担的待遇水平与待遇年龄资格标准之间的关系。对高龄老人给予更高水平的养老金是非常必要的，尤其是当我们需要降低待遇水平以支持将覆盖面扩向全部家庭时。

• 与无条件要求的基础养老金相比，将基础养老金的发放与向自愿性个人账户养老金计划缴费相关联的做法（45岁以下农村人口，需要缴费满15年）可能导致有限的覆盖面。为了更好地说明这一点，我们将介绍一下智利这方面的经验。

智利的养老金改革：从最低养老金保障计划向富裕程度调查的公民养老金制度的转变。1981年智利养老金制度最初设计包括一个最低养老金计划。当个人向个人账户养老金制度缴费满21年，如果他的个人账户资金达不到最低养老金标准，他就有权获得一个最低养老金。虽然个人账户养老金（以及最低养老金保障）仅仅是针对正规部门就业者的法定计划，自雇者也可以自愿缴费参加。当自愿缴费参保满20年，自雇者也有资格申请领取最低养老金。从第一年到第二十年的最低自愿缴费与最低工资相关联，同时对仅从事兼职的人来说也是成比例的。这样，兼职者的小额自愿性缴费，虽然能够使其有资格获得最低养老金，但是这仅导致其年金给付的小幅增长。尽管存在这种补贴，但是，仅有4%的自雇者自愿向个人账户养老金计划缴费。更为关键的是，更多的劳动者，尤其是女性劳动者的自愿缴费不满20年。所以，智利的养老金制度在处理减贫和性别问题上并不太成功。

鉴于此，我们担心中国新型农村社会养老保险制度设计中的15年自愿缴费参保条件有着同样的政策效应：

•许多劳动者，尤其是女性劳动者，将会发现缴费责任负担沉重，或者他们对未来的关注程度有限，而不可能充足缴费。

•假如一位老人有一个以上的子女，却仅仅只需要一个子女缴费参保就有资格领取基础养老金，那么，其他的子女可能不会缴费参保，而使得其未来的养老金待遇面临风险。

•当前的老人领取基础养老金的资格与子女向个人账户养老金缴费的关联，可能导致最需要养老金的赤贫者背负最沉重的负担，这是因为其子女可能也因为贫困而无法承担缴费负担。

除了上述关于制度覆盖面的问题之外，我们还关心为管理个人账户记录以提供基础养老金（以及个人账户养老金）而产生的额外管理要求。事实上，由于账户管理成本主要来自每个账户的固定成本，当考察个人账户缴费与基础养老金关联的价值时，就有必要权衡缴费的收益与成本。以一年缴费100元为例，忽略掉利息收入以及其他配套资金投入，15年最低缴费可以使个人账户养老金的给付水平为1500/139＝10.8元/月，或者为129.5元/年（忽略掉实际寿命比这种待遇给付额确定机制中的139个月更长的情况）。这种较低规模的养老金使得监督这些较低缴费额的行政成本变得比更好地利用总体收益更加重要。当然，试点经验将会对选择缴费水平有显著的启发意义。

本节主要关注了试点中的农村社会养老保险制度与公民养老金制度，当然前提条件是这两个制度都发展成熟，也即制度适用于现在的年轻劳动者时的情形。只有子女缴费参保其父母才能获得基础养老金给付的政策设计将会带来一定的问题，尤其是当那些最穷的老人恰恰与其子女的联系有限时，他们就很难获得基础养老金了。

2.4　基础养老金的选择

除了引入公民养老金，进一步完善基础养老金和个人账户也很重要。有些问题是二者共有的，有些问题则需要分开考虑。我们将在第 2.5 节对个人账户进行讨论。这里我们探讨费基（并由此得到的待遇）问题和不止在一个地方缴费的农民工问题。管理问题在第 2.6 节中讨论，支付中的待遇调整在第 2.7 节中讨论，领取养老金的资格年龄在第 2.8 节中讨论。

费基是多大？如果这两个缴费型养老金制度的费基与个人所得税的税基完全一样，那么这一费基既具管理优势，又具经济优势。重要的是，所得税征收机构和养老金管理机构的动机应该是一致的。避免出现税务机关以精确跟踪每一个工人缴费的代价专注于对总体情况的全面汇总。只有当税务机关和养老金管理当局都需要大致相同的个人信息时，问题才得以最小化。

目前，缴费是基于标准工资。这就鼓励工人和雇主转移报酬形式，将报酬不包括在标准工资的计算范围内。以标准工资为基础的缴费也成为累退的（即从比例上说，低收入者承受更重的负担）。因此，费基应改为由收入衡量，大约相当于总薪酬，并用于养老金缴费和所得税。这种办法加强了消费熨平作用，因为收入比当前的费基能更好地衡量消费机会。

同样，对来自社会统筹的基础养老金待遇的计算也应该基于当地的平均收入，也就是说，与确定养老金缴费时使用的收入定义一样。同一定义的使用限制了企图操纵申报收入以便在没有提高缴费的情况下提高待遇。因此，待遇应该因地而异，但都应套用国家主管部门设定的公式。目前应维持现有待遇大体不变，直到总体改革细节确定并对制度运行情况有了考评之后再考虑是否改变待遇。

建议 6　基础养老金和个人账户的费基应与计算所得税使用的工资定义相同，并调整缴费率以使缴费总额不受费基变化的影响。同样，基础养老金待遇计算应基于当地平均工资，其定义应该与确定养老金缴费时的工资定义相一致，并调整待遇公式以使待遇保持当前水平不变。因此待遇水平应该因地而异，但都应使用国家主管部门统一规定的公式。

虽然所得税目前涉及人数并非很广泛，但随着时间的推移，所得税和基础养老金的覆盖范围会不断扩大，而调整计算公式将是促进两者不断发展的起点。同样重要的是，基础养老金的待遇要能反映劳动力市场的流动性，在中国，随着覆盖面的扩大，这种流动性也将不可避免地越来越突出。参保人在长期的工作生涯里，可能越来越倾向于去不同的地区工作。当然，还应包括对不同年龄退休的认可。

建议 7　对没有达到完整工作年限的参保人，其基础养老金应按比例计发，同时取消领取养老金的最低缴费年限要求（如果按月发放的待遇额太小，可实行一次性支付以减轻行政负担）。如果参保人在多个不同地区都有基础养老金缴费，其基础养老金的初始值应该根据参保人在不同地区工作时间的长短，对不同地区的待遇水平进行加权平均。基础养老金应该根据开始领取的年龄进行精算调整。

这种方法对流动工人来说，加强了养老金缴费和待遇之间的联系，限制了在不同地区获得不同待遇水平的机会。原则上，有两种方法来实现转续：每个员工拥有自己的缴费记录，且跟随工作地转移而流转；或者由工作地记录缴费，员工取得的养老金待遇由各个工作地共同给付。由于地理因素是决定养老金待遇（如当地的平均工资）的变量之一，如何很好地整合不同地区的养老金缴费记录就成了一个复杂的问题。因此，当养老金决策变得更加一致时，第一种方法可能更可取。不过，无论采取什么方法，养老金都不应该是一种仅限于鼓励员工从其账户积累中变现的手段。

2.5　个人账户的选择

养老金制度应向人们提供平滑的消费，其范围应排除最富有的人群，他们的收入及可能拥有的财富降低了这种熨平作用的重要性。因而，建立一个收入和缴费更高、得到待遇更高的制度非常重要。构建一个收入关联型的待遇制度可以有不同的方式。个人账户制度是实现方式之一，在账户制度下，每位工人的缴费随时间积累，然后以此（精算或准精算）为基础来确定待遇。这样的个人账户制度可以含有属于每个账户的实际资金，但资金不是必需的。例如，瑞典有两套平行的个人账户制度。在其中之一的“做实账户养老金”制度下，工人选择账户并持有其资产。这些资产的实际市场回报决定了工人账户及追加缴费的增减状况。在另一制度下，“收入关联型养老金”并未将资产划给单个工人，而是以某一利率对每个工人的缴费进行累积计算，该利率由立法设定，用以反映制度可承受的待遇支付能力。该体系实际上有一个缓冲资产池，但这部分资产是集中持有的，用来支撑整个制度，它并不属于分散的个人账户。因此，“做实账户养老金”是完全积累制，其资产由单个工人选择并属于个人账户所有；而作为一种记账式缴费确定型账户，“收入关联型养老金”（参见词汇表）是部分积累制的，资产由养老金管理部门选择，归整个制度所有。在18.5%的缴费率中，16%进入“收入关联型养老金”，2.5%进入“做实账户养老金”。其他有类似选择的国家包括：采用完全积累制账户的智利及其他一些拉美国家；采用记账式账户的意大利和一些东欧国家；与瑞典相仿，波兰也有两类账户。正如一系列国家的情况所表明的那样，真正的选择有好几种：哪种选择最好将取决于国情，具体的细节详见下文的讨论。

作为1997年养老金改革的一部分，中国引入了个人账户。完全积累制账户是期望出现的目标。然而，与标准模式一致的积累方式并没有出现。允许工人选择个人组合的制度并不存在，也无法让他们直接投资于不同资产。支付当期待遇使资金剩余不足，无法按最初的设想购买资产，严重影响新制度的公信力。由于近期内具有个人组合特征的全额积累不是一个现实选择，需要做的就是改革个人账户，使之成为可信的、透明的制度；该制度应具备灵活性，可以向将来某种成功的改革方向演进。我们将在2.5.1小节中论述当期任务，在2.5.2小节中考虑最终的积累目标。我们建议将中国现行个人账户制度设定为记账式缴费确定型账户（与瑞典的“收入关联型养老金”同列）；这种方式最终可演变为一个积累制和记账式账户相结合的混合体（如同瑞典的两种账户一样），或最终可能仅有一个积累制账户。如同瑞典那样，应有一个基金来支持整体账户，但该基金不属于具体的个人账户所有。考虑到当前的积累水平，即期任务是使现行账户更好地运作起来。

2.5.1　当期任务

基于2.5.2小节中所列出的更全面的原因，我们认为在中国当前的经济和社会环境下，短期内将个人账户完全做实是不适宜的。因此，我们建议在名义缴费确定型结构（记账式账户）下改进账户的功能。

如果个人账户是为今天的工人提供老年保障，它需具备：（1）一个合格的记账系统，使每位工人获知他的账户积累规模（并据此来估计月待遇额）；（2）用明确的法定规则来决定账户资产价值应获取的回报率。当前这两点都未实现。目前，账户管理方式既不透明，也很不统一，并且资产的混合变化不匀；在“空账”的情况下，从账户借款的实体不同，对账户积累起替代作用的金融资产的类别也不一致，有些是某类政府债券，借款者说这些债券的回报率是多少就是多少；在许多情况下，回报率是不明确的。如果在竞争性市场上由基金经理来选择购买政府债券，这不会是一个问题；但对于“空账”情况来讲就不一样了。

短期内的紧迫问题是让个人账户良好地运作起来。具体的政策有：

• 对工人的积累引入透明的记账制度，并且建立强有力的行政管理体系，使流入个人账户的全部缴费得到记载，数据易获。

• 保证有明确的养老金积累回报率决定规则。向缴费者披露其基金获得的年度回报率。

• 采取措施增强制度的公信力。使人们确信这不是“空”的账户，而是政府/养老金管理部门的债务。增强信心的一个方式是提高透明度，采取年度披露的形式，向每位参保成员公布他的积累水平及其从基础养老金和个人账户可能得到的替代率。

以下三个方面的建议说明如何来完成上述任务。

建议 8　个人账户未来的积累应该按照记账式账户制方式来组织，记账式账户应通过一个中央基金来实现部分积累。计入个人账户的缴费应从 1998 年开始建立账户之时算起，利息也应包含在内。

我们认为这种方式更适合中国当前的情况，这不仅是就目前的经济和社会条件而言，也是基于未来 5～10 年的结论。

如接下来第 3 部分所述，记账式账户养老金是最近的一项创新，在国际上被一些国家所采用，这些国家希望保持缴费确定型制度的优势，但又不必完全做实账户。每位工人都有一个账户，记载多年来的全部缴费累积，这些缴费通过养老金管理部门给予一个法定利率来实现增值。也就是说，每年记录的累积增长额为：当年缴费量加上名义利率与上年末累积量的乘积。当退休时，每位工人得到的养老金建立在其累积“资产”的准精算基础之上。由于已有一个按比例计算的基础养老金，这里就不需要再对待遇资格设立最低缴费期限了。专栏十一讨论了因对记账式账户养老金的误解而产生的一些忧虑。

认为中国在实施记账式账户养老金是错误的。确切来说，中国运行的是空账，而不是记账式账户。这两个概念是不同的。在记账式账户制下，关于何种利率应计入账户的规定并不简单。这样的规则很重要，它既要保证待遇给付的福利性，又要注意避免地方政府在利率上的强制造成的差异，来确保待遇给付的横向公平。记账式账户制在收支上必须是可持续的，只有如此，这一制度对工人而言才值得信赖。工人对未来的生活也会更有信心，由此他们可能会减少积累大型预防性储蓄的需要。就一个普遍适用的政策而言，明确的规定能增强人们对制度的信心，同时也能帮助工人和离退休人员为未来做计划。例如，已经在领取养老金的人也能预见待遇的增长，这样能减少未来的不确定性。

【专栏十一】对混合型个人账户的无谓担心

对记账式账户养老金的部分担心属于误解。

记账式账户养老金不可靠。记账式账户计划是国际上认可的一种选择，并已在诸如瑞典、意大利、拉脱维亚和波兰等国家实行。瑞典于1998年首先采用了这一制度。该制度的运行是令人满意的，尽管作为规模可观的部分积累制度，在全球范围资产价值急剧下跌的情况下，在调整待遇支付的具体规则方面，它引起了某些争论（我们认为这些规则很容易改进）。这只能促使我们建议修改待遇调整规则，而不是背离记账式账户制的基本做法。虽然单个工人得到的待遇水平有风险性，但任何养老金制度都存在这种风险，并且在完全积累制个人账户下这种风险尤为突出，因为在该制度下，工人必须承担资产价值下跌带来的全部损失，正如全球经济危机发生时的情况。此外，正如前述讨论的那样，积累制个人账户要求相当高的私营部门能力，同时政府部门也必须有足够能力，至少能做到有效监管金融市场。技术能力不足增加了工人需承受的风险，因为在这种情况下，投资成本非常高昂，执行薄弱，还存在挪用的可能。近来许多国家的经验表明，即便是在最发达国家，积累制养老金也面临着压力。归根结底，所有养老金安排都高度依赖于有效治理。如果该条件成立，记账式账户计划是一个明智的选择。

记账式账户养老金放弃了个人账户概念。如第2.1节所述，区分积累性（指的是待遇融资方式）和精算性（是指个人缴费与其基于市场回报率获取的待遇额之间的联系）非常重要。纯记账式账户计划的待遇是准精算性的，而不是完全积累制的。记账式账户与积累制账户形式一致，区别仅在于名义利率通常不等于资产的实际回报率。因而，它与市场回报的变化方式不一样。如同积累制个人账户那样，个人的养老金待遇与其全部累积缴费成严格的比例关系，这非常清楚地保留了个人账户原则。

其次，运用记账式账户结构重新认识当前现实。由于目前是“空账”情况，每个工人有一个个人账户，但其包含的积累不是金融资产，而是政府期票。这种期票的期限是模糊的，在个人和地区间呈不规则变化，侵害了横向公平并带来不确定性，这两种风险都会影响改革的政治支持。运用记账式账户结构可使政府系统地解决这些问题，继续维护每个工人的个人账户记录，并且每年为它设定一个利率。因而，据此可以认为记账式账户安排远不是损害现行战略，而是改善它。

记账式账户养老金失去了积累制安排的能力，无法应对人口老龄化。已有多个理由说明，中国今天的储蓄率已远超最佳水平，因而限制养老金积累而不是采取完全积累将更适合中国当前的情况。通过一个中央基金，记账式账户制度可成为部分积累制，可以利用此方法来分摊遗留成本或提高储蓄。实际上，这正是瑞典的情况。如瑞典那样，一个国家可以有记账式账户和积累制账户。在这种情况下，通过将部分缴费重新划入积累制账户的办法，将积累制账户附加到记账式账户之上。更大规模地向积累制个人账户转型（与只是进行积累相反），可以将中央基金的部分资产注入个人账户。如果工人对资产组合没有选择权，上述方式很容易实现；而允许工人作出该种选择的成本很高且有技术性要求。这正是我们的判断：这种制度要求超出了中国当前的能力。如 2.5.2 小节所述，储蓄意愿可能变化，因此在未来某个时候，人们可能希望有更多的积累，那时，通过个人组合选择实现增加储蓄的能力就会显得更重要了。记账式账户安排与以下两个因素是相协调的：(1) 个人账户的原则；(2) 今后向积累制的转变由未来政府决定。

除此之外，积累有助于应对人口变化的断言不宜过分宣扬。通过积累制安排，每位工人确实积累起一堆金钱来支付养老金。但养老金领取者感兴趣的不是金钱，而是消费（即消费熨平目标）。因而，真正重要的是当一大批当代工人退休时，国民产出能够充分满足工人和养老金领取者的需要。如果产出增长不够，账户的回报可能会非常低（包括极差的负数）；如果养老金领取者努力花费其积累储蓄就会带来通货膨胀压力，其结果是养老金领取者得不到预期的消费。

另一个错误的论点在于，建议取消个人账户的强制性要求；如此操作，一方面，可能导致替代率低下，因为中国的工人群体非常庞大，没有给自己存够退休以后生活费用的人不在少数；另一方面，这也可能导致公民养老金的财务可行性处于较低水平。

建议 9　记账式账户制的名义利率应该使用全国参保人平均工资的增长率，工资定义应该与确定费基所使用的工资定义相同。

记账式账户制度设计中一个重要因素是如何确定计入账户中的名义利率。常用的方式有两种：工人平均工资的增长率（W），或者全部收入的增长率（WL，这里 L 是工人数量）。特别地，像中国这样的国家，覆盖面会迅速扩大且无规则可循，前一个指数 W 似乎是更好的选择。这种方式会使不同年龄段人群的替代率基本维持不变，除非有预期寿命调整的情况发生。尽管有人可能认为，不同省份间应该有不同的名义利率，但是，相比于基于省际间平均工资的情况，运用单一的国家指数应该更好。记账式账户暗含的基本理念是模仿缴费确定型积累制。通过积累，进入国内资本市场，各地工人便有了同等的投资机会，因而也有了同样的（风险）利率选择机会。其次，不同利率会使处理劳动力流动问题变得更加复杂，这是因为工人流动时名义资产必须转移，然而当名义利率不同时，名义基金会有不同的经济价值；再者，使用单一的统筹基金会导致待遇与缴费之间形成单一关系。

谁也不能保证一个特殊结构的记账式账户制度在长期内是可持续的。这取决于覆盖面的扩展方式（短期内可能有效，但一旦达到全覆盖且劳动力增长下降甚至出现逆转，后期就会面临困难）。当制度预测在相当长的时间内存在长期运营困难时，政府可采取临时措施来应对。当预期制度无法兑现时，人们可以另行预先安排一个自动机制，根据收入情况来降低支出。瑞典就有一套这样的制度，即自动平衡机制，通常也称作制动器。当计算表明资产（缓冲基金和预期税收收入）和负债出现不平衡时，该制度会降低名义利率。在瑞典，名义利率起到两个作用：一是为账户积累记账；二是决定初始待遇以及调节待遇给付，其待遇给付增长率为名义利率（平均收入增长率）减去 1.6%（反映预期的长期实际收入增长率）。有两个方面的原因造成瑞典方法存在不足之处：一是用增长率减去预期增长（相反的做法是采用将工资和物价结合起来的增长率）作为待遇增长指数，可能会使退休者在工资波动时承受大量风险，而相对于将来退休的在职工人，退休者承受风险的能力较弱；第二，运用制动器，对待遇给付增长和账户积累（用于提供未来待遇）利率进行同等水平调整，给当前退休者带来太多的长期运营失衡风险。实际上，伴随全球金融危机，瑞典的制动器已被触发，导致待遇、预期待遇大幅下降以及相当大的政治反应。因而，如果国家建立一个制动器，它应集中用来应对长期反应。到目前为止，关于其他制动器设计的方案还没有太多研究。由于缺乏这种研究，中国考虑应用该机制为时尚早。

建议 10　个人账户养老金的计发应该根据准精算原则，并使用退休者所属年龄群体的生命表和名义利率。

该选项的目的是将个人账户置于合理的精算基础之上，从而使一个年龄组人群的预期待遇成本（贴现值）等于这组人群退休时的名义积累资产。该方式与积累制账户资产以市场价购买年金属于同类做法。针对预期寿命的提高，采用这种制度是非常重要的。如果不对延期退休作出调整，满足低寿命者的积累水平对于长寿命者来说将是不足的。对于老年工人来说，维持劳动力市场激励也是重要的，延长工作将获得更高待遇。

现行的制度与实际情况不符。

• 如果设置 1/139 这个比率是针对所有期望的收益，其利率与待遇给付的增长速度相匹配，那就相当于假设人们退休之后平均活 11.6 年，这个数字小于实际情况。另外，这样的制度并不能适应不断变化的人口环境。

• 给付的待遇多少独立于开始领取养老金的年龄。因此这个制度在对人们退休决策上并无太大的激励效果。

• 如果有人去世，还没有领完其养老金积累，余额可被继承；但是，如果一个人继承他的余额，纳税人就会继续为这个账户支付养老金。

这个制度与智利最低退休保障在一些重要的方面很相似，因为一个人获得多少养老金，其精算基础实际上是附属于税收的。我们认为这种方式效率低下。对待遇作精算的基础应该以管理能力为基础。

由于和个人账户相关，我们重申建议 6 的内容：基础养老金和个人账户养老金的费基应调整变化，使用确定所得税纳税额的收入定义方式，并调整缴费率使缴费总额大致上不受费基变化的影响。

基础养老金和个人账户的设计分别遵循不同的原则，因为它们的主要目的不同：基础养老金主要作为减少和消除贫困的手段，个人账户则是为了平滑消费。由于这些设计上的差异，如果申领养老金待遇的资格年龄不变，同年龄组间两种制度给付规模的不一致并不会造成问题。基础养老金是待遇确定型的养老金计划，预期寿命的差异不会引起调整，所以初期的待遇给付与平均工资的增长保持同步。如果预期寿命维持不变，个人账户初期的待遇给付也会与平均工资的增长保持同步。但是，我们预计死亡率会下降，因此，如果养老金的资格年龄仍然不变，同年龄组参保人的个别账户收益增长率将低于平均工资增长率。保持基础养老金和个人账户大致平衡的办法是提高申领养老金的资格年龄。提高资格年龄不会影响基础养老金的收益水平，但是会增加个人账户准精算条件下的收益。这样取得的平衡结果只是大致的，因为个人账户的名义利率可能会发生变化，而这种变化不以计算的基础养老金待遇变化为基准。事实上也没有理由保持精确平衡，因为强制性养老金制度的再分配功能会逐渐增强，所覆盖的劳动者之间的收入差距也会逐渐缩小。

在建议 4 中，我们认为领取养老金的资格年龄应该是健康寿命的某种形式的指数化。因为我们也建议三个来源的养老金资格年龄应该是相同的，指数化公式可以帮助保持基础养老金和个人账户养老金之间的平衡。

2.5.2 完全积累账户何时有意义

2.5.1小节指出，当前支付待遇对流动资金需求将使起初设想的用来购买资产的财力出现不足，因此，目前做实账户不应成为一个选择。当我们评价使积累制具备吸引力的环境时，会发现当前这些条件还不适合。因此，完全积累制个人账户不太适合当前的中国。这里讨论的积累制账户问题，对未来来说也许是适用的。

如专栏五所述，如果能带来如下效果，积累制将是可行的：(1) 针对储蓄短缺的国家，增加国民储蓄；(2) 改进储蓄配置，使其进入生产性投资；(3) 达到预期的代际再分配效果；(4) 积累制安排需要具备成本效益基础。作为政策制定者需要考虑的一个清单，下面一系列问题可供讨论。

提高储蓄率是正确的目标吗？中国储蓄率很高，投资水平不受储蓄短缺的限制。在以下问题中，我们考察更多储蓄带来的其他方面的可能效果，以说明何种情况下高储蓄会是好的目标。在未来某个时候，消费水平得到提高，储蓄率下降，同时消费增长也在下降，这时增加国民储蓄就有吸引力了。

积累制会增加储蓄？当更多储蓄有好处时，就会出现积累是否会增进储蓄的问题。在其他条件相同的情况下，个人账户中实际资产的积累要求缴费或政府补贴的增加。如前所述，这些政策可能会也可能不会增加国民储蓄，它取决于该增加额抵消个人减少其他储蓄后的结果，或者是否通过增加政府借贷来实现该目标。因而，积累制是否增加储蓄的关键不在于个人账户中是否有资产，而是如何获取资产的融资方式。这取决于政策设计，国民储蓄可能会显著增加或者不变。

积累制会改进资本市场效率吗？经济增长取决于储蓄在不同投资部门的配置效率。改善配置是资本市场和银行体系改革的一个主要目标。引入积累制账户未必会改善配置。如前所述，如果个人账户的积累活动加强了资本市场或金融中介的功能，积累会改进配置。已有证据表明，智利向积累制养老金转型强化了资本市场，该国运用预算盈余来引入积累制个人账户；该国有着长期持续的市场制度和一套行政管理制度，强有力地支持国家发展；伴随着个人账户的引入，市场监管得到加强，养老金改革增进了加强监管的政治意愿。相比之下，在目前的中国，金融市场处于初期发展阶段，银行系统的改革刚起步，利率仍非由市场决定，有效的监管正处于建设过程中，而且信用评级机构（对风险产品是必需的）仍不存在。由于当前储蓄率非常高，对于长期相对无风险投资工具已有大量不饱和的需求，而且，深化金融市场面临的制约因素主要是有效的中介和监管。在短期内，做实个人账户有可能会导致低回报或者高风险。在一定储蓄率下，通过拿走工人更多的钱来做实个人账户将会减少工人的直接放贷和其他个人投资，而这两种方式目前可能是对储蓄最有效的使用渠道。

金融部门需要改革的原因要比养老金设计多很多。在一定意义上，做实个人账户可能会很好地促进金融部门取得更大进步，如果它能对改进监管和更多地依赖市场力量形成压力，该效果尤为明显。由于目前已有大量的潜在需求和充足的储蓄，强化这种压力是强制性账户的主要作用。不过，考虑到中国今天的金融市场状况，一个强制性政府运转的养老金制度不应成为主要改革选项的试验品。这将使大批工人的退休收入置于风险之中，而且如有错误发生，将导致养老金改革及金融市场倒退。此外，金融部门的改革和发展目标可以通过自愿性养老金安排来实现，包括为公共雇员建立的制度，自愿性制度可用来激励这些变化的产生，并可作为它们充分性的一个验证。如第 2.10 节所解释，自愿性养老金应是积累型的。尽管与强制性制度相比，自愿性制度发展仍然有限，但在中国这样大的经济体中，其绝对规模是相当大的，并会对金融市场产生明显影响。

强制性积累具有期望的代际再分配效果吗？不同的养老金组织方式会在代际形成不同的待遇和成本分配结果。增加积累的决定会使未来一代工人受益，在其他等同情况下，他们可以支付的缴费更低。问题是，中国何时才会有一个合适的理由向当前工人征收更高的缴费（由于转向积累），以使在其他同等情况下未来工人支付的缴费降低。今天的工人相对更贫穷，并受大量经济不确定性因素的影响，由于经济增长率高，未来几代工人会更富有一些。对今天的工人征收高费率以换取未来工人的低费率或高养老金，这种做法对中国当前来说似乎不是一个合理的目标，尽管经济增长率如果随着经济成熟会下降，这种情况会发生变化。

强制性个人积累制账户会有一个合理的成本吗？如前所述，成功实施具有个人选择组合特征的强制性积累制账户存在大量障碍。这些要求条件是严格的，中国当前看上去还不具备。与之相比，采取无工人选择权的集中化投资方式在行政管理上要求低一些；待遇确定型制度的资产投资也是如此。然而，有一个自然关注的问题是，对于一个集中化投资经验有限的国家来说，在最初阶段应有多大规模的投资统筹。个人缴费确定型账户的投资将风险置于拥有账户的工人身上，除非政府选择来接手极差的投资情况。对于待遇确定型制度的集中化投资来说，低回报可以通过很多应对措施给予解决。在未来，随着金融部门行政管理能力的上升，低成本账户覆盖到更多人口，许多积累低的参保人可以以合理的成本水平建立账户。

总结。在中国当前国情下，用市场资产和存款来做实个人账户不太现实。在下一个五年内，不应优先考虑更多“做实”试点。这种建议并不排斥将来可能采用积累制个人账户。在某个时候，中国可能希望提高储蓄率，金融系统能够为个人账户提供改善的配置（相对于用在其他地方），由当代人口向未来几代人口进行再分配被认为是可行的，养老基金管理以及私营投资经理有能力应对大量的积累制个人账户需求，并且监管能力也可以建立起来。因此，重要的一点是，当前个人账户设计要向积累方向平滑过渡。2.5.1 小节中讨论的记账式账户方法可做到这一点。一旦能够准确维护工人记账式账户的行政管理记录，具备征缴能力，并通过征缴手段在合理时间内获取资产，建立无工人选择组合特征的积累制账户就会变得简单：它只不过是按不同利率规则记账的账户，与此同时，持有相匹配的资产。与工人联络的行政管理结构、对工人账户的披露，将是允许工人选择投资组合的起点。换句话说，从记账式账户向积累制账户过渡可通过一系列步骤来实现。

在下个五年结束时，中国将瞄准建立一个类似于瑞典“收入养老金”的个人账户制度，国际上称为记账式账户。在中国当前的环境下，通过部分集中积累的记账式账户制度实施个人账户具有明显优势。

它为当前工人提供了与缴费确定型积累制计划类似的消费熨平方式，因而仍维持将个人账户作为养老金制度的核心部分。

由于没有附加的资金积累，这种安排无须当前工人（贫穷者）增加缴费，以使未来几代工人（富人）少缴费，从而避免了令人不满的代际再分配。

它不要求私营部门具备足够的金融和管理能力，去管理带有个人选择权特征的积累制计划，因为该积累制计划是由公共部门运营的。

对于工人来说，风险降低了，原因在于其回报率避免了短期内资本市场上的资产波动性。在银行和金融市场机构仍处于发展中且全球经济不稳定的情况下，这一点尤为重要。

这种安排提供了一个基础，据此未来可以向完全积累转型，或向积累制账户和记账式缴费确定型账户的混合制度转型。当上述情况适合于中国的经济和社会环境时，未来政府可以作出这种决策。例如，瑞典 18.5%的缴费率被划分为：16%进入记账式账户计划，2.5%进入完全积累制账户。

2.6 总体架构和制度管理

为解决自 1997 年改革以来出现的某些问题，尤其是制度碎片化问题，对于城镇工人缴费型制度的全面管理，政府应考虑以下选择。此外，我们还说明公民养老金的管理方式。

2.6.1　公民养老金行政管理

建议11　对强制缴费型养老金应该有一套统一的规章制度，最好是采用具有执行力的立法形式，为自愿性养老金另行制定一套规章制度。

强制缴费型养老金制度的缴费和待遇规则应通过公式设定，但在基本待遇水平上应保留地区差异的空间。在一个物价和生活水准有巨大差异的国家，地区差异是必要的，但这种差异必须与国民养老金制度相协调，这不仅是为了维护各地区公平享有国家统筹的养老金，也是因为统一的国民养老金制度对于养老金权利的便携性以至于劳动流动性都是必要的。中央部委应负责养老金法律的解释和实施。1993年出台的关于机构分离设置政策和养老基金管理的指导条例应得到实施。《社会保障法》草案提供了养老金行政管理的框架，它应转化为立法，同时随后的细节工作也是必要的。

建议12　应建立一个全国信托基金来接收缴费型养老金的所有收入，包括基础养老金和个人账户（即实行全国统筹）。

如果建立了积累制个人账户，然后将特殊的资产注入特别的账户，用来决定所有权（以及待遇）的分配和风险分担（待遇取决于这些特殊资产的现实回报率）。在记账式账户类别的一个子制度下，仅有一个中央基金专用于未来待遇支付，其基本逻辑是不一样的。整个制度的基金（未来缴费和给付）可以适应人口和经济环境的变化。虽然也可考虑对两个缴费型制度分设信托基金，但没有理由去重复管理。将缴费划入两部分：一部分是基础养老金，一部分是个人不持有资产的个人账户制度，这种做法是武断的。对未来的承诺是整个制度的承诺——为满足待遇支付的需要，资源可能经常在两支独立的信托基金间进行转移。例如，美国为社会保障养老项目和残障项目设立了两支分离的信托基金，每支基金都从工薪税中抽取部分资产。但国会将它们视为单一基金（并且通常以这种方式向公众公布）。当其中一个基金的规模相对负债变小时，基金可轻易在二者间转移，这种做法是恰当的，因为就缴费和最终待遇而言，这两个基金都覆盖同一人群。

因此，考虑到如何操作运营全国信托基金的具体细节，有必要制定一些规则，使得有大量资金积累的省份能够进行资金转移，即省级积累的部分资金可以留作附加福利，而不是列入全国基金。建立全国基金的目的之一，是贫穷省份得以分享富裕省份提供的福利。而对富裕省份的分享如果超过所需，应该允许其保留。

强制缴费型养老金制度的统一管理和融资有一些核心要求。其中一个关键因素是建立一个具有每位工人账户信息的国家数据库。基础养老金基于服务年限，该年限可以包含不同地区的工作时间；而当个人账户实行记账式账户制时，个人账户待遇取决于缴费历史。因此，对两个制度的信息要求在很大程度是重叠的，数据应统一收集和保存。全国统一非常重要，不仅是为了扶持国家劳动力市场，也是因为这是唯一控制地方养老金支出的办法（否则各地会在全国统筹水平外随意制定养老金给付水平）。其次，需要建立单一的记录维护标准化软件系统。这样的软件系统在建设方式上需要做到：不能让地方根据当地特点随意修改，超出中央规则允许的范围（其他国家的经验表明，如不严格限制，可能的结果是过多的特色化）。这些行政管理安排都要面向地方强制实施。维护每位工人的缴费记录是一个主要任务。有必对每个人进行鉴别，并长期跟踪个人的资格和地点，为每位工人记录其全部缴费。对多数工人来说，记录凭证需保存 40 年；当工人在全国多个地方工作过时，保存时间要增加。国家养老金管理部门应是中央政府的一部分，其经费来源于政府预算。养老金行征管理部门应管理基础养老金和个人账户。行政管理应得到高度重视，要有一个有关改革的现实日程表。

国家养老金管理部门接收养老金收入和发放养老金是最简单可行的实现全国统筹的方式，由于受到预算约束应优先实现省级统筹。统筹是养老金再分配和风险共享因素的核心。考虑到中国的地域辽阔和差异性，强制性养老金计划的全国统筹尤为重要。这不排斥地方建立自愿性养老金的意愿。

对公民养老金的行政管理可在长、短期内实行不同的制度。从长期看，公民养老金行政管理者的任务与缴费型养老金管理者的任务相类似，是准确地按时行支付方式发放养老金。随着缴费型养老金覆盖面的扩展，两个制度的覆盖人口会越来越接近。一旦缴费型制度有一个大的覆盖面，其制度管理者就会自然成为公民养老金的管理者。我们建议长期内将这两部分结合起来，而不是将公民养老金和“低保”放在一起，这有两个方面的原因：首先，公民养老金适用于全体人口，而“低保”只针对贫困人口。领取公民养老金和缴费型养老金待遇的两类相关人群在长期内会越来越趋同，而公民养老金和“低保”的情况则相反。其次，低保管理的任务是度量最穷人口的需要，为最需要救济者提供扶持。公民养老金管理的任务只是确定资格后再发放适当的待遇。因此，二者的中心任务是不同的。

当前，缴费型养老金待遇没有实现全国范围支付，而“低保”办公室遍布各地。因而，在近期内，利用“低保”设施来发放公民养老金是可行的。但是在长期内，我们建议将上述两类养老金发放任务结合在一起，建立单一的行政管理构架。这样也可以使强制性养老金待遇和财产的调查简单化。以后，“低保”管理仍应采用今天的做法。

建议 13　应建立一个独立的中央机构来负责全国基础养老金和个人账户的记录维护和待遇发放。在长期内，这一机构还应该履行管理公民养老金的职能。

建议 14　这一中央机构还应该建立一个预测强制性养老金财务状况的制度，这一制度应有固定资金来源以供长期研究养老金之需。

养老金制度的运营是长期的，因此，预测未来支出对中期调整来说十分关键，其目标是保障缴费和预期待遇总体上处于平衡。中期调整是必要的，以使待遇变化有充足的预留时间，让工人在退休前有时间作出调整。理解养老金制度实际如何运行，而不仅是一些简单的理论，对于改进制度至关重要，像中国这样正在发生巨大变化的国家尤为如此。保持理论和国外经验的同步发展也是有益的。

建议 11 到建议 14 着眼于国家制度的发展。中国还面临一些并非原则性的阻碍或抵触，但它们提醒我们，在政策制定的时间尺度上，需要更现实的考虑。

• 有关覆盖范围和待遇给付的规定可能含混不清。有一些指示来自国务院的官员，而不同官员可能有不同的解释，这会导致政策的偏离。统一公布的雇主税率在省际甚至省内各地也各有不同；未扣减的退休福利在早期有时不是直接提供，而是被作为奖励。

• 不良的财政激励。如果资金积累在国家或省一级，而养老金待遇的发放由地方政府决定，那么金融风险就会向上转移到更高层次的政府，这种激励机制不会受到高层政府官员的欢迎。

• 可能存在潜在的政治问题。在把富裕（也是更强大的）地区利益向贫困地区倾斜方面，国家机制存在缺陷。

因此，需要建立一个真正的国家保障系统，脱离地方官员主导和不同地区再分配方面成本与收益的考虑。这样做既是基于政治方面的考虑，同时也是由于制度能力的约束。在很多国家，国家保障系统也是从地方层面开始建立并逐步扩展到全国，另一些国家（例如德国的医疗保险）的国家保障系统事实上仍保持在地区层面上。

2.6.2　专用积累和收入来源

建议 15　缴费型养老金在财政上应继续从政府预算中分离出来，这部分养老金的融资应有专门的收入来源。

工人依赖未来退休金待遇，他们应受到保护，避免短期事件对其养老金预期的巨大冲击。已退休人口无力调整养老金，因而相对于可调整收入的工人来说，他们承受风险的能力较弱。因而，制度的立法变化不应经常发生，这种变化应有相当长的“预热”时间，并将这种影响作用广泛分散于不同年龄组人口中间。养老金融资离政府其他预算越远，对养老金不恰当调整的可能性越小——太频繁或太容易受短期财政影响，而不是养老金成本和收入本身的影响。进而言之，不包含待遇和成本变化的预算部分固定下来，作为上述预算内容的一个主要部分，将是一项良好的政治实践。

收入来源专用型的制度的确不会实现每年收入和支出的平衡。因而这就需要保持制度有收入盈余，盈余来自养老金，也应用于养老金。盈余收入可以转移给“全国社保基金”，而亏损则可由该基金的资产收入来补充，或者必要时通过其资产本身来补偿。因此，“全国社保基金”应作为一个社会保障储备基金来运营。专门的收入渠道以及管理分离可能有助于养老金预测的“去政治化”，提升公众对改革选项的讨论和理解。这可能会促进人们更好地理解将待遇与缴费联系起来的必要性，并提升未来领取养老金的公众的信心，使工人们更愿意缴费。

建议 16　养老金缴费应该由税务机构来征集，所征集的缴费收入应立即转交给养老金管理机构。强制执行缴费的权力属于税务机构。必须避免使用一段时间内扩面带来的盈余收入来提高待遇水平，因为它不具有可持续性。

谁征收缴费？这是一个有争议的问题。最初，所有养老金缴费都由劳动与社会保障部门来征收。不过，在亚洲金融危机过后，许多企业无力缴费。作为一个应对措施，国务院出台了社会保障基金征收和管理的指导条例，规定来自主要社会保险待遇项目的缴费可以由劳动与社会保障部及税务部门来征缴。此后，两类机构征缴各占半壁江山。尽管部委内部的会议在讨论改革的可能性，但这种状况依然不变。

就征缴的准确性和管理成本而言，双重制度是次优的。统一征缴职责应尽早实施。正如以下所论述的，个人所得税和社会保障缴费应使用统一的收入定义，因而最具成本效益的征缴方式是沿着个人所得税方式征缴。不过，由于养老金呈现的分散状态和对上述行政管理任务的需要，由税务部门来征缴然后将收入快速转移给养老金管理部门是正确的。许多国家都采用这种税务征缴、社保部门负责记录和待遇支付的劳动分工方式。这种协调过程，作为审核的一部分，可以通过两部委各司其职来完成。在英国，学生贷款的偿还是与所得税征收在一起的，学生贷款管理部门也参与协调过程，然后协助实施。

收入度量。第三类问题是关于税务部门度量收入和征税的能力。尽管中国的税务部门具有征税的技术要求能力（有必要保障他们有充足的资源），但仍存在准确评估收入的问题。有证据表明低收入者相对于高收入者承担的税负更高，因为后者更善于隐藏收入。很明显这是一个需要付出努力的领域。

2.6.3 对替代率、缴费和待遇水平的评估

在即将到来的几年内，养老金融资将发生重大变化，在提高制度可持续性的改革措施得到执行且覆盖面扩展到全部正规部门工人时，这种情况尤为明显。同样，基础养老金和个人账户间的平衡需依照非缴费型养老金水平来评估。如果后一种养老金非常低，而由于大量的财产调查，缴费型制度中工人得到的这部分养老金数额很小，变动这项来源就没有根据了。如果非缴费型养老金相对基础养老金比例变大，就有重新考虑的必要。在作出重大改革决定以及长期财政预测生效之前，需谨慎保留缴费型制度的基本参数，即替代率、缴费率和待遇水平不变。经常变化可能会带来混乱和误导。然而，在许多领域应立即考虑改进的选择。

强制性制度的相关替代率是一个整体制度，即基础养老金、个人账户养老金以及非缴费型养老金的净收入。两种缴费型制度间的平衡应反映出替代率如何随收入水平变化而变化。这些问题的解释都要考虑非缴费型养老金的标准。总的目标替代率需反映一种平衡结果，该结果体现在制度的支付能力需要、充足性、覆盖面以及待遇的起付年龄上。

目前个人账户中使用的养老金待遇计算方法——月个人账户养老金计算为积累基金的1/139。与制度的设计相反，如果个人账户本身承担自身运行的各种成本，就需要对将来发放的个人账户养老金进行精确的计算。其实，个人账户积累资金每个月的实际收益可能远远低于目前计算方法得到的收益。进一步讲，目前根据实际收益计算的自动发放机制也可能面临将来新退休人员预期寿命提高带来的风险，那将影响到个人账户基金的财务平衡问题。一旦作出深化改革的选择且关于改革养老金制度的成本和收入预测到位，政府就应考虑基础养老金水平与制度（包括基础养老金和个人账户养老金）缴费率间的权衡关系。

2.6.4 公共信息

建议17 国家养老金管理机构的一项首要任务是，一旦决定养老金制度有何变化，就应立即向公众通告。还应建立起一个披露程序，告知工人其养老金缴费的积累情况以及预期养老金水平高低，以辅助工人作出有关消费和财务安排的选择。

在发达国家，工人领取养老金年度报告书非常普遍。这提供了发现和纠正报告错误的机会。通过披露养老金待遇的增值情况以及持续工作、选择退休年龄可能带来的养老金，该报告有助于人们制订退休计划。

2.6.5　现行缴费型养老金制度的扩面

建议 18　基本养老金和个人账户应当在短期内覆盖所有的城市人口，以及被相当规模以上公司雇用的农村工人，也就是正式部门的工人。

如 2.2 节所述，将覆盖面扩展到所有大企业对管理能力提出了额外的要求。此外，突然对收入征收高费率会使大企业破产。由于这两个方面的原因，应审慎扩大覆盖面。向非国有企业工人扩大覆盖面会显著改善养老金制度的财政状况，因为非国有企业的工人非常年轻。如果覆盖面包含新进入城镇地区的人口，这种情况尤为明显，这部分人很大比重是年轻工人。因此，向城镇地区不断增加的人口转移减轻了人口变化对预算带来的影响。相对应的情形是农村地区的老龄化将更加突出。将全部正规就业纳入制度覆盖面应建立在雇主特点之上，而不是地方。

2.7　退休后待遇的调整

到目前为止，讨论仍集中在初始待遇水平上，即工人最初成为养老金领取者时得到的养老金。另一问题是这些待遇如何随时间推移而变化。

2.7.1　对基础养老金和个人账户养老金实现指数化支付

在发达国家，退休后待遇有的按通货膨胀率进行指数化，有的按平均工资增长率，也有的采用二者的加权平均数。从一个既定的起点，如果待遇增长加快，养老金制度成本就会更高；如果待遇增长低于收入增长速度，退休者会不断落后于同龄工人的生活水准。任何养老金制度都要实现可负担性和充足性双重目标的均衡。不过，确定待遇增长还有另外一种方式，即在既定成本折现值下，可对待遇初始水平与退休后的待遇增长进行权衡。在既定折现成本下，待遇增长越快，对初始替代率的要求就越低。基于初始替代率设想、养老金与当代平均工资间的关系以及财政条件，不同国家可以合理作出选择。

建议 19　基础养老金发放应根据全国统一的公式（不同地区可以采取不同的参数值）进行指数化调整，个人账户养老金也应该根据同样的公式进行统一调整。待遇调整公式应该是物价和工资变化的加权平均值，物价和工资指数的权重应该平衡考虑制度的承受能力和养老金的充足性。公民养老金待遇也应该使用同样的指数化调整。

由于通胀率在不同年份内甚至近期内可能发生巨大变化，养老金的实际价值不应随通胀水平不规则变化。如果养老金完全采用通胀指数，其实际购买力保持不变。如果养老金按名义工资增长率进行指数化，如果工资与通胀同步，养老金会按通胀调整。虽然长期内工资跟上了通胀步伐，但短期内通常很难实现这一点。因此，采用工资指数意味着待遇的实际购买力有波动的风险。完全按工资进行指数化，退休者面临的风险与在职工人承担的风险是类似的，然而平均而言，退休者可能更厌恶风险，因为他们调整收入的机会更少。针对通胀对工资的影响，工人和退休者之间的一些风险共享措施似乎是恰当的，但不应太多。采用一个平滑机制来限制短期内待遇购买力的波动也是恰当的。在不同目标考虑下，物价指数、工资指数或者恰当的加权平均数都是合理的。如果按照正确的指数化方式化来操作，也可考虑一些平滑机制。

采取通胀率指数，正确的加权方式非常重要。当前在中国，待遇增长被设定为名义工资增长的40%～60%。这造成了实际待遇值的不稳定。一个例子就可以说明这个问题。工人可以有5%的实际工资增长，5%的名义工资增长，而通胀率为零；或者10%的工资增长，通胀为5%。如果名义待遇按名义工资增长率的一半增长，这两种情况带来的结果就会有很大差别。在通胀为零的情况下，名义养老金和实际养老金各增长2.5%（5%的一半），是实际工资增长率的一半。在通胀为5%的情况下，名义养老金增长5%（10%的一半），由于通胀率为5%，这意味着实际待遇没有增长。因而，实际待遇并未按实际工资增长率的一半增长。高通胀会使这种情况更加严重。当工资增长率为15%，而通胀率为10%时，名义待遇增长为7.5%，实际待遇下跌2.5%。正确的指数化避免了这种对通胀的不规则反应。

在不改变长期预期成本的情况下，制度可以发生改变。一个实现方式是，将待遇增长率设定为一个恰当的工资增长与物价增长的加权平均数（合并为一个加权数字），通过制定这个权数，将预期成本维持在一定水平上，该水平与按当前规则预测的结果相同。政府也可以作出决策，利用权数的选择来保持实际待遇增长与实际工资增长之间的比率。出于避免预期成本发生变化的需要，在后一种方式下，最初待遇水平可能要作出一次性调整。在其他方式下，成本变化可作为整体改革的一部分被吸收。在既定的初始待遇确定规则下，工资权重越大，相应物价权重就越小，退休后待遇的增长就越快，从而养老金成本越高。

2.7.2　公民养老金待遇指数化

考虑缴费型待遇给付的指数化问题时，人们自然会提出公民养老金待遇的指数化问题。首先让我们解释一下这两个指数化问题之间的基本差别。两个缴费型制度的初始待遇都是根据待遇启动时的规则设立的。初始基础养老金取决于地区工资。初始个人账户养老金取决于积累、使用的贴现率和预期寿命。由于缴费积累以收入为基础，随着收入增长，后代人口的积累会更高。某人一年后退休，将享有由一年后的待遇公式决定的初始待遇。因此，对 t 年退休者应获的待遇增长

（t 至 $t+1$ 年）以及 $t+1$ 年退休者应获的待遇增长（年份类推），没有必要作出同等调整，即养老金的增长和初始养老金数额在不同年龄组人口之间是不相关的。综上所述，退休时的预期寿命会影响记账式账户制的初始待遇，其后预期寿命的变化将影响下一个年龄组的初始待遇，而不影响待遇的给付。

与之相反，在任何年份中，不同年龄组人口当年领取的公民养老金待遇都是一样的（排除生活成本的地区差别）。因而，养老金待遇给付的增长与各年龄组养老金领取者初始待遇的增长是相同的。除非缴费型初始待遇和缴费型待遇给付采取同样的指数化方式，统一的公民养老金待遇才能实现与上述二者相同的增长速度。如不具备上述条件，可能出现的一种情况是，养老金领取者会在缴费型待遇和非缴费型待遇之间形成一个转换关系；出现的另一种情况是，后续年龄组的新退休者（新的养老金领取者）会面临着相对价值不同的缴费型养老金初始待遇和非缴费型养老金待遇。

采取按年龄区分的公民养老金待遇时，结构会变得复杂，但是我们不建议实行这种复杂化的细分做法。认识到年长退休人口融资难度增加，有些人提议，达到一定年龄后（例如 85 岁），除了名义指数外再为他们提供一个额外的待遇提高。如上所述，我们认为对所有三类待遇实行统一的指数化是恰当的。我们指出，作为保险精算的一部分，个人账户初始待遇应根据预期寿命进行调整，但基础养老金不必如此。因而，这些养老金待遇的相对规模会随时间变化。我们建议，如果可能的话，根据赡养率调整公民养老金待遇，就会引入了另一种不同的待遇增长方式。我们的建议基于两个方面：对退休人员当前情况的初步考察；认识到不同养老金的相对规模能够评估，并可通过立法时时进行调整。如果基本养老金待遇水平随领取养老金的初始年龄变化，那么退休以后初期领取的养老金数额也要随同批退休人员的预期寿命进行调整。虽然美国的社会保障制度实行的是待遇确定制，他们近期也提出了一些改革提案，要求根据参保人或其近似人群的预期寿命来调整人们退休初期应得的养老金。

随着缴费型养老金覆盖面的扩大，参加缴费型养老金计划的人数也随之增长，越来越接近参加公民养老金的人数。但是近期这两个数字依然相去甚远，因此我们不需要试图保持缴费型养老金和非缴费型养老金的相对规模。以后，如果数据体现出退休人群有持续扩张的趋势，这两者的关系就和今天不同了。

我们已经讨论了进行待遇指数化的方式，但是没有涉及各种方法之间的关系，也没有关注预期寿命的差异性。在大多数国家，女性比男性寿命更长但收入比男性少；但是，就单一性别而言，收入高的人往往比收入低的人活得更久。在这种组合模式下，养老金待遇的确定如何适应不同的预期寿命长度是很复杂的问题，我们的建议中没有包括这一点。

2.8 隐性负债和做实资产

1998年前退休工人的养老金加上当前工人在1998年前的就业期应得的养老金积累权利，代表了中国在1998年改革时的遗留债务。这些遗留债务不仅是在旧养老金制度下积累起来的，也是不同经济制度下的产物。当前的养老金领取者以及短期内即将退休的工人，为国有部门建设贡献了大部分青春。作为回报，国有企业或其他国家机构应为这些老年工人提供保障。事实上，养老金被视为是一种“生命表工资”（life time wage），因而替代率接近100%。在过去，养老金来自于当期国有企业收入，但现在这些负债已被剥离出企业，以保障这些企业在市场经济中有平等竞争的环境。因此，有必要运用其他资源来为遗留债务融资。

当前，由于靠财政来弥补亏空（根据劳动与社会保障部发布的2003年白皮书，补贴为540亿元人民币），解决遗留债务问题的部分资源来自一般税收。如果没有其他措施，其余的历史遗留债务将由当前的和未来的工人承担，在这种方式下，工人们得到的待遇将低于其缴费支撑的待遇水平。在一个持续运行的待遇确定型制度下，遗留债务年年发生变化。

认识到这些遗留债务问题，政府2003年决定将国有企业（特别是股票市场上的上市公司以及未上市但已组建起来的股份公司）的部分股份划转给全国社保基金。我们将向基于历史考虑转移的社会保障资产与上述讨论的通过政府债务弥补工人缴费的问题区分开来。该过程非常缓慢，且仅有少量股份被划拨。

建议20 考虑到养老金制度的历史债务，继续用国有股份充实全国社保基金有两个潜在的好处：其一，把当前受益人的红利流转给养老金制度可以减少对财政补贴的需要，增强养老金制度的财务平衡能力；其二，把全国社保基金作为长期股东还有助于改善国有企业的治理水平，促进中国的全面改革。

公司治理质量是经济效率和经济增长的一个关键因素。良好的公司治理需要良好的立法、监管部门的正确监督以及股权所有人的监督及投票权的行使。股份转移使全国社保基金有机会成为这些公司大量股份的长期战略投资者。作为大股东，全国社保基金将有致力于保护股东权利，包括合理分红的权利。这种权利的履行包括监督公司、行使股东投票权以及在某些企业的董事会中提出异议。在许多国家，养老基金作为长期战略股东，在监管企业行为和整体上改进公司治理方面，发挥了重要作用。此外，全国社保基金在公司治理方面的兴趣将为企业改革过程带来更大的动力，去实现更好的立法和更好的监管目标，正如智利所发生的那样，将强制性个人账户投资于股票市场，通过致力于改进股票市场监管，推动了改革过程。即使向全国社保基金划转部分股份后，国资委将继续持有大量国有企业的股份，因此，在未来不同情形下，国资委和全国社保基金的股权作用可以相互补充和加强。

由于中国当前的资本市场不发达，并且需要发展长期机构投资者，全国社保基金应在较长期限内持有股份，通过股份分红辅助养老金债务融资。政府机构资产多元化投资的全球经验表明：高质量的投资要求很高，可能远超出了政府机构行使完全、透明的职责过程。因此，就划转股份去实现财政和治理目标而言，重要的地方在于：全国社保基金应有一个清晰明了的法定职权、非政治化的自主管理以及定期公布的账户，该账户经过了详细、可信的审计。用上述方式管理这些股份，可以预防改革过程中的资产流失现象，避免像俄罗斯等国家的改革中发生的情况。

除了对公司治理带来的好处外，股份划转有助于养老金融资。作为辅助融资的一个选择（或附加手段），政府可以向全国社保基金划转部分政府债券，为解决遗留债务提供资金。所有转移的债券应采用通胀指数，并且应考虑使这些指数化债券面向保险公司（支撑指数化年金）和公众发行。发行更多政府债券（与保留遗留债务相比）可以提高政府借款的利率。也就是说，隐性养老金债务和政府公开债务不是完全替代品。也就是说，向养老金制度划转的债券规模影响到遗留债务的分摊方式，即大体上说参保工人和纳税人分别承担多少。

如果没有划转，或者这种划转力度不够，满足不了遗留债务的全部融资需求，那么旧制度下的债务负担就会落在当前和未来的工人身上，并造成参保意愿下降，这种现象在尚未被社保覆盖但成为社保扩面对象的人群中尤为明显。另一方面，政府拿出一笔收入流或要求政府支付额外的利率就很可能会导致比上述情况更高的税收，这种方式同样有着遵缴和效率问题。

信托基金规模应有多大？基金越大，为既定水平养老金融资的缴费越低（改善年轻工人和扩面纳入对象的境况），或者说通过既定缴费融资支持的养老金水平就越高（改进养老金领取者和未来工人的境况）。关于基金规模以及混合国有企业股份和债券融资的决策，很明显具有突出的效率性、公平性和政治改进效果。

考虑到先前的争议，2009 年 6 月的一项改革取得了非常大的成效，《境内证券市场转持部分国有股充实全国社会保障基金实施办法》由财政部、国有资产管理委员会、证券监管委员会以及全国社保基金理事会联合签发。该条例由国务院批准。它规定国有企业或部分国有企业在2005年结构性改革以后售出的股份或将来出售的股份，须按照证券首次公开发行（IPOs）价的10%向全国社保基金划拨。随着中国社保基金持有资产的积累，相信它会不断加强对国有企业的监督。

2.9　退休年龄

关于退休年龄的政策方向基于以下事实：

• 提供养老金意味着削减职业生涯中的消费，以为退休期提供合理水平的消费；基于这种考虑，就有必要将月养老金待遇的充足性、成本以及退休年龄联系起来。如果成本太高，政策制定者可以采取提高退休年龄、降低月度养老金的措施或二者兼施。

• 人们的寿命正在延长。这是一件好事，但也意味着如果人们仍在既定年龄退休，提供既定月养老金待遇的成本就会上升。

• 休闲是一种奢侈品。随着国家越来越富裕，人们一般会选择通过较短的工作周、长假期以及提前退休等方式享受更多的休闲。因而，工作人口退休时的平均年龄在很大程度上取决于该国的人均收入。

在中国，国有企业的法定退休年龄（男60岁，女50岁或55岁）是在以前预期寿命较短的情况下制定的。实际退休年龄甚至更低，因为提前退休已大幅增加，这是现行激励结构造成的必然结果。工人面临着提前退休的激励机制，在那些工作于发不出工资的企业的工人中间，这种现象尤为明显，由于许多生产性工人在继续领取养老金的同时，能够找到新的工作，提前退休就更多了。有些处于经营困难期的企业鼓励提前退休，以逃脱缴纳养老费的负担。这种不当提前退休行为通常被地方政府忽视，因为额外的养老金支出并不由地方政府的预算负担。相比之下，美国工人首次领取社会保障养老金的平均年龄为男性63.7岁，女性63.6岁（2002年数据）。

预期寿命延长与大规模提前退休相结合，导致退休期变长（退休时的预期余命为男20年，女27年）。退休期延长再加上独生子女政策使赡养率急剧上升，从1980年的1∶13上升到2002年的1∶3，2030年将预计达到1∶2。由于提前退休和预期寿命上升这两个原因，工作年限缩短和养老金领取年份增加二者结合在一起，对养老金财政影响明显，该问题应得到解决。

许多国家都已提高了待遇申请的最低年龄和领取全额待遇的年龄。例如，在美国，1982年立法提高了领取全额待遇的年龄，实施中采取了逐步延迟并缓慢推进的方式。目前美国全额待遇领取年龄为66岁，2022年时将达到67岁。英国

表 3　中国人、日本人和美国人分别在 60 岁时的预期余命，2005—2010 年

国家	男性	女性
中国	18	21
日本	22	28
美国	21	25

数据来源：United Nations Statistics Division（http://unstats.un.org/unsd/demographic/products/indwm/tab3a.htm）.

最近立法逐步提高国家养老金年龄，将从 65 岁增加到 2024 年的 66 岁，也就是说每 10 年增加一岁（目前正在讨论加快该进程）。日本正在缓慢地将领取待遇的法定年龄从 60 岁提高到 65 岁。许多实行男女不同退休年龄的国家，已出台立法将妇女退休年龄提高到与男性同等水平，尽管并不是所有国家都通过该方式来实现这个协调过程。

2.9.1　退休年龄和失业

中国有许多人担心提高退休年龄会增加失业。该担心基于的理由是：如果工人在其工作岗位待的时间延长，新增劳动力的就业机会就会减少。除了有临时的短暂影响外，在市场经济中，该理由是错误的，错误之处在于认为劳动力市场有着固定数量的工作岗位。如专栏四所讨论的，经济中的工作岗位数量是与可用劳动力资源对应的。此外，许多领取养老金的工人仍在工作，尽管不是受聘于以前的雇主了，或者处于自我雇佣状态。就中国的城镇失业率而言，它说明仍存在着潜在的因素，有空的工作岗位吸引劳动力从农村向城镇地区转移。虽然在老年工人退休增加和新增劳动力就业之间，可能存在着一些微弱的短期关系，但长期内这种关系是不存在的，因为劳动力需求会对劳动供给作出反应。

虽然中国目前的劳动力市场仍然运行效率不高，但养老金制度的建设需要从长计议。因而，退休年龄需要提高，并且不应长期鼓励或强制提前退休。事实上，许多其他国家已得出结论，政府根本不应该设立强制退休年龄；如果工人和雇主都同意，个人可以继续工作。

专栏十二讨论了一些关于提高退休年龄的建议，专栏十三列出了这些政策如何实施的原则。

【专栏十二】对提高退休年龄的无谓担心

提高退休年龄会使失业率上升。这个话题在专栏四中进行了讨论。关键点在于工作岗位的创造是动态的，即通过更多的工人资源以及对工资下行的压力，

工人数量的上升会增加工作岗位数量。相反，通过鼓励提前退休的养老金政策试图减少工人数量的做法，无助于失业动态下降。从国际上说，一国的退休年龄和失业没有关联性，也就是说，退休年龄高的国家并不是失业率也高。

不过，在劳动力市场调整前，短期内还是有影响的。因而，提高退休年龄的政策应平稳实施，并应作出时间安排以避开严重的衰退期；如果需要，还应伴有辅助政策来减轻对就业的短期影响。

提高退休年龄会导致较大个人损失。很明显，宣布将退休年龄立即从 60 岁提高到 65 岁且不提高月养老金支付水平，会对 50 岁以上年龄段的人口形成巨大冲击。这样的政策具有经济危害性，对长期消费熨平计划带来大量、不可逆的干扰，并影响养老金制度长期运营的可信度，同时在政治上也是不成熟的。正是由于这些原因，傻瓜才会提出这种政策建议，建议 20 非常谨慎地提出了逐步提高退休年龄的政策建议。专栏十三列出了实施逐步推进战略的原则。

【专栏十三】调整养老金年龄的原则

提高养老金年龄应基于以下三个原则：

• 规则应与出生日期相关，而不是退休日期；否则，任何待遇削减措施还未得到实施，就会有一股退休潮。这样的退休激励是缺乏效率的。仅考虑提高退休年龄可能会引发无效退休，因为那些尚未退休者会担心退休年龄发生变化。

• 调整应年年进行，以避免在年龄相近的人群中间出现待遇水平的大幅变化。大的变动是不公平的，在政治上也难以实现，原因在于：在不同年份先后出生的人群中，有时甚至是仅隔几天，待遇水平就可能出现巨大差别。大的变动、按退休日期确定的规则相结合将会加重提前退休的无效激励。

• 就合理性而言，待遇变化的规则应当是明确的。一个基本事实是清楚的：随着预期寿命变化，待遇水平作出调整的规则应当是明确的，因为待遇成本主要取决于预期寿命。规则明确的自动调整机制会带来更好的可预见性，还可降低政治压力。如果自动调整是基于实际死亡率结果（而不是估测），其运作效果会更好。然而，由于采用所得税篮子的收入指数化方式，在这种方式下，通常可运用法定措施去改变自动调节规则带来的结果。

一种做法是采取一个明确的规则自动调整最低受益年龄，其效果要比周期性评估方法差一些，这是因为该种做法不仅取决于预期寿命，还取决于实际收入增长以及收入机会分布等因素。

1991年英国宣布的提高妇女养老金领取年龄的做法，诠释了以上所有三个原则。关键日期是1950年4月6日。在此之前出生的妇女，法定养老金年龄继续为60岁；1950年5月6日（关键日期之后的一个月）出生的妇女，养老金领取年龄将是60岁零1个月，这种情况将会在立法公布19年后的2010年出现；1950年6月6日出生的妇女，养老金领取年龄为60岁零2个月，依次类推。1955年4月6日及其后出生的妇女，养老金领取年龄将为65岁。

2.9.2 待遇确定

个人账户不管是积累的还是名义的，其待遇的确定都要建立在账户积累的精算基础之上。因而，需要有一个申请待遇的最低年龄（称为“最低受益年龄”），但不需要有其他年龄条件起重要作用。同样，基本养老金的待遇水平应随年龄不同而变化。不同年龄段享有不同的基本待遇水平，另外，还需确定一个可以领取基本养老金退休待遇的最低年龄。

建议21 无论是男性还是女性，从基础养老金中领取全额待遇的年龄都应该逐步提高到65岁，领取基础养老金和个人账户养老金的最低年龄也应该逐步提高，并且二者应该相同。国家不应该规定统一的强制性退休年龄，应该由企业和个人自己选择退休年龄（国家应对此加以规范，以防止危害公共安全的退休行为）。

管理方式的改革非常重要。不要让人们在临近退休时面临工作年份的急剧延长。“最低受益年龄”不应有大的“动作”，避免出现A仅比B略微年轻但工作时间却比B长得多的情况出现。再者，变动应基于规则，而不是任意所为，而且该规则应与出生日期相关，而不是退休日期。

在达到养老金资格年龄以后，随着年龄的继续增长，申请残疾人福利的人也将越来越多。有关残疾的问题需要仔细分辨，不能使申请残疾人福利轻而易举地转变为获取提前退休待遇的另一条途径。提前退休在中国并不是很难，所以这在目前还不是一个大问题。但是当提前退休政策收紧，这个问题就会显现出来（在墨西哥，领取养老金的人中有3/5也是残疾人）。欧洲一些国家残疾人福利申请评估的不严格已经开始出现一些问题。

一旦达到65岁的资格年龄，实现资格年龄的自动指数化是非常有利的。我们认为所有三种养老金都应该有待遇逐级提升机制。正如之前建议4中提到的，我们建议对于公民养老金：资格年龄应当是健康寿命的指数化结果，可能同时也是替代率的指数化结果。

建议 22　超过正常退休年龄还继续工作的参保人可以开始领取待遇，也可以等到停止工作之后领取按精算原则提高的待遇。

养老金待遇与资格年龄间的平衡需要劳动力市场的正确激励，即防止过分鼓励差异性退休年龄或过分抑制差异性退休年龄。人们可以通过计算预期的养老金终值，以决定来年是否继续工作。特别是如果人们对养老金终值的预期降低，会在很大程度上影响人们继续工作的动力。基本养老金与个人账户对领取养老金的年龄都没有调整机制，还不如设置一个随余命变化而变化的调整机制。而这样的调整在养老金制度中很普遍。专栏八到专栏十中，加拿大、智利和瑞典的资料表明它们都有与领取养老金年龄相关的养老金缴费调整机制。

我们注意到，德国的强制性养老金体系使用的是计算积分的方法。工人按每年的年工资计算得到一个分值，这个分值等于他的年收入占全国平均年收入的百分比。退休时，将这些分数加总。开始领取养老金的年龄会对这个总分再作一些调整。此后每年领取的养老金待遇等于调整后的总分乘以每一分值代表的金额。每分代表金额数不仅取决于整个经济个人的平均净收入，还取决于赡养率。在任何一年的效益相等的分次调整值点。用数学语言表达，即每个工人的总得分等于工作年数乘以该工人工作年份中平均每年所得的积分。与德国的基本养老金制度不同，中国的基本养老金通过计算地区平均工资得出工人的平均收入，从而起到了再分配的作用。这个环节相当于将高收入者积分向低收入者积分转移。早期，德国并没有把领取养老金的初始年龄作为积分制度的调整因素，但是，在 1992 的改革中出现了这样的变化，我们认为对中国而言值得借鉴。

建议 23　领取公民养老金的年龄应该与领取全额基本养老金的年龄一致，但也可以规定更高的合格年龄（以便既定的预算能够支付更高的待遇水平）。

将待遇资格设置在“全额待遇年龄”之前会鼓励提前退休，在这种情况下，个人通过领取精算扣除后的提前退休养老金待遇和公民养老金待遇，获得了资金来源；这种做法可能会造成过多的提前退休激励。将公民养老金受益年龄设置在“全额待遇年龄”之后，工人对超出“全额待遇年龄”后仍要继续等待养老金会产生某些担心，但这种担心不会太多，因为工人们等待的退休资金来源于多项养老金合计。

建议 24 自愿性养老金的领取年龄可以早于领取基础养老金及个人账户养老金的最低年龄要求。

对强制性养老金支付年龄的硬约束不适用于自愿性制度。正如以下2.11节所讨论的，自愿性养老金的一个核心目标是按照人们的偏好允许有所差异，并为工作环境艰苦的职业提供更多选择，等等。

2.10 公共雇员养老金选择

公共部门雇员的养老金在世界各地都是很慷慨的，这部分群体包括公务员和在公共服务行业工作的雇员，例如教师。其养老金制度大多是待遇确定型，该待遇建立在职业生涯结束前很短时期的收入之上。例如，美国联邦雇员制度基于退休前3年的平均收入。这也是美国各州雇员采用的最常见的制度结构。令人注目的是，英国最近为公务员构建了一种消费物价指数化的职业收入养老金（称为Nuvos），但其他公共部门雇员仍维持了职业生涯“最终支付”计划。分析公共部门雇员养老金通常考虑的问题是：养老金计划（通常比私营部门的待遇水平慷慨得多）是弥补了公共部门的低收入，还是相反，这会进一步加大对公共部门雇员的补偿程度——其报酬水平本来就高于私营部门雇员。通常看到的是后一种情况。分析家通常指责待遇确定型养老金的低融资水平，并将它们的待遇慷慨问题归因于政治决策过程，在该过程中，由于积累资金不足，慷慨待遇造成的成本被转嫁到未来。除了这两个问题外，对于养老金设计意义的分析很少，这包括对历史上收入不同的公共雇员的相对补偿方式、退休激励以及公共部门就业的流入和流出。已有研究发现惯常的激励方式并不令人满意，因为其更多是出于养老金考虑，而不是整个劳动力市场效率。

中国公共雇员的养老金是基于工作结束时的收入。基于退休前少数几年收入的养老金是一项不合理的制度设计——激励人为操纵，包括来自与制度博弈的晋升现象。而且，这种养老金制度不利于公共部门和私营部门之间就业和退休转移。将公共雇员纳入强制缴费型养老金有助于改变这种不良设计。这种做法也会影响到公共部门和私营部门就业之间的劳动力流动。

中国已启动试点将非政府部门的公共雇员合并到强制缴费型制度中去。我们认为这种方向是正确的。

建议25 应该把公共部门雇员纳入强制性制度和自愿性制度，政府公务员也同样如此。

对于非公务员类的公共雇员（例如教师），上述决策正在实施。将该决策扩展到公务员同样重要。这种做法并不是要削减公务员的养老金，因为他们加入国家养老金制度时，可以补充一个政府提供的养老金，就像鼓励私营企业在强制性制度之外提供补充养老金那样。作为自愿性养老金制度的一部分，公务员补充养老金应采取缴费确定型完全积累制。将公共雇员纳入强制性制度最终会使公共部门就业和私营部门就业之间的流动顺畅起来。

如果中国为公共雇员建立一个（自愿性）缴费确定型养老金来补充强制性养老金，好的制度设计非常重要。由于公共雇员规模巨大，设计良好的补充养老金制度会有非常低的成本。这种制度最好的例子是美国联邦政府雇员的“节约储蓄计划”（Thrift Savings Plan，见专栏十四）。该制度下工人可选择的共同基金非常有限。个人的记录维护独立于资产组合管理。私营部门对投资管理权进行竞标后，掌握实际资金的运作。此外，在该制度下，工人频繁交易、出售部分基金以及购买其他产品的行为都受到限制。限制投资选择、交易机会以及竞标等因素使其运营成本非常低，远低于美国私营自愿性市场或瑞典、智利及其他拉美国家的强制性个人账户的成本管理水平。这种方法也帮助大多人应对专栏三中所述的行为方式问题。

【专栏十四】美国“节约储蓄计划”

美国政府于1986年为联邦政府雇员建立了“节约储蓄计划”（参见www.tsp.gov）。该计划为参保人提供非常有限的组合选择。最初时有三个选择：一只股票指数基金、一只持有私营企业债券的基金和一只政府债券基金。到2007年，工人可以从6只基金中进行选择，包括一个生命周期基金。由一个政府机构集中维护个人组合记录。基金管理是建立在“整体销售”基础上。面向私营部门资产的投资由私营金融企业掌管，这些机构通过竞标获得机会（并且，在自愿性私人市场上管理同样的组合）。

其结果是行政管理成本之低令人惊讶：低到每年为6个基点，或者说是每1 000美元账户资产成本为0.6美元。到2007年，该计划覆盖的参保者已增至380万人，持有资产2 250亿美元。由布什总统任命的社会保障改革咨询委员会曾推荐，社会保障改革中采取同样的方式；该方式也应在其他国家考虑改革时引起广泛兴趣，尤其是对于体制能力有限的发展中国家来说。英国正在引入一个类似的计划。

保持低成本的重要性容易被低估。占管理资产1%的行政管理费看上去不算多。但在40年的职业生涯期间，工人缴费在账户中平均存放大约20年。一个人可以在退休时计算出由每年管理费用造成的资产价值下降额度：在每年仅征收1%管理费的情况下就接近20%。应避免出现这么高的成本。限制投资选择还可避免一些投资者作出严重错误选择的可能性。

如果中国沿着“节约储蓄计划”框架建立一套制度，也可起到促进资产市场监管的作用。此外，它还可赋予工人成本低廉、运作良好的投资机会。该种方式可能也是省级政府为其职工组织一个缴费确定型制度路径，还可以因此避免有才干的公职人员流失。该方式可能仅适用于公共雇员，或者是各省建立强制性积累制账户和记账式账户的一种方式。而且，它也是个人退休储蓄的一个工具。它将极大提高私人退休储蓄机会。

2.11 自愿性养老金选择

在许多国家自愿性养老金计划在补充强制性养老金方面起到重要作用。自愿性养老金同样适合于中国。自愿性制度允许人们对消费时间路径和风险厌恶有不同的偏好；允许企业对工人偏好作出反应，为一些行业或工人提供了提前退休机会，如那些工作环境艰苦的行业或由其他原因造成其工作生涯较短的工人；提供了地方和私人激励，促进金融市场等方面改革。对于像中国这样一个人口众多、地区差别大且处于迅速变化中的国家来说，这种区别对待具有核心重要意义。对于自愿性养老金的探讨通常是延续讨论中国农村自愿性养老金问题。

建议 26　对个人和公司举办的自愿性养老金应加强规范和监管；简化监管组织，由一个机构对所有公司或个人退休账户进行统一监管。政府应为自愿性养老金（无论是个人、企业还是地方政府发起的）制定一套明确的规则并监督其实施。对那些向养老金制度提供年金产品的保险公司，也应加强监管。

自愿性养老金计划可能建立在企业基础之上或个人账户（IRAs）基础上。在中国，这两种自愿性养老金计划都有可能发展，并应得到鼓励；然而，在制定它们的引入时间表时，需要全面考虑有效监管和监督的必要性。随着《企业年金发展若干意见》文件的出台，对企业发起计划的监管已经起步。其他类型的自愿性养老金也需要类似的规则条例。

不同管理结构所产生的管理费用同样相去甚远，不论是对个人而言还是对集体而言。许多国家高昂的养老金管理费用都出现了问题。为了向缴费的参保人提供更优厚的待遇，应鼓励低成本运作。

建议 27　自愿性补充养老金应该采取缴费确定型完全积累制，政府应为其制定明确和连贯的税收规则。

自愿性养老金的设计应有多项选择。是否采取积累制？采取缴费确定型还是待遇确定型设计？应建立在个人、企业还是行业层次的基础之上？发达国家自愿性公司养老金的发展历史呈现出不同的方式。一些国家采用待遇确定型，一些国家采用缴费确定型。缴费确定型养老金天然是完全积累的，而在不同时期、不同国家以及国内的不同企业间，待遇确定型公司养老金的积累程度是不一样的。

待遇确定型的发展历史并不令人满意，由此带来了明显的立法变化。在缺乏政府保障的情况下，当一个具有非完全积累待遇确定型养老金的企业陷入财务困境时，工人和退休者会有很大损失，甚至可能失去所有预期的养老金。当养老金不是由单个企业而是由行业组织时，也可能出现同样的结果。这些国家发现这种风险的后果非常令人失望，由此引入了两类立法：对积累水平提出最低要求并提供政府担保，后一种方式的部分融资来自对养老金的征费。

虽然这些保护措施可避免融资不足的自愿性计划出现最坏的结果，但仍然存在一大难题，就是如何监管公司的缴费以保障养老金计划具有足够的资产积累。资产价值的波动带来积累程度的波动。当资产价值大幅下跌时，如要迅速恢复到充足的融资水平，企业就不得不提高其计划的缴费率。但这要求一个企业在利润率极有可能处于低谷的时期（低利润与资产价值下跌是高度相关的）有及时的收入来源。在待遇确定型计划非常发达的国家，政府担保与资金要求是解决最糟问题的自然保护机制。在自愿性养老金计划数量很少或不存在的国家，似乎没有理由踏上一条被认为是难以持续的路子。因而，在缴费确定型计划下，即使最终资产价值的波动风险完全落在工人身上，我们也认为所有享受税收优惠的自愿性补充养老金应采用缴费确定型。缴费确定型方式不应排除保险公司提供的年金化产品。

虽然缴费确定型制度将金融市场风险置于工人身上，但这种方式也比将风险转移给公司发起人和政府更好。首先，风险转移可能会不成功，导致工人面临意料不到的风险，这种风险不是工人可预见和知晓的；其次，监管上的困难会导致投资决策的不当激励；再次，在一个强制性制度主要采取非积累制形式的国家，建立积累制自愿性养老金会赋予工人在风险承担上的多样性选择，其中的原因在于，强制性制度费基的波动与资产回报的波动虽然有相关性，但不是完全相关。因而，将一个基本的非积累制强制性养老金与一个缴费确定型完全积累制的自愿性养老金结合起来，为自愿性计划覆盖的工人提供了多样性选择。由于是自愿性的，这种多样性虽然不像强制性制度中的积累制部分那样彻底，也避免了强制缴费率上升带来的困难——在一个寻求建立积累制账户，但同时又要为现行养老金负债融资的制度中，提高缴费率是必然要求。就资产组合选择的固有困难而言（已在专栏三中部分提及），应对工人进行教育培训，限制他们的组合选择，并对未作出选择的工人提供良好的默认设计。

对自愿性养老金的税收优惠也应与强制性养老金那样，有个上限。退休专用账户的一个普遍特征是给予税收优惠，使其区别于其他储蓄，一个认可的方式被称作 EET 型税收政策：养老金缴费应来自税前收入（免税，E）；养老金投资收益应给予免税（免税，E）；养老金支付时应被视为同等基数应税收入（T）。对特殊消费支出或困难情况，可允许使基金使用不必惩罚（例如首次房贷、医疗支出）。由于较高收入者通常享有更高的自愿性养老金，限制其税收优惠幅度很重要，以保持所得税制度的累进性。也就是说，任何税收优惠都应有限制范围，使高收入者不能从非常高的养老金缴费中获取过多税收优惠。这就要求对能够存入税收优惠账户的收入百分比实行一套收入关联型的限制措施，当收入高于某个水平时，该收入百分比降为零。如果政府为低收入者提供自愿性养老金配比缴费时，可以进一步引入累进因素。

2.12 结语

由于附件列出了全部建议，这里我们仅回顾某些关键性建议措施，将最近应采取的措施与长期设定的目标区分开来。关键措施分为两类：一是使现行制度更好地运作的措施，二是启动必要新制度的措施。

促进缴费制度的一致性。现实情况是，现行制度的许多环节多次体现出内部的不一致性。因此，各地政府对政策进行了各自的解读。建设一套统一的、全国性（关照地方特色）的规章制度是当务之急，其一是为了促进劳动力市场的流动性，这对高效的市场经济而言相当重要；其二是为了保护横向公平，这不仅能增强人们对养老金体系的信心，同样也能为养老金制度争取更多的政治支持。

管理技术的进步是必要的，还需要一个飞跃。记账式账户制养老金，正如其他收入关联型养老金，必须有维护多年的稳健数据库。如果将数据迁入单一集中的数据库，出错的风险将大大增加，所以还需要有某种方法保证能修正这些错误。在这样一个庞大的国家，统一管理数据也不能排除需要办事处来处理各种问题，其中也包括可能的错误记录。

强化个人账户的功能。短期内紧迫的问题是使个人账户度良好运作起来。具体政策包括：

• 对工人积累引入透明的记账制度，建立强有力的行政管理制度，使全部个人账户缴费得到记录，并且可以轻易获取数据。

• 明确养老金积累回报率的确定规则，向缴费者披露其基金每年的回报率。

• 采取措施增强制度的公信力，使人们确信这不是“空”账，而是符合法律规定的政府或养老金管理部门的负债。

实现这些目标最好的方式是将个人账户改为记账式缴费确定型个人账户。在此基础上，全国范围内个人账户记录维护和基础养老金记录维护的行政管理任务是重叠的，最好由国家养老金管理部门完成，并建立可在全国范围使用的软件系统。

扩大覆盖面。强制性制度的覆盖面目前仅局限于城镇地区，即使在城镇也不是完全覆盖。扩大覆盖面应是一个缓慢过程，因为它对企业缴费现金流的影响非常敏感。我们建议重新调整强制缴费型制度扩大覆盖面过程的发展方向。

• 降低城镇部门参加缴费型制度的限制。

• 不应将资源集中用在城镇养老金制度向城镇小企业和个体户扩展上；当前制度扩大覆盖面的重点是将规模足够大的企业覆盖进来，不管企业地处城镇还是农村。

• 将强制性制度覆盖到所有公共部门雇员。

缴费型制度的扩大覆盖面过程是必要的，同时应按建议方式缓慢进展。在全球范围内，强制性制度适用于小企业和自雇者的能力是非常有限的。因而，为解决短期内的覆盖面问题，本报告建议建立一个非缴费型养老金，即依靠税收融资的公民养老金，原则上全体老年人口都有资格享受。近期目标是启动该程序，在全国范围内发放这种养老金，预计将会在“十二五”规划期间即开始这种养老金的给付。

设想的战略建议是为每个公民提供养老金，以解决现行制度覆盖面狭窄的问题，并将两者合并。该制度可被想象为一个宽阔的浅水湖（公民养老金），有深的地方（来自强制性养老金和自愿性养老金的收入）。湖的效应是保证所有老年人都至少有一定收入，即整个陆地都被水覆盖。

未来养老金制度的发展。该战略是连贯的，应当与中国当前的经济和社会环境相适应。

一些关于未来 5 年的措施为：

• 建立发放公民养老金的行政管理架构，可能的话开始发放该养老金。

• 立法规定将“空账”改为明确的记账式账户制度，加强行政管理工作，建立起全国统一的管理框架。

• 将强制性城镇制度扩展到农村的大企业以及所有公共部门雇员。

• 改进自愿性养老金及其市场投资资产的监管。

该战略符合经济和社会发展的长期目标：

• 它启动了一个把所有部门和所有地区的职工都纳入制度覆盖的程序，同时避免了制度分类问题（例如不合理的划分界限，有人无法纳入任何一类制度，个人身份随时变化，一些划分已过时，等等）。该战略安排支持有效率的劳动力流动。

- 它也符合将来某时条件成熟时向做实的强制缴费型制度转变的要求。
- 从更大程度上讲，该战略符合向高收入国家转型的过程。

会议讨论稿翻译：房连泉、黄念、齐传君

校对：黄念

定稿：郑秉文

修订版翻译：丁怡

修订版定稿：王延中

参考文献

Barr，Nicholas，and Peter Diamond. 2008. Reforming pensions：Principles and Policy Choices，New York and Oxford：Oxford University Press.

Barr，Nicholas，and Peter Diamond. 2009. Reforming Pensions：Principles，Analytical Errors and Policy Directions，International Social Security Review，Vol. 562，No. 2.

Barr，Nicholas，and Peter Diamond. 2010. Pension Reform：A Short Guide，（New York and Oxford：Oxford University Press）.

Börsch－Supan，Axel，Anette Reil－Held，and Christina Benita Wilke. 2003.

How to make a Defined Benefit System Sustainable：The Sustainability Factor in the German Benefit Indexation Formula. University of Mannheim，MEI Working Paper 03037.

Borowski，Allan. 2005. The revolution that faltered：Two decades of reform of Australia's retirement income system. International Social Security Review 58（Oct. －Dec.）：45-65.

Case，Anne，and Angus Deaton. 1998. Large cash transfers to the elderly in South Africa. Economic Journal 108（Sep.）：1330-61.

Diamond，Peter. 2002. Social security reform. Oxford and New York：Oxford University Press.

Jefferson，Therese，and Alison Preston. 2005. Australia's "other" gender wage gap：Baby boomers and compulsory superannuation accounts. Feminist Economics 11（Jul.）：79-101.

Kakwani，Nanak，and Kalanidhi Subbarao. 2007. Poverty among the elderly in Sub－Saharan Africa and the role of social pensions. Journal of Development Studies 43（Aug.）：987-1008. www.informaworld.com/smpp/content? content＝10.1080/00220380701466476.

Loewenstein，George，and Peter A. Ubel. 2008. Hedonic adaptation and the role of decision and experience utility in public policy, Journal of Public Economics, Vol. 92, Issues 8-9, (August), pp. 1795-1810.

Orszag, Peter R., and Joseph E. Stiglitz. 2001. Rethinking pension reform: 10 myths about social security systems. In New ideas about old age security: Toward sustainable pension systems in the 21st century, eds. Robert Holzmann and Joseph E. Stiglitz, with Louise Fox, Estelle James, and Peter R. Orszag, 17-62. Washington: World Bank.

Thaler, R. H., and S. Benartzi. 2004. Save more tomorrow: Using behavioral economics to increase employee saving. Journal of Political Economy 112 (1, part 2): 164-87.

Sluchynsky, Oleksiy (2009), 'Administration of Social Pension Programs' in Robert Holzmann, David A. Robalino and Noryuka Takayama (eds), Closing the Coverage Gap: The Role of Social Pensions and Other Retirement Income Transfers, Washington DC: The World Bank.

Willmore, Larry. 2007. 'Universal Pensions for Developing Countries', World Development, Vo. 35, No. 1, pp 24-61.

译者后记

一、作者其人：学术地位及其在中国的影响

二、作者其派：不同流派争论及其对中国的政策建议

三、作品其要：主要学术思想及其在中国的思辨

1. 养老金的制度目标到底有多少可以实现

2. 为什么说提高退休年龄是非常重要的

3. 养老金债务为何变成一个谈之色变的“马蜂窝”

4. 如何看待养老保险的财务和债务问题

5. 中国社会保障不需要忧患意识吗

6. 中国社保制度需要官方给出精算和预测吗

7. 美国社保制度的忧患意识和进取精神从何而来

四、可持续性：统账结合制度下债务概念辨析

1. 本书对分析养老金隐性债务确立的三个原则

2. 第一笔账：当期制度总收入与总支出的现金流——显性债务

3. 第二笔账：个人账户存在的巨额空账——显性债务

4. 第三笔账：社会统筹基金未支付的承诺——隐性债务

5. 第四笔账：个人账户基金未来的隐性债务——独有的隐性债务

五、作品其道：主要特色及其推荐理由

一、作者其人：学术地位及其在中国的影响

由英国经济学家尼古拉斯·巴尔（Nicholas Barr）和美国经济学家彼得·戴蒙德（Peter Diamond）联合撰写的专著《养老金改革：理论精要》终于跟中国读者见面了。实际上，这两位世界级的著名经济学家已为中国学界和读者所熟悉。

作为英国伦敦经济学院的公共经济学教授，巴尔先生出版和发表了大量关于社会保障的专著和论文，是英国中左翼学者研究社会保障和福利国家的领军人

物；巴尔教授非常勤奋，笔耕不辍，著述颇丰；他不仅几十年来始终站在英国社会保障改革的前沿，而且曾在世界银行和中东欧等一些国家做政策研究，并对世界社会保障改革动态十分熟悉甚至参与其中。戴蒙德教授就教于美国麻省理工学院，是世界著名的经济学家，因其在20世纪60年代创建了著名的世代交叠模型（Over lapping-generations model，OLG）并一举奠定了其在宏观经济学和公共财政问题研究中的标杆地位而于2010年获诺贝尔经济学奖。根据世代交叠模型，在相同的时点上，不同代际的人共同生活，他们在消费、储蓄、投资等所有经济选择上构成了一个复杂的有机体；这个分析框架解释了不同年龄段人群的经济行为差异对宏观经济运行产生的影响，实现了宏观经济层面与微观个体行为的融合。由于这个模型可扩展应用于通货膨胀、收入分配、养老保险、公共财政和消费决策等研究领域，半个世纪以来，该模型成为社会保障研究的重要工具之一。

巴尔教授和戴蒙德教授对以智利为代表的私有化改革模式提出很多质疑①，认为该模式行政成本太高，私人投资市场效率低下，覆盖面难以扩大，尤其是不适合非正规就业部门庞大且资本市场不成熟的发展中国家；在美国国内，戴蒙德是反对社会保障私有化改革的代表人物，与力主私有化改革的美国经济研究局（NBER）局长马丁·费尔德斯坦（Martin S. Feldstein）教授针锋相对；小布什总统2001年启动的美国社会保障制度私有化改革方案在2005年正式流产，期间，戴蒙德教授作为反对派的急先锋发表了大量剖析和反对美国私有化改革的著述，对美国2005年最终放弃社会保障私有化改革发挥了重要作用。

戴蒙德和巴尔对中国社保制度十分熟悉并多次来华参加研讨会。2004年，在英国的林重庚（Edwin Lim）先生组织下，由戴蒙德和巴尔等著名经济学家参与和执笔的“中国经济研究和咨询项目”正式向中国政府提交并受到温家宝总理的借鉴，其中对中国社保制度进行了深入研究并提出了名义账户（NDC）的设计思路和分析框架；据悉，在2004年版本的基础上，2009年他们再次修改定稿并向中国政府提交了一个长篇研究报告，该报告详细分析了中国社会保障体制改革面临的问题和困难，参考国际上流行的名义账户制的最新发展，有针对性地提出了改革现行的社会统筹和个人账户相结合的部分积累制、建立名义账户制的政策建议，认为名义账户制符合中国实际和适合中国的发展方向。2009年11月6日由中国国际金融有限公司和北京凯恩克劳斯经济研究基金会资助并出面，在北京千禧大酒店举办了“中国养老金改革报告”（第二稿）内部国际研讨会，戴蒙德

① 彼得·戴蒙德. 社会保障私有化：智利经验. 拉丁美洲研究，2010（6）：65～71.

教授和巴尔教授再次来华参加会议并作为联合作者在会上发布了《中国养老金改革报告》，中文版由笔者率中国社科院社会保障研究团队组织翻译；会上，笔者应邀作为戴蒙德和巴尔教授主旨发言的评论人对该报告发表了评论。由于该报告的基本指导思想为名义账户理论，与笔者多年来基于名义账户思想设计的"混合型"统账结合制度在本质上是一样的，笔者在评论中对该方案提出了建设性意见①。

巴尔教授在中国学界已是"老面孔"了，他的专著《福利国家经济学》早在10年前由穆怀中教授和笔者领衔译介过来②，据说好多高校已将之列为社会保障专业本科生和研究生的参考书，并逐渐将之作为研究福利制度和福利国家的主要理论参考书之一。

二、作者其派：不同流派争论及其对中国的政策建议

摆在读者面前的《养老金改革：理论精要》是巴尔和戴蒙德两位教授合著的一本专著，这是近年来在欧美社会保障研究领域较为流行的一本最新的著作。

毫无疑问，如果将各国社会保障研究学者及其学术渊源分成左、中、右三个阵营，戴蒙德和巴尔显然属于左派，或至少是"中左派"。其实，无论肤色与国界，在学术界，只要是学者，你就必然有自己的观点和看法，否则就难以称为学者；只要有了观点和看法，就应该或基本上是一以贯之，否则，今天左，明天右，今年这样，明年那样，或这个问题上的看法偏左，那个问题上的观点偏右，或面对这些观众是这样的看法，面对那样的观众是那样的看法，那也不是一个成熟的社会保障学者。

社会保障与福利思想的左、中、右，其理论渊源有的可上溯几百年，且三个流派的产生具有相继性、承继性和阶段性。

18世纪的亚当·斯密的"看不见的手"对资源配置强调市场作用的主流思想，就一直是社会保障和福利研究的右派鼻祖。在这个流派中，学者们主张政府只需要提供必要的"公共物品"，国家只需扮演一个"守夜人"的角色，这种经

---

① 关于郑秉文NDC的思想及其政策建议，参见如下两篇论文：中国社保"名义账户"改革新思路——"混合型"统账结合（译者跋）//罗伯特·霍尔茨曼，爱德华·帕尔默. 名义账户制的理论与实践——社会保障改革新思想. 郑秉文等译校. 北京：中国劳动社会保障出版社，2009；China：An Innovative Hybrid Pension Design Proposal，in *Nonfinancial Defined Contribution Pension Schemes in a Changing Pension World*，*Volume 1*：*Progress*，*Lessons*，*and Implementation*，edited by Robert Holzmann，Edward Palmer，and David Robalino，The World Bank，Washington DC. July 2012.

② ［英］尼古拉斯·巴尔. 福利国家经济学. 北京：劳动社会保障出版社，2003.

济自由主义的无政府状态和自由放任既是现代新自由主义经济理论的源头，也是社会保障右翼流派的根源。在亚当·斯密自由市场思想占统治地位的18世纪和19世纪，欧洲国家传统的福利思想和自发的一些保护制度始终停留在血缘的家庭保障为主、慈善的私人供给、市场的保险公司层面等这个递增升级的供给链上。当然，自由放任主义是资本主义形成时期的产物，教会济贫和政府个别救济是其主流。这个历史阶段是社会福利和社会保障的第一阶段，是社会福利和社会保障思想的启蒙阶段。

随着工业革命的完成和自由竞争资本主义向垄断资本主义的过渡，在19世纪80年代在德国率先建立了现代社会保障制度之后，20世纪20年代庇古出版了著名的《福利经济学》，随后，新福利经济学和帕累托经济学的诞生导致资源最优配置和最优效率等概念的引入，福利最大化与帕累托改进逐渐成为福利研究的主流概念，国民收入数量和分配状况等宏观经济学的命题日益受到重视；当1936年凯恩斯出版了《货币通论》并创建了凯恩斯主义之后，随着战后福利国家的建成和风靡欧洲，资本主义鼎盛时代来临，凯恩斯主义迅速取代自由放任主义，成为资本主义福利社会的意识形态正统。在凯恩斯的国家干预主义思想体系中，社会保障和福利制度具有相当的重要地位：通过积极干预实现充分就业，促进经济增长；通过累进税和福利干预重新调节国民收入，实现再分配；通过扩张的财政政策扩大投资，提高消费倾向；通过刺激人口出生率和社会保障的支出水平，提升居民的有效需求，等等。可以说，百年来，尤其是战后以来，社会保障思想的主流意识形态转为国家干预主义。

进入20世纪90年代以来，福利制度和社会保障的“第三条道路”思潮首先出现在英国。英国布莱尔首相表达的“中间道路”即“第三条道路”所主张的是维护经济自由，同时，把平等和社会正义当作与自由同等重要的原则，主张通过高额累进税限制私人资本，并通过建立社会保障制度来消灭贫困，国家不仅应该提供适当水平的养老金，还应建立强制性的储蓄制度。

90年代以来，美国的克林顿新政标榜自己的政策是介于新自由主义和凯恩斯主义之间的折中主义和“第三条道路”。面对全球人口老龄化的发展趋势和社会保障制度改革的巨大压力，上述左、中、右三个流派便主要集中在支持私有化改革的“激进派”和“反对派”之间的辩论上，就是说，在早已存在左右之争的社会保障制度改革和养老金制度改革领域，激进派和反对派的界限、对立和冲突十分明显。在美国，关于这个的激烈争论在2001年到2005年小布什总统组织制定养老保险制度私有化改革方案及其推动立法进程的几年里达到了白热化程度。

2001年12月，小布什政府制定的题为《加强社会保障、为全体美国人民创造个人福祉》的《总统委员会报告》正式提出了美国社会保障制度引入个人账户和私有化改革的具体方案。围绕这个私有化改革方案，支持和反对的经济学家们在全社会展开了一场公开的激烈的大辩论。反对派的核心人物之一就是戴蒙德教授，他和布鲁金斯研究所的奥尔扎格（Orszag，P.）在半年时间里一口气联合署名撰写发表了4篇研究报告和论文，总计将近200页[①]。此外，反对派还包括布鲁金斯研究所的艾伦（Arron，H.）、普林斯顿大学的布兰德（Blinder，Alan）、波士顿学院养老金研究中心主任玛乃尔（Munnell，A.）女士等，他们是当今美国社会保障领域中著名的经济学家。与反对派形成对垒的“激进派”是美国著名的经济学家和养老金专家马丁·费尔德斯坦，此外，还有克里克夫（Kotlikoff，L.）、萨克斯（Sachs，J.）、比格斯（Biggs，Andrew G.）等，虽然他们在这场大辩论中行事低调，发声不多，但在其一些仅有的公开发表的论文中言辞激烈，针锋相对[②]。费尔德斯坦认为，美国正处于财政盈余的历史机遇期，应抓住这个时机，设立个人退休账户（PRA）作为目前这个现收现付制（OASDI）的补充，以解决未来社会保障制度融资的困境。

在社会保障改革的左右两派中，他们都对中国社会保障非常感兴趣，戴蒙德和费尔德斯坦对中国都非常熟悉且都曾做过专门研究，提出过具体的政策建议。

费尔德斯坦教授多次来华并参加北京举办的学术研讨会和发表论述，还曾给朱镕基总理写过关于中国社会保障改革的建议书。例如，2000年8月20—21日由时任朱镕基总理提议、由国务院发展研究中心主办的“中国发展论坛·社会保障体制改革国际研讨会”在京召开，费尔德斯坦应邀参加了会议。在他提交的学术论文和给朱镕基总理的建议书中，他充分地表达了他对中国社保改革的看法，很多政策建议至今仍十分有益。他认为，中国社会保障的主要问题在于融资困

---

① 参见彼得·戴蒙德如下四篇论文：Diamond，Peter，Orszag，Peter：(1)，(18. June 2002)，*Reducing Benefits and Subsidizing Individual Accounts：An Analysis of the Plans Proposed by the President's Commission to Strengthen Social Security*，Center on Budget and Policy Priorities and The Century Foundation，18. (2)，(18. June 2002)，*An assessment of the Proposals of the President's Commission to Strengthen Social Security*，Center on Budget and Policy Priorities and The Century Foundation. (3)，(July 2002)，. *A Response to the Executive Director of the President's Commission to Strengthen Social Security*，Center on Budget and Policy Priorities and The Century Foundation，15. (4)，(Sep. 2002)，Social Security：The Right Fix，The America Prospect，Issued of 23.

② 关于美国社会保障私有化改革的进程，参见郑秉文的如下两篇论文：围绕美国社会保障“私有化”的争论. 国际经济评论（双月刊），2003 (1)：31～36；美国社保改革：迈向股票市场的一跃. 改革（双月刊），2003 (2)：118～127.

境：国有企业不景气，无力为工人支付社会保险缴费，而且从未缴费的工人们在工厂企业破产之后就更加困难重重，现收现付制难以为继；虽然中国的养老保险缴费率高达28%，高于美国12.4%的一倍以上，但由于执行力等原因，实际缴费率还不到它的一半[①]。正是基于这些分析，费尔德斯坦教授给中国政府开的药方依然是沿着疏通融资渠道的思路，将中国社保制度的融资问题分为三大块，逐一解决：一是社会保障的统筹部分，其筹资渠道应改为从增值税中提取，以确保制度收入更加稳定；他认为，很多发达国家用增值税融资，这比工资扣除缴费更有效，还可促进扩大覆盖面；二是个人账户部分，其融资依然由职工缴费形成，但应提高投资收益率，进而提高工人缴费的积极性；三是关于国家的责任，国家应承担起转型成本的责任来，对当前和即将退休的工人支付退休金，或是通过变卖资产来支付这笔债务，或是进行转移支付，这是国家债务，应该支付。在费尔德斯坦历次访华的学术场合中，他都提出类似的观点。在他看来[②]，个人账户资产应进行实账积累并进行市场化投资运作模式，回报率至少可以达到7%；基础养老金应实行全国统筹，等等。2005年6月28—29日，中国发展研究基金会在钓鱼台国宾馆主持召开了"社会保障体制国际研讨会"，会议主题是对辽宁做实账户试点进行评估，辽宁省副省长、国务院发展研究中心副主任、国务院振兴东北办副主任、财政部副部长、全国社保基金理事会副理事长、建设银行董事长等专家学者参会并发言。马丁·费尔德斯坦教授应邀参会并做了主旨演讲，世界银行时任社会保护局局长罗伯特·霍尔茨曼（Robert Holzmann）和世界银行的其他多名养老金经济学家也参加了会议并发言，他们包括冼懿敏（Yvonne Sin）女士、于小庆、王君和郝福满（Bert Hofman）等，还有美国城市研究所的劳伦斯·汤普森（Lawrence Thompson）、斯坦福大学经济政策研究所所长约翰·肖文（John Shoven）、哈佛大学肯尼迪政府学院的大卫·怀斯（David Wise）等，此外，智利社会保障部计划与研究部主任艾里亚斯·G. 多明格兹（Dominguez）、印度财政部经济事务部顾问阿扎伊·沙赫（Ajay Shah）等。

笔者应邀参加了这次会议，对费尔迪斯坦教授的政策建议体会深刻，尤其是在茶歇的攀谈中，对会议资料中费尔德斯坦的研究报告的不解之处进行了请教，其中包括关于增值税的融资方式问题。这次会议汇聚了以费尔德斯坦为首的众多

① 夏襄蓉．"我不认为你们能从美国找到好的模式"——与美国国家经济研究局局长马丁·费尔德斯坦谈宏观调控与中国社保改革．商务周刊，2004（17）：80～81.

② 费尔德斯坦．中国社会保障养老金改革备忘录．马丁·费尔德斯坦的建议书//王梦奎．中国社会保障体制改革．北京：中国发展出版社，2001：145～150，488～491.

右翼学者，费尔德斯坦提出的改革路径在相当程度上代表了他们的基本看法。总的来看，与以戴蒙德和巴尔为代表的左翼相比，以费尔德斯坦为代表的右翼不如左翼学者在华参与研讨更为广泛和更为持久，而后者在华有一个相对持续若干年的研究项目，并且于2004年年底这个课题组集体向温总理做了一次汇报。就改革建议而言，费尔德斯坦提出的三条建议虽然非常原则，但却切中要害，至今仍是中国社保制度需要迫切解决但仍未解决的重大制度改革和建设问题：一是个人账户资产的投资体制改革和提高收益率困境没有解决，记账年收益率3%左右；二是转型成本的财务问题仍未解决，空账额一年比一年大，截至2011年年底已高达2.23亿元[①]；三是社会统筹部分的财务可持续性面临挑战，虽然每年的当期收支均出现较大盈余，但非常不均衡，2011年近半数省份收不抵支，全国每年财政转移支付高达2 000多亿元[②]，重要的是，隐性债务巨大，有学者测算2013年的贴现值超过18.3万亿元[③]。

费尔德斯坦提出的利用增值税融资的政策建议旨在解决其统筹基金的长期收入问题，但在笔者看来主要存在两个问题：一是增值税的覆盖面狭小，除城镇正规就业部门之外，广大农村人口和城镇灵活就业人口基本上与增值税无缘，因此这个融资方式难以面向全国，不利于调动扩大覆盖面的积极性；统账结合的制度最初是为国企改革而设计建立的，其覆盖面本来就很难向农村扩张，甚至很难向城镇的非正规就业部门扩张，在这种情况下，如将增值税作为其融资方式，就更加夸大了统账结合制度的固有缺陷。二是这种融资方式不利于加强参保人的缴费与权益之间的联系，社保制度的权利和义务、收入和支出等都难以对应起来，个人的积极性和个人的责任处于相对割裂状态。

相比较而言，以戴蒙德和巴尔为代表的左翼学者对中国的情况更熟悉一些，看法更深入一些，研究更系统一些。从2003年到2009年年底[④]，在近七年的时间里，他们对中国国情的认识不断加深，提出的政策建议不断完善，从2004年

---

① 参见郑秉文. 中国养老金发展报告2012. 北京：经济管理出版社，2012：2.

② 表面上看，城镇基本养老保险当期收支结余不断扩大，2011年当期收支结余高达4130亿元，但如果剔除高达2272亿元的财政补贴，再剔除1898亿元的“非正常缴费”，就会立刻显现赤字40亿（“非正常缴费”的构成是：“补缴”1511亿元，“预缴”75亿，“清理历史欠费”273亿，“其他”39亿）。众所周知，“非正常缴费”是很多地方政府专用于补充经费缺口的一项特殊政策。参见：郑秉文. 中国养老金发展报告2012. 北京：经济管理出版社，2012.

③ 参见曹远征，钟红，廖淑萍，叶蓁. 社保黑洞. 财经网站，http://comments.caijing.com.cn/2012-06-04/111873972.html.

④ 2004年7月22日笔者向林重庆先生他们这个团队提交了一份25页的题为Social Security in China的英文稿作为该项目的背景材料。

年底提交的35页初稿，到2009年年底提交的73页最终研究报告《中国养老金改革报告》，对中国社会保障制度提出的政策主张和制度设计发生了较大变化。如前所述，2009年11月6日，在北京千禧大酒店举办的“中国养老金改革报告”（第二稿）内部国际研讨会上正式发布了戴蒙德教授和巴尔教授联合执笔的《中国的养老金改革：问题、选择和政策建议》，这标志着该项系统性的研究成果在中国画上了一个圆满的句号①。

巴尔和戴蒙德教授的这份研究报告对中国社会保障制度给出了一个标准改革全景图，它包括五个组成部分：建立一个非缴费型的“公民养老金”制度，低保制度，缴费型的基础养老金，部分积累性质的名义账户制计划，自愿性企业养老金。这显然是一个多层次的立体架构，其中最为重要的核心设计和政策建议有两条：一是统账结合的账户部分改造为名义账户制（NDC）②，并建议将这个强制性缴费型制度逐渐覆盖到农村，在全国范围内建立起一个中央集中管理的覆盖全体老年人的统一养老金制度，其名义利率的设定是以参保工人社会平均工资的增长率为基础；二是建立一个覆盖全民的、来自财政转移支付的“公民养老金”制度，为全体中国老年人建立一个非缴费型养老金制度。在笔者看来，这两个政策建议是中国养老保障制度的核心设计，符合中国实际和目前统账结合的既定路径依赖下的改革方向；此外，这份报告还对其他一些子系统的设计给出了诸多细节，比如建立非缴费型的公民养老金的基本原则、个人账户养老金待遇确定的基本原则、公务员社保制度的改革取向、提高退休年龄的必要性及其具体步骤、自愿性企业年金的改革路径，等等，还具体指出了建立统一的国家机构的必要性，以此来管理基础养老金和个人账户待遇计发，甚至提出了“公民养老金”的日常运行由强制性养老金的机构统一管理的设想。最后，在研究报告的附录“本文中讨论的政策建议清单”中，巴尔和戴蒙德还列出了27个具体制度设计要点，它们基本上回答了建立这个完整、多层次的养老金制度的全部问题。经两位教授的同意，本书将这份研究报告作为“附录”一并奉献给读者（该报告由两部分组成，其中第一部分省略），以满足研究者的需要。

当人们对21世纪第一个10年里不同国际流派对中国社会保障制度改革建言献策的简短历史做一回顾之后就会发现，这大概是改革开放三十多年来第二拨影响中国社保改革的国际思潮，第一拨发生在社保制度处于选择和建立的20世纪

① 该报告最后定稿为《中国的养老金改革：问题、选择和政策建议》，见本书的附录。

② 在巴尔和戴蒙德的《中国的养老金改革：问题、选择和政策建议》（见本书附录）中，将名义账户译为记账式个人账户。

80年代末和90年代，其特点主要表现为中国人"走出去"，且西方思潮的影响很大，例如，统账结合制度模式的选择、多层次的制度目标的确立等，似都与第一拨国际思潮的影响密切相关①；而近10年来第二拨的特点是西方的建言献策者主动"走进来"，但毫无疑问，与第一拨相比，他们对中国社保制度的影响显得小很多，费尔德斯坦的政策建议也好，巴尔和戴蒙德的长篇报告也罢，还有很多华人学者提出的政策建议等，几乎都被束之高阁，这是因为，制度模式一经确立，就意味着"试错"的程序已经启动，在中国的具体表现就是"试点"。因此，在1997年刚刚确立制度之后（以第26号文为标志），21世纪的头10年正是全程的"试点"时间，统账结合制度陷入了前所未有的窘境，城镇职工社保制度结构上的尴尬局面亦步亦趋，它贯穿于以往12年来做实账户试点的全过程，但最终以2010年辽宁省统筹基金借支账户基金为标志，继而以2011年吉林和黑龙江随之效法为高潮，宣告做实个人账户政策事实上的流产。尽管结果如此，但一旦做实账户试点的这个试错程序得以启动，任何与之不一致的、来自海内的还是海外的其他政策建议，只能被束之高阁起来。

但正是在这10年里，名义账户的理论和实践在西方蓬勃发展，开花结果，无论是在国际金融危机期间，还是在欧洲债务危机之中，名义账户制（NDC）几乎完好无损，经受住了前后两次考验，而介于NDC这个中点的两端分别是DC制和DB制：DC型完全积累制在国际金融危机中受到声讨②，时隔不到一年，DB型现收现付制便在随后爆发的欧洲债务危机中又受到抨击③。

在过去的10年里，NDC对于中国是那么遥远，国内国外学者的建议均处于冻结状态；但又似乎近在眼前，因为以统账结合为实现形式的部分积累制举步维艰，个人账户"空账"额规模逐年扩大，名义上存在的以个人账户为表达形式的部分积累制似是而非，亦步亦趋。总之，在过去的10年里，虽然新农保和城镇居保等不同群体的制度纷纷建立，理论上的全覆盖已基本完成，但城镇职工养老

---

① 1994年世界银行出版了的著名研究报告提倡"多支柱"，后来出版了中文版，见：世界银行编写．防止老龄危机：保护老年人及促进增长的政策．北京：中国财政经济出版社，1996．

② 笔者随人社部代表团参加了2009年10月15—16日在斯德哥尔摩召开的第四届欧盟中国社会保障高层圆桌会议"经济不确定性时期社会保障管理"国际学术研讨会，与会者大多为欧洲学者，他们不约而同地对当时DC型完全积累制的账户基金市场化投资绩效出现的大幅滑坡表现出了极大的怀疑和担心，对建立个人账户的私有化改革模式甚至表现出声讨，尤其是来自中东欧转型国家的与会学者更是如此。

③ 面对人口老龄化大趋势，希腊等南欧国家实行的现收现付制表现出明显的不可持续性，慷慨的DB型养老金在希腊率先被欧元区救援国要求削减养老金水平。见：郑秉文．中国养老金发展报告2011．北京：经济管理出版社，2011．

保险这个“旧制度”正在蜕化、变异，制度建设停滞，制度进步没有，制度创新倒退。这就是中国社会保障制度正处于“旧制度与大革命”的敏感前夜的基本征兆。

众所周知，很多国际组织建立了专门的社会保障咨询部门，在社会保障研究领域，他们常常执世界之牛耳，为推动研究工作和提高各国执行力作出了贡献。在学者中，这些国际机构常常又被分为左右两派，比如，国际劳工组织（ILO）被视为左派，而世界银行（WB）则常常被认为是右派。

但人们会发现这样一个有趣的现象，同一个学术流派团队的学者很可能对中国社保改革开出的药方却大相径庭：费尔德斯坦主张实现统账结合的制度目标，将个人账户“做实”并实现真正的投资；而世界银行的经济学家们则认为，对许多发展中国家来说，做实账户的效率显然赶不上不做实的名义账户更有效率，中国目前的首选应是名义账户制①。此外，人们还会注意到另一个更有趣的现象，那就是，不同的学术流派的学者对中国开出的药方却很可能非常惊人的一致：世界银行、巴尔和戴蒙德显然分属不同学术阵营，但他们却不约而同地提出放弃当前做实账户的做法并顺势采取名义账户制②。在国际社会保障研究领域，世界银行对名义账户制的研究站在世界最前沿，为国际社会保障制度改革和理论研究做出了巨大贡献③。

三、作品其要：主要学术思想及其在中国的思辨

巴尔和戴蒙德的这部专著《养老金改革：理论精要》在一些重大理论分析上有独到的见解，其中一些内容或多或少可以对中国目前社会保障制度改革与建设作出阐释，也可在一定程度上给国人以启迪。

1. 养老金的制度目标到底有多少可以实现

本书作者巴尔和戴蒙德一再强调，缴费型养老金制度的目标是多重的，不是

---

① 罗伯特·霍尔茨曼，爱德华·帕尔默．名义账户制的理论与实践——社会保障改革新思想．郑秉文等译校．北京：中国劳动社会保障出版社，2009。人们一定会注意到，世界银行对中国改革取向的政策建议，在20世纪90年代和21世纪头10年是大相径庭的，他们早前曾积极建议引入个人账户并做实账户。

② 见本书的附录“中国的养老金改革：问题、选择和政策建议”。

③ 除2006年出版的《名义账户制的理论与实践——社会保障改革新思想》以外，2012年罗伯特·霍尔茨曼又主编出版了两本专著：Robert Holzmann，Edward Palmer，and David Robalino，Nonfinancial Defined Contribution Pension Schemes in a Changing Pension World，Volume 1：Progress，Lessons，and Implementation，edited by，The World Bank，Washington DC. July 2012；Volume 2：Gender，Politics，and Financial Stability，edited by，The World Bank，Washington DC. Aug. 2012.

单一的，例如，它既有消费熨平的作用，也包括保险功能，既可为老年人减贫，还有明显的再分配因素[①]。但是，这些目标不可能同时全部实现，在一系列目标排序中，必须要对其进行优化。甚至在作者撰写的《中文版序言》中还在继续强调这个观点。作者认为，如果参保人个人生命周期中的消费熨平问题十分重要，应该突出这个功能，那么，在其制度设计中就要将养老金水平设定在一个适当的水平，并将其与终生缴费完全对应起来。但是，这样的制度设计显然不利于强调横向的再分配，低收入群体将难以获得实惠。因此，良好的制度设计应尽量在消费熨平、减贫、保险和再分配之间寻找一个最佳平衡点，这个平衡点的选择将取决于不同时期和不同社会条件赋予这些不同功能的不同权重；实际上，制度设计者是在上述四个制度目标中下决心做出权衡的结果。

那么，权衡的结果如何？真实世界的市场是不完善的，信息是不对称的，建立社保制度对其进行干预的结果必然是"次优"的结果，而不可能实现最优，即使在DC型完全积累制条件下，它也只能逼近于精算公平，将市场扭曲程度降到最低而已（相比于其他类型的制度），而不可能根除这些扭曲。

此外，实现养老金制度的这些目标还受到一系列其他因素的约束：首先是财政能力，即在其他条件不变的情况下，税（费）基越大，所需的税（费）率就越低，潜在的扭曲就越少；其次是制度能力，制度能力越强，正式的税（费）基就越容易扩大，养老金设计的选择范围就更广阔；最后是其他一些行为参数，这些参数也要合理取值，例如，劳动力供给对养老金制度设计会有什么样的反应，养老金制度对私人储蓄会有什么样的影响，等等。

换言之，缴费型养老金制度的目标是要排序、选择和确定的，对养老保险制度的功能不要求全责备，不要过于苛求，不要指望养老保险的制度目标在所有时期都恒定不变；如果觉得不满意，那是因为设计思想不明确，没有体现出来；在某一个时段最好能突出某一个目标的功能，如果一味强求四个目标无所不在，无所不包，那是不现实的；不同国家的养老金制度，由于所处环境的不同，对养老金制度的设计所强调的功能也是不尽相同的。

就中国城镇职工基本养老保险制度的目标来说，目前最为紧迫的任务是扩大覆盖面；尽管在制度上实现了理论上的全覆盖，但就每个群体而言，还有裸露在制度外的人群；如果长期不能实现应保尽保，既丧失制度的合法性，又不利于转变增长方式；目前裸露在制度以外的群体主要是流动性较大的农民工群体和城镇

① 见本书第三章。

的灵活就业群体（城镇正规就业部门已实现应保尽保），而吸引这两个群体加入到制度之中的吸引力主要就是制度的激励性，让这两个群体能够直观地“目测”到精算型的养老金待遇，增强待遇计发的透明性，简化计发办法，强调多缴多得、少缴少得的基本原则，即加强制度的精算中性，这是当前改革制度结构和扩大覆盖面的关键！换言之，在目前阶段，中国养老金的制度目标应强调精算中性的保险功能，待真正实现全覆盖之后，再对中国养老金制度的功能重点进行调整并进入下一个阶段，那时再逐渐增加再分配的因素。

从缴费型和非缴费型两个制度的功能与分工来看，增加缴费型养老金制度的精算中性因素是可行的，再分配功能应更多地让财政转移支付的其他非缴费型制度承担起来，例如，低保制度、五保制度、其他社会救助等，或适时建立一个非缴费型的养老金制度。在制度设计中，我们不能错配制度目标，比如，我们不能更多地要求缴费型养老金制度具有更多的再分配功能，而更多地要求非缴费型制度具有明显的消费熨平的功能。如果这样，那就显然错配了不同制度类型的制度功能，是强人（制度）所难。在本书中，巴尔和戴蒙德对非缴费型养老金制度的功能和建立进行了充分的论述。他们认为①，为职业生涯不完整者以及非正规就业者建立非缴费型养老金制度在一些国家已成为一个普遍的做法，例如，澳大利亚、加拿大、新西兰、荷兰、智利和南非等国家都建立了类似的非缴费型养老金制度。总之，许多国家已经成功建立了包含多种制度类型、多层次和多支柱的混合型制度框架，以达到相互弥补制度功能和搭配制度目标的目的。

总之，世界上没有最好的养老金制度，只有最适合的养老金制度；不同国家在处理养老金制度各个目标时有不同的安排：如果一国贫困人口比重较大，就应要求制度有更好的减贫效果；如果对减贫重要性的看法不同，或对风险在代内和代际之间如何分担存在不同看法，那么，制度设计的重点也会发生变化；不同国家、不同时间的政策制定者赋予各个目标权重不同，不同国家、不同时期的约束条件（包括关键参数的值）也有所不同。重要的是，在经济条件和管理能力既定的情况下，各个国家不同的政治进程对建立养老金的政治可行性也存在较大影响。

2. 为什么说提高退休年龄是非常重要的

在本书中，巴尔和戴蒙德在提高退休年龄这个问题上，从理论认识误区到实践操作技巧，以自问自答的方式进行了较为详尽的分析。

① 见本书第九章和第七章。

第一，提前退休会降低失业率吗？

毫无疑问，在现代经济制度中，社会保障政策对劳动力市场的影响不可能是百分之百地呈中性作用，它们必将或多或少产生一定的市场扭曲。但是，巴尔和戴蒙德认为[①]，“一般来说，那些通常认为提前退休可以缓解失业的看法是错误的。从长期历史视角来观察，发达国家的平均退休年龄已经大幅降低，但失业并未出现趋势性下降……因此，退休年龄和失业率之间并非密切相关”。“因此，通过准许或强制提前退休（属于长期问题）来应对失业问题（一般来说属于短期问题）只能是治标不治本，而最好把精力放在鼓励长期增长而不是扭曲劳动力市场上，后者只能徒劳地希望退休能对失业产生较大影响。”

巴尔和戴蒙德分析上述提前退休和失业率之间的关系时，其逻辑演绎过程是这样的：

首先，工作岗位的数量是处于不断变化之中的，它受到就业人数的影响，就是说，寻求工作的人本身也在创造工作岗位。

其次，提前退休并不意味着离开劳动力市场，这是两回事，因为相当一部分退休人口在领取养老金时还会滞留在劳动力市场上继续工作着。

最后，在一些发展中国家，城市失业率更多地取决于人口迁徙和工作的可获性，所以，提前退休为城市人口创造就业机会的结果，很可能被外来人口的迁徙所抵消。

第二，制定强制性退休年龄是合理的吗？

进而，巴尔和戴蒙德认为，在全国范围内制定一个强制性的退休年龄是毫无道理的，因为老年就业人员的情况是千差万别的，他们在健康状况、工作兴趣、工作能力和就业机会等方面存在很大差异性，偏好也是不一样的，并且，雇主对老年就业人员的需求也是不尽相同的。总之，巴尔和戴蒙德给出的结论是，在全国范围内制定一个强制性的退休年龄的规定是没有必要的，也是不可取的。

基于上述分析，巴尔和戴蒙德认为，“退休概念是多维的”，对退休的概念应重新定义和理解，因此，正如书中介绍的，美国既有领取养老金的最低年龄（62岁），也有领取全额养老金的年龄（67岁，以前是65岁），甚至，除了一些特例外，美国已把公司层面出现强制性退休视为非法，欧盟紧随其后也有类似规定。当然，也没有必要把允许公司和就业者选择退休年龄上升到前所未有的高度。

第三，提高女性的退休年龄可行吗？

---

① 见本书第三章。

在过去的一百多年里，单身女性和已婚女性的财产权、选举权、被选举权等妇女的政治权利和经济权利是逐渐确立、扩大、延伸的，同样，养老金制度设计中的“性别中性化”趋势也是随之逐渐实现的[①]。在过去，许多国家女性的法定退休年龄低于男性（一般为 5 年），这样的制度设计主要是基于以下两点考虑：一是反映出了对男性与女性社会角色的认知差异，二是女性年龄通常小于其丈夫。但是，妇女实际退休年龄低于男性将损害妇女的利益，难以实现女性利益最大化，这是因为，女性获得收入的机会将会减少；女性的养老金水平也会降低；在诸如伤残津贴、第二支柱的企业年金待遇水平和获得税优政策优势等方面也处于不利地位。否则，如果女性以低于男性的退休年龄获取与男性相同的养老金水平，那么这也不是性别中性，这是不利于男性而有利于女性的制度设计。

养老金规则的“性别中性化”趋势不仅涉及社会正义和性别公平等社会问题，而且还对养老金的成本产生重大影响，甚至对老金制度带来巨大和持久的影响，可激励女性劳动参与率日益提高，增加双职工家庭的收入，进而增加社会产出。

美国社会保障体系是 1961 年开始实行性别中性规则，在其他发达国家这个规则已普遍成为一个重要标准，尤其是在人口老龄化趋势咄咄逼人的趋势下，发达国家基本都摒弃了退休年龄性别歧视的做法，女性的退休年龄与男性完全一致起来，当然，即使这样，一般来说，女性年薪收入要略少于男性，职业生涯也略短于男性，而寿命则远比男性更长。

第四，提高退休年龄需要技巧吗？

本书认为[②]，提高退休年龄要注意两个技术细节：

一是做出规定的应是出生日期，而不退休日期。否则，如果对退休日期做出规定，必将出现一波退休潮，这将破坏提高退休日程的设定和任何激励措施的实施。

二是退休年龄要逐年上调，避免相近年龄群体的养老金待遇水平发生大幅度变化。调整幅度太大显然是不公平的，在政治上没有操作可行性。否则，相邻年份出生的人们有时只有几天之差，但养老金待遇可能有天壤之别。

为此，在本书中，巴尔和戴蒙德将英国提高女性退休年龄作为一个成功的案例。

---

① 见本书第一章。
② 见本书第五章。

英国1991年通过立法提高了女性领取养老金的年龄。当时决策者选取的改革时点是1950年4月6日，即在1950年4月6日之前出生的女性不参加改革，领取国家养老金的年龄继续保持60岁不变。但是，在1950年5月6日之后（比4月6日推后一个月）出生的女性，领取养老金的年龄为60岁加1个月；1950年6月6日之后出生的妇女，领取养老金的年龄为60岁加2个月，依次类推……1955年4月6日之后出生的女性，领取养老金的年龄为65岁。

英国这个案例一个重要启示的是，虽然这项立法是1991年通过的，但它当时规定的执行该立法的时间是19年后的2010年，就是说，英国女性提高退休年龄的立法进程给大家预留了19年的心理准备时间。

第五，提高退休年龄问题在中国是个死结吗？

毫无疑问，巴尔和戴蒙德关于退休年龄的上述问题的看法发人深省：

第一个问题的看法可以澄清多年来在政策面和个别学者那里存在的认识误区，有利于加强非正常退休的规范管理，遏制提前退休现象；

第二个问题的看法更具革命性，甚至带有明显的激进派的色彩，这对我们重新认识制定法定退休年龄打开一扇窗户，开阔了我们的视野；

第三个问题在中国社会保障改革中极具现实意义，对中国下一步改革具有理论支持的性质，为澄清性别差异的制度特征和下一步如何改革提供了理论基础；

第四个问题涉及提高退休年龄的细节设计，由此可看到：魔鬼藏于细节之中！

当前，关于延迟退休年龄引发的社会大讨论正如火如荼，很显然，在中国决策层、学界、公众那里，在公共部门和私人部门那里，对这个问题的看法存在很大差异性；本书的上述宏论对我们如何认识和看待类似的讨论具有相当重要的现实意义。众所周知，网络舆论的看法几乎一面倒，从某种程度看，关于延迟退休年龄的“网络大战”是中国目前民粹主义对公共政策和社会政策产生巨大影响的最典型案例之一。

就笔者的认识所及，提高退休年龄的改革是早晚的事情，这是一个不以人们的意志为转移的客观趋势①；中国目前规定的女工50岁和男性60岁的法定退休

① 关于笔者提高退休年龄的论述和观点，请见如下文字：分报告五《欧债危机下的养老金改革趋势》，分报告六《欧债危机对中国养老金改革的启示》//郑秉文. 中国养老金发展报告2011. 北京：经济管理出版社，2011：91～124；退休年龄也需顶层设计. 财经国家周刊，2012（13）：37；延迟退休年龄遭争议意味着什么. 瞭望中国，2012（23）：21～25；肖中洁. 郑秉文谈中国养老体系“顶层设计”：职工退休年龄必须延迟. 东方早报，2012-03-15：A32～A33；杨华云. 十问延迟退休. 新京报，2012-06-16：B04～B05，等等。

年龄很低，但是，这几年来，提高退休年龄的任何讨论都会遭到激烈反对，前几年持赞成的比例还有一些，但去年以来，没人敢公开表示赞成了，赞成的意见已成为过街老鼠，网络媒体上任何关于提高退休年龄的讨论都会遭到几乎一面倒的拍砖式的激烈反对；在这样的网络环境下，决策者面临的困境是可想而知的，他们进退维谷，改革会遭到拍砖，只能不改革、得过且过。

在欧洲，情况也差不太多，甚至有过之而无不及。

实际上，在中国，破解这个困境的“魔鬼”可见于如下三个细节之中。

首先，退而求其次，设立两个法定退休年龄。将目前的较低退休年龄作为领取最低养老金的法定年龄而保留下去；其次，再设定一个领取全额养老金的年龄，并将这个年龄提高到合理的程度，分散到几十年里逐步提高；这样，在当前养老金替代率逐年下降的条件下，当其“自然而然”地下降到一定程度时便将其“锁定”为“最低养老金”，目前的这个法定退休年龄可以变成领取最低养老金的法定年龄；最后，再设定一个全额养老金的标准及其领取全额养老金的法定年龄，提高法定退休年龄之后才有资格领取。这是符合国际惯例的，很多国家都是这样，如美国。

第二个是退休年龄的设计改为退休年龄与缴费年限“相加制”。我国台湾地区的公务员目前领取养老金的条件是退休年龄与缴费年限相加之后等于 85 年即达到领取养老金的条件，这就是“85 制”；由于老龄化，台湾地区全民大讨论已有一年有余①，社会舆论普遍认为可能提高到“90 制”。目前，台湾地区学校教育人员领取养老金的条件是“75 制”，舆论普遍认为有可能提高到“85 制”。英国地方政府公务员也有一个“85 条例”（Rule 85），它规定，参加“地方政府养老金计划”即“LGPS 计划”的地方公职人员养老金待遇发放需要遵循一个公式，其含义是：获取全额养老金的资格＝退休时的年龄＋加入“LGPS 计划”的工龄＝至少 85 年。这个公式意味着，地方公职人员的退休年龄和服务年期相加必须达到 85 年时方有权利领取全额养老金，但需达到 60 岁。“85 条例”还规定，如果雇员由于生病等原因退休，他还可享受“85 条例”的规定领取全额养老金；“85 条例”规定，提前退休也是可以的，但养老金标准要根据具体年限而有所减少。如果在中国制定了一个“相加制”，参保职工个人也将有一定的决策权，个人可以根据最低退休年龄的规定来酌情决定具体的退休时点，这样，退休时点的规定就不仅仅是“外在”的了，矛盾也就不能完全集中针对“制度规定”了。

① 详见马军. 台湾年金改革初步方案确定——多缴少取推迟退休年龄. 法制日报，2013-03-19：12.

第三个是将制度结构予以变形。我们知道，DC型完全积累制条件下，退休决策几乎成为一件“个人”的“私事”，因为在多干多拿、多缴多得的制度设计中，个人将视家庭经济条件来自我决策；养老金的水平几乎完全取决于缴费年限的长短，很像银行存款。中国的统账结合制度在存在大量空账的情况下，如果顺势将之改造为名义账户制（NDC），甚至将单位缴费（20%）也完全划入到个人账户之后[①]，账户持有人的退休决策就变成一件个人的私事了。在这样的制度设计下，困扰全社会的退休年龄难题有可能迎刃而解，因为此时提高退休年龄的难题已经“内在化”为参保人的个人决策了，就是说，参保人根据自己的家庭经济条件和个人身体条件，在较多休闲和较多收入之间个人进行抉择和取舍，由参保人自己在继续工作以获取全额养老金和现在退休领取最低养老金以获得较多休闲之间做出选择。这时，只需参保人个人对其年轻时期和老年时期之间的消费比例做出个人选择而已；这样的制度设计就基本与国家规定法定退休年龄的关系不是很大了。

当然，上述三个设计细节需要一个有机衔接的顶层设计，它牵涉到养老金制度的方方面面，甚至牵涉到非缴费型制度的一揽子设计；这似乎是目前解开退休年龄这个“死结”根本途径。否则，中国提高退休年龄的博弈将有可能重走法国的老路。总之，在世界各国退休年龄逐渐提高的大趋势下，中国在提高退休年龄问题上需要解决的难题在于如何改革，而不在于是否改革。

3. 养老金债务为何变成一个谈之色变的“马蜂窝”

正如本书作者所言，在国际交往中“隐性养老金债务”已成为一个常用词汇了[②]，但在国内还没有如此通用，甚至还经常出现一些混乱，误解为“缺口”等。概念使用混乱常常会错误地掀起一场辩论高潮。发生在2012年里的最典型、最刺激的一个故事就是五六月份德意志银行大中华区经济学家马骏和中国银行首席经济学家曹远征发布的一个研究报告引起的一场轩然大波。据网络的报道，这份报告认为，到2013年中国“养老金缺口”将高达18.3万亿元，于是遭到网络上一片激烈抨击，其中主要是媒体，还有学者，进而引发了一场关于养老保障财务问题和债务问题的大辩论。

为了平息这场“蛊惑人心的研究成果”造成的辩论，2012年6月18日《人

---

① 关于统账结合改造为名义账户的制度设计，详见：郑秉文．中国社保“名义账户”改革新思路——“混合型”统账结合（译者跋）//罗伯特·霍尔茨曼，爱德华·帕尔默．名义账户制的理论与实践——社会保障改革新思想．郑秉文等译校．北京：中国劳动社会保障出版社，2009.

② 见本书第四章。

民日报》终于发表一篇署名文章《中国养老金不会缺口18.3万亿元》[1]，旨在平息这场激烈的媒体风暴。这里抄录一段文字如下：

“虽然近期关于养老金缺口的种种预测层出不穷，有说1.7万亿元的，有说2.5万亿元的，但这一次还是把人吓得不轻！当前我国全年财政收入也就是10万亿，养老金缺口高达18万亿多，这么大的窟窿怎么能填得上？养老金还能按时足额发放吗？社会保障制度还可以信任吗？何况，这不是到2030年、2050年的远期预测，说的就是明年的事儿……不妨想想，2011年还结余近2万亿元……实在不太可能收支缺口忽然增至18.3万亿元之巨”。

可以肯定的是，《人民日报》之所以亲自出面发文，完全是因为媒体使用了养老金“缺口”这个完全两回事的概念，太危言耸听、蛊惑人心了！18.3万亿元缺口让任何人都会感到世界末日将要来临；如果全社会都把18.3万元的隐性债务当成明天需要立即支付的资金“缺口”，那确实是一个巨大的舆论误导；实际上，他们完全是两回事。把隐性债务说成是缺口，完全是错误的。但任何稍有一点专业训练的人都会猜到，媒体上炒作的18.3万亿指的肯定不是“养老金缺口”，而是“隐性债务”在2013年的贴现值。贴现值只是一个数值，说明未来的规模，而不需当即支付。

肯定是出于引发社会恐慌的担心，《人民日报》没有纠缠个别具体概念，没有进行概念辨析和学术普及，没有就学术谈学术，而是用“严厉”的口气，“平息”了这场有可能蔓延的社会大讨论。但是，《人民日报》载文讨论一个如此专业的话题，并且言辞如此严厉，不是将错就错，将“18.3万亿缺口”完全变成一只“过街老鼠”，把“缺口说”批得体无完肤，没有任何余地；就是真的把隐性债务误解为“缺口”了，将“缺口说”予以完全否定并盖棺定论。

2013年2月22日《人民日报》（海外版）再次发表了文章《热炒中国“老无所依”推论属于“刻舟求剑”养老金“缺口”风险被严重夸大》[2]，主动“出击”将巴克莱集团发布的一个报告内容作为分析的靶子。该报告称，未来20年内中国的养老金缺口将累计达到68万亿元（10.9万亿美元），因此它将显著影响中国未来的政府性债务水平。这个预测显然遭到了批评，认为未来的养老金财务风

① 白天亮. 养老金不会缺口18.3万亿元. 人民日报，2012-06-18：14.

② 周小苑. 热炒中国“老无所依”推论属于“刻舟求剑”养老金“缺口”风险被严重夸大. 人民日报（海外版），2013-02-22：02.

险被严重夸大了，并且没有事实根据，这里抄录该文的核心观点如下：

> 那么，中国养老金究竟有没有缺口？如果有，缺口究竟有没有这么大？对此，各研究机构和专家均表达了不同观点。仅从现实数据来看，专家认为，养老金当期不存在缺口问题，未来“巨大缺口将导致中国人老无所依”说，也是严重夸大风险，无充分事实依据，并未用动态的发展的眼光看待问题，而是陷入了“刻舟求剑”的推论误区。

人社部每年发布一个《××××年度人力资源和社会保障事业发展统计公报》，这是一个惯例。2013 年 5 月 27 日发布了 2013 年的《统计公报》，次日即 5 月 28 日的《人民日报》第 10 版就配发了一个文章《养老金不存在收不抵支》[①]，说“社保基金、特别是养老金‘收不抵支’的传言再次被否定。”接着，该文转述了《统计公报》当年养老保险的收入、支出和财政补贴的情况。

在不到 12 个月的时间里，《人民日报》三度介入到养老金财务问题的争论之中。作为“纸媒第一”的非专业化报纸，《人民日报》“陷入”一个十分专业的养老金精算之中，本来属于学术讨论范畴的问题，但其社会影响却已大大超出了学术的范畴，养老金隐性债务这个专业问题已经政治化了，学术问题已经庸俗化了，技术问题已经伦理化了。换言之，养老金债务问题的讨论似乎已经到了事关社会稳定的重要地步，《人民日报》显然是从这个角度出发才亲自出马的。于是，从高层到媒体，从政府到学者，在这个问题上大家都变得很谨慎了。

4. 如何看待养老保险的财务和债务问题

如何看待养老保险的可持续性？实际上，这里涉及的是两个问题。

一个是涉及当前的收支平衡的财务问题。这里以 2011 年年底城镇基本养老保险基金的数据为例[②]：全年基金总收入 16 895 亿元，总支出 12 765 亿元，当年结余 4 130 亿元。看上去收入很好，远远大于支出，《人民日报》等就是从这个角度出发昭告天下、平息恐慌的。但细分析便看出，当年各级财政补贴达 2 272 亿元，“非正常缴费”收入高达 1 898 亿元（非正常缴费主要包括补缴和预缴等），如果剔除财政补贴和非正常缴费，当年收支将会出现赤字 40 亿元。换个角度看，在 2011 年年底 19 497 亿元的累积结余中，大部分可被视为财政转移支付

① 白天亮，盛若蔚. 养老金不存在“收不抵支”. 人民日报，2013-05-28：10.
② 郑秉文. 中国养老金发展报告 2012. 北京：经济管理出版社，2012.

的历年沉淀和非正常缴费收入之和！因此，面对这近2万亿基金余额，我们没有太多的理由去盲目乐观。按照十几年来的制度赡养率（大约全国33%左右）、缴费率（平均28%左右）、替代率（目前是不到50%），每年应有几千亿的正常结余才对（包括做实个人账户的资产在内）。之所以不是这个结果，是因为诸多环节出现道德风险的缘故，各个参数由此遭到打折，于是，全国宏观层面上收入与支出的结果，与“三率”（缴费率、替代率和赡养率）就“对不上”了。退一步讲，即使当期收支能够大体平衡，也不能说明未来债务平衡能力，目前的滚存余额不能代表未来。

有观点认为，国家对养老保险制度给予财政补贴是天经地义的，这是国家的责任，理所当然地应该纳入到每年的制度收入当中。

但我认为，社会保险制度的要义应该首先追求财务上的自我平衡，这一点，应该以美国的制度为榜样（请见下文），而不应以欧洲为楷模，因为欧洲福利国家作为老牌资本主义国家有其独特的发展路径。如果社会保险制度离不开财政转移支付，势必影响用于社会救助性质、旨在实行社会公正的社会福利制度的财力投入。那时，社会保险制度和社会福利制度就都搞不好，两个制度目标错配，互相影响，包袱沉重，最终步希腊后尘。为此，我在2013年1月25日的《人民日报》上发表了一篇题为《什么样的养老保障更可靠》的文章[①]，充分表达对社会保险和社会福利的两个不同制度目标的看法，这里摘录如下：

在财政补贴方面，大多欧洲国家战后以来实行慷慨的福利制度，国家不得不从少到多、从小到大、从弱到强地逐渐介入和拖累进来，最终成为法定的第三方缴费者……有的国家由此陷入债务危机。相反，以美国为代表的养老保障制度各项参数较为科学合理，1935年建立制度至今始终收支平衡，略有盈余，不但国家没有支付一美元，而且目前的自我累积盈余已高达2.6万亿美元，占全球基本养老保险基金的近一半……我认为，更可靠的社会保障并不意味着更多的财政补贴，恰恰相反，它意味着更健康的社会保障，而靠财政输血的制度是不健康的……天下没有免费的午餐，羊毛出在羊身上……如果养老制度离不开财政，最终受损的还是纳税人。因此，应该让人们有忧患意识，居安思危。

另一个涉及的是如何看待养老金未来的隐性债务问题。

① 郑秉文. 什么样的养老保障更可靠. 人民日报，2013-01-25：13.

本来，学术机构、智囊机构、高等院校、外国机构、国际组织等，主动或应邀为一国养老金制度做债务测算、制度设计和提出建议等，都是十分常见的国际惯例。二十年和十几年之前，这样的事情多有发生；尽管那时国门刚刚打开不久，不同机构之间对债务的测算相去甚远，但社会和政府的承受能力都高于现在，没有引起什么社会恐慌和政府不满；尽管那时人们对社会保障制度的认识和理解远不及今天这样深刻，但却随处可见百花齐放的科学精神、百家争鸣的淡定态度和海纳百川的博大胸怀；尽管作为舶来品的社会保障刚刚进入高官的视野，但不同的讨论和看法、不同的财务前景和债务测算还仅限于专业研究和学术领域。可是，现在不同了，时代变了：改革到了这个历史阶段，各项社保制度覆盖的群体翻了几番，制度固有的缺陷也随之不断放大；依赖这个制度的群体数量越大，对其挑剔和批评的程度也就越尖刻；网络到了如此普及的程度，缺点的传播和不满的抱怨不断扩散；所有这些，都使这个制度的举办人——政府——处于一个十分尴尬的境地。于是，虽然现收现付制的隐性债务是与生俱来的，但平常人还是难以理解其隐性债务为什么如此巨大，这样的测算结果超出了人们日常生活中所能接触到的任何阿拉伯数字，比如，它大于当年基本养老保险制度的收入和支出，大于当年的财政收入和支出，甚至大于当年的 GDP 总量等；于是，这个数字就变得足以让全社会的神经都紧张起来，尤其是，当媒体将“隐性债务”误用为“缺口”时，全社会更是人心惶惶，作为非专业的社会舆论那就像炸了锅一样。

面对媒体刊登的这些数字，为了平息舆论和缓解社会恐慌，官方媒体开始介入学术讨论，发表与之相反的声音予以解释。本来与任何个人和组织机构没有任何关系的养老隐性债务问题等于政府主动“对号入座”了；同时，在强大的社会舆论压力下，学界也逐渐开始分化，他们的分野不在于测算方法、假定条件、统计口径和政策变化等技术手段的不同，所以，根本就不属于学术之争，而是一场没有任何计算技术介入的“有缺口”和“无缺口”、“缺口大”和“缺口小”的口水之战和站队之争；于是，本属一个非常技术的专业问题，此时却俨然成为一个社会问题了。

其实，包括中国在内，任何国家的养老金制度都有巨大的隐性债务（除少数实行 DC 型完全积累制以外），这不是哪个人造成的，而是人口结构变化导致的，是寿命延长和人类发展的必然结果，更不是哪届政府的失误导致的，政府没有必要站出来去为未来的巨额隐性债务“掩饰”什么，也没必要与任何精算结果或测算机构去对质或对峙。实际上，政府的责任恰恰应该主动去测算隐性债务并公之于众，否则，不仅没有尽到责任，而且经济社会发展战略的制定也将失去依据。任何国家，包括 2010 年的希腊和整个欧洲，迫使他们在债务危机当中进行养老金改革的就是人口老龄化，这是他们公开宣称的一个理由，也是实施改革的科学根据。

5. 中国社会保障不需要忧患意识吗

从过去 12 个月养老金债务的争论和《人民日报》的三篇报道来看，社会媒体的专业化程度还应该提高，新闻分工和深度报道应更专业化一些，应更习惯于使用一些业内标准用语，将容易引起大众媒体误解的可能性降到最低程度；例如，养老金缺口与隐性债务显然是不一样的，缺口是指显性债务。对专业词汇的误用，也是在过去的 12 个月里导致产生社会热议的重要原因之一。为此，从媒体到官员，应习惯于正确使用概念，对一些常用的词汇和术语应该普及开来。在美国国会举办的所有关于社会保障听证会上，学者们使用大量的学术术语，像 DB 和 DC、现收现付制和积累制，等等。

如果以上媒体误用专业词汇是过去 12 个月热议养老金债务的一个特点的话，从前述短暂回顾我们还可看到另一个特点。这就是政府应采取的态度或策略问题。

巨大隐性债务的存在是养老保障体制的属性决定的，管理部门不要心有“愧意”，更不要无端往身上揽。管理者完全可以昭告天下，坦坦荡荡。否则就真的成为“此地无银”，其结果必然是：专业问题复杂化（似乎是跟政府部门或某个行业的管理不善有关），学术问题政治化（成为影响社会稳定的一个根源），技术问题世俗化（变成茶后饭余的谈资），无法从根本上起到教育人民、启迪社会、普及知识的作用，没有让百姓真正了解到一个真实的制度，无法成为全民范围的社会保障忧患意识和老龄化的教育活动；人民日报一出面，表面上看，似乎争论平息了，问题澄清了，社会和谐了，但也为以后正面宣传中国社会保障制度的显性债务和隐性债务、解释人口老龄化趋势下隐性债务发展趋势结构等带来了被动，使官方未来有一天是否介入测算工作并公布真实的测算结果陷入十分尴尬的境地，重要的是，这等于把矛盾爆发的时点推向了未来，为以后各届政府兑现养老金承诺增加了压力。

其实，在社会保障的宣传上，与其一味高调“和谐论”，不如树立“忧患意识”。社保制度的财务状况受到人口老龄化的极大冲击和威胁，几乎所有发达国家都在改革，中国长期实行计划生育，人口老龄化趋势更为严峻，社保制度财务问题更加突出，这是毋庸置疑的。

摒弃社会保障中的“优越感”，树立“忧患意识”，这是人口老龄化发展趋势使然。有了忧患意识，全民上下才能同舟共济；反之，误导的舆论环境和误导的预期将适得其反。

那么，我们是否需要忧患意识呢？让我们看看在两个时点的中国人口老龄化与国外的比较。

到2021年建党百年时，中国人口老龄化形势在金砖国家中仅好于俄罗斯，比巴西、印度和南非的人口都要老化。到2049年新中国成立一百年时，中国人口老龄化为33.9%，超过所有其他四国（见表1）。众所周知，俄罗斯人口问题历来是困扰这个民族的一个大问题，但在第二个百年时，中国的人口形势比俄罗斯还要严峻。

表1　"两个一百年"时点上中国与金砖国家人口老龄化比较

（60岁及以上人口占总人口%）

年份	中国	俄罗斯	巴西	印度	南非
2010	12.3	17.8	10.3	7.6	7.4
2021	17.4	22.1	14.1	9.8	9.6
2049	33.9	31.2	29.0	19.1	14.8

资料来源：http://esa.un.org/.

发达国家早在100年以前就已进入老龄化社会，与这些老牌的发达国家相比，中国人口还算是年轻的。比如，在2010年和第一个百年时点上，G7的人口老龄化形势均比中国严峻得多：最高的是德国30.2%，最低的美国也有22.4%，而中国只有17.4%。但是，在第二百年时点上就大不一样了，中国人口老龄化程度位列第四，仅次于意大利、西班牙和德国，而将英、法、美、加远远甩在后面。

表2　"两个一百年"时点上中国与G7人口老龄化比较

（60岁及以上人口占总人口%）

年份	中国	美国	英国	法国	德国	意大利	加拿大	西班牙
2010	12.3	18.4	22.6	23.0	26.0	26.5	19.9	22.3
2021	17.4	22.4	24.5	26.3	30.2	29.2	25.0	25.1
2049	33.9	26.6	29.6	30.5	37.5	38.4	31.0	38.3

资料来源：http://esa.un.org/.

6. 中国社保制度需要官方给出精算和预测吗

从20世纪90年代中国建立社保制度开始，对养老保险债务进行测算的均为科研机构或国际机构（或外国学者与机构），社会保障行政主管部门从未公布官方的测算结果。社保制度债务测算如同公布人口普查结果，应是公共部门的一个责任。人无远虑必有近忧。

人口老龄化改变了世界，几乎所有国家的社保制度都面临或大或小的考验，他们都不得不密切跟踪人口变化情况，每年根据人口变化为依据测算和公布社保制度财务前景。这里仅举三个典型案例，即一个发展中小国哥斯达黎加，一个中等发达国家韩国，最后一个是世界最大的发达国家美国。

先看哥斯达黎加。我于 2012 年 10 月访问了这个只有 450 万人口的中美洲小国，他们的社保局（CCSS）接待了我，并举行了小型研讨会。这个小国每年都对其人口老龄化和社保制度财务前景进行预测。这里我给出哥斯达黎加三个时点的人口老龄化情况：2010 年哥斯达黎加人口老龄化率是 9.5%，2021 年是 13.8%，2049 年是 29.7%。从这三个时点的数据看，他们的老龄化情况远远没有中国更为严峻，但是，他们十分重视社保制度的财务测算，他们社保局的精算处有 25 人（我国人社部的精算处只有 3 人）。测算的结果很悲观，即使他们的人口老龄化程度远不如中国，他们未来三个情景模式的财务状况也是令人震惊的：哥斯达黎加养老保险制度首次出现收不抵支的时点是 2038 年（低成本的情景模式是 2050 年，高成本的是 2022 年），养老保险基金完全枯竭的时点是 2043 年（低成本的情景模式下的时点是 2057 年，高成本的是 2031 年）。

再看韩国。作为一个中等发达国家，韩国的人口老龄化趋势比重要严峻的多，在 2010 年、2021 年和 2049 年这三个时点上的数据分别是 15.7%、23.0% 和 38.9%[①]。韩国是 OECD 成员国，其全国雇员年均工资收入是 3.04 万美元[②]，而 OECD 国家平均仅为 4.06 万，并不比韩国高多少；相比之下，韩国的基本养老保险支出仅占 GDP 的 1.7%，而 OECD 则高达 7.0%，另外，韩国人均寿命是 79.2 岁，比 OECD 平均寿命 78.9 岁还高一些。这说明，人口老龄化趋势十分严峻的情况下，其基本养老保险制度也是很健康的：2010 年年末的基本养老保险基金规模高达 3 500 亿美元（324 万亿韩圆）[③]，跟中国的规模相差无几。但在人口老龄化的冲击下，到 2035 年将首次出现收不抵支，到 2060 年全部养老基金累计余额将枯竭。

最后我们看看世界超级大国美国。美国是世界上最好的 DB 型现收现付制，

---

① 引自 http://esa.un.org/.

② OECD，Pensions at a Glance 2011，p. 263.

③ ［韩］金渊明. 是信托基金还是社会投资资本——国民年金的性质及投资方案//郑功成. 社会保障研究第 2 卷（总 16 卷）. 北京：中国劳动社会保障出版社，2012：72.

几乎任何一个欧洲国家都不能与之匹敌；仅就单个国家养老保险基金的规模来讲，美国的养老保险基金（OASDI，老、遗、残信托保险基金）为世界之最，无以匹敌，几乎占全世界基本养老保险基金的将近一半。截至2012年年底，该基金累计余额已达2.73亿美元。但是，在这样一个未来几十年里其人口比中国还要年轻的超级大国，据2013年5月31日发布的年报预测①，到2021年美国将首次出现收不抵支，到2033年全部养老基金累计余额将消耗至零（见表3）。

表3　哥斯达黎加、韩国和美国养老保险基金两个时点及其老龄化与中国的比较

中国		哥斯达黎加			韩国			美国		
年份	老龄化	老龄化	收不抵支时点	基金枯竭时点	老龄化	收不抵支时点	基金枯竭时点	老龄化	收不抵支时点	基金枯竭时点
2010	12.3%	9.5%	2038	2043	15.7%	2035	2060	18.4%	2021	2033
2021	17.4%	13.8%			23.0%			22.4%		
2049	33.9%	29.7%			38.9%			26.6%		

资料来源：根据正文数据整理。

上述三个国家很有代表性，有小国和大国，还有中等国家；有发达国家和欠发达国家，还有中等发达国家。上述三国各自官方测算的结果尚有收不抵支和基金枯竭的两个时点的到来，那么，实施计划生育政策几十年、人口老龄化十分迅猛的中国能例外吗？可以肯定的是，中国统账结合制度在本质上实施的也是现收现付，上述三国的规律也同样适用中国，除非改革为完全积累制或模拟积累制（即名义账户制）。

既然如此，官方测算就是应该的。这是国际惯例，是服务型政府的一个义务。否则，中国社保制度改革连起码的依据都没有，科学发展观在社保改革上将无从谈起。并且，应该欢迎民间和学术界积极参与进来，提供不同角度的测算方式和结果，允许百花齐放，百家争鸣。因为，毕竟，它也是一个学术问题。

吴敬琏老师曾应邀对1994年以来的整体改革作出评价，涉及财政体制改革、金融体制改革、外汇管理体制改革、国有企业改革、社会保障体系改革等。当问到哪项改革最不成功时，吴老师的回答是②，“最不成功的可能就是社会保障体制

① Board of Trustees of the Federal Old-Age and Survivors Insurance and Disability Insurance Trust Funds (May 31, 2013), The 2013 Annual Report of the Board of Trustees of the Federal Old-Age and Survivors Insurance and Disability Insurance Trust Funds Communication. Washington, D. C. p. 11.

② 吴敬琏，马国川. 中国经济改革二十讲. 北京：三联书店，2012：171.

改革了。1993年，中共十四届三中全会要求建立全覆盖的、多层次的社会保障体系。这么一项涉及千家万户基本生活保障的改革，却由于涉及行政管理机关的权利和利益而步履维艰，使新体系迟迟未能建立起来”。

我特别同意吴老师的评价，并且想加上几句，那就是，由于官方始终没有并拒绝对社保制度作出一个长期测算和顶层设计（二者实际上是一回事，相辅相成），社保制度始终处于走一步看一步的模糊状态，不知道彼岸是在哪里，所以到目前为止，辽宁做实账户试点持续了12年还没有尽头甚至又倒退了（挪用账户资金用于发放养老金），导致目前的制度虽然建立了将近20年，但仍未定型、未定性，矛盾比比皆是。

7. 美国社保制度的忧患意识和进取精神从何而来

国家建立起社保制度，国家就要为其负责任。好的制度可使其成为一个安全网；不好的制度可使其濒于破产，例如希腊。

为此，美国在建立社保制度之日起，就时刻监视这个制度的运行情况，年年进行预测。

美国社保基金的全称是“联邦老年、遗属和残疾保险信托基金”，它每年发布一个年度报告（缩写为OASDI，全称为《联邦老年、遗属和残疾保险信托基金理事会年度报告》），每个年度报告都进行短期、中期和长期（75年）的隐性债务测算，但至今74年了，从未间断过。

这里要着重指出的是，从第一个年报到今年5月发布的第74个年报，所有的年报测算结果都是负面的、悲观的，“收不抵支”和“基金枯竭”这两个时点历历在目，无一例外。但是，七十多年来，前一个时点经过参数调整之后从未出现过，后一个时点便依次向后推迟了，从未爆发过。即使这样，每次年报的预测和精算依然按时发布，每次测算结果都十分耸人听闻；七十多年来，美国并没有因为发布悲观的测算结果而发生社会骚乱，没有出现社会恐慌；相反，七十多次的负面测算结果使美国人居安思危，忧患意识深入人心，参数调整不断，改革时刻在进行中，制度质量日益健康。

忧患意识萌生改革措施。改革最为彻底和动作最为瞩目的一次是2001—2005年实施的统账结合制度改革，那次改革差点使美国也建立起一个与中国一模一样的统账结合制度①：2001年小布什成立“加强社会保障总统委员会”，制定了改革方案《加强社会保障、为全体美国人民创造个人福祉》，其主要改革内

① 详见郑秉文. 围绕美国社会保障“私有化”的争论. 国际经济评论（双月刊），2003（1）：31～36.

容就是在其现收现付制中引入一个比例很小的个人账户，旨在提高制度的支付能力，进一步推迟两个时点的到来。这个改革方案在全社会引发了一场激烈的旷日持久的大辩论，支持与反对这场改革的斗争达到了白热化程度；在长达四年多的大辩论中，正方和反方对改革利弊的分析达到了无以复加的程度，全体美国人像看剧那样，一幕一幕地目睹了这场全社会范围的大辩论的全过程，对美国养老金制度的现状和未来看了个通透。

尽管2001—2005年改革最终夭折，但这次改革的制度设计和大辩论产生的影响是非常深刻的。可以说，美国的忧患意识和改革急迫性来自美国历年对其制度的科学测算。

这里，我们对美国社会保障历年年报的测算做一次考察。

首先，我们看看美国社会保障史上发布的第一个年报预的测数据。众所周知，美国1935年通过《社会保障法案》，次年便建立基本养老保险制度（OASDI），1941年发布了第一个年度报告，其预测数据在表4可看到，从1941年到1960年，制度收入始终大于制度支出，制度的财务可持续性是没有问题的。但是，从1961年开始，收支形势便出现逆转，年度收入开始小于支出，出现了收不抵支的现象，这个赤字现象一直持续到测算期末，且缺口越来越大，1961年度缺口仅为2亿美元，但1990年高达15亿美元。

表4　1941对美国信托基金1941—1990年的预测　（亿美元）

财政年度	年均制度收入	年均制度支出
1941—1945	10	3
1946—1950	17	9
1951—1955	20	15
1956—1960	21	19
1961—1965	22	24
1966—1970	23	28
1971—1975	24	31
1976—1980	25	35
1981—1985	26	39
1986—1990	26	41

资料来源：First Annual Social Security Trust Fund Report-1941，Board of Trustees of the Federal Old-Age and Survivors Insurance Trust Fund，Washington，D. C. January 3，1941，table 4.

那么，1941年首次年报的预测数据准确性如何？我们挑选此后几个时点的年报，将其实际发生额与之进行对比，结果如下：

1951 年报显示[①]，1950 年的制度收入是 23.7 亿美元，制度支出是 7.8 亿美元。这两组数据均明显要好于 1941 年报预测的平均数据。

1961 年报显示[②]，1960 年的制度收入是 103.6 亿美元，制度支出是 110.7 亿美元，大大超过 1941 年报预测的 21 亿和 19 亿，且当时的预测数据是收大于支，而 1960 年的实际发生额是收不抵支，当期缺口为 7.1 亿美元。

1992 年报的实际数据是[③]，1991 年的当年收入是 3 226 亿美元，当年支出是 2 692 亿美元，而 1941 年报的预测是收不抵支，它们分别仅为 26 亿和 41 亿。

以上我们对 1941 年报的预测结果做了验证，发现收入和支出的数据存在较大差距。

接着，我们考察一下 1971 年报做的六项数据预测。根据 1971 年报的两个表格，可获得未来 55 年（到 2025 年）美国老年、遗属和残疾（OASDI）信托基金年度的收入、支出与累计余额等六项预测数据，见表 5。

表 5　　1971 年对美国信托基金 1980—2000 年的测算

年份	缴费收入	待遇支出	行政成本	给铁路养老金转移支付	利息收入	年终基金余额
1980	534.4	490.6	9.3	7.0	58.0	1 126.3
1985	567.0	562.6	10.1	6.5	72.6	1 477.3
1990	602.3	632.4	10.8	5.8	84.9	1 716.9
1995	647.5	690.8	10.5	4.9	80.5	1 900.1
2000	698.9	731.9	12.1	3.7	106.0	1 836.8
2025	907.1	1 175.0	17.7	0	—	—

资料来源：Board of Trustees of the Federal Old-Age and Survivors Insurance and Disability Insurance Trust Funds (April 19, 1971), *The* 1971 *Annual Report of the Board of Trustees of the Federal Old-Age and Survivors Insurance and Disability Insurance Trust Funds Communication*. Washington, D. C. pp. 36-37, table 24 和 table 25 的合并得出数据。

---

① Board of Trustees of the Federal Old-Age and Survivors Insurance and Disability Insurance Trust Funds (June 13, 1951), *The 11th Annual Report of the Board of Trustees of the Federal Old-Age and Survivors Insurance and Disability Insurance Trust Fund*. Washington, D. C. p. 9. table 3.

② Board of Trustees of the Federal Old-Age and Survivors Insurance and Disability Insurance Trust Funds (January 18, 1961), *The 21st Annual Report of the Board of Trustees of the Federal Old-Age and Survivors Insurance and Disability Insurance Trust Funds Communication*. Washington, D. C. p. 1.

③ Board of Trustees of the Federal Old-Age and Survivors Insurance and Disability Insurance Trust Funds (April 3, 1992), *The* 1992 *Annual Report of the Board of Trustees of the Federal Old-Age and Survivors Insurance and Disability Insurance Trust Funds Communication*. Washington, D. C. p. 2.

对比上述1971年的预测可看到，后来发生的实际情况远不是1971年预测的那样；当我们对比2012年报给出的数据（表6）时发现，无论是历年的当年收入和支出，还是年终的资产累计余额，都存在较大差距。仅就年终基金余额而言，80年代实际发生的基金积累余额都明显不如1971年的预测，但90年代以后恰好相反，实际基金累计余额都好于预测，尤其是2000年的预测差距就更大了。1995年的预测累积余额为1 900亿美元，实际却高达将近5 000亿；2000年的预测数据是1 827亿，与1995年相比是下降了，但实际情况却是高达10 494亿美元。这说明，美国社保制度的实际运行情况越来越好，而1971年的预测从未就没有准过，而且越是长期预测越是有些“离谱”。

表6　　1980—2000年美国信托基金实际运行情况　　（亿美元）

年份	缴费收入	待遇支出	行政成本	给铁路养老金转移支付	利息收入	年终基金余额
1980	1 167	1 206	15	14	23	265
1985	1 921	1 861	22	24	27	422
1990	2 945	2 478	23	23	172	2 253
1995	3 591	3 398	31	41	350	4 961
2000	4 925	4 076	38	37	645	10 494

资料来源：Board of Trustees of the Federal Old-Age and Survivors Insurance and Disability Insurance Trust Funds（April 25，2012），*The 2012 Annual Report of the Board of Trustees of the Federal Old-Age and Survivors Insurance and Disability Insurance Trust Funds Communication*. Washington，D. C. p. 152，table VI. A3.

最后，我们对以往25年来美国预测的两个时点的情况做一个考察。

美国官方明确地、坚定地认为，由于人口老龄化等原因，在既定参数下（例如缴费率等），美国的老遗残信托基金长期看是不可持续的；如前所述，未来某一年必将要出现当期收不抵支，这是第一个时点，那时，不得不用累计基金予以补贴；第二个时点是在此后若干年里，基金余额越来越少，终有一天，老本吃光，基金枯竭，这时国家财政不得不介入进来。

下面，我随机隔几年抽出一个美国年度报告，将这两个时点的预测提出来做一个回顾，看看美国25年来是如何预测的。

1988年报的预测结果是①，2018年将出现收不抵支，2048年基金累计余额将会枯竭；

1991年报的预测结果是②，2016年将出现收不抵支，2040年全部基金余额将要枯竭；

1994年报的预测结果是③，2012年将出现收不抵支，2029年信托基金将全部枯竭；

1997年报的预测结果是④，2019年将出现收不抵支，2029年将信托基金全部枯竭；

1999年报的预测结果是⑤，2022年将出现收不抵支，2034年信托基金完全枯竭；

2002年报的预测结果是⑥，2017年将出现收不抵支，2041年信托基金将枯竭；

2006年报的预测结果是⑦，2017年将出现收不抵支，2040年信托基金将枯竭；

---

① Board of Trustees of the Federal Old-Age and Survivors Insurance and Disability Insurance Trust Funds (May 5, 1988), *The 1988Annual Report of the Board of Trustees of the Federal Old-Age and Survivors Insurance and Disability Insurance Trust Funds Communication*. Washington, D. C, p. 1.

② Board of Trustees of the Federal Old-Age and Survivors Insurance and Disability Insurance Trust Funds (May 22, 1991), *The 1991 Annual Report of the Board of Trustees of the Federal Old-Age and Survivors Insurance and Disability Insurance Trust Funds Communication*. Washington, D. C, pp. 77, p. 94, table 32.

③ Board of Trustees of the Federal Old-Age and Survivors Insurance and Disability Insurance Trust Funds (April 12, 1994), *The 1994Annual Report of the Board of Trustees of the Federal Old-Age and Survivors Insurance and Disability Insurance Trust Funds Communication*. Washington, D. C, p. 24.

④ Board of Trustees of the Federal Old-Age and Survivors Insurance and Disability Insurance Trust Funds (April 24, 1997), *The 1997Annual Report of the Board of Trustees of the Federal Old-Age and Survivors Insurance and Disability Insurance Trust Funds Communication*. Washington, D. C, p. 6.

⑤ Board of Trustees of the Federal Old-Age and Survivors Insurance and Disability Insurance Trust Funds (March 30, 1999), *The 1999 Annual Report of the Board of Trustees of the Federal Old-Age and Survivors Insurance and Disability Insurance Trust Funds Communication*. Washington, D. C, pp. 2-4.

⑥ Board of Trustees of the Federal Old-Age and Survivors Insurance and Disability Insurance Trust Funds (March 26, 2002), *The 2002 Annual Report of the Board of Trustees of the Federal Old-Age and Survivors Insurance and Disability Insurance Trust Funds Communication*. Washington, D. C, p. 3.

⑦ Board of Trustees of the Federal Old-Age and Survivors Insurance and Disability Insurance Trust Funds (March 1, 2006), *The 2006 Annual Report of the Board of Trustees of the Federal Old-Age and Survivors Insurance and Disability Insurance Trust Funds Communication*. Washington, D. C, p. 2.

2009年报的预测结果是[①]，2016年将出现收不抵支，2037年信托基金将枯竭；

2012年报的预测结果是[②]，2021年将首次出现收不抵支，2032年信托基金将减少到零；

2013年报的预测结果是[③]，2021年首次出现收不抵支，2033年将完全枯竭。

上述25年期间的10次预测结果显示：

——在对第一个时点的预测时，其差距相差10年（最早是2012年，最晚是2021年）；第二个时点的预测差距相差20年（最早是2032年，最晚是2041年）。毫无疑问，差距较大的预测结果源自不同的人口结构变化（比如移民因素）和参数调整。

——进取精神源自居安思危，改革精神来自忧患意识。没有以往七十多年历史的测算，就没有进取精神和忧患意识。美国式的进取精神和忧患意识打造了世界上最为健康的社保制度和规模最大的社保基金。

——忧患意识铸造社会共识，进取精神凝聚社会团结。美国人从不抱怨养老保障制度，战后以来从未出现过由于对养老保险制度不满而导致的任何游行示威，而美国人养老金的替代率只是欧洲福利国家的1/2～2/3；养老保险制度在美国是个安全网，化解了很多社会矛盾，而在欧洲是个火药桶，每年定时引发社会骚乱。这些，就是欧美的区别，也是对中国的绝好启示。

四、可持续性：统账结合制度下债务概念辨析

1. 本书对分析养老金隐性债务确立的三个原则

现在再回到这本书的内容上来。那么，如何理解隐性债务？本书给出的定义是“政府的养老金承诺会导致未来的成本”。在笔者看来，现收现付制下才会出现隐性债务，其具体表述可定义为，现收现付制下政府根据立法承诺的未来养老

---

① Board of Trustees of the Federal Old-Age and Survivors Insurance and Disability Insurance Trust Funds (March 12, 2009), *The 2009 Annual Report of the Board of Trustees of the Federal Old-Age and Survivors Insurance and Disability Insurance Trust Funds Communication*. Washington, D. C, p. 3.

② Board of Trustees of the Federal Old-Age and Survivors Insurance and Disability Insurance Trust Funds (April 25, 2012), *The 2012 Annual Report of the Board of Trustees of the Federal Old-Age and Survivors Insurance and Disability Insurance Trust Funds Communication*. Washington, D. C. pp. 3-20.

③ Board of Trustees of the Federal Old-Age and Survivors Insurance and Disability Insurance Trust Funds (May 31, 2013), *The 2013 Annual Report of the Board of Trustees of the Federal Old-Age and Survivors Insurance and Disability Insurance Trust Funds Communication*. Washington, D. C. p. 11.

金权益总额的贴现值减去养老资产余额的净值。

归纳起来，巴尔和戴蒙德对隐性债务的主要论述有三个要点：

第一，选择一个合理的测算周期。

例如，美国使用75年作为一个测算周期，这个周期有足够的时间来调整制度参数和规则，以满足制度财务可持续性的要求。超过75年的测算有可能遇到一些不确定性，在政策上难以应对。迄今为止，虽然有很多中国机构和学者对基本养老保险未来债务进行过测算，但测算周期较短，重要的是，由于测算口径、假定条件、参数设定等不尽相同，测算结果相差很大，还没有一个受到社会公认的测算结果，更没有一个官方的说法，尤其是，2012年6月18日《人民日报》发表文章之后，养老债务的测算结果似有可能演变为政治或社会问题的趋势。

第二，不要把隐性债务与显性债务混淆起来。

"隐性债务是一个有用的概念，它提醒人们，未来的一代人不仅仅需要支付显性债务，还有隐性债务。"但也一些学者则常常认为，政府应该发行认购券，以确保个人账户不是空账。巴尔和戴蒙德认为，"这种观点是有问题的，"因为这个做法是把隐性债务给显性化了，"被置入个人账户中，并且和其他债务一样对待，那么降低债务价值的方法，要么是拒不偿还，要么是引入通货膨胀，"并造成更大的经济影响，比如，为降低隐性债务而提高缴费率。这便是巴尔和戴蒙德这本书提出的与右翼学派观点一个最大的不同之处：在引入个人账户之后，低效的办法是把账户做实，而高效的办法恰恰相反；利用发行认购券的办法来筹资做实账户，这是将隐性债务显性化，把隐性和显性债务混为一谈，这是不足取的，也是没有必要的。

第三，隐性债务无须当期支付。

如同政府无须对其显性债务完全支付那样，隐性养老金债务也无须全部支付。对显性养老金债务而言，问题的关键是债务占GDP的比重不能超过临界点，否则会导致沉重的利息负担而无法持续下去。但对隐性债务来说，关键是未来的缴费率不能过高，否则，对经济和政治上的可持续性都有影响。因此，一国基本社会保险基金要有一定的规模以降低隐性债务的压力，这是一个理性的思维结果；但如果筹集资金的目的完全是为了偿还隐性债务，那就没有必要了。因此，应对隐性养老金债务的种种措施当中，上策是将其最优化，而非最小化。我觉得这是阅读这本书之后的一个感想。

中国基本养老保险的主干制度是城镇职工养老保险，这个统账结合制度是世界上最复杂的制度之一，其显性债务与隐性债务比本书中讨论的包括美国在内的所有案例国家都要复杂得多，存在很多“犯糊涂”的地方，尤其是在媒体上，使用的语言经常让人误入歧途。

概括起来，中国的统账结合制有四笔账，即显性债务有两笔：当期制度总收入与总支出是存在缺口还是存在余额，个人账户部分存在巨额空账；隐性债务也有两笔：社会统筹基金尚需偿还的巨大隐性债务，个人账户基金未来的隐性债务。

巴尔和戴蒙德对养老金债务的分析方法是很有启发的。下面是我个人对这四笔账或说四个概念的逐一辨析。

2. 第一笔账：当期制度总收入与总支出的现金流——显性债务

作为缴费型制度，如果一国养老保险制度的年度总收入大于总支出，就意味着当年不存在缺口，没有赤字；实际，这就是当期余额净现值；在测算周期内，比如未来75年内，当期月净现值是负数还是正数。在过去的十几年来，中国养老保险制度的当期余额净现值是正值，即总收入始终大于总支出，这里以近三年的数据为例[①]：2009年基金总收入是11 491亿元，2010年13 420亿，2011年16 895亿，其增长率分别是18.0%、16.8%和25.9%，大大高于当年的总支出，当年结余分别是2 597亿元、2 865亿元和4 130亿，当年结余率（当年结余占当年总收入）分别是22.6%、17.18%和24.45%；由于每年存在较大收支盈余，全国的基金累计规模便一年上一个台阶，三年来分别是12 526亿、15 365亿和19 497亿，其增长率分别是26.13%、22.66%和26.89%。

但是，当我们仔细分析这些“黑字”时，惊讶地发现，如果剔除财政转移支付，便出现当期收支缺口，就会出现赤字，而不是黑字，而这些显性债务均被财政补贴所掩盖了。这就意味着，在这些数据的背后隐藏着巨大的财务风险。

首先，自20世纪90年代以来，财政补贴一年比一年慷慨，在每年制度总收入中均看到相当比重的财政补贴；比如，2009年的财政补贴是1 646亿元，2010年是1 954亿元，2011年高达2 272亿元，分别占当年制度总收入的14.3%、14.6%和13.4%。可以说，在目前近2万亿元的累积结余中，十几年来的累计财政补贴大约占了2/3。由此可见，目前庞大的养老保险资产余额储备在相当程度上是建立在慷慨的、逐年增加的财政转移支付的基础之上，制度本身的财务可持续性存在较大瑕疵。

其次，基金收入结构中，我们应该加倍注意一个潜在的风险，那就是“非正

① 在论述显性和隐性债务的这个部分里，凡是没有注明的数据，均引自郑秉文主编的两本书，即《中国养老金发展报告2011》（经济管理出版社，2011年12月）和《中国养老金发展报告2012》（经济管理出版社，2012年11月）。

常缴费收入”规模不小，且具有逐年扩大的趋势。2010 年正常缴费收入 9 808 亿，占 88.28%，非正常缴费 1 302 亿，占缴费总收入的 11.72%（在非正常缴费中，补缴 1 008 亿，预缴 76 亿，清理历史欠债 204 亿，“其他”14 亿）；2011 年正常缴费收入 12 058 亿元，占 86.40%，非正常缴费 1 898 亿元，占缴费总收入的 13.60%。由此可见，与 2010 年相比，正常缴费比重下降幅度较大，而“补缴”的上升幅度较大（2011 年补缴 1 511 亿元）。可以说，“补缴”已经成为各省公开弥补当期收支缺口的一个正当手段，他们制定政策，发布文件①，弥补了当前，但却把巨大的财务风险留给了未来。例如，某省实施的补缴政策是补缴 15 年，补缴总额为 4.5 万元，如果从 2013 年 7 月退休就开始领取养老金，根据该省当年的平均养老金水平，5.2 年后就可以“收回”全部补缴费额，对个人来讲非常划算。按照该省人均预期寿命，补缴人员还有 8.3 年的余命，为此每人需要补贴 4.78 万元，全省 6.4 万人补缴人员加入到制度里面之后，将产生长期隐性债务 31 亿元。

最后，非常重要的一点是，各省之间收入与支出情况严重失衡。在全国 32 个统筹单位中（31 个省加上新疆建设兵团），2010 年有 15 个当期收不抵支，资金缺口为 679 亿元（仅企业部门）；2011 年是 14 个省份收不抵支，资金缺口为 767 亿元。换言之，虽然全国范围内在算上补缴收入之后年度收入大于支出，但仍有近半数省份收不抵支，情况非常严峻，如果不实现全国统筹，这些收不抵支的省份将永远离不开持续的财政转移支付；或者说，正是由于统筹层次太低，巨大的财政转移支付就必须发生，以弥补那些收不抵支省份发放养老金的需要。

---

① 根据网上搜索的消息，颁发的省级文件就多达十几个，以下为各省发布的关于“补缴”文件的情况：北京的《关于城镇职工补缴基本养老保险费有关问题的通知》（京人社养发［2010］239 号）；天津的《关于城镇企业职工缴纳基本养老保险费有关问题的补充通知》（津劳社局发［2009］41 号）；河北的《河北省劳动和社会保障厅关于参加企业职工基本养老保险补缴养老保险费有关问题的通知》（冀劳社［2008］29 号）；湖南的《湖南省人民政府办公厅关于解决未参保人员参加企业职工基本养老保险有关问题的通知》（湘政办发［2009］4 号）；甘肃的《关于解决企业职工基本养老保险未参加和中断缴费等问题的意见》（甘人社发［2010］72 号）；福建的《福建省劳动和社会保障厅、福建省财政厅关于新参加基本养老保险企业及其职工补缴基本养老保险费若干问题的补充通知》（闽政办发［2001］231 号）；江西的《江西省劳动和社会保障厅关于统一规范全省新参保单位基本养老保险费补缴和已参保欠费单位滞纳金收取政策的通知》（赣劳社养［2004］32 号）；江苏的《江苏省苏州市劳动和社会保障局关于企业职工补缴基本养老保险费的处理意见》（苏劳社险［2008］5 号）；宁夏的《关于解决企业职工基本养老保险历史遗留问题的意见》（宁政发［2010］10 号）；新疆的《关于当前养老保险几个具体问题的通知》（新人社发［2012］111 号）；山西的关于印发《关于统一和规范全省城镇企业职工补缴基本养老保险费的办法》和《达到国家规定的退休年龄但不符合按月领取基本养老金条件的参保人员基本养老保险费续缴办法》的通知（晋人社厅［2009］62 号）。

尽管存在上述种种风险，但毕竟以往的净现值是正值，因此，我们的媒体和我们的国民被告知应该持有乐观态度。但重要的是，很多研究结果都显示，在未来测算周期内，情况是不容乐观的。这里引用2005年世界银行Yvonne Sin女士一个测算结果：在2009—2018年这10年间，养老保险的资金流是盈余的，但是，从2018年开始，一直到2075年均为当期赤字，且缺口越来越大即当期余额净现值均为负值，每年的缴费收入都小于当年养老金的发放额。从图1可看到，从2066年开始，缺口高达70个基点。

3. 第二笔账：个人账户存在的巨额空账——显性债务

20年前，制度设计者在设计中国的统账结合制度时，明确规定其个人账户是DC型积累制，即实账积累，账户里的资产是真金白银，是资金做实的账户，而不是没钱做空的账户。但由于没有解决转型成本，应该进入个人账户的个人缴费始终被用于支付社会统筹的当期养老金发放。2001年辽宁省开始进行做实个人账户试点，目前一直扩大到13个省份[①]，其筹资方式、来源和比例在这些省份中不尽相同，有些省份中央给予全额或部分财政转移支付，有些省份则完全“自费”。截至2011年年底，全国城镇职工基本养老制度中个人账户的累积记账额为24 859亿元，而做实账户的资产仅为2 703亿元，空账额高达22 156亿元。表7显示，虽然做实账户的资产增长速度高于空账额的增长速度，但空账的绝对规模逐年扩大，目前已形成天文数。由此看来，做实个人账户需要天文数字的资金规模，紧靠常规的财政转移支付是无法解决的，是做不到的，这一点，当初制度设计者显然没有想到。

还有一点也没有想到，这是更加令人悲观的一个消息，那就是：把个人账户做实是划不来的，是低效的，与其做实还不如做空，这是因为，基金投资体制改革迟迟没有到位，银行存款的资金管理体制使之处于极大的贬值风险之中，例如，2011年全国CPI为5.6%，面对不到2%的收益率，全国范围的社会保险基金（所有险种3万亿元）负利息导致缩水高达上千亿元；2000—2011年CPI平均水平高于社会保险收益率，社会保险基金处于贬值风险之中已成为一个常态。

上述“两个没想到”是目前90%的个人账户成为空账的主要原因。由于第二个原因即投资管理体制落后，使“非常规”的做实账户筹资措施处于没有法理基础的状态，即包括划拨国有资产在内的任何做实个人账户的手段都不可能有实

① 2001年辽宁省开始试点；2003年推向吉林和黑龙江；2006年8个省市加入进来，他们是天津、上海、山西、山东、河南、湖北、湖南和新疆；2008年，浙江和江苏加入进来。截至目前，共计13个省市参加了做实个人账户的试点。

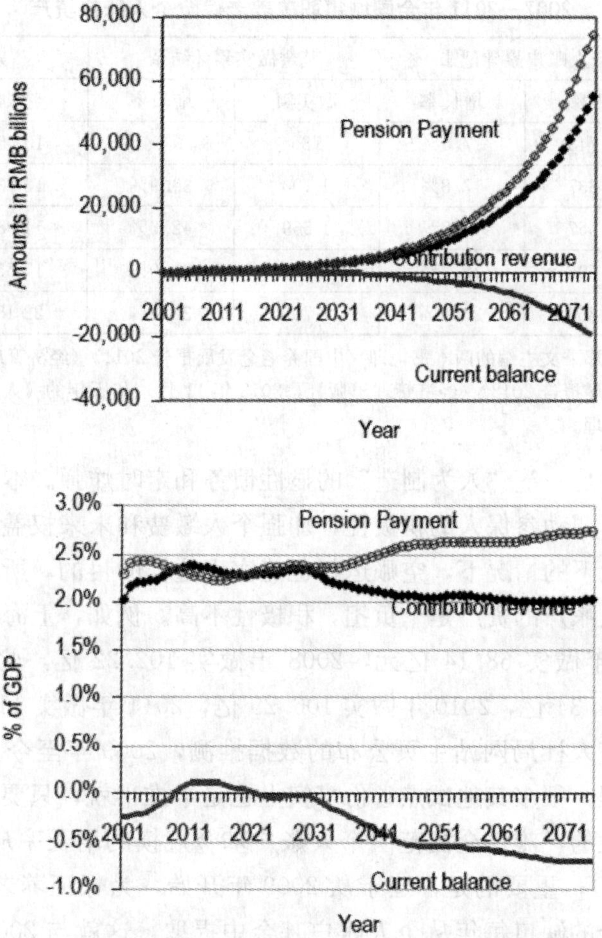

图 1　2001—2075 年中国公共养老金资金流情况（名义价格与占 GDP）

资料来源：Yvonne Sin，China Pension Liabilities and Reform Options for Old Age Insurance，Working Paper Series，Paper No. 2005－1. the World Bank，Washington DC，UAS，May 2005，p. 32，figure 15.

质性进展。于是，随着覆盖面的不断扩大，全国范围的个人账户的记账额和空账额必将并驾齐驱，直线上升；随着时间的推移，这笔显性债务将越来越难以货币化，所以，只要中国统账结合的制度在架构上没有改革，在法理上就将永远存在这笔显性债务，就是说，所有的账户持有人将永远是这个制度的债权人，而这个制度的举办人（国家）将永远是这个债务人。这个事实将永远在参保人与举办人的之间关系上蒙有一层难以挥去的阴影。

表 7　　2007—2011 年全国城镇职工养老保险个人账户资产　　（亿元）

年份	个人账户累计记账		基金做实累计结余		累计空账情况	
	记账额	增长率	做实额	增长率	空账额	增长率
2007	11 743	17.5%	786	—	10 957	—
2008	13 837	17.8%	1 100	39.9%	12 737	16.2%
2009	16 557	19.7%	1 569	42.6%	14 988	17.7%
2010	19 596	18.4%	2 039	30.0%	17 557	17.1%
2011	24 859	26.9%	2 703	32.6%	22 156	26.2%

资料来源：根据郑秉文主编的两本书，即《中国养老金发展报告 2011》（经济管理出版社，2011 年 12 月）、《中国养老金发展报告 2012》（经济管理出版社，2012 年 11 月）和历年的《人力资源和社会保障事业发展统计公报》整理。

实际上，这是一笔“人为制造”的显性债务和定时炸弹。本来，引入个人账户的目的是为了调动参保人的积极性，加强个人缴费和未来权益之间的联系；在投资体制效率低下的情况下，空账运行也能实现这样的目的，所以，对地方政府而言，做实个人账户的资产是个负担，积极性不高。例如，上海累计个人账户基金，2007 年当年做实 68.14 亿元，2008 年做实 102.22 亿，此后就不一样了，2009 年做实 104.34 亿，2010 年做实 106.29 亿，2011 年做实 111.39 亿元①。很显然，从上海市人社局网站主页公布的数据推测，2009 年至今上海已经停止了做实账户的进程，很多其他试点省份事实上也是半推半就，只要上面不给钱，是没有任何积极性的，难怪全国范围个人账户基金规模的增长率从 2009 年开始大幅下滑（见表 7）；重要的是，辽宁从 2009 年开始，为保证养老金的当期发放，其社会统筹基金的缺口每年从个人账户基金中提取，这就与 2000 年辽宁试点的“国发”42 号文的规定严重不符，意味着做实账户试点在理论上宣告“流产”。2000 年颁发的辽宁试点的 42 号文规定：“社会统筹基金不能占用个人账户基金。个人账户基金由省级社会保险经办机构统一管理，按国家规定存入银行，全部用于购买国债。”

鉴于上述分析，顺势将目前的制度改造为名义账户是一个选择，这样可消灭这笔显性债务，无须使之货币化以彻底解决目前这样一个制度混浊、进退维谷、导致“空账恐慌”的尴尬局面。这样，既实现了部分积累制所要求的加强个人缴费积极性的目的，又规避了天文数字的转型成本所造成的“空账恐慌”。换言之，空账没有必要做实，这笔转型成本没有必要支付，因为制度条件还不具备。

① 引自上海市人力资源和社会保障局网站，http://www.12333sh.gov.cn/.

4. 第三笔账：社会统筹基金未支付的承诺——隐性债务

与所有发达国家DB型现收现付制一样，在中国统账结合制度中，社会统筹部分也同样存在着巨大的隐性债务。但是，由于目前的账户体制设计的原因，中国的账户部分也存在着巨大的隐性债务，就是说，中国的制度比国外发达国家多了一笔隐性债务。

在中国的统账结合制度中，社会统筹部分是典型的DB型现收现付制，所以，如同绝大部分发达国家实行的DB型现收现付制一样，它便有了人人皆知的"隐性债务"，在西方这个隐性债务也常常也被称为"庞氏骗局"（Ponzi Games），因为这个债务是unfunded，就是没有资金准备和暂时借入的债务，用我们中国的传统语言来说就是拆东墙补西墙，在现收现付制中，就是拆这一代人的墙去补上一代人的墙，代代相传，代际赡养。

正如世界银行的罗伯特·霍尔兹曼（Robert Holzmann）先生所言①，一个良好的养老金隐性债务的测算是非常必要的，因为它有利于宏观经济分析和政策制定，有利于社保制度改革的启动，有利于社保制度改革的评估。但是，尽管如此，由于口径和假定条件不同等原因，不同机构和不同学者之间的测算结果差异性较大，且类似测算的文献浩如烟海。例如，根据霍尔兹曼的介绍，OECD和IMF曾分别对一些发达国家进行过测算，二者之间的测算结果存在较大差距：这两个国际组织对加拿大的测算结果分别是占其GDP的121%和94%，法国分别是216%和265%，意大利分别是242%和357%，英国分别是156%和117%，美国分别是113%和106%。

霍尔兹曼教授的这篇论文对35个低收入和中等收入国家的公共养老金隐性债务进行了测算，其结果更是相去甚远，例如，巴西相当于其GDP的500%，而摩洛哥只是其GDP的50%，前者是后者的十倍，即使使用较高的5%的贴现率，也有18个国家的隐性债务超过了其国民收入（见表8）。

十几年来，很多国际机构和中外学者对中国基本养老基金（社会统筹）的隐性债务做了测算，其结果相差不小，这里按年代列出，做一个简单回顾如下：

1994年，国务院体改办课题组有一项研究②，认为隐性债务大约有3.6万亿元，占当年国有资产净值的145%。

① Robert Holzmann，Robert Palacios and Asta Zviniene，Implicit Pension Debt：Issues，Measurement and Scope in International Perspective，Social Protection Discussion Paper Series No. 0403，Social Protection Unit，Human Development Network，the World Bank，March 2004.

② 吴敬琏，马国川. 中国经济改革二十讲. 北京：三联书店，2012：179.

表 8　　1990—2000 年 35 个低收入和中等收入国家的公共债务、养老金支出、隐性养老金债务（占 GDP）

国别	公共债务 1999/2000	公共养老金支出	不同贴现率下的养老金隐性债务		
			2%	4%	5%
巴西	33	9	500	330	275
马其顿	41	9	441	291	244
斯洛文尼亚	25	11	429	298	255
罗马尼亚	18	6	386	256	214
波兰	43	12	379	261	220
乌克兰	59	9	365	257	220
葡萄牙	55	5	358	233	193
马耳他	56	5	356	234	194
斯洛伐克	31	8	304	210	179
匈牙利	59	9	300	203	171
乌拉圭	45	14	295	214	187
吉尔吉斯	135	7	282	185	154
克罗地亚	33	11	274	201	175
爱沙尼亚	8	9	268	189	163
摩尔多瓦	78	8	229	159	136
立陶宛	28	7	221	155	134
尼加拉瓜	109	2	220	131	104
土耳其	65	5	217	146	123
哥斯达黎加	34	2	203	121	97
菲律宾	71	1	185	107	81
伊朗	10	2	146	89	72
玻利维亚	56	4	111	73	62
阿根廷	53	5	106	85	78
厄瓜多尔	209	1	103	63	51
墨西哥	19	1	101	65	54
哥伦比亚	24	2	88	56	46
多米尼加	23	1	80	49	40
佛得角	52	1	78	47	38
智利	9	7	77	60	53

续表

国别	公共债务 1999/2000	公共养老金支出	不同贴现率下的养老金隐性债务		
			2%	4%	5%
塞内加尔	78	2	73	51	44
毛里求斯	35	3	63	47	42
萨尔瓦多	22	2	60	43	37
秘鲁	43	2	57	40	34
韩国	33	1	57	33	26
摩洛哥	79	1	50	32	26

资料来源：Robert Holzmann，Robert Palacios and Asta Zviniene，Implicit Pension Debt：Issues，Measurement and Scope in International Perspective，Social Protection Discussion Paper Series No. 0403，Social Protection Unit，Human Development Network，the World Bank，March 2004，p. 24，table 5.

1996 年，世界银行在其向中国政府提交的《中国：养老金制度改革》的研究报告中认为①，按照隐性债务应是养老金支付额的 20～30 倍的国际经验来计算，1994 年中国支付的养老金是 GDP 的 2.3%，那么，当年隐性债务就应占当年 48 198 亿元 GDP 的 46%～69%，即 2 万亿元到 3 万亿元之间。在对上海和沈阳两个城市做的案例测算中得出，沈阳的隐性养老金债务占该市 1995 年 GDP 的 1/3～1/2，而上海则高达该市 1995 年 GDP 的 100%。

1999 年，国务院体改办宏观司时任司长宋晓梧领衔的课题组《中国养老保险隐性债务研究》给出的精算结果是②，在企业缴费 16%和个人缴费 8%的两个方案下，如果投资回报率是 4%，隐性债务就是 67 145 亿元，相当于 1997 年 GDP 78 973 亿元的 85%；如果回报率是 8%，隐性债务则为 18 301 亿元，相当于 1997 年 GDP 的 23%。

2000 年，武汉大学李珍教授的一项研究显示③，中国基本养老保险的隐性债务相当于 1993 年 GDP 31 380 亿元的 30%左右，即大约为 1 万多亿元。

2001 年，世界银行人类发展业务局的经济学家在北京参加 2000 年 8 月 20—21 日由国务院发展研究中心主办的“中国发展论坛·社会保障体制改革国际研讨会”之后，与其他中外学者一起，受到了朱镕基总理的接见，在回答朱总理提

① China：Pension System Reform Report 15121－CHA，1996。转引自孔泾源. 隐性养老金债务及其偿还问题//王梦奎. 中国社会保障体制改革. 北京：中国发展出版社，2001：517～518.

② 杨建敏. 养老金隐性债务规模首次精算出结果. 中国社会保障，2000 (5)：7.

③ 李珍. 与其“明债暗偿”不如“明债明偿”. 中国社会保障，2000 (5)：15～17.

出的五个问题时，世界银行的经济学家们专门做了一项估算[①]，认为，中国的隐性债务大约相当于1998年GDP的100%，而欧洲一些国家的隐性债务估计则相当于GDP的200%～300%。根据《中国统计年鉴2012》，1998年中国的GDP是8.44万亿元[②]。

2001年，世界银行东亚及太平洋地区人类发展业务局给出的测算更为详尽[③]，它依据不同条件和不同参数测算出五个方案的隐性债务，其中方案1是基于制度现状作为基准进行测算的“基本方案”中，其隐性债务相当于1998年GDP的94.4%，而1998—2075年的筹资缺口却高达相当于1998年GDP的71.0%。

2005年，世界银行冼懿敏女士做了一项测算[④]：2000年中国养老金隐性债务相当于2000年GDP的95%，2002年的隐性债务占当年GDP的111%，大约相当于1.6万亿美元（1美元＝8.27人民币）。总之，在1%、2%、3%三个不同贴现率下，未来隐性债务都超过GDP的100%，只有在4%条件下才小于GDP的100%（见图2）。

近年来有关学者和机构的测算在前面已经有所介绍，这里予以省略。

5. 第四笔账：个人账户基金未来的隐性债务——独有的隐性债务

中国的账户设计实在是一个“怪胎”：除了前述“空账”存在这样一个显性债务之外，它存在一个令人可怕的隐形债务，这是目前为止在其他国家还未见到过的账户制度设计特点。

空账属于显性债务，它是本来应该支付给个人账户但并未支付的债务，于是，空多少就意味着有多少债务，这些显性债务如果货币化，就等于做实了账户，这个问题比较容易理解。但是，除此之外，我们这个账户设计中还存在一个隐性债务：根据制度设计，账户积累的资产在退休之后（尽管大多是名义上的，是名义资产，而非真实资产）是按照2005年颁发的38号文设计的计发月数来计

① 世界银行人类发展业务局. 中国社会保障制度改革——对朱总理所提五个问题的回答//王梦奎. 中国社会保障体制改革. 北京：中国发展出版社，2001：418～427。朱镕基总理在接见世界银行专家和马丁费尔德斯坦等中外学者时提出的五个问题是：中国是否应该提高缴费率；中国是否应当放弃个人账户和基金积累制，重新实行现收现付制；如何减少或偿付将来的养老金赤字；如何在中国的资本市场条件下管理养老基金；在省级统筹下，中央政府如何才能减少对各省的补贴，或者只补贴那些最需要的省份。

② 中华人民共和国国家统计局. 中国统计年鉴2012（光盘版）. 北京：中国统计出版社，2013.

③ 世界银行东亚及太平洋地区人类发展业务局. 中国社会保障制度改革的战略选择方案//王梦奎. 中国社会保障体制改革. 北京：中国发展出版社，2001：485（附件表8“制度可持续性的基准总结”）.

④ Yvonne Sin，China Pension Liabilities and Reform Options for Old Age Insurance，Working Paper Series，Paper No. 2005－1. the World Bank，Washington DC，UAS，May 2005.

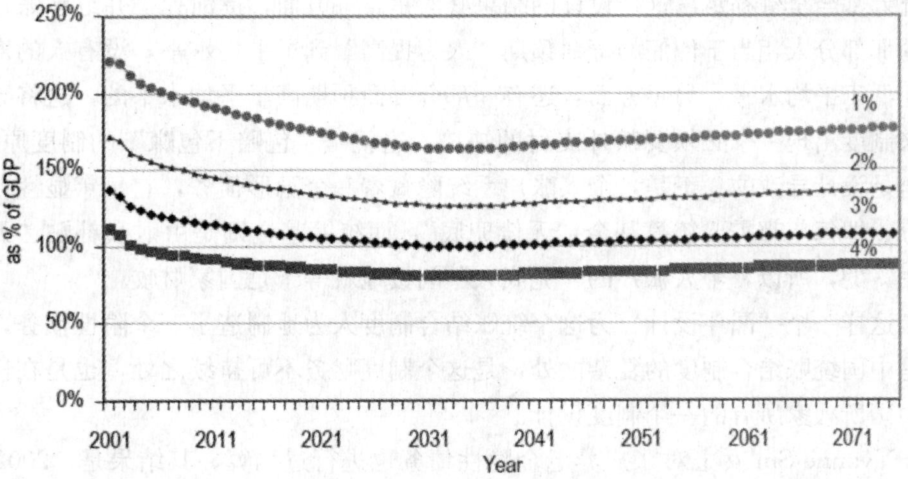

图 2　2001—2071 年不同贴现率下中国公共养老金隐性债务（占 GDP）

资料来源：Yvonne Sin，China Pension Liabilities and Reform Options for Old Age Insurance，Working Paper Series，Paper No. 2005－1. the World Bank，Washington DC，UAS，May 2005，p. 31，figure 14.

发（见表 9），其制度特征是，账户持有人如果提前意外死亡，其账户资产的余额可由遗属继承①；如果账户持有人寿命高于表 9 规定的月数即高于平均预期寿命，其不足部分从统筹基金当中支付。

表 9　　　　中国城镇职工养老保险制度个人账户计发月数表

退休年龄	40	41	42	43	44	45	46	47	48	49	50
计发月数	233	230	226	223	220	216	212	208	204	199	195
退休年龄	51	52	53	54	55	56	57	58	59	60	61
计发月数	190	185	180	175	170	164	158	152	145	139	132
退休年龄	62	63	64	65	66	67	68	69	70		
计发月数	125	117	109	101	93	84	75	65	56		

资料来源：《国务院关于完善企业职工基本养老保险制度的决定》（国发［2005］38 号）。

换言之，在统账结合的制度设计中，个人账户部分不是一个独立的封闭系统，不是按照大数法则来分散风险的自我平衡系统，而是一个“漏斗设计”，它“包赔不包赚”：低于平均寿命的，其账户资产余额可以继承，超过平均寿命的，

① 2005 年第 38 号文没有具体规定，但 1997 年的 26 号文规定“职工或退休人员死亡，个人账户中的个人缴费部分可以继承”。

由统筹基金全额补足。这样设计的结果必然是，一方面，提前死亡并继承账户资产的那部分人相当于他们的寿命预期“人为提高”到了平均水平，没有人的寿命预期低于平均水平；另一方面，还有一部分寿命预期高于平均水平的，这将导致未来制度出现一个必须要额外支付的缺口，这就是“包赔不包赚”的制度原因，完全是设计导致的。于是，个人账户系统隐藏着一个隐形债务，它每年显性化一部分，即每年都需要统筹基金“无偿兜底”，而统筹基金则是由财政补贴“无偿兜底”的，所以，个人账户的“兜底人”间接地就等于是国家财政。

这样一个“漏斗设计”为这个统账结合制度人为地制造了一个隐性债务，这既是中国统账结合制度的复杂之处，是这个制度财务不可持续之处，也是在世界上中国所独家所有的一个制度设计。

Yvonne Sin 女士对账户养老金隐性债务也进行过测算，其结果是，2002 年个人账户的隐性债务相当于 2001 年 GDP 的 30%①，而基本养老金（社会统筹基金）的隐性债务是 111%，即账户隐性债务与统筹隐性债务的比例为 21∶79，此后账户的隐性债务越来越大，比如，到 2011 年提高到 35∶65，大约到 2035 年再次提高到 50∶50，从此就始终高于统筹基金的隐性债务（见图 3）。

在当初的统账结合设计中，账户部分采取的是 DC 型完全积累制，即使现在，决策者追求的也是 DC 型完全积累制。但是，这样一个“包赔不包赚”的“漏斗设计”，账户资产在按照计发月数发放完毕之后无限制地从“体外”借支，这个待遇给付公式就不是 DC 型了，我们可称为“变体 DC 型”。但是，它又不是 DB 型，这是因为，所谓 DB 型，其确定的是替代率，而我们的制度确定的是一个定额给付，就是 38 号文附件的计发月数表上所表明的不同退休年龄所对应的计发月数作为除数，账户资产总额作为被除数，商就是一个定额养老金。之所以说这个商不是替代率，是因为在经济高速增长条件下，社会平均工资快速增长，在过去的十几年里平均增长率在 14%以上；我们知道，社会平均工资增长率越高，增幅越大，这个定额的账户养老金的替代水平就下降得越快；在 14%这个社会平均工资增长率的背景下，替代水平每年递减 14%，几年之后就是一倍。据此分析，这个账户养老金制度就肯定不是 DB 型的了，因为 DB 型确定的是对一个替代率的承诺，而不是一个定额，就是说，这个账户制度既不是 DB 型的，

---

① Yvonne Sin，China Pension Liabilities and Reform Options for Old Age Insurance，Working Paper Series，Paper No. 2005－1. the World Bank，Washington DC，UAS，May 2005. Yvonne Sin，China Pension Liabilities and Reform Options for Old Age Insurance，Working Paper Series，Paper No. 2005－1. the World Bank，Washington DC，UAS，May 2005，p. 30.

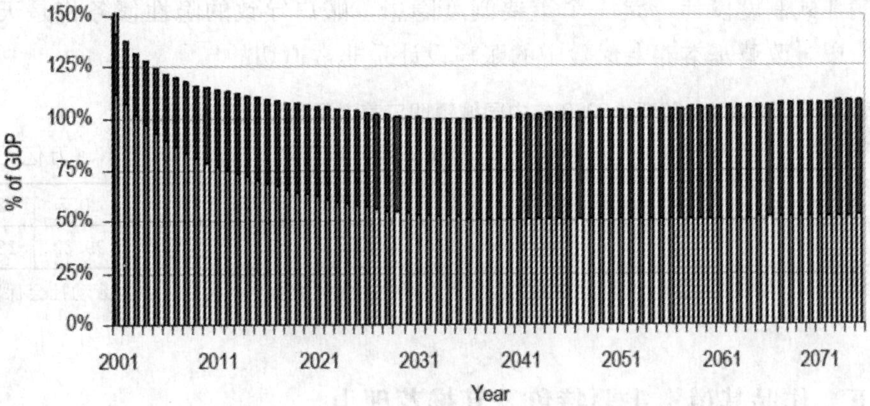

图 3　2011—2075 年中国养老保险制度中基本养老金和
账户养老金的隐性债务（占 GDP）
（空心柱为基本养老金，实心柱为账户养老金）

资料来源：Yvonne Sin，China Pension Liabilities and Reform Options for Old Age Insurance，Working Paper Series，Paper No. 2005－1. the World Bank，Washington DC，UAS，May 2005，p. 31，figure 13.

也不是 DC 型的，而是一个不断蚕食统筹基金，或者说是附着在统筹基金上的“怪胎”。

去年，我们世界社保研究中心曾受嘉实基金的委托，对中国基本养老保险的账户基金投资做了一个深入的研究①。这项研究至少有这样两个贡献：

第一，在现有账户基金支付公式不变的条件下，投资收益率越高，其财务可持续性越好，或者说替代率越高，或者说对账户资金以外的需求就越少：在 2％的投资收益率下，缴费 30 年后的替代率仅为 15.68％，而 9％的收益率则可高达 41.45％；2％的收益率在 30 年后全国累计记账资产（含做实部分）仅为 49.95 万亿元，而 9％的收益率则可高达 109.59 万亿元。因此，改革单一的银行存款的投资体制，旨在提高投资收益率，这是一件十分迫切的工作。

第二，在存款利率为 2％的情况下，考虑到人口结构、社会平均工资等因素之后，对个人账户基金的记账资产（含做实部分）进行了长期预测，其增长速度很快，到 2020 年将超过 6 万亿元，2030 年超过 20 万亿，2040 年超过 40 万元，2050 年将近 80 万亿，到 2060 年超过 120 万亿元（见表 10）。这个预测显示，目

① 郑秉文，张峰. 中国基本养老保险个人账户基金研究报告. 北京：中国劳动社会保障出版社，2012：202～215（表 7—6、表 7—9）.

前的漏斗式制度设计将是一个重要制度隐患，账户导致的隐性债务将是天文数字，所以，改革基本养老保险中的账户设计是非常迫切的！

表 10　2015—2060 年中国城镇职工养老保险个人账户记账资产（含做实部分）变化　（万亿元）

年份	2015	2020	2025	2030	2035	2040	2045	2050	2055	2060
资产	3.01	6.34	12.60	21.94	33.87	47.17	61.91	79.07	99.32	121.95

资料来源：郑秉文，张峰. 中国基本养老保险个人账户基金研究报告. 北京：中国劳动社会保障出版社，2012：212（见表 7—9）.

五、作品共道：主要特色及其推荐理由

《养老金改革：理论精要》是巴尔和戴蒙德 2008 年出版的一部著作简化版，它有两个版本，另一个是完整版《改革养老金：原则和政策选择》。受时间和精力的限制，我们这里翻译的是简化版。在没有任何经济支持的情况下，我们这个团队——中国社科院世界社保研究中心完全是出于对事业的追求和国内的现实需要而提议并承担起翻译这部译著的。

这个简化版的原文标题为"Pension Reform：A Short Guide"，但我们没有直译，而是译成了"理论精要"。之所以译成"理论精要"，是因为这部著述虽然是个简化版，篇幅不长，但却集中了养老金理论的主要精华，是养老金经济学中的优秀之作。

这部专著有如下四个特点。

首先，它是一部属于规范研究范畴的理论著作。该著作对养老金的理论渊源、理论基础、理论相关、理论分析等，做了系统论述，并以此前养老金规范研究著述为基础，重新规范了整体研究框架；从这个角度看，这是一本关于养老金经济学的理论专著，尤其前几章，作为全书的理论背景，属于典型的养老金经济学的规范研究范畴，十分适合科研人员、大学教师使用和查阅。在理论探讨上，该书对养老金与劳动力市场、与资本市场、与国民储蓄、与收入再分配等领域进行了探讨，给出了属于左派的回应。作为一部论著，尤其是作为一部国际社会保障研究流派中左翼的典型论著，这是一部十分有代表性的左派著述，比如，在社会保障的消费熨平与贫困救助的关系上，在从 DB 向 DC 转型过程中对待股票市场回报率的态度上，在现收现付制度下对待显性债务和隐性债务的态度上，在 DC 型积累制运行效率的决定性因素的分析上，左右两派的看法向来存在严重的争议，该书向读者展示了独特的看法。